国家级一流专业电子商务专业核心课程建设教材
浙江省普通高校"十三五"新形态教材
浙江省线上线下混合式一流课程建设教材
浙江省线上一流课程建设教材
BGA 国际认证示范课程建设教材
高等院校电子商务专业"互联网+"创新规划教材

网络营销（第 2 版）

陈晴光　编著

内 容 简 介

本书内容分为 4 篇共 10 章,系统地介绍了网络营销的基本理论、常用方法、组合策略及综合应用,并附有典型应用案例,通过评析揭示将案例中的相关理论、方法和策略应用于其他场景的一般规律或启示;对于一些重要技能点,本书还给出了相应的知识卡片和微型案例。此外,各章节通过二维码链接了大量针对相关知识点和重点、难点内容的授课视频,并配套开发了线上一流课程(网络营销 MOOC)。

本书既可作为电子商务、电子商务与法律、跨境电子商务、市场营销、工商管理、国际经济与贸易、金融学、国际商务、信息管理等开设网络营销或网络营销案例分析等课程的相关专业本科生教材,又可作为企事业单位的网络营销培训教材,以及从事网络营销、市场营销相关工作的企业管理人员、业务人员的参考书。

图书在版编目(CIP)数据

网络营销/陈晴光编著. —2 版. —北京:北京大学出版社,2023.12
高等院校电子商务专业"互联网+"创新规划教材
ISBN 978-7-301-34665-5

Ⅰ.①网… Ⅱ.①陈… Ⅲ.①网络营销—高等学校—教材 Ⅳ.①F713.365.2

中国国家版本馆 CIP 数据核字(2023)第 225564 号

书　　　名	网络营销(第 2 版) WANGLUO YINGXIAO(DI-ER BAN)
著作责任者	陈晴光　编著
策 划 编 辑	郑　双
责 任 编 辑	杜　鹃
数 字 编 辑	金常伟
标 准 书 号	ISBN 978-7-301-34665-5
出 版 发 行	北京大学出版社
地　　　址	北京市海淀区成府路 205 号　100871
网　　　址	http://www.pup.cn　新浪微博:@北京大学出版社
电 子 邮 箱	编辑部 pup6@pup.cn　总编室 zpup@pup.cn
电　　　话	邮购部 62752015　发行部 62750672　编辑部 62750667
印 刷 者	天津中印联印务有限公司
经 销 者	新华书店
	787 毫米×1092 毫米　16 开本　19.25 印张　462 千字 2016 年 1 月第 1 版 2023 年 12 月第 2 版　2023 年 12 月第 1 次印刷
定　　　价	54.00 元

未经许可,不得以任何方式复制或抄袭本书之部分或全部内容。
版权所有,侵权必究
举报电话:010-62752024　电子邮箱:fd@pup.cn
图书如有印装质量问题,请与出版部联系,电话:010-62756370

第 2 版前言

本次修订根据党的二十大报告"全面贯彻党的教育方针，落实立德树人根本任务，培养德智体美劳全面发展的社会主义建设者和接班人"指示精神，以"扎根中国、融通中外，立足时代、面向未来"为指导思想，从我国网络营销实践中提炼素材、汲取营养，将近年来网络营销领域涌现出来的新理论研究成果和实践应用成果融入教材，倡导课堂教学以学生为中心及成果导向的教育理念，并据此整合优化教材内容，使教师能自然地将专业知识技能教育与培养学生职业道德、社会责任，以及爱国、敬业、诚信、友善的价值准则紧密融合，实现专业学习与课程育人"两条腿走路"，充分体现教材的特色。

修订内容主要结合企业的现实需求，从企业网络营销运营服务的角度而非单纯地从技术或市场的角度展开。修订后本书的内容分为理论篇、方法篇、策略篇、实践篇，删除了第 1 版"1.1 服务与现代服务业""第 9 章 网络零售服务"等内容，对其余章节中的与当前网络营销发展事实不吻合的内容、数据进行了更新，删减了一些知识含量不高或已经成为常识的冗余内容，补充更换了一批内容新颖的案例，增加了大众关注的热点知识，如网络营销生态思维、绿色营销、网络社群营销、种草营销、基于大数据的跨界营销等，使得教材内容更富有时代气息，篇章结构更加科学、合理，体现了"两性一度"（高阶性、创新性、挑战度）标准。修订后的教材具有以下特色。

（1）内容兼顾不同读者的特点和个性化学习需求。全书内容体系完整，既涵盖网络营销基本理论知识点，又涉及社会热点和最新网络营销实践内容，尤其是网络营销方法部分的内容体现了该领域的一些最新理论研究和实践应用成果，有利于读者开阔知识视野、追踪学术前沿，能很好地满足学生获取理论知识、培养能力素质、提升思想境界等方面个性化发展需求。同时，对于首次出现且书中没有专门介绍的一些涉及相关学科的关键名词术语、重要概念，以"知识卡片"的形式穿插在正文的相关处。

（2）教学目标可达可测。本书按照布卢姆教学目标分类法，对每章内容设计出含义明确、具有可达性和可测量性的教学目标或预期成果，包括知识、能力目标；同时，结合相关章节内容挖掘其蕴含的德育价值，提出对学生德育方面的要求，体现了"在知识传授中强调价值引领，在价值传授中凝聚知识底蕴"的思想。

（3）倡导研究性教学理念。在每章复习思考题中都创设一个需要小组讨论、协作完成的相关问题研讨作业，每章章末都设置一个案例研讨项目，并在书末以附录的形式给出研究性教学的分组实施方法，引导学生组成合作学习小组进行研讨学习，突出网络营销创新应用能力、终身学习能力和团队协作精神的培养。

（4）注重案例教学。本书对所讲授的每个理论、方法、策略都配有相应的典型应用案例，既介绍经典的仍被广泛应用的网络营销方法，又关注网络营销市场应用的热点问题。同时，在案例评析时注重对学生创新思维的启迪和创新精神的激发。通过大量案例分析和专题研讨，培养学生的创新应用能力和社会适应能力。

（5）体现 BGA 国际认证核心理念。根据 BGA 国际认证标准，将持续影响力模型的相关指标具体化并体现在相关章节的教学目标、主体内容及课后研讨作业题中，恰到好处地融入培养可持续发展意识、终身学习能力、社会责任意识与社会服务能力等理念和内容。

  本书凝聚了编者多年主讲"网络营销"及相关课程的教学心得和课程开展研究性教学、线上线下混合式教学改革的经验积累。编者主讲的"网络营销"课程是国家级一流本科专业——电子商务专业的核心课程，2019 年被认定为浙江省线上线下混合式一流课程，2020 年获浙江省本科院校"互联网+教学"混合式课程优秀案例特等奖，2021 年网络营销 MOOC 被认定为浙江省省级线上一流课程，2022 年"网络营销"课程列为浙江万里学院 BGA 国际认证示范建设课程。

  选用本书作为教材时，教师可以根据本校专业培养目标、前导课与后续课、学时数等情况，对书中相关内容进行取舍。例如，若先期学习过市场营销课程，则第三篇内容可以略讲或让学生自学；若后续开设移动营销课程，则第 6 章内容可以略讲。

  本书第 1 版自 2016 年 1 月由北京大学出版社正式出版以来，多次重印，获得了广泛的认可度和读者好评，先后被 20 余所高校选用。在本次修订过程中，编者听取了使用本书第 1 版的高校师生代表的宝贵意见，在此谨向他们表示诚挚的谢意！

  本书配有相应的电子课件、电子教案、教学大纲（课程思政版、BGA 国际认证版）、实验项目及指导、课后习题参考答案、考试试题及参考答案等教辅资料，任课教师可向北京大学出版社或编者免费索取。本书配套开发了线上一流课程（智慧树网、浙江省高等学校在线开放课程共享平台，网络营销 MOOC），欢迎读者访问。

  由于编者水平有限，书中难免有不妥之处，敬请广大读者和有关专家学者批评指正。

  本书编者的联系方式：电子邮箱 chenqingg2004@163.com 或微信号 Sunlight20131007。

编 者

2023 年 6 月

资源索引

第 1 版前言

数字化时代，网络被应用于各种盈利活动中，无时空限制的网络渠道带给消费者更多的产品及服务选择，使得商业市场空前活跃，营销竞争也日益加剧。随着网络经济的迅速发展，企业、社会急需大量通晓网络营销基础理论，能熟练运用网络营销方法、策略，帮助企业进行网络营销项目运营、战术策划的应用型人才；同时，知识与能力并重、善于独立思考、长于沟通合作、具有实践和创造能力等，已成为当今社会对人才的共性要求。

本书从运营服务的角度，系统地介绍网络营销的基本理论、常用工具方法和策略，并以"网络营销策划""网络零售服务"将其贯穿起来综合应用。同时，本书倡导课堂教学以学生为中心的教学理念，结合编者自身多年教学实践的成功经验，通过每章的教学目标要求和章末的研讨作业，引导学生组成合作研讨学习小组，通过相互协作共同完成各章末给出的研讨作业，加强学生之间的相互交流，突出网络营销实际应用能力和团队协作精神的培养，以适应社会经济发展对网络营销人才的新需求。

编写、引用大量的网络营销案例是本书的另一个重要特色。案例从"新颖""典型""真实"三个角度进行选择，分五个层次：引领每章主要内容的章前导入案例；说明各种网络营销理论、工具或方法、策略的应用操作及效果的典型案例；书末阐述网络营销在某行业应用的综合案例；章节内帮助阐明某个知识点或技能的微型案例；章末引导学生分小组讨论学习的研讨案例。所撷取的行业案例，虽是管窥所及，却也不失其示范意义。案例评析、研讨作业注重对学生创新精神的激发和创新思维的启迪，这也是本书的独到之处。

本书融入本学科与课程相关的最新理论研究成果和实践成果。对于首次出现、而在书中又不会再专门介绍的一些关键名词术语、重要概念等，以"知识卡片"的形式穿插在正文的相关处。这种穿插的知识卡片既能辅助学生学习了解相关知识，又引导教会其进行知识积累的方法，还有利于全书结构紧凑，将主要笔墨集中在主体内容的叙述上。

本书内容新颖，体系完整。全书内容按知识结构特征及其内在联系划分为网络营销服务导论、网络营销服务常用方法、网络营销服务策略和网络营销综合服务四大板块，并将案例分析有机地穿插在各板块当中进行。

第一篇：网络营销服务导论。概括介绍服务及现代服务业的概念与特征；网络营销的基本概念、服务内容、服务类型、服务环境、市场现状与发展趋势；网络营销服务信息传递的基本原理、长尾理论与利基市场以及网络整合营销、网络直复营销、网络关系营销、网络软营销、网络数据库营销服务理论等。

第二篇：网络营销服务方法。主要介绍经典网络营销方法（包括企业网站营销、搜索引擎营销、E-mail 营销、网络广告营销、病毒式营销、网络会员制营销）、Web 2.0 与社会化网络营销（包括博客营销、微博营销、IM 营销、SNS 营销、网络视频营销、RSS 营销、维基词条营销、网络软文营销等）以及 Web 3.0 营销服务、移动营销服务等内容，系统地阐述各种营销方法的概念内涵、特点、作用或价值、服务方式或方法等，并分别结合典型案例，让学生全面了解应用各种网络营销方法的工作流程与特征。

第三篇：网络营销服务策略。主要介绍网络环境下 4P 策略、4C 策略、4R 策略、4S 策略的含义、特点、功能、应用方法或类型等，并对各组策略的核心营销理念进行分析比较。

第四篇：网络营销综合服务。主要包括网络零售、网络营销策划、行业网络营销综合应用等内容，分别从不同侧面展示网络营销理论、方法、策略的综合应用。

本书主要作为电子商务、市场营销、国际经济与贸易、工商管理、国际商务等开设网络营销、网络营销案例分析课程的相关专业本科生的教材；也可作为企事业单位网络营销培训教材。从事电子商务、网络营销相关工作的企业管理人员和业务人员可选本书作为参考书，高职高专相关专业对教材中"网络营销服务基础理论"和"网络营销策划"部分的一些内容酌情裁剪后也适合使用。

本书由陈晴光编著。全书从开始酝酿编写、素材收集到完成付梓经历了近四年的时间，凝聚了编者多年来主讲网络营销及相关课程的教学心得和课程开展研究性教学改革的经验积累。

本书比原计划交稿时间整整推迟了一年，部分章节的初稿是在家母的病榻旁、奔驰的列车上、机场的候机大厅里完成的。此刻，某与家母已是阴阳两隔，至今还清楚地记得，那次回故乡看望病中的母亲，在窗外无意间看到她老人家独自在病榻上把儿的第一本书拿在手里反复摩挲的情景。每每想起那情那景，就不禁潸然泪下……但愿本书的出版，能告慰她老人家的在天之灵！

在本书的编写过程中，中国海商网等企业为本书提供了部分原创案例资料，在此特别表示感谢！此外参考了大量国内外同行的著作和文献，引用的案例以及对同类书刊和互联网相关资料的参考，在文中注明资料来源，或以参考文献的方式在书末列出，在此向诸位作者表示敬意和感谢！本书讲义正式出版前曾在电子商务、市场营销专业本科生中试用，在此谨向相关同学表示感谢！本书在出版过程中，得到了北京大学出版社的鼎力支持，在此一并致以诚挚的谢意！

由于网络营销实践在不断发展，网络营销的许多理论和方法也处于不断完善和发展的过程中，对本书的疏漏和不当之处，欢迎业内专家、专业教师和广大读者不吝赐教。十分愿意听到各位对本书的评价，欢迎任何有助于改善未来工作的反馈，无论是赞扬的还是批评的，可以通过电子邮箱 chenqingg2004@163.com 或微信号 Sunlight20131007 联系。

本书配有相应电子课件、实验指导等教辅资料，任课教师可向出版社或编者免费索取。

编　者
2015 年 5 月

目 录

第一篇 理论篇

第1章 网络营销概述 ... 3
- 1.1 网络营销的概念与特征 ... 6
  - 1.1.1 网络营销的概念 ... 6
  - 1.1.2 网络营销的特点 ... 7
  - 1.1.3 网络营销与电子商务的区别 ... 8
- 1.2 网络营销的主要职能 ... 8
  - 1.2.1 基础职能 ... 9
  - 1.2.2 目标职能 ... 10
- 1.3 网络营销的常用工具 ... 10
  - 1.3.1 企业网站 ... 11
  - 1.3.2 搜索引擎 ... 12
  - 1.3.3 电子邮件 ... 12
  - 1.3.4 社会化媒体 ... 12
- 1.4 网络营销环境及生态 ... 14
  - 1.4.1 网络营销环境与生态思维的含义 ... 14
  - 1.4.2 网络营销外部环境 ... 15
  - 1.4.3 网络营销内部环境 ... 16
  - 1.4.4 网络营销环境生态的协调策略 ... 17
- 1.5 网络营销的发展阶段 ... 18
  - 1.5.1 网络营销Web 1.0阶段 ... 18
  - 1.5.2 网络营销Web 2.0阶段 ... 19
  - 1.5.3 网络营销Web 3.0阶段 ... 20
- 本章小结 ... 22
- 复习思考题 ... 22

第2章 网络营销基本理论 ... 25
- 2.1 网络营销信息传递的基本原理 ... 27
  - 2.1.1 网络营销信息传递模型 ... 27
  - 2.1.2 网络营销信息传递的特点 ... 28
  - 2.1.3 网络营销信息传递的一般原则 ... 29
- 2.2 长尾理论 ... 30
  - 2.2.1 长尾理论的原始含义 ... 30
  - 2.2.2 长尾理论与二八定律的关系 ... 31
  - 2.2.3 适合应用长尾理论销售的企业类型 ... 32
  - 2.2.4 长尾理论在利基市场的应用 ... 33
  - 2.2.5 典型案例：当当网的长尾实践 ... 34
- 2.3 网络整合营销理论 ... 35
  - 2.3.1 网络整合营销的概念 ... 36
  - 2.3.2 网络整合营销的实施原则与步骤 ... 37
  - 2.3.3 网络整合营销的发展特点与趋势 ... 39
  - 2.3.4 典型案例：赢道的FEA网络整合营销 ... 39
- 2.4 网络关系营销理论 ... 41
  - 2.4.1 网络关系营销的含义 ... 42
  - 2.4.2 网络关系营销的核心任务 ... 42
  - 2.4.3 网络关系营销的原则 ... 42
  - 2.4.4 网络关系营销的作用 ... 42
  - 2.4.5 典型案例：小红书的泛关系链营销 ... 43
- 2.5 网络软营销理论 ... 44
  - 2.5.1 网络软营销的含义 ... 45
  - 2.5.2 网络软营销的主要特点 ... 46

2.5.3　网络软营销的常用方式 47
　　2.5.4　典型案例：海商网的
　　　　　"故事化"产品信息发布 47
2.6　绿色营销理论 48
　　2.6.1　绿色营销的概念及特点 49
　　2.6.2　绿色营销的需求与策略 50
　　2.6.3　绿色营销的作用与
　　　　　绩效评价 54
　　2.6.4　典型案例：快手 48 小时
　　　　　直播冰雕鲸鱼的"告别" 55
本章小结 56
复习思考题 56

第二篇　方法篇

第 3 章　Web 1.0 经典网络营销方法 61

3.1　企业网站营销 63
　　3.1.1　营销型网站的构成要素
　　　　　与可信度建设 63
　　3.1.2　营销型网站各发展阶段的
　　　　　推广任务 65
　　3.1.3　营销型网站的专业性评价
　　　　　指标 66
　　3.1.4　营销型网站的专业性诊断 69
　　3.1.5　营销型网站的优化 70
　　3.1.6　典型案例：深度网的
　　　　　全网营销服务 71
3.2　搜索引擎营销 72
　　3.2.1　搜索引擎的主要类型 72
　　3.2.2　搜索引擎营销的常用方式 74
　　3.2.3　搜索引擎营销的目标层次 75
　　3.2.4　搜索引擎优化 76
　　3.2.5　典型案例：同程艺龙公司的
　　　　　搜索关键词营销 78
3.3　许可 E-mail 营销 80
　　3.3.1　许可 E-mail 营销的概念 81
　　3.3.2　许可 E-mail 营销的
　　　　　实施条件 81
　　3.3.3　许可 E-mail 营销的
　　　　　实施流程与技巧 82
　　3.3.4　内部邮件列表与外部
　　　　　邮件列表 84
　　3.3.5　许可 E-mail 营销效果评估 86
　　3.3.6　典型案例："新江南"的
　　　　　E-mail 广告 87
3.4　网络广告 88
　　3.4.1　网络广告的特点 89
　　3.4.2　网络广告的类型 91
　　3.4.3　网络广告的发布策略 95
　　3.4.4　付费网络广告的计费方式 97
　　3.4.5　网络广告效果评价 98
　　3.4.6　典型案例：361°集团
　　　　　"勇敢做自己" 101
3.5　病毒式营销 102
　　3.5.1　病毒式营销的含义与特点 ... 102
　　3.5.2　病毒式营销的实施条件
　　　　　与传播途径 103
　　3.5.3　病毒式营销的实施策略
　　　　　与一般步骤 104
　　3.5.4　典型案例：TikTok 的
　　　　　病毒式营销 105
本章小结 107
复习思考题 107

第 4 章　Web 2.0 与社会化媒体营销 110

4.1　博客营销与微博营销 112
　　4.1.1　博客营销与微博营销的
　　　　　含义 113
　　4.1.2　博客营销与微博营销的
　　　　　基本特征 113

4.1.3　营销博客与营销微博的
　　　　　写作要求 117
　　4.1.4　博客营销与微博营销的
　　　　　实施原则 118
　　4.1.5　微博营销的实施策略
　　　　　与技巧 119
　　4.1.6　典型案例：新浪微博的
　　　　　"美好生活@中粮" 122
4.2　即时通信营销 124
　　4.2.1　即时通信营销的
　　　　　含义与特点 124
　　4.2.2　即时通信营销的
　　　　　工具类型 125
　　4.2.3　微信营销 125
　　4.2.4　典型案例：中国南方航空
　　　　　集团有限公司的微信营销 128
4.3　社交网站营销 129
　　4.3.1　社交网站营销的
　　　　　含义及特点 129
　　4.3.2　社交网站营销的
　　　　　理论基础 130
　　4.3.3　社交网站营销的实施方法
　　　　　与技巧 131
　　4.3.4　社交网站营销的效果评价 133
　　4.3.5　典型案例：小米新品发布
　　　　　活动巧用社交网站预热 134
4.4　网络视频营销 134
　　4.4.1　网络视频营销的含义 134
　　4.4.2　网络视频营销信息
　　　　　传播渠道 135
　　4.4.3　网络营销视频的主要来源 137
　　4.4.4　网络视频营销的业务内容 137
　　4.4.5　典型案例：Blendtec 的
　　　　　"搅得烂吗"视频短片 138
4.5　其他 Web 2.0 媒体营销 140
　　4.5.1　维基词条营销 140
　　4.5.2　网络软文营销 142
　　4.5.3　电子书营销 145

　　4.5.4　网络论坛营销 147
　　4.5.5　网络社群营销 148
　　4.5.6　种草营销 149
本章小结 149
复习思考题 150

第 5 章　Web 3.0 营销 153

5.1　Web 3.0 的含义与 Web 3.0 营销的
　　特点 155
　　5.1.1　Web 3.0 的含义 155
　　5.1.2　Web 3.0 营销的特点 156
5.2　Web 3.0 环境下的营销模式 158
　　5.2.1　基于 Web 3.0 的众包营销 159
　　5.2.2　基于 Web 3.0 的精准营销 162
　　5.2.3　基于 Web 3.0 的嵌入式
　　　　　营销 164
　　5.2.4　基于 Web 3.0 的 Widget
　　　　　营销 167
　　5.2.5　基于 Web 3.0 的威客营销 169
　　5.2.6　跨界营销 172
5.3　典型案例：美的公司的"元宇宙"
　　营销创新探索 175
本章小结 177
复习思考题 177

第 6 章　移动营销 180

6.1　移动营销概述 181
　　6.1.1　移动营销的定义 181
　　6.1.2　移动营销的主要特征 182
　　6.1.3　移动营销的基本原则 183
6.2　移动营销的常用方法与参与者 184
　　6.2.1　移动营销的常用方法 184
　　6.2.2　移动营销的主要参与者 185
6.3　移动营销的应用模式 186
　　6.3.1　移动营销的业务模式 186
　　6.3.2　移动营销的盈利模式 187
6.4　移动营销存在的问题及发展前景 187
　　6.4.1　移动营销存在的问题 188

6.4.2 5G 技术对移动营销的影响 189
6.4.3 未来移动营销的应用发展特点 189
6.5 典型案例：木瓜移动从 KOL 到内容营销 190
本章小结 192
复习思考题 192

第三篇 策略篇

第 7 章 网络营销 4P 策略 197
7.1 网络营销产品策略 198
7.1.1 网络产品的概念及市场生命周期 199
7.1.2 网络产品的类型 200
7.1.3 网络新产品的开发策略 201
7.1.4 典型案例：百度的多样化产品策略 203
7.2 网络营销价格策略 207
7.2.1 网络营销价格的特点 207
7.2.2 网络营销的定价目标 208
7.2.3 网络营销的定价方法 209
7.2.4 网络营销的定价策略 210
7.2.5 典型案例：亚马逊的差别定价策略 213
7.3 网络营销渠道策略 215
7.3.1 网络营销渠道的定义 215
7.3.2 网络营销渠道的特点 215
7.3.3 网络营销渠道的类型 216
7.3.4 网络营销渠道的功能 217
7.3.5 典型案例：LinkFlow 私域和公域跨渠道联动赋能广告降本增效 219
7.4 网络促销策略 219
7.4.1 网络促销的概念 220
7.4.2 网络促销的常用策略 221
7.4.3 网络促销策略的实施 223
7.4.4 网络促销效果的评价 225
7.4.5 典型案例：华为公司的悬念促销 227
本章小结 228
复习思考题 228

第 8 章 网络营销 4C 策略 231
8.1 网络营销 4C 策略的含义与核心理念 233
8.1.1 网络营销 4C 策略的含义 233
8.1.2 网络营销 4C 策略的核心理念 234
8.2 基于网络消费者行为特点的营销策略 234
8.2.1 网络消费者的行为特点 234
8.2.2 基于消费者行为的网络营销策略 236
8.3 网络营销价格成本的构成 236
8.3.1 消费者购物成本 236
8.3.2 卖方成本 237
8.4 网络营销 4C 与 4P 策略的融合 238
8.5 典型案例：7 天酒店的网络营销 4C 策略 239
本章小结 240
复习思考题 240

第四篇 实践篇

第 9 章 网络营销策划 245
9.1 网络营销策划的含义和特点 248
9.1.1 网络营销策划的含义 248
9.1.2 网络营销策划的特点 248
9.2 网络营销策划的方法和原则 249
9.2.1 网络营销策划的常用方法 249
9.2.2 网络营销策划的基本原则 251

9.2.3 网络营销策划的一般程序 254
9.3 网络营销策划的类型 256
　9.3.1 按网络营销策划的内容功能划分 256
　9.3.2 按网络营销策划的目标层次划分 257
9.4 网络营销策划书的撰写 257
　9.4.1 网络营销策划书的编写原则与编写技巧 258
　9.4.2 网络营销策划书的格式与基本内容 259
9.5 网络营销策划方案的实施与效果测评 261
　9.5.1 网络营销策划方案实施的一般步骤 262
　9.5.2 网络营销绩效评价 262
本章小结 271
复习思考题 272

第10章 行业网络营销综合应用 274

10.1 物流服务业网络营销案例：锦程物流 276
10.2 金融保险业网络营销案例：中国人寿 278
10.3 汽车制造业网络营销案例：上汽大众 280
10.4 家用电器制造业网络营销案例：海尔集团 282
10.5 能源化工行业网络营销案例：中国石化 284
本章小结 286
复习思考题 286

附录A 研究性教学的内涵及其分组实施方法 289

A.1 研究性教学的内涵 289
A.2 研讨学习分组及相关规则 290
A.3 分组研讨学习的实施流程 291

附录B 知识卡片索引 293

参考文献 295

第一篇　理论篇

篇首寄语

"现代营销学之父"菲利普·科特勒认为,"营销既是一种组织职能,又是一种创造、传播、传递顾客价值的思维方式。营销的宗旨是发现并满足需求。"网络营销与传统市场营销同属于营销学范畴,一些市场营销的基本理论在网络环境下同样适用。

学习网络营销要注意培养良好的职业道德,坚持规范的网络营销原则;实施网络营销时要以消费者为中心,注意换位思考,正如《论语》所说,"己所不欲,勿施于人"。

第1章　网络营销概述
第2章　网络营销基本理论

网络营销概述

第 1 章

教学目标

- 多角度解释网络营销、网络营销环境、Web 1.0、Web 2.0、Web 3.0 的含义，系统描述网络营销的基本特点、主要职能、常用工具及发展阶段。
- 比较网络营销与电子商务的区别，归纳总结网络营销不同发展阶段的特点；举例说明网络营销各种职能的主要特点、网络营销外部环境与内部环境的构成。
- 结合网络营销各种职能，引导学生树立正确的网络营销职业道德观；结合网络营销环境及其协调策略，引导学生强化生态思维意识，培养可持续发展理念。

学习要求

主要内容	主要知识点	能力素养
网络营销的概念与特征	网络营销的定义，网络营销的特点，网络营销与电子商务的区别	（1）灵活应用网络营销的基本职能和努力达成目标职能的能力； （2）适应与选择外部环境和创造与利用内部环境的能力； （3）培养互联网思维和网络营销环境生态思维意识，养成认真负责的职业习惯
网络营销的主要职能	网站建设与推广、网络品牌建设与宣传、信息发布、销售促进、网上销售、在线顾客服务、网上客户关系建立与维护、网络市场调研	
网络营销的常用工具	企业网站、搜索引擎、电子邮件、社会化媒体（博客、微博、即时通信、电子书与电子杂志、网络视频、网络论坛）	
网络营销环境及生态	网络营销环境构成要素、外部环境、内部环境、生态思维、生态营销	
网络营销的发展阶段	Web 3.0 的含义、Web 3.0 与 Web 1.0 及 Web 2.0 的区别	

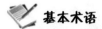

基本术语

网络营销、网站推广、网络品牌、销售促进、网上销售、网上市场调研、搜索引擎、即时通信、社会化媒体、网络营销工具、网络营销环境、生态思维、生态营销、企业可持续发展战略、Web 3.0

比亚迪新能源汽车民族自主品牌的建立与推广

比亚迪汽车（以下简称比亚迪）是比亚迪股份有限公司的直属子公司，2003 年由比亚迪收购陕西西安秦川汽车有限责任公司后组建，进入汽车制造与销售领域，以"打造民族的世界级汽车品牌"为产业目标，开始了民族自主品牌汽车的发展征程。2008 年 10 月，比亚迪收购了半导体制造企业中纬积体电路（宁波）有限公司，整合了电动汽车上游产业链，拥有了电动汽车驱动电机的研发能力和生产能力。2008 年 12 月，全球第一款不依赖专业充电站的双模电动车——比亚迪 F3DM 双模电动汽车在深圳正式上市。2009 年，比亚迪推出纯电动汽车。2022 年 3 月，比亚迪正式宣布停止生产燃油汽车并在新能源汽车领域全面发力，为打造新能源汽车民族自主品牌奠定坚实的基础。

1. 借助微信话题和手游引流实现线上线下立体传播

为提升品牌关注度，2015 年 4 月比亚迪通过微信话题预热、微信 H5 游戏互动和线下上海车展的双屏互动三个阶段，形成线上到线下的良好引流和立体传播，在为车展造势的同时，很好地推广了新车"唐"品牌。

第一阶段，根据比亚迪汽车的绿色梦想和空气质量下降的现实需求提出了微信话题"新鲜空气交易所"。主要利用比亚迪官方微信平台进行宣传活动，并选取了上海本地的一些热门微信自媒体，如"上海美食攻略""微上海"等进行定向、精准投放。

第二阶段，基于比亚迪·唐车型亮点打造微信游戏 H5"摇享蔚蓝，智创新生"。消费者以简单的摇一摇和拼图方式即可参与，游戏玩家每天有三次机会召唤比亚迪新车"唐"品牌的亮点图，同时借助好友协助方式，在保持游戏用户热情的同时形成品牌的扩散传播。

第三阶段，结合比亚迪"油电混合"卖点在上海车展进行大型双屏互动游戏。用户通过手机扫码进入游戏页面，游戏的全过程和最后结果都可以实时显示在车展台的大屏幕上，双屏的创新互动形式、简单有趣的游戏获得了不错的反响。

整个活动给比亚迪新增 37854 个用户，激发 25 万多人次参与游戏互动，1.2 万多人主动分享此次活动；同时通过互动引流，引发上万人围观其车展互动活动，加深了用户对比亚迪新能源汽车的印象。

2. 开启"e 网"全面打通线上线下品牌推广与销售渠道

2019 年 3 月，比亚迪开启全新营销渠道"e 网"，全面打通线上线下渠道，在不断改善产品性能的同时，以诚信为本努力提高服务质量，采用全新的专属服务以及定制活动与消费者进行互动。

从2022年开始，比亚迪充分利用移动互联网和各种自媒体平台及大数据技术，充分了解行业动态、收集用户反馈、分析用户行为及需求，进行品牌的营销及推广工作。例如，利用微信公众号为用户策划与提供优质、有高度传播性的内容，关注和分析网友使用习惯、情感及体验感受等；借助网络直播平台，比亚迪全面、直观地展示了其各款产品的优越性和特色，销量也月月见涨。

目前，比亚迪新能源汽车在整车制造、模具开发、车型研发等方面都达到了国际领先水平，产业格局日渐完善，已迅速成长为中国富有创新特色的新锐品牌，并在全球发挥广泛的影响力。

（资料来源：比亚迪官网，作者有删改）

点评：线上线下多种形式互动，提升用户参与度，从而打造网络品牌

比亚迪在汽车领域是全球唯一一家同时掌握电池、电机、电控三电核心技术及车规级芯片的新能源汽车全产业链核心技术的车企。2022年，比亚迪的财报数据显示，其在研发上的投入超过100亿元，研发人员数量超过4万，累计申请专利3.7万项。本案例可以给予我们如下启示。

第一，网络营销在商品的销售促进、网络品牌建设与宣传等方面具有无限的市场潜力和独特的优势。案例以"话题+游戏+车展双屏"形式的互动，迎合用户喜欢简单、有趣的偏好，在提升比亚迪汽车公众号活跃度的同时，创造性地借助线上和线下参与感极强的互动形式将用户在不同媒体上的体验贯穿起来，通过这种反复体验产生口碑的良性循环，使网络营销传播的作用发挥到极致。

第二，以诚信为本、服务至上的服务宗旨开展网络品牌建设是企业长期稳定发展的正确途径。本案例为推动新能源汽车行业形成一个无限扩展的"诚信生态"体系提供了样板。因此，在学习网络营销时，读者要以诚信为本，坚持规范的网络营销原则，养成良好的网络营销职业习惯。

第三，要注意发掘企业或品牌在市场上可持续发展的驱动力。比亚迪研发实力提供的良好支撑基础是其可持续发展的驱动力。因此，在进行网络营销时，不能急功近利，而是需要在不断修缮企业本身问题的基础上，形成企业文化，建立企业的核心竞争力，以达到事半功倍的效果。

网络营销是以互联网为主要载体，以符合网络传播的方式、方法和理念，为实现组织目标或社会价值开展的各种经营或宣传活动。目前，网络营销贯穿于企业网上经营的全过程，从互联网应用于商务领域初期各种市场信息的收集与发布，到以开展网上交易为主和供应链整合的电子商务阶段，网络营销一直都是企业商务活动的核心内容。

1.1 网络营销的概念与特征

网络营销诞生于 20 世纪 90 年代，属于现代营销学范畴。网络营销的产生和发展主要基于以下三个原因：一是现代信息技术的发展与普及应用；二是消费者价值观的改变；三是激烈的商业竞争。

1.1.1 网络营销的概念

网络营销主要借助互联网和其他数字媒体来开展营销活动，有人称之为数字营销，即通过使用数字技术实现营销目标；也有人称之为电子营销，是指将信息技术应用到传统的营销活动中。国内外众多学者和组织在不同时期、从不同角度分别对网络营销的定义给出了各自的理解。

本书认为，网络营销是借助以互联网为主的各种电子网络，向目标客户传递有价值的信息和服务，更有效地促成组织交易或实现个体价值的各种策划宣传与运营实施活动和过程。广义的网络营销还包括营销网站设计、搜索引擎优化等为营销活动顺利实施所提供的各种辅助性服务活动和过程。简单地说，网络营销就是借助电子网络进行的各种策划宣传与运营实施活动和过程。

网络营销的定义

随着网络营销环境的变化和实践的发展，网络营销的内涵和方法策略不断丰富和完善，也就是说，本书介绍的有关网络营销的概念及方法策略不是长期固定不变的。因此，不要僵化地理解网络营销的概念，也不要把网络营销方法策略作为固定的模式照搬，在实践中应根据企业的具体情况灵活运用。

对于网络营销概念的理解，需要把握以下几点。

（1）网络营销不是孤立存在的。网络营销是一种新型的营销模式，是企业整体营销策略的一个组成部分，网络营销活动不可能脱离一般营销环境而独立存在。

（2）网络营销不只是网上销售。网上销售是网络营销发展到一定阶段产生的结果，也是网络营销的一项重要职能。网络营销的一个重要目的是促进销售，可能会促使网上销售量大幅度上升，也可能会促进线下销售量的上升。

（3）网络营销不等同于电子商务。网络营销和电子商务是一对紧密相关又具有明显区别的概念。从电子商务的角度来看，网络营销是电子商务的一种重要应用形式。电子商务强调的是交易方式和交易过程中各个环节的电子化；网络营销本身并不是一个完整的商业交易过程，电子商务交易过程中的网上支付和交易之后的商品配送等问题并不是网络营销所包含的内容。此外，传统企业、基于互联网开展业务的企业，它们无论是否进行电子化交易都需要网络营销。

（4）网络营销的实质是对网上经营与宣传环境的营造。开展网络营销，主要是基于互联网所创造的营销环境，综合利用各种网络营销工具、方法和资源，协调各参与方的相互关系，更加有效地实现组织或个体的经营与宣传目标。

1.1.2 网络营销的特点

网络营销中最重要的活动是组织和个人之间进行的信息传播和交换。如果没有信息交互，那么交易无从谈起。随着计算机技术、网络技术、现代通信技术发展的成熟与应用的普及，联网成本日益降低，互联网将企业、团体、组织以及个人跨时空联接在一起，营销活动的范围和方法变得更加灵活，信息交互变得更加便捷。网络营销的最终目的是占有市场份额，与传统营销相比，网络营销的特点如图 1-1 所示。

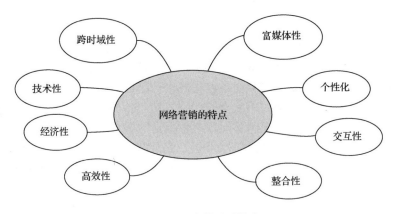

图 1-1 网络营销的特点

（1）跨时域性。互联网能够跨越时间约束和空间地域限制进行信息交换，使得网络营销脱离时空限制进行交易变成可能，企业可以每天 24 小时提供全球性营销服务。

（2）富媒体性。互联网通过文字、声音、图像等媒体传递营销信息，充分发挥营销人员的创造性和能动性，从而提高网络营销对用户的影响力。

（3）个性化。网络营销可以提供一对一的个性化宣传与服务，表现出很强的个性化特色。例如，通过在线客服，借助即时通信工具，可以实现一对一的在线交流与服务，与消费者建立长期良好的关系。

（4）交互性。交互性是网络营销信息传递的重要特征。用户可以主动、实时地参与营销活动，这种参与可以是有意识的询问或在一定程度上对原有信息和程序进行的改变，也可以是随机的、无意识的点击等行为。在网络营销过程中，交互式广告、带营销信息的网络游戏、智能查询、在线实时服务等都有不同程度的交互性。

（5）整合性。网络营销渠道是一种从商品信息发布至售后服务全程的营销渠道，具备电子交易、互动促销、客户在线服务、市场信息提供与分析等功能。同时，网络营销可以借助互联网将企业不同的营销资源与营销活动进行统一设计规划和协调实施，向消费者传达一致的营销信息，避免不同渠道传播不一致的信息而产生消极影响。网络营销除了可以整合线上的多种营销资源和方法，还可以整合线上和线下各种渠道资源、各种方法手段等。

（6）高效性。网络营销借助计算机系统可储存大量的信息以供用户查询，其传送的信息数量与精确度远远超过传统媒体，并能应市场需求及时更新产品或调整价格，及时、有效地了解并满足用户的需求。

（7）经济性。网络营销通过互联网进行信息交换，代替传统市场营销的实物产品目录，一方面可以减少印刷成本，节约水电与人工成本；另一方面可以减少由于多次交换带来的资源损耗。

（8）技术性。网络营销建立在以现代信息技术作为支撑的电子网络基础之上，企业实施网络营销必须有相应的技术投入和技术支持，需要拥有营销知识、掌握网络通信技术的复合型人才。技术性也是网络营销区别于传统营销的一个重要特征。

1.1.3 网络营销与电子商务的区别

网络营销和电子商务既紧密相关又有明显区别，二者的研究范围、关注重点、策略选择等明显不同。

（1）研究范围不同。网络营销是以互联网为主要手段，为达到一定营销目的而进行的一系列营销活动，注重的是以互联网为主要手段的营销活动过程；而电子商务研究的核心是电子化交易，强调的是交易方式和交易过程各个环节的电子化。这种关系表明：电子商务体系中涉及的安全、法律等问题不完全是网络营销包括的内容；而发生在电子交易过程中的网上支付和交易之后的商品配送等问题，也不是网络营销所包含的内容。

（2）关注重点不同。网络营销的关注重点是交易前的宣传和推广，是企业整体营销战略的一个组成部分；电子商务的关注重点之一是实现电子化交易。一个企业在完全开展电子商务之前，同样可以开展不同层次的网络营销活动。但是，网络营销本身并不是一个完整的商业过程，而是为促成交易提供技术支持。网络营销在交易发生之前起着信息传递的作用，在交易过程中成为电子商务的一个重要环节。因此，从这种意义上说，电子商务交易可以看作网络营销的高级阶段。

（3）策略选择不同。网络营销策略主要考虑选择合适的网络服务商，树立企业的网络形象和信誉，有效地进行企业品牌、产品、服务的宣传推广等问题；电子商务策略则侧重于考虑将电子商务技术与主营业务结合起来，尽可能地提高业务的数字化程度，以及企业网站创建和运营维护的人员构成、长远战略合作伙伴等问题。

1.2 网络营销的主要职能

网络营销具有哪些主要职能呢？或者说，开展网络营销具体包含哪些主要业务内容呢？从网络营销实践应用来看，现阶段网络营销的主要职能可分为基础职能和目标职能两大类，如图1-2所示。

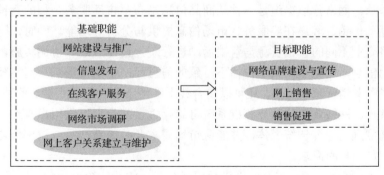

图1-2 网络营销的主要职能

网络营销主要职能之间的相互关系：基础职能所开展的工作，在某种程度上可以认为是为实现目标职能服务的；而目标职能的实现又可以更好地刺激基础职能进一步完善和充分发挥作用。因此，两者具有相互促进的关系。

1.2.1 基础职能

网络营销的基础职能主要体现网络营销资源的投入和建立情况，包括网站建设与推广、信息发布、在线客户服务、网络市场调研、网上客户关系建立与维护5个方面。

（1）网站建设与推广。网站建设是网络营销的一项基本任务，是实施网络营销的技术基础；网站建成后进行推广，以获得必要的访问量则是网络营销取得成效的客户基础。对于中小型企业而言，受经营资源的限制，发布新闻、投放广告、开展大规模促销活动等宣传机会比较少，因此通过互联网手段进行网站推广的意义显得尤为重要，这也是中小型企业更热衷网络营销的主要原因。

网站建设与推广的作用

事实上，网站推广不仅对中小型企业意义重大，对大型企业也是必要的。许多大型企业虽然有较高的知名度，但网站访问量不高，一个主要原因就是网站的推广力度不够，致使企业网站未能充分发挥其网络营销的作用。因此，网站建设推广是网络营销的基础工作，无论是中小型企业还是大型企业，开展网站建设推广都十分必要。

（2）信息发布。由于网络营销的基本思想就是通过各种互联网手段，将企业营销信息高效地向目标用户、合作伙伴、公众等群体传递，因此信息发布就成为网络营销的基本职能。互联网为企业发布信息创造了优越的条件，不仅可以在企业自建网站上发布信息，还可以利用各种网络营销工具和网络服务商的信息发布渠道向更大的范围传播信息。

（3）在线客户服务。互联网提供了更加方便的在线客户服务手段，从形式最简单的常见问题解答到电子邮件以及在线论坛和各种即时服务等。在线客户服务具有成本低、效率高的优点，在提高客户服务水平、降低客户服务费用方面具有显著的作用，同时直接影响网络营销的效果。

（4）网络市场调研。网络市场调研又称网上市场调研或在线调查，是指企业利用互联网作为沟通和了解信息的工具，对整体市场环境以及包括客户需求、市场机会、竞争对手、行业潮流、分销渠道、战略合作伙伴等与营销有关的市场数据系统地进行调查分析研究的过程，能为制定网络营销策略提供支持。网络市场调研是网络营销的一项重要业务内容，其基本方法包括网上搜索法、网站跟踪法、加入邮件列表等。与传统的市场调研相比，网络市场调研具有调研成本低、周期短、效率高、数据处理方便、不受时间和地点的限制等特点。网络市场调研既可以相对独立地进行，又可以依靠网络营销其他职能的支持而展开，并且调研的结果还可以反过来为其他网络营销职能更好地发挥作用提供支持。

（5）网上客户关系建立与维护。客户关系对于开发客户的长期价值具有重要的作用，以客户关系为核心的营销方式成为企业创造和保持竞争优势的重要策略。网络营销具有的良好交互性，为建立客户关系、提高客户满意度和忠诚度提供了有效手段。建立和维护良好的客户关系是网络营销取得长期效果的必要条件。

1.2.2 目标职能

网络营销的目标职能主要体现了网络营销的直接效果和间接效果,包括网络品牌建设与宣传、网上销售、销售促进3个方面。

(1) 网络品牌建设与宣传。网络品牌建设是以企业建设为基础,通过一系列推广措施,让客户和公众对企业形成良好的认知和认可,并通过网络品牌的价值转化实现持久的客户忠诚和更多的直接收益。网络营销的重要任务之一就是在互联网上建立并推广企业的品牌,以及让企业的线下品牌在网上得以延伸和拓展。网络营销为企业利用互联网建立品牌形象提供了有利的条件,无论是大型企业还是中小型企业都可以选用适合企业自身特点的方式展现品牌形象。

网络品牌建设渠道

(2) 网上销售。网上销售是企业销售渠道在互联网络上的延伸,一个具备网上交易功能的企业网站本身就是一个网上交易场所。网上销售渠道建设并不限于企业网站本身,还包括建立在第三方电子商务平台上的网上商店,以及与其他电子商务网站不同形式的合作等。因此,不仅大型企业可以开展网上销售,中小型企业也可能拥有适合自身需要的在线销售渠道。

(3) 销售促进。网络营销的基本目的是为最终增加销售提供支持,各种网络营销方法大多直接或间接地具有促进销售的作用。网络营销有许多针对性的网上促销方法,并且这些促销方法不局限于对网上销售的支持。事实上,网络营销对于促进线下销售同样很有价值,这也是一些没有开展网上销售业务的企业有必要开展网络营销的原因。

正确理解销售促进效果

1.3 网络营销的常用工具

网络营销工具就是互联网上的一些具有信息传递功能且满足相应条件的典型应用。作为网络营销工具的互联网应用,其需要具备以下条件:具有信息发布、传递、交互等基本功能;有广泛的网络用户基础,所有用户都可以免费使用或有条件使用;有明确的用户价值(即能满足用户的某种需求);在应用过程中具有一定的规律性。

网络营销常用工具体系如图1-3所示。在Web 1.0阶段,常见的网络营销工具主要有企业网站、搜索引擎、网络广告、电子邮件等,其共性特征是用户只能被动地浏览信息;在Web 2.0阶段出现的网络营销工具主要是一些社会化媒体,包括社交网站、博客、微博、即时通信、电子书、网络视频、维基词条、网络论坛等,其共同特征是:用户既是信息的浏览者,又是信息的制造者。

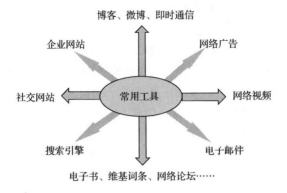

图 1-3 网络营销常用工具体系

不同网络营销工具分别可以派生出相应的网络营销方法。例如，借助搜索引擎工具开展搜索引擎营销（SEM），借助电子邮件工具可开展病毒式营销、许可 E-mail 营销，借助企业网站开展网络会员制营销，等等。各种方法的具体内容将在本书第二篇介绍。

常用网络营销工具比较

1.3.1 企业网站

企业网站是企业在互联网上进行网络品牌建设和形象宣传的平台，相当于企业的网络名片，既是企业形象宣传和产品信息传播的渠道窗口，又可以辅助企业通过网络直接实现产品的销售。企业可以利用网站发布产品与服务等信息，向世界展示企业风采，加强用户服务，与潜在用户建立商业联系。企业网站作为综合性网络营销工具，具有如下特点。

企业网站的特点

（1）企业网站营销价值的综合性与基础性。企业网站是一个综合性的网络营销工具，汇聚了企业各方面的信息，是企业最完整的信息源，这也就决定了企业网站在网络营销中的作用不是孤立的。企业网站的网络营销价值需要通过网站的各种功能及其他网络营销方法综合体现出来。同时，企业网站的信息和功能往往是其他网络营销手段和方法顺利展开的基本应用条件，不仅与其他营销方法具有直接的关系，还是其开展网络营销的基础。

（2）企业网站建设规划具有自主性和灵活性。企业网站通常是根据企业自身需要建立的，并非由其他网络服务商经营的，因此在功能上具有很强的自主性和灵活性。因此，每个企业网站的内容和功能都会有较大的差别。企业网站经营效果的主动权掌握在自己手里，其前提是对企业网站有正确的认识，以适应企业营销策略的需要，并且从经济上、技术上有实现的条件。因此，企业网站应适应企业的经营需要。

（3）企业网站信息传递具有主动性与被动性。企业通过自建网站可以主动地发布信息，这是企业网站传递信息具有主动性的一面；但是发布在网站上的信息不会自动传递给用户，只能被动地等待用户获取，这又表现出企业网站传递信息具有被动性的一面。同时具有主动性与被动性也是企业网站与搜索引擎和电子邮件等网络营销工具在信息传递方式上的主要差异。搜索引擎传递营销信息完全是被动的，只能被动地等待用户检索，只有用户检索使用的关键词和企业网站相关，并且在检索结果中的信息可以被用户看到并被点击，这次营销信息的传递才得以实现。电子邮件传递营销信息基本上是主动的，营销人员自己可以决定发送什么信息、什么时候发送。

（4）企业网站的结构功能应具有相对稳定性。企业网站的结构和功能的相对稳定性具有两方面的含义：一方面，一旦网站的结构和功能被设计完成并正式开始运行，在一定时期内将基本稳定，只有在运行一个阶段后且在进行功能升级的情况下才能拥有新的功能；另一方面，功能的相对稳定性也意味着，如果存在某些功能方面的缺陷，在下次升级之前的一段时间内将影响网络营销作用的发挥。网站功能的相对稳定性对网站的运营维护和一些常规网络营销方法的应用都很有必要，一个功能不断变化的企业网站是不利于网络营销的。因此，在企业网站策划过程中，应尽量做到在一定阶段内网站功能适用并具有一定的前瞻性。

1.3.2　搜索引擎

搜索引擎是指根据一定的策略、运用特定的计算机程序从互联网上搜集信息，在对信息进行组织和处理后，为用户提供检索服务，并将相关信息展示给用户的应用系统。搜索引擎是互联网用户获取信息的主要方式，常用作网站推广的工具。搜索引擎是网民获取信息的重要工具，是引导用户访问企业网站的重要入口。

按搜索引擎的工作原理，搜索引擎可分为全文索引、目录索引、元搜索引擎；按适用范围，搜索引擎可分为通用搜索引擎、垂直搜索引擎、集合式搜索引擎、门户搜索引擎与免费链接列表等。百度和谷歌是全文索引搜索引擎的典型代表，也是通用搜索引擎的典型代表。

目前，主要的中文搜索引擎有：百度、搜狗、360 搜索、SOSO 搜搜、有道搜索、必应（Bing）等。

1.3.3　电子邮件

电子邮件（E-mail）又称电子信箱，是一种用电子手段提供信息交换的通信方式，是互联网应用最广的服务。通过电子邮件系统，用户可以借助文字、图像、声音等信息表达方式，以非常低廉的价格快速地与世界上任何角落的网络用户联系。

电子邮件服务由建立在相应电子邮件服务器基础之上的电子邮件系统提供，大型邮件服务系统一般是自主开发或二次开发实现的。电子邮件服务器是处理邮件交换的软硬件设施的总称，包括电子邮件程序、电子邮箱等。电子邮件服务器程序通常不能由用户启动，而是一直在系统中运行，它一方面负责发送本机器上发出的 E-mail；另一方面负责接收其他主机发过来的 E-mail，并把各种电子邮件分发给每个用户。

常用的主要电子邮件系统有网易邮箱、QQ 邮箱、新浪邮箱、Hotmail 邮箱等。

1.3.4　社会化媒体

社会化媒体是人们用来分享意见、见解、经验和观点的工具和平台。近年来，社会化媒体蓬勃发展，其传播的信息已成为人们浏览互联网的重要内容，引发了人们社交生活中争相讨论的一个又一个热门话题，并吸引传统媒体争相跟进，已成为一类极具营销价值和市场前景的网络营销工具。现阶段用于网络营销的社会化媒体主要有博客、微博、即时通信、社交网站、网络视频、电子书与电子杂志、网络论坛等。

（1）博客。博客（Blog）又称网络日志，是一种以网络为载体与人交流的个性化信息展示平台，一般由个人管理，会不定期地张贴新的文章。典型的博客通常结合文字、图像以及其他与主题相关的媒体展示内容。借助博客，人们可以迅速、便捷地发布心得，及时与他人进行交流。大部分博客内容以文字为主，也有一些博客专注于艺术、摄影、视频、音乐等各种主题。

（2）微博。微博即微博客的简称，是一个基于用户关系、通过关注机制分享、传播与获取简短信息的社交网络平台。微博字数一般限制在 140 个汉字以内，可以同时发表图片、视频和链接。有些微博平台设置了长微博或取消 140 字限制，如新浪微博允许用户最高可输入 2000 字。比较有名的微博平台包括我国的新浪微博、美国的 Twitter（推特）等。

（3）即时通信。即时通信（Instant Messaging，IM）是指可以在线时实交流、有效沟通的工具。借助即时通信工具，企业可以与客户进行零距离、无延迟、全方位的沟通，与客户保持密切联系，进而有效地促进销售、实现商务目的。常见的即时通信工具有 QQ、微信、阿里旺旺、慧聪发发、Skype、MSN 等。

（4）社交网站。社交网站（Social Network Site，SNS）专指旨在帮助人们建立社会性网络的互联网应用服务，它是基于"六度分割"理论发展起来的社会网络关系系统的网络形态，以网络人际关系为核心，能够无限扩张人脉，为用户提供随时、随地的互动沟通和人际关系管理。社交网站以小红书、抖音、Facebook 等平台为代表。

（5）网络视频。网络视频是在网络上以 WMV、RM、RMVB、FLV、MOV 等视频文件格式传播的动态影像，包括影视节目、新闻、广告、Flash 动画、自拍 DV、聊天视频、游戏视频、监控视频等。网络视频随着近年来网络媒体的迅速发展而成为一种重要的广告媒体，并逐渐成为企业开展网络营销的重要工具和实现广告目的的主要形式。网络视频广告的形式和内容表现出较之传统电视广告不同的特点，具有巨大的发展空间。

（6）电子书与电子杂志。电子书是通过数码方式将信息记录在以光、电、磁为介质的设备中，并借助特定的设备读取、复制、传输，从而区别于以纸张为载体的传统出版物。电子书的内容一般由专门的网站或组织以特殊的格式制作而成，可以在有线网络或无线网络上传播。电子杂志又称网络杂志、多媒体互动杂志等，通常是指完全以计算机技术、电子通信技术和网络技术为依托而编辑、出版和发行的杂志。电子杂志集平面与互联网两者所长，强调视觉冲击，集合了文字、声音、图像、动画、视频等元素，具有可视性、交互性、多样性、娱乐性、传播快等特点。电子杂志可以直接通过浏览器跨平台阅读，各种移动设备也能无障碍地看到原版矢量的电子杂志，不再需要下载和存档，大大改善了阅读体验。

（7）网络论坛。网络论坛作为网络营销工具，通常可分为综合性论坛和专题性论坛两大类。综合性论坛包含的信息比较丰富和广泛，能够吸引众多的网民来到论坛，但这类论坛往往不能全部做到精细和面面俱到。专题性论坛所提供的内容可以做得更加精细。通常大型的门户网站有足够的人气、凝聚力以及强大的后盾支持，能够把门户综合性论坛网站做到很强大，但是小规模的网络公司则倾向于选择能做到比较精细的专题性论坛。

1.4　网络营销环境及生态

企业作为社会经济组织,其营销活动总是处于一定的社会环境中,既受外部环境的影响,又受内部条件的制约。网络营销环境既能为企业提供机会,又能给企业的网络营销乃至生存发展造成威胁。因此,企业在开展网络营销时,必须先对网络营销环境进行正确的评估,以便在激烈的市场竞争中获得或保持竞争优势。

1.4.1　网络营销环境与生态思维的含义

1. 网络营销环境的含义

网络营销环境是指与企业网络营销活动有关联的所有因素的集合,根据其与企业营销活动的密切程度,可分为外部环境与内部环境。通常,网络营销外部环境为企业开展网络营销提供潜在用户以及向用户传递营销信息的各种手段和渠道;网络营销内部环境为企业有效地营造网上经营环境奠定基础。

网络营销整体环境由相互联系的多种因素有机组合而成,在不断变化中发挥其作用和影响。随着社会的发展,特别是网络技术在营销中的运用,环境更加变化多端。我们应在实践中努力建设和挖掘内部环境资源,同时有效地适应、协调和利用各种外部环境资源。

2. 网络营销生态思维的含义

在互联网时代,以网络、**生态思维**进行营销是必要的。网络营销思维模式大致经历了技术思维、流量思维、用户思维、生态思维4个层次。

> **知识卡片 1-1**
>
> 生态思维:是以唯物辩证思维方法与生态哲学思维方法,自觉审视和积极思考人与自然界,特别是生态环境之间的复杂关系,并以人和自然生态环境的协同进化与和谐发展为价值取向的现代思维方式。
>
> 生态思维具有以下主要特征:生态思维确认人与自然依存关系的整体性与进化的协同性;生态思维确认人与万物存在关系的多元性和价值联系的多样性;生态思维确认自然界自组织的开放性与物质能量转换的循环性;生态思维确认地球物质资源的有限性与人的认识过程的无限性。正如党的二十大报告中提到的"万事万物都相互联系的,相互依存的"。

网络营销生态思维是指以用户关系网络的价值体系为基础,充分考虑网络营销环境各要素之间的关系设计网络营销战略。生态思维的核心思想是在吸引用户关注的基础上,进一步建立网络营销各环境要素之间的关系,重点在于用户价值的关联关系,形成用户之间、用户与企业之间的价值关系网络。

生态思维包括环境思维、关系思维、差异化思维。环境思维认为企业可以自然选择环境因素,推崇适者生存、不适者淘汰的生存策略;关系思维认为环境中各个要素之间的普遍联系和相互作用可以建立营销关系，推进企业成长；差异化思维认为环境中的每个物种都有自己的生态位。

网络营销需要有生态思维。以生态思维设计的网络营销方法，借鉴生态学及由此产生的商业生态系统、行业生态系统等概念，对网络营销系统中参与者的地位和价值进行分析设计，形成利益共享、可持续发展的网络营销生态系统的过程称为生态营销，其焦点是使市场能更加注重环境保护以及社会经济发展的可持续性。

1.4.2 网络营销外部环境

网络营销外部环境一般是指企业不可控的因素，主要包括的因素如图1-4所示。

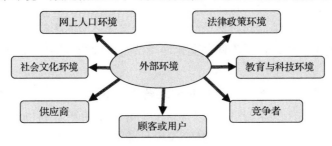

图1-4 网络营销外部环境包括的因素

（1）网上人口环境。人是企业营销活动的直接和最终对象，是产品的购买者和消费者。网络营销的人口环境包括网民规模、网民结构特征（网民年龄结构、网民性别结构、网民地理分布）等。在其他条件固定或相同的情况下，网民规模决定市场的容量和潜力；网民结构特征影响消费结构和产品构成。

（2）法律政策环境。法律政策环境是指对企业网络营销活动有一定影响的法律政策因素的总和，主要包括国家政治体制、政治局势、国际关系、法制体系、方针政策等。法律政策环境对企业开展网络营销活动具有保障和规范作用，直接或间接地影响经济和市场。我国与网络营销及电子商务相关的法律法规主要有：国家颁布的《中华人民共和国**电子签名法**》（2019年修正）、《中华人民共和国电子商务法》（2018年8月31日公布）；由各部委先后发布的《电子认证服务密码管理办法》《网络营销运营规范》《电子支付指引（第一号）》《商务部关于网上交易的指导意见（暂行）》《电子商务模式规范》《网络购物服务规范》等。此外，还有行业标准，如由中国广告协会发布实施的《网络直播营销的行为规范》《网络直接营销选品规范》等。一方面，网络营销的各个环节与问题需要相关的法律法规加以规范；另一方面，法律政策的每个措施也都左右着网络营销的发展方向。

> **知识卡片 1-2**
>
> **电子签名法**：为了规范电子签名行为，确立电子签名的法律效力，维护有关各方的合法权益而制定的法律。
>
> 各国一般都会根据自身特点制定符合本国实际的电子签名法，也就是说，不同国家的电子签名法有所不同。我国电子签名法的全称为《中华人民共和国电子签名法》，由中

华人民共和国第十届全国人民代表大会常务委员会第十一次会议于2004年8月28日通过，自2005年4月1日起施行。当前最新版本为2019年4月23日第十三届全国人民代表大会常务委员会第十次会议修正版。

（3）社会文化环境。社会文化环境是指在一定社会形态下形成的信念、价值观念、宗教信仰、道德规范、审美观念以及世代相传的风俗习惯等被社会所公认的行为规范。社会文化环境蕴含的内容十分丰富，并且在不同的国家、地区、民族之间差别非常明显。以网络信息技术为基础的网络文化是现实社会文化在网络空间的延伸和多样化的展现，同时形成了独特的文化行为特征、文化产品特色、价值观念及思维方式，如网络礼仪、网络习俗、网络语言等。任何企业都处于一定的社会文化环境中，同时企业又是由社会成员组成的一个小的社会团体，企业营销活动必然受到所在社会文化环境的影响和制约。因此，企业应了解和分析社会文化环境，针对不同的文化环境制定不同的网络营销策略，组织不同的网络营销活动。

（4）教育与科技环境。教育与科技是网络营销宏观环境的基本组成部分。教育是科学技术的基础，在信息技术产业中，教育水平差异是影响需求和用户规模的重要因素。在当今世界，科学技术对经济社会发展的作用日益显著，与企业网络营销的联系也更为密切。

（5）供应商。供应商是指向生产企业及其竞争者提供生产经营所需原材料、零部件、能源、资金等生产资源的公司或个人。在网络经济条件下，企业与供应商的关系表现出下述变化：一是企业对供应商的依赖性增强，二是企业与供应商的合作性增强。企业与供应商之间既有合作又有竞争，这种关系制约着企业的网络营销活动。

（6）竞争者。竞争是商品经济活动的必然规律，企业在网络营销过程中不可避免地遇到业务与自身相同或相近的竞争对手，认真研究竞争对手的特点，"取其所长，补己之短"是在营销中克敌制胜的好方法。竞争者有多种类型，如满足消费者目前各种愿望的愿望竞争者、以不同的方法满足消费者同一需求的一般竞争者、满足消费者对同类商品质量与价格需求的产品形式竞争者、能满足消费者某种需求的同种产品但不同品牌的品牌竞争者等。

（7）顾客或用户。顾客或用户是企业产品销售的市场，是企业直接或最终的营销对象。网络技术的发展极大地消除了企业与顾客之间的地理位置的限制，创造了一个让双方更容易接近和交流信息的机制。顾客可以通过互联网得到更多需求信息，使其购买行为更加理性化。虽然在网络营销活动中，企业不能控制顾客的购买行为，但可以通过有效的营销给顾客留下良好的印象，处理好与顾客的关系，促进产品的销售。

1.4.3　网络营销内部环境

网络营销内部环境是指企业内部的物质、文化环境的总和，包括企业资源、企业能力、企业文化等方面，也称企业内部条件。企业网络营销的内部环境因素有广义与狭义之分，如图1-5所示。

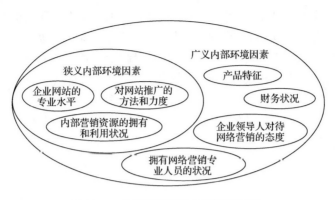

图 1-5　企业网络营销内部环境因素

（1）狭义内部环境因素。狭义内部环境因素主要包括企业网站的专业水平、对网站推广的方法和力度、内部营销资源的拥有和利用状况。

（2）广义内部环境因素。广义内部环境因素包括产品特征、财务状况、企业领导人对待网络营销的态度、拥有网络营销专业人员的状况等。

企业内部环境涉及网络营销部门之外的其他众多部门，如企业最高管理层、财务以及产品研发、采购、生产、销售部门等，这些部门与网络营销部门密切配合、协调，构成企业网络营销的完整过程。

1.4.4　网络营销环境生态的协调策略

环境的变化是绝对的、永恒的，随着现代信息技术的快速发展及其在营销中深入应用，网络营销环境更加复杂多变。企业的营销观念、消费者的需求和购买行为都是在一定的经济社会环境中形成并变化的。企业要有效地开展网络营销，实现可持续发展战略，需要外部环境与内部环境的相互作用和相互协调。网络营销环境协调的一般策略是：积极适应和选择外部环境因素；充分利用和努力创造内部环境因素。

（1）适应和选择外部环境。由于网络营销的外部环境是企业不可控的因素，企业自身无法去改变它，因此在实践中，企业需要在充分了解各种宏观环境因素的基础上，积极学习、适应并合理选择宏观资源，尽可能达成与宏观环境的协调，以有效地营造企业所需的和谐的经营与宣传环境，进而实现网络营销的目标。

（2）利用和创造内部环境。网络营销的内部环境因素比外部环境因素对企业经营的影响更为直接，而且企业在很大程度上是可以掌握和控制的，因此，企业应该根据网络营销原理和方法发挥作用的条件，努力创造并充分利用内部环境中有价值的网络营销资源，改善影响网络营销效果的可控因素，只有这样才能真正让网络营销发挥其应有的作用。

例如，搜索引擎在网络营销中具有非常重要的作用，企业一般利用搜索引擎服务商提供的服务进行网站推广，为了获得最理想的效果，必须研究搜索引擎的算法规则、对网站设计的一般要求、搜索广告投放技巧等。虽然搜索引擎为企业提供了被用户发现的机会，但并非每个网站都能获得搜索引擎的收录并在搜索结果中位居前列而受到用户关注。合理利用这种机会就是营造企业网络营销与相关环境因素适应的过程。可见，企业与网络营销环境的协调性也反映了网络营销的专业程度。

不同体量或者处于不同发展阶段的企业所选择的生存策略或环境协调策略是不同的，所取得的营销效果也是不同的。一些企业网络营销没有取得明显效果，可能受制于外部环境因素，也可能受制于内部环境因素，或者同时受制于两者，需要从外部环境和内部环境两个方面进行评估诊断，分别找出其中的关键因素，并采取合理的手段加以改进。

正确理解网络营销内部环境和外部环境协调的策略，运用网络营销生态思维模式，有助于用全面的观点来考察网络营销的效果，制定合理的网络营销策略，进而更好地实现企业可持续发展战略。

知识卡片 1-3

企业可持续发展战略：企业在追求自我生存和永续发展过程中，既要考虑企业经营目标的实现和企业市场地位的提高，又要考虑企业在领先的竞争领域和未来扩张的经营环境中始终保持持续的盈利增长和能力的提高，保证企业在相当长的时间内长盛不衰。

企业可持续发展战略可分为以下几种主要类型。①创新可持续发展战略，即企业可持续发展的核心是创新。只有不断创新的企业，才能保证其效益的持续性，即企业的可持续发展。②文化可持续发展战略，即企业发展的核心是企业文化。面对纷繁变化的内部和外部环境，企业发展需要企业文化主导。③制度可持续发展战略，是指企业获得可持续发展的内在动力主要源于企业制度。④核心竞争力可持续发展战略，是指企业可持续发展主要是培育企业核心竞争力。企业核心竞争力是指企业区别于其他企业而具有自身特性的相对竞争能力。⑤要素可持续发展战略。企业发展取决于人力、知识、信息、技术、领导、资金、营销等要素。

1.5 网络营销的发展阶段

网络技术的发展会对网络营销的诞生和发展产生直接的影响，对应用进程起着决定性的作用。从世界范围来看，按照网络营销主要依托的互联网技术发展阶段和网络营销的实践特点，可将网络营销的发展历程大致分为 Web 1.0 阶段、Web 2.0 阶段、Web 3.0 阶段，这三个阶段分别具有显著的表现特征。

1.5.1 网络营销 Web 1.0 阶段

网络营销 Web 1.0 阶段，从 1993 年到 2003 年。Web 1.0 技术把人和计算机网络联系在一起，帮助用户接收信息。从技术上看，Web 1.0 时代的网络营销依赖的是动态 HTML 和静态 HTML 网页技术；从信息传递上看，其传递营销信息是以静态、单向阅读为主，用户只是被动地参与浏览信息。

1. 全球 Web 1.0 阶段的网络营销概况

1993 年，第一批网页和浏览器出现在互联网上，并出现了基于互联网的搜索引擎，成为互联网发展的转折点。以 1994 年 10 月出现在网页上的一个 Banner 广告为标志，大量具有 Web 1.0 特征的企业、媒体、用户陆续聚集到万维网上,开启了网络营销的 Web 1.0 阶段。

1994 年被认为是网络营销发展最重要的一年,因为在网络广告诞生的同时,基于互联网的第一代搜索引擎诸如 Yahoo!、WebCrawler、InfoSeek、Lycos 等相继诞生。搜索引擎发展的相关资料表明,1994—2000 年是搜索引擎快速发展时期,出现的许多搜索引擎已经成为全球的品牌。例如,被公认为全球最大的搜索引擎公司谷歌(Google)成立于 1998 年 9 月;全球最大的中文搜索引擎百度(Baidu)于 2000 年 1 月在北京中关村创立。

搜索引擎蓬勃发展对网络营销的意义在于:打开了用户快速获取网络信息的渠道入口,为用户提供了通过网络传递信息的基本工具;为网站推广等网络营销业务提供了基本的实现方法,同时在一定程度上刺激了网站数量的增长和网页内容质量的提升。

1994 年出现的第一起利用互联网赚钱的律师事件,也促使人们开始对电子邮件(E-mail)的营销价值进行深入思考,后来形成了许可 E-mail 营销方法。

1995 年 7 月,全球最大的网上商店——亚马逊网上书店成立,同年 10 月全球最大的拍卖网站——eBay 问世。这些事件对于互联网及网络营销的发展具有里程碑式的意义。

英国网站 Cov.uk 认为第一代互联网的独特属性创造了各种商务和营销,并将其归纳为八个方面:降低成本、结果可以跟踪和测量、开拓全球市场、个性化、一对一营销、营销活动更加有趣、提高客户的转换率和购买率、全年无休。

此后,随着企业网站数量和上网人数的日益增加,企业网站营销、电子邮件营销、搜索引擎营销、网络广告等各种网络营销方法也开始陆续被越来越多的企业尝试利用于开拓市场,从而形成了 Web 1.0 阶段的主要网络营销方法体系。

2. 我国 Web 1.0 阶段的网络营销特点

我国网络营销的 Web 1.0 阶段可以认为从 1996 年开始,因为 1996 年我国的企业开始尝试使用互联网。早期的网络营销概念和方法都不明确,是否产生效果主要取决于偶然因素。随着互联网应用的普及和在线商业模式的发展,到 2003 年,我国的网络营销市场初步形成。这个阶段我国网络营销的主要特点表现如下:企业网站建设发展迅速,专业化程度越来越高;搜索引擎营销开始受到企业关注并逐渐向更深层次发展,形成了基于自然检索的搜索引擎推广方式和付费搜索引擎广告等模式;网络广告形式不断创新,应用不断发展;电子邮件营销虽经受市场不成熟、垃圾邮件的冲击、邮件服务商的屏蔽等多种问题的困扰,但依然在困境中坚持。

1.5.2 网络营销 Web 2.0 阶段

网络营销 Web 2.0 阶段大约自 2004 年至今。Web 2.0 技术不仅把人和机器联系在一起,还把人与人联系在一个社交网络中,方便用户创造内容、分享信息。社交网络中的网页笼统地称作社交媒体,其中的内容主要是由网络用户制作的,被称为"用户制作媒体"或"消费者制作媒体"。因此,Web 2.0 是与社交媒体营销密切相关的一个概念。

2004 年,Web 2.0 被提出来用于说明当时网络环境的变化,指出借助网站所有者以及开发者的技术,公众的经历正被在线活动所改变。蒂姆·奥莱利撰文解释了 Web 2.0 的主要技术和准则,包括各种交互工具与沟通技术。随着很多国家和地区广泛采用调整宽带技术，富媒体被用于消费者体验活动中，吸引了很多网络用户的参与和互动。例如，通过在线或离线的方式，更多的人会关注产品品牌的活动并与之互动。

Web 2.0 阶段的网络营销主要有如下特点。

（1）市场从卖方转移到买方。在 Web 2.0 环境下，消费者对品牌的控制能力提高了，或褒或贬只要在网络上发一个帖子就行，口碑可以迅速传递出去。消费者之间的信任往往会超过对厂商的信任，一个用户很可能就是一个市场。厂商经常需要面对很小的目标市场生产产品，开发移动终端 App 或创建普通网站的个性化页面，并且设计个性化的沟通方式。

（2）用户参与营销活动。参与就是网络用户与品牌、企业以及众多网络用户融合在一起的一个过程。在这样的融合过程中，网络用户投入了自身的感情和智慧。在 Web 2.0 阶段，人人都是内容的制造者，信息呈现透明化。例如，消费者可以制作文本内容，也可以手持智能手机随时随地拍摄照片或视频资料，实时上传到社交网站上；消费者还可以在网络上发布产品评价，与他人分享商品和服务信息。

（3）集客营销潜力巨大。集客营销又称拉式营销、许可营销，其形式包括内容营销（如博客、视频、电子书等）、社交网络以及搜索引擎优化技术等。集客营销的重点是通过精准和有用的内容吸引潜在客户，并在客户购买过程的每个阶段提升价值。通过创建解决目标用户问题和需求的优质内容，主动吸引合格的潜在客户，为整体业务建立信任和信誉。与推式营销相比，集客营销找到的用户定位更精准，从而可带来更高的转化率并降低营销成本。

此外，在 Web 2.0 阶段，基于位置的服务、视频营销也越来越成为重要的营销方式。

1.5.3　网络营销 Web 3.0 阶段

网络营销 Web 3.0 阶段的起始时间众说纷纭，本书倾向于从 2017 年开始，现阶段网络营销 Web 2.0 与 Web 3.0 共存。Web 3.0 被认为是无处不在的网络，以实现人与人和人与机器的更加个性化、精准化和智能化交流为理念，适合多种终端平台，达到信息服务的普适性。

Web 3.0 的核心软件技术是**语义网**和人工智能，也有人认为 Web 3.0 是一个运行在**区块链**技术之上的"去中心化"的互联网，包括虚拟化身、动作捕捉、手势识别、空间感知、**数字孪生**、云计算、**边缘计算**、5G 等技术。

> **知识卡片 1-4**
>
> 　　**语义网**：由万维网联盟的蒂姆·伯纳斯-李在 1998 年提出的一个概念，其核心思想是通过给万维网上的文档添加被计算机理解的语义，从而使整个互联网成为一个通用的信息交换媒介。
>
> 　　语义万维网一般通过使用标准、置标语言和相关的处理工具来扩展万维网的能力，它包含了文档或文档的一部分，描述了事物之间的明显关系，且包含语义信息，以利于机器的自动处理。

知识卡片 1-5

　　区块链：分布式数据存储、点对点传输、共识机制、加密算法等计算机技术的新型应用模式。它本质上是一个去中心化的数据库，同时作为比特币的底层技术，是一串使用密码学方法关联产生的数据块，每一个数据块中包含了一批次比特币网络交易的信息，用于验证信息的有效性（防伪）和生成下一个区块。

 知识卡片 1-6

　　数字孪生：充分利用物理模型、传感器更新、运行历史等数据，集成多学科、多物理量、多尺度、多概率的仿真过程，在虚拟空间中完成映射，从而反映相对应的实体装备的全生命周期过程。建模、仿真和基于数据融合的数字线程是数字孪生的三项核心技术。

 知识卡片 1-7

　　边缘计算：在靠近物或数据源头的一侧，采用集网络、计算、存储、应用核心能力于一体的开放平台，提供最近端智能服务，满足行业数字化在敏捷连接、实时业务、数据优化、应用智能、安全与隐私保护等方面的关键需求。

　　Web 1.0、Web 2.0 和 Web 3.0 的差异比较如表 1-1 所示。

表 1-1　Web 1.0、Web 2.0 和 Web 3.0 的差异比较

特征项	Web 1.0	Web 2.0	Web 3.0
核心理念	以门户网站为中心	以个人为中心	以个性和智能为中心
内容结构	模块化信息	可重用的微内容	微内容+标准属性信息
使用模式	读（浏览）	读写（参与和互动）	读写、可管理
交互方式	互联网—用户单向浏览	互联网—用户—互联网、用户—用户双向浏览	互联网、用户—互联网、用户多向浏览
信息交换机制	超链接跳转机制	站内网页信息交换机制	底层数据库信息交换机制
网络结构	集中	分布	集中规则下的分布
初期典型应用	网易、新浪等（门户网站）	Blog 中国、豆瓣网、谷歌等（门户网站+个人空间+搜索）	微软 Windows Live、天盟网（个性化信息聚合+智能搜索+Widget API）

　　从营销信息传递的角度看，Web 3.0 与 Web 1.0 及 Web 2.0 的主要区别表现在以下方面：Web 1.0 的特征是以静态、单向阅读为主，用户只是被动参与；Web 2.0 是一种以分享为特征的实时网络，用户可以实现互动和参与，但这种互动仍然是有限度的；Web 3.0 以网络化和个性化为特征，可以提供更多人工智能服务，用户可以实现实时参与。

　　从技术上看，Web 1.0 依赖的是动态 HTML 和静态 HTML 网页技术；Web 2.0 以 Blog（博客）、Mashup（网络聚合应用）、Tag（标签）、RSS（站点摘要）、SNS（社交网站）、

Wiki（维基）、XML（可扩展标记语言）、Ajax（异步 JavaScript 和 XML 的简称）等技术和"六度分割"等理论为基础；Web 3.0 的技术特点是综合性的，语义网和人工智能是实现 Web 3.0 的关键技术。

从应用来看，传统的门户网站如新浪、搜狐、网易等是 Web 1.0 的代表；博客中国、人人网、QQ 空间、微信、Facebook、Twitter 等是 Web 2.0 的代表；百度空间、天盟网等是 Web 3.0 的代表。有些门户网站从 Web 1.0 开始一直不断更新，在 Web 2.0、Web 3.0 时代也都有不俗的表现，如百度（百度空间）、新浪（新浪博客）、谷歌等。

如果说 Web 1.0 的本质是联合，那么 Web 2.0 的本质是互动，它让网民更多地参与信息产品的创造、传播和分享，改变了传统的互联网阅读模式，把内容生产开放给用户，实现人与人交互、共同创造信息内容。这个用户创造内容的过程是有价值的，但 Web 2.0 未能体现出这种网民的劳动价值。Web 3.0 能够更好地体现网民的劳动价值，实现价值均衡分配。

本 章 小 结

本章介绍的主要内容包括：网络营销的概念与特征、主要职能、常用工具、环境构成、发展阶段。网络营销是借助电子网络所进行的各种策划宣传与运营实施活动和过程，具有八大主要特点和八项主要职能；网络营销的常用工具包括企业网站、搜索引擎、电子邮件、各种社会化网络媒体等；网络营销环境包括外部环境和内部环境；网络营销的发展阶段可分为 Web 1.0、Web 2.0、Web 3.0 三个阶段。由于网络技术和网络营销实践都处于不断发展之中，因此学习网络营销时，不能把网络营销概念、方法、策略当成僵化不变的教条，而应学会根据企业的实际情况具体问题具体分析、灵活应用。

复习思考题

1. 选择题（有一项或多项正确答案）

   （1）网络营销与电子商务的区别主要表现在（   ）。

   A．研究范围不同　　　　　　　B．关注重点不同
   C．策略选择不同　　　　　　　D．使用的网络不同

   （2）网络品牌的主要来源包括（   ）等途径。

   A．在网上创立并经过长期的建设与推广形成网络品牌
   B．线下品牌自然成为网络品牌
   C．线下品牌经过网上建设与推广形成网络品牌
   D．在网上开设店铺即是网络品牌

   （3）Web 2.0 阶段出现的网络营销工具包括（   ）等。

   A．博客　　　　B．搜索引擎　　　　C．社交网站　　　　D．微信

   （4）对于网络营销环境通常采用协调策略，正确的做法是（   ）。

   A．对外部环境进行创造与充分利用

B．对内部环境进行创造与充分利用

C．对外部环境应该合理选择或适应

D．只能采取措施适应内部环境

（5）生态思维包括（　　）。

A．环境思维　　B．关系思维　　C．社交思维　　D．差异化思维

2．判断题

（1）网络营销本身并不是一个完整的商业交易过程，在电子商务交易过程中的网上支付和交易之后的商品配送等问题不是网络营销所包含的内容。（　　）

（2）没有开展网上销售业务的企业没有必要开展网络营销。（　　）

（3）企业网站信息传递具有主动性与被动性，搜索引擎传递营销信息完全是被动的，电子邮件传递营销信息基本是主动的。（　　）

（4）生态思维的核心思想是在吸引用户关注的基础上，进一步建立网络营销各环境要素之间的关系。（　　）

（5）网络营销环境复杂多变，这种环境的变化是绝对的、永恒的。（　　）

3．问答题

（1）什么是网络营销？试联系实际谈谈你对网络营销概念的理解。

（2）网络营销有什么特点？讨论网络营销与电子商务的联系和区别。

（3）网络营销主要职能包括哪些内容？

（4）网络营销的常用工具有哪些？分析比较其各自特点。

4．讨论题

网络营销环境的构成要素有哪些？其会对网络营销分别产生什么影响？从生态思维的角度，企业对网络营销环境宜采用什么协调策略？请组成"合作研讨学习小组"（分组方法与研讨学习实施流程参见本书附录A），查阅相关资料后，先在小组内展开讨论，然后将研讨结果向全班报告。

【案例资料1】 1984年健力宝问世，并于当年作为首选运动饮料随中国体育代表团参加第23届洛杉矶奥运会，"东方魔水"的称号享誉国内外。自此，健力宝连续多年成为各类重量级体育赛事的指定饮料。3年后，健力宝开始请退役的体操"王子"——李宁进行广告代言，当年健力宝的销售额增长了3000万元。健力宝带着20世纪80年代那股意气风发、锐意改革创新的精神，始终展现中国品牌的自信力量。2021年9月12日，短跑运动员苏炳添在其微博上发布了一条视频，正式官宣代言健力宝运动饮料。在视频中，出身广东的苏炳添直言："从小到大，我最爱喝健力宝。"次日，现身武汉天河机场准备飞往西安参加全运会的苏炳添，被路人拍到手拿健力宝的画面，似乎证实了健力宝是他最爱的饮料。

【案例资料2】 在耐克公司办公室的一面墙上，曾张贴着数十名运动员的拼贴图，他们

是不同时期为耐克做代言的明星。耐克公司有大量签约代言明星，这也使得它不得不承受来自代言明星的负面新闻的困扰。自从2012年，前环法"七冠王"阿姆斯特朗的照片被从这面墙上取下后，利用网络媒体宣传就成为耐克公司的重要营销方式。增加数字营销也是宝洁公司在新媒体时代摆脱"明星依赖症"的策略。近年来，宝洁公司逐渐意识到在搜索引擎、社交网络等精准营销平台上，针对不同市场可以采用不同的推广组合，创造更多针对消费者个性化的内容，投放广告的性价比更高，而此前宝洁公司的广告费大多用于以明星代言为主的传统媒体上。

认真分析上述材料，并组成"合作研讨学习小组"，进一步查阅相关资料，就以下问题展开讨论。

（1）在新媒体时代，用明星代言作为电视广告营销的方式是否还有必要？明星代言对目标用户的影响与数字媒体直接接触消费者两种方式的营销在本质上有什么不同？

（2）材料中所述事实反映了营销领域正在发生怎样的转变？这种转变有什么积极意义？你自己在今后的学习和工作中将如何应对这种变化？

网络营销基本理论

第 2 章

教学目标

- 解释长尾理论的原始含义及其与二八定律的关系;解释网络整合营销、网络关系营销、网络软营销、绿色营销理论的核心思想。
- 举例说明网络营销信息传递的基本流程、网络整合营销的实施原则、网络关系营销的原则以及网络软营销的常用方式。
- 结合长尾理论与二八定律的辩证关系,培养学的生辩证思维意识与能力;明确实施绿色营销对于企业实现可持续发展战略的作用与意义。

学习要求

基本内容	主要知识点	能力素养
网络营销信息传递的基本原理	(1)网络营销信息传递模型的组成; (2)网络营销信息传递的基本环节、特点、一般原则	(1)正确理解长尾理论与二八定律的关系,以及运用长尾理论的辩证思维能力; (2)灵活运用网络关系营销原则以及正确处理日常工作和生活中人际关系的能力; (3)树立绿色营销与可持续发展理念
长尾理论	(1)长尾理论的原始含义、二八定律的含义、长尾理论与二八定律的辩证关系; (2)长尾销售的实现条件及企业类型; (3)利基市场的含义与特征、长尾理论在利基市场应用的策略	
网络整合营销理论	(1)网络整合营销的含义、核心思想; (2)网络整合营销的4I原则、一般步骤、发展特点与趋势	
网络关系营销理论	(1)网络关系营销的含义、核心任务; (2)网络关系营销的原则、作用	
网络软营销理论	(1)网络软营销定义、主要特点; (2)网络软营销常用方式	
绿色营销理论	(1)绿色营销的概念、特点; (2)绿色营销的需求与策略、绿色营销的作用与绩效评价	

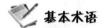

基本术语

信息传递模型、长尾理论、利基市场、网络整合营销、网络关系营销、网络软营销、绿色营销

老乡鸡董事长手撕员工联名信却大获好评

2020年元宵节，餐饮品牌"老乡鸡"发布的"董事长手撕员工联名信"视频引起刷屏。在视频中，董事长出镜讲述了因员工隔离、订单锐减等原因影响了"老乡鸡"的销量，企业受损近5亿元；同时感谢武汉的"老乡鸡"员工为医护人员送餐，并倡导所有人为自己和他人的健康，主动在家隔离，为国家减轻负担。最后，这位董事长当场手撕员工发起的不要工资的联名信，并表示卖房卖车也要让员工有饭吃、有班上，可以说正能量满满。

视频发出后迅速引起刷屏，并大获好评，"中国好老板"的声音不绝于耳。不得不说这是一起非常成功的网络公关营销事件。

（资料来源：www.wlcbw.com/28522.html，编者有删改[2023-10-10]）

点评：借势传播正能量做网络公关营销

"老乡鸡"的这次借势公关营销在传播层面无疑是成功的。在行业处于焦虑的时刻，案例中的企业跳出传统的公共套路模式，选择从员工的视角出发传播正能量。从网络公关营销的角度来看，有以下几点值得学习借鉴。

（1）标题反差带来事半功倍的营销效果。 在海量信息时代，一个好的标题决定了50%以上的点击率。当大量报道中小企业艰难的文章充斥用户眼球时，"董事长手撕员工联名信"这样的标题极大地引发了用户好奇，进而带动点击率。

（2）引用段子和网络热词拉近与目标消费者的距离。 通常的公关稿都非常严肃，但在案例视频中，董事长从头到尾呈现的都是非常互联网化的风格，引用了很多段子和网络热词，充分利用社交传播的特性，拉近了与年轻消费者的距离，增加了传播点。

（3）借势传播正能量引发消费者共鸣。 案例中的企业借势行业面临的困境，选择与员工同休戚、共进退，增强了大众的代入感，充满正能量，引发消费者共鸣，进而收获了认同感。

现代营销学的根本出发点是满足消费者的需求，而消费者需求特征的演变规律是营销理论不断进化的内在动力。网上信息具有交流共享、不受时空限制、可即时双向互动等特点，对传统营销理论产生了重要影响和冲击。在网络特点和现代消费者需求特征演变规律的综合作用下，网络营销的相关理论也在实践中不断发展成熟。本章将介绍现阶段能够适用于网络营销的基础理论，包括网络信息传递模型、长尾理论以及网络整合营销、网络关系营销、网络软营销、绿色营销理论等。称它们为网络营销的基础理论，是因为其核心观点或思维方式可以应用或体现于其他多种网络营销方法和策略之中，或对其他网络营销方法和策略的应用实施有一定的指导作用，这也是作为网络营销理论所必须具备的条件。

2.1 网络营销信息传递的基本原理

信息传递是指人们通过声音、文字或图像相互沟通消息。信息传递研究的是什么人向谁说什么，用什么方式说，通过什么途径说，达到什么目的。在网络营销中传达商品信息就是用特定的方式去影响人们的购买行为，经常涉及搜索引擎检索、关键词广告、信息发布等基本方法。例如，企业通过网站或者专业服务商发布信息、通过电子邮件直接向用户传递信息；用户通过搜索引擎检索信息并到网站获取更详细的信息，进而通过网站下载各种有价值的信息，如电子书、驱动程序、产品使用说明书等，这些都包含信息的传递和交互。虽然各企业或网站采用的手段不同，最终获得的收益也不同，但都有一个共同的特征，那就是通过合理的方式将网络营销信息有效地传递给潜在用户。可见，网络营销信息的传递构成了网络营销的核心内容。

2.1.1 网络营销信息传递模型

信息论创始人香农于1948年阐述了信息传播所涉及的主要因素：信源、发射器、信道噪声、接收到的信号、接收器和信宿，给出了通信系统模型，奠定了信息论的基础。根据香农的观点，通信即信息发送者与接收者之间的信息传递，一个通信过程由信源（发信者）发出信息，通过信息通道传送信息，再由信宿（接收者）获取信息等环节构成。香农通信系统模型的基本思想，是网络营销信息传递的理论基础。

1. 网络营销信息传递模型的组成

网络营销信息传递模型是在香农通信系统模型基础上，结合网络营销过程中信息传递的双向交互等特点，对香农模型进行修改后形成的。网络营销信息传递模型包括网络营销信息源、网络信息载体、网络营销信息传输渠道、网络营销信息接收者、噪声和屏障等要素，如图2-1所示。

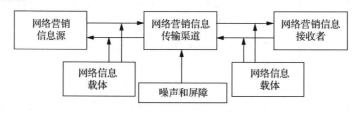

图 2-1 网络营销信息传递模型

（1）网络营销信息源。网络营销信息源是企业通过互联网向用户传递的各种信息。企业网站上的企业简介、产品介绍、促销信息，以及通过外部网络资源发布的网络广告、供求信息等都属于信息源的内容。

（2）网络信息载体。网络信息可以通过网页、电子邮件、网络图片、网络视频等信息载体进行传播。

（3）网络营销信息传输渠道。企业可以通过企业网站、电子邮件、搜索引擎等渠道发布和接收信息；用户也可以通过企业网站、电子邮件等方式向企业传达信息和接收信息。

（4）网络营销信息接收者。网络营销信息接收者主要是指用户或潜在用户。

（5）噪声和屏障。噪声和屏障是指影响信息传递的因素。用户为避免打扰而人为设置的障碍、利用电子邮件传递信息时遭到服务商的屏蔽等都属于噪声和屏障。

网络营销信息传递模型体现了网络营销实践应用的基本模式和一般规律，构成了网络营销信息服务体系的基础。由于网络营销信息的有效传递也是网络营销的核心职能，因此，了解网络营销过程中信息传递的原理和特点以及信息交互的本质是理解网络营销核心思想和运用网络营销策略的基础。

2. 网络营销信息传递的基本环节

网络营销信息传递过程主要包括构建信息源、译出、选择信息传递渠道、译进、反馈5个基本环节。

网络营销信息传递过程

（1）构建信息源。构建网络营销信息源时应考虑影响信息效果的3个主要因素，即信息的专业性、可信性和可视性。专业性是指信息要具有专业知识，例如通过有声望的医生传递有关医药方面的信息；可信性是指信息要客观、真实、可靠，例如由第三方写新闻稿或专题报道介绍商品，比推销员的宣传更能使人感觉客观可信；可视性是指信息要吸引人、容易看懂，而且不致引起消费者的误解。

（2）译出。传达人（如销售经理）要把信息传达给预期的对象（如消费者），就要考虑运用什么方式才能吸引消费者，并且使消费者正确理解，这个过程就是译出。例如，使用网络广告或网页文字作为促销工具时，首先要考虑选择运用什么传达方法才能更好地译出信息内容；其次要研究译出的技巧，如网络广告用什么样的文字和图片等，否则译出的内容可能与预期传达的信息不符。在出口贸易促销中，买卖双方的语言文化背景、生活方式不同，译出的方法和技巧会更复杂。

（3）选择信息传递渠道。网络营销信息可以选择网站、电子邮件、网络广告、论坛、网络视频等电子媒体作为传递渠道。如果同时使用多种方式，就成为媒体组合传递信息。

（4）译进。企业将信息传递给消费者后，消费者有一个理解的过程，即消费者要把信息转化为其所能理解的内容，这就是译进。促销手段的运用是否有良好的效果，关键取决于译进与译出的相符程度。若消费者听到或看到某种商品的宣传后，其理解与企业的宣传意图基本相符，那么这种信息传递是成功的。

（5）反馈。企业把产品信息传出后，还必须通过市场调研，了解信息对消费者的影响以及潜在消费者对产品的态度和购买行为发生的变化等，这就是反馈。企业可以根据反馈信息决定销售策略是否应该调整，为此必须广泛开通反馈渠道。

2.1.2 网络营销信息传递的特点

网络营销信息传递要考虑网络的运行特点和商务需求，在实践中形成了其自身的特点，了解这些特点对网络营销策略的制定和实施有重要意义。网络营销信息传递的主要特点如下。

（1）网络营销信息传递方向具有交互性。与一般通信信息只从信息发送者向接收者传递不同，网络营销信息强调双向传递，或者说具有交互性。网络营销信息传递的这种交互性对企业和用户都是有利的，企业将正确的信息传递给用户，用户得到了需要的有助于购买决策或者正确使用产品的信息。

（2）网络营销信息传递方式的多样化。网络营销信息传递有多种方式，从信息发送和接收的主动与被动关系来看，有通过电子邮件等方式向用户发送信息的主动传递方式，或者将信息发布在企业网站上等待用户来获取信息的被动传递方式；从信息发送者和接收者之间的对应关系看，可以是一对一的信息传递，也可以是一对多的信息传递。

（3）网络营销信息传递渠道的多样化。网络营销信息传递方式的多样化同时决定了传递渠道的多样化。例如，网络营销信息可通过企业网站、搜索引擎、电子邮件、即时通信等渠道传递。只有在充分了解各种网络营销信息传递渠道特性的基础上，才能有效地应用各种网络营销工具和方法。

（4）网络营销信息传递效率具有高效性。网络营销信息源主要表现为企业网站上的各种文字、图片、多媒体信息、网络广告信息、搜索引擎信息等，由于这些信息本身已经数字化，采用TCP/IP等方式可以直接作为信号来传输，不需要进行编码和译码的过程，减少了信息传递的中间环节，信息接收者与发送者之间甚至可以直接交流，因此网络营销的信息传递效率大为提高。

（5）网络营销信息传递中的噪声。在网络营销信息传递过程中存在噪声的影响，主要表现为对主流信息传递造成的各种障碍，尤其在信息直接传递时，这种现象更为明显。其中，可能是由于企业的信息发布准备工作不力，也可能是传播渠道的技术问题或者信息接收者为避免打扰人为设置的障碍等。例如，若一个企业网站没有登录搜索引擎，则用户无法通过搜索引擎等常规手段获得该企业的信息，造成信息接收方无法获取希望得到的信息，被动性信息传递无效；再如，在利用电子邮件传递信息时可能遭到邮件服务商的屏蔽，或者被邮件接收者设置的邮件规则拒绝，从而造成主动性信息传递失败。

此外，当通过第三方的服务传递营销信息时，可能会出现在企业营销信息中附加服务商的广告信息的情形。例如，在通过免费邮箱传递信息时，接收的邮件除了包含邮件发送的内容，在邮件末尾通常会出现邮件服务商的消息。因此，在专业网络营销中强调尽量避免使用免费电子邮件服务，也正是出于减少信息传递噪声的目的。

2.1.3 网络营销信息传递的一般原则

网络营销实践表明，要想达到预期的营销效果，建立网络营销信息传递系统时应遵循下列一般原则，这些原则也是有效开展网络营销的核心思想。

（1）提供尽可能详尽而有效的网络营销信息源。无论是企业通过各种手段直接向用户传递的信息，还是用户主动获取的信息，都是源于企业所提供的信息源，只有当有效信息尽可能丰富，才能为网络营销信息有效传递奠定基础。要确保信息源尽量详细而有效，需要做到以下两点：首先，必须保证企业网站上的基本信息全面、及时，包括信息的更新、补充；其次，要做好优化设计，包括用户优化、网络环境优化、网站维护优化等。其中，用户优化就是以用户需求为导向，设计用户更喜欢的网页布局、格式、更方便的导航等。

（2）建立尽可能多的网络营销信息传递渠道。在信息传播渠道建设上，应采取完整信息与部分信息传递相结合、主动性和被动性信息传递相结合的策略，通过多渠道发布和传递信息，创造尽可能多的被用户发现信息的机会。例如，在企业自建网站上发布信息，并且进行必要的推广；同时，登录主要的搜索引擎来获取所需的信息，或者利用网页、博客等渠道来发布信息。

（3）尽可能缩短信息传递渠道。因为信息传递渠道越短，信息传递速度就越快，受到噪声的干扰也就越小，信息也就更容易被用户接收。例如，可以利用网络实名或通用网址为用户访问网站提供方便，通过搜索引擎优化、内部列表 E-mail 营销等方法来缩短信息的传递渠道。

（4）保持信息传递的交互性。交互性的实质是营造让企业与用户之间传递信息变得更加方便的环境，应建立多种信息反馈渠道，如论坛、电子邮件、在线表单、即时通信等，以保证信息传递交互性的有效发挥。

（5）充分提高网络营销信息传递的有效性。由于信息传递过程中存在障碍因素，使得一些用户无法获取所需要的全部信息。提高信息传递的有效性，也就是减少信息传递中噪声和屏障的影响，可以将信息及时、完整地传递给目标用户。

2.2 长尾理论

长尾理论源于现代商业社会的巨大改变。在**富足经济**下，消费者有更多的选择权，个性化时代已经来临。Amazon、eBay、Yahoo!、阿里巴巴、Google 等互联网企业的崛起，或多或少都有基于长尾理论的应用。

> 知识卡片 2-1
>
> **富足经济**：也称丰饶经济学或富足经济学，美国《连线》杂志主编克里斯•安德森把它当作发现长尾理论的基础。在互联网上能够通过一个几乎不计成本的工具来创造资源，这无以数计的生产者的劳动成果——数字"物资"造就了一个"富足经济"。
>
> 社会日益富足，网络使人们有条件从一个精打细算的品牌商品购物者转变为鉴赏家，用数千种与众不同的爱好尽情展示自己的独特品位。在数字时代面对无限的选择时，消费者真正想要的东西和想要取得的渠道都出现了重大变化，新的商业模式也随之崛起。

2.2.1 长尾理论的原始含义

长尾理论是网络时代兴起的一种理论，由美国人克里斯•安德森提出。他认为，网络时代是关注"长尾"、发挥"长尾"效益的时代。受成本和效率的影响，过去人们只能关注重要的人或重要的事,如果用幂律分布曲线描绘这些人或事,人们只能关注曲线的"头部"(图 2-2 左部的浅色区),而忽略曲线"尾部"(图 2-2 右下部深色区)。长尾理论模型图如图 2-2 所示。

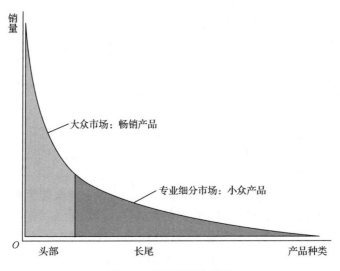

图 2-2　长尾理论模型图

就营销领域而言,在传统市场营销环境下销售产品时,厂商通常关注的是少数几个所谓"VIP"客户或为数不多的"畅销产品"(相当于幂律分布曲线的"头部"),而无暇顾及在人数上居于大多数的普通消费者或品类繁多但销量不旺的"小众产品"(相当于幂律分布曲线的"尾部")。在网络环境下,由于关注的成本大大降低,因此人们会通过花费很低的成本关注幂律分布曲线的"尾部",并且关注"尾部"产生的总体效益会与关注"头部"相当,甚至会超过"头部"。

长尾理论原始含义:只要储存和流通的渠道足够大,需求不旺或销量不佳的小众产品共同占据的市场份额就可以与数量不大的畅销产品占据的市场份额匹敌,甚至占据的市场份额更大,即众多小市场汇聚成可与主流大市场匹敌的市场能量。

2.2.2　长尾理论与二八定律的关系

随着网络经济和个性化消费的兴起,市场越发显示出更加多元化、利基化的趋势,企业的发展要符合市场和消费者的需求,迫切需要企业在营销方式上也作出相应的改变。长尾理论的出现,弥补了二八定律的不足,开启了网络营销的新视角。

1. 二八定律的含义

二八定律又称不平衡原则,是 19 世纪末 20 世纪初由意大利经济学家帕累托归纳出的一个统计结论。1897 年,帕累托从英国人的财富和收益模式调查取样研究中发现,大部分财富流向了少数人手里,而且在数学上呈现出一种稳定的关系:社会上 20%的人拥有 80%的社会财富。后人把帕累托的这项发现命名为"二八定律"并推广,认为在任何一组事物中,最重要的只占其中一小部分,约占 20%,其余 80%的尽管是多数,却是次要的。它是一种量化的实证法,无论结果是不是恰好为 80%和 20%。

二八定律描述的这种不平衡性在社会、经济及生活中无处不在。在企业经营中，二八定律强调要找出那些能给企业带来80%利润、总量却占20%的关键客户，加强服务，从而达到事半功倍的效果。

2. 长尾理论与二八定律的辩证关系

长尾理论不是对传统二八定律的彻底否定，二者具有既对立又统一的辩证关系。

从产生的顺序看，二八定律先于长尾理论出现，并在管理学中应用广泛。随着长尾理论的出现，有人认为二八定律已经过时，甚至认为长尾理论是对二八定律的彻底否定，提醒管理者要谨防"二八定律陷阱"，声称如果应用二八定律不当，资源过分倾斜，其结果很可能适得其反，掉进二八定律陷阱。

长尾理论与二八定律的辩证关系

其实，片面地理解二八定律和长尾理论都不能促进企业健康持续的发展。如图2-2所示，如果用横轴代表供给产品或品类，用纵轴代表产品需求量或销量，典型的情况是只有少数产品销量较高，其余多数产品销量很低。传统的二八定律关注供求曲线的"头部"（图中浅色部分），认为20%的品类带来了80%的销量，所以应该只保留这部分，其余部分应舍弃。长尾理论则关注供求曲线的"尾部"（图中深色部分），认为这部分积少成多，可以积累成足够大甚至超过浅色部分的市场份额。二八定律与长尾理论是同一曲线上前后相连的两个部分，并非相互独立的，它们共同构成了一个统一的整体。

二八定律要求企业在管理中抓大放小，短期内抓住重点；长尾理论则要求企业重视利基市场，把服务做到最细微处。长尾理论并非只关注曲线的尾部，而是认为头尾可以并存，提出了另一种思维和分析的方式。因此，长尾理论并未改变和否定二八定律，而是对二八定律在互联网络环境下的一个很好的补充和完善。

2.2.3 适合应用长尾理论销售的企业类型

长尾理论在网络营销领域的典型应用是长尾销售。实施长尾销售有其前提条件，即产品储存和物流成本必须降到足够低的程度，否则企业无法承受因满足消费者差异化需求所带来的高昂成本。因此，一般来说，适合做长尾理论销售的企业主要可分为以下两类。

（1）无须承担库存和物流费用的企业。该类企业通常以经营虚拟产品为主，比如音乐、电影、电视节目、新闻报道、信息等在线服务和声像广告等，通过各类信息发布、信息咨询和信息加工等引导需求，搭建满足供需各方需求的信息交流平台。在此过程中，企业无须进行有形产品的生产和储存，也不需要实质上的产品运输。随着用户访问量的增大，企业的边际成本呈现不断下降的趋势。代表性企业有国内的百度、阿里巴巴B2B交易平台等，国外的谷歌、Netflix公司等。

（2）有库存但无须承担物流费用的企业。该类企业主要从事产品的销售和采购活动，旨在为众多消费者提供个性化的服务。如美国的亚马逊网络公司、中国的当当网等，在这些平台上购物发生的物流费用一般由消费者承担或者通过谈判以让利的方式由消费者与物流公司共同承担。

2.2.4 长尾理论在利基市场的应用

1. 利基市场的含义

"利基"是英文 Niche 的音译,意译为"壁龛",有拾遗补缺或见缝插针的意思。菲利普·科特勒在《营销管理》中对利基的定义如下:利基是更窄地确定某些群体,这是一个小市场且它的需要没有被服务好,或者说有获取利益的基础。

利基市场是指被市场中的统治者或有绝对优势的企业忽略的某些细分市场。通常企业选定一个很小的产品或服务领域,集中力量进入并成为领先者,从当地市场到全国再到全球,同时建立各种壁垒,逐渐形成持久的竞争优势。也就是说,通过对市场的细分,企业可以集中力量于某个特定的目标市场,或重点经营一个产品和服务,创造出产品和服务优势。

针对利基市场的营销策略称为利基营销。利基营销是指企业为避免在市场上与强大竞争对手发生正面冲突,选择由于各种原因被强大企业忽略的小块市场("利基市场"或称"补缺市场")作为其专门的服务对象,对该市场的各种实际需求全力予以满足,以达到牢固地占领该市场的营销策略。利基营销通常借助网络广告进行精准定位。

2. 长尾理论在利基市场应用的策略

在利基市场应用长尾理论,可以考虑应用以下四个策略。

(1) 建立强大的储存和流通渠道。长尾理论发挥作用的前提条件是必须具备足够的商品品类和渠道。首先,要提供充足的商品让消费者选择,即尽量增加商品品类,让消费者选择。其次,将畅销产品和利基产品有效整合,即结合畅销产品已有的渠道优势,借助虚拟网络把那些小利基市场连接起来,如利用已有的"头部"畅销产品引流,将消费者吸引到冷门产品的长"尾部",实现其商业价值。

(2) 关注畅销产品向利基市场的转变。在传统经济思维模式影响下,企业往往不遗余力地关注畅销产品,并为获得一时的高额利润扩大生产。然而,这些畅销产品并不能确保永远畅销,一旦过时就会滞销导致库存增加,以至于出现非畅销产品永远比畅销产品要多的局面。特别是处在一个急速变化的多元消费时代,企业一旦步入滞销困境,往往就需要低价处理这些产品,将收回的部分资金投入新一轮畅销产品的生产与开发中。事实上,一方面,随着消费者个性化需求的日益突出,畅销产品带来的利润越来越少,当大量企业都争夺少量畅销产品份额时,很可能发生"价格战",形成恶性竞争;另一方面,不是只有追求畅销产品才能令企业在竞争激烈的环境中获得较高的利润回报。愿意关注长尾商品的企业也可能积少成多,等待商机。

(3) 实施多品牌策略,实现品牌长尾化。极其多样化的长尾市场正随着网络社会的兴起而形成,如今消费者喜欢的品牌和选择越来越多,对上市的新产品也有足够的好奇心,因此营销人员必须考虑多品牌策略,给消费者提供更多的品牌和更多的选择。实际上,靠简单的大品牌延伸已很难再聚合与以前一样多的消费者了,需要挖掘众多以前被隐藏的用户需求和价值,甚至让用户参与品牌创建的过程之中,真正实现品牌长尾化。

(4) 利用网络低成本的推广宣传,改变边际成本效益,实现潜在市场利润空间。在电子商务环境下,产生了大量低成本的、无限量的"网络货架",使得网络卖家可以摆放只有少量人购买的商品,从而通过长尾市场获得收益。同时,企业可以利用互联网边际成本几乎为零、传播快、范围广的特点,降低**非标产品**在推广宣传方面的边际成本,提高推广宣传的力度和效果。例如,企业可以把个性化的非标产品资料以数字化的方式放在网页上,让有需求的用户详细了解基本情况,取消制造样品的做法,从而进一步降低非标产品生产制造的成本。此外,企业还可以从降低噪声和节约电能方面重点研究对非标的"长尾产品"绿色化,因为节约能源也是产品成本的重要组成部分。

知识卡片 2-2

边际成本(Marginal Cost,MC):厂商每增加一单位产量所增加的成本。在经济学和金融学中,边际成本是指每单位新增生产的产品(或者购买的产品)带来总成本的增量。这个概念表明每单位的产品的成本与总产品量有关,即边际成本等于总成本(TC)的变化量(ΔTC)除以对应的产量上的变化量(ΔQ),也就是 $MC=\Delta TC/\Delta Q$。

边际成本定价是销售商品时常用的经营战略。其思想是边际成本是商品可以销售的最低价,能使企业在经济困难时期维持下去,因为理论上边际成本可以使企业无损失地继续运转。

知识卡片 2-3

非标产品:根据用户的用途与需要,自行设计制造的产品或设备,其外观或性能通常不在国家设备或产品目录内,不是按照国家颁布的统一行业标准和规格制造的产品或设备。通常把为了满足大工业生产的需要,将已生产的经使用证明性能良好的机械设备进行系列化定型,称为标准产品;而将根据用户的需求,在标准产品的基础上生产、改造或定做的产品称为非标产品。

总之,将长尾理论应用到利基市场营销的策略其实是一种价值创新,为企业面对更多元化、利基化的市场趋势开启了新的发展思路,能为企业寻找新的利润增长点。

2.2.5 典型案例:当当网的长尾实践

1. 案例描述

当当网的前身是 1999 年成立的"当当网上书店"。纵观其发展历程,当当网从商品的选择、采购、物流配送到营销推广、售后服务等方面,都不同程度地针对长尾市场和长尾需求进行了开发。当当网的长尾实践主要体现在以下 3 个方面。

(1)**多品种服务**。当当网的一大优势就是品种多。当当网自成立起,一直以全品种为目标,仅就图书而言,国内每年新出版的图书品种中,除了一些更新快的品种,其他都是当当网所关注和备货的对象。当当网已经拥有一个巨大的品种库(据称有 900 万种以上),而且网上展示的品种还在逐年增加。2020 年 1 月,当当网宣布全场开放供免费阅读的电子书就达 30 万种。

（2）**低价格策略**。当当网的图书价格采用低进低出策略，减少中间环节，利用低价把用户拉向长尾市场，而且将非畅销产品的价格做到极具优势，从而进一步拉动长尾市场的发展。例如，当当网仓库的集中库存使得每本书的库存成本不到北京传统书店店面的 1/30，由于陈列成本低，因此可以让很多受众很窄的专业书籍上架，很多人在当当网看了某些图书信息之后找相关的图书，会拉动一些甚至是犄角旮旯的书产生销售。

（3）**"为你推荐"服务**。当当网的"为你推荐"服务主要表现为"头尾呼应"：①用畅销产品吸引客流，继而引导用户消费长尾产品；②帮助用户找到想要的商品，特别是非畅销产品的销售需要对用户进行引导和告知，因为很多用户只熟悉畅销产品；③通过分析消费者行为习惯推荐个性化商品；④引导消费者在足够多的选择中找到喜欢的、个性化商品。网络书店可以让更多的品种得到上架和展示的机会，但需要查找方便，以更有效地吸引用户。当当网最开始做的就是图书分类，这是搜索的基础。当当网的商品分类要求科学合理、标示清楚、方便搜索，每个大类下都包含若干子类，每个子类下又包含众多品种。例如，当当网仅 27 个图书大类中就包含有 2000 多个子类，可以满足不同用户的多种需求。

此外，当当网的"为你推荐"服务还提供图书评论、用户相互推荐等模块，让细分市场的小众商品得到更多的关注。

（资料来源：编者根据淘宝官网的资料整理）

2. 案例评析

从上述案例中，我们可以得到的应用长尾理论的启示如下。

（1）**长尾理论适用于拥有无限多消费选择的细分专业市场**。由于绝大多数用户需要的不仅是畅销产品，还有许多面向细分市场的小众非畅销产品，其积累起来的需求往往也能够带来可观的销售量，这种现象在当当网上表现得十分明显。因此，关注细分专业市场的小众产品也可能给企业带来丰厚的回报。

（2）**应用长尾理论不能忽视因此带来的成本增加因素**。从理论上来说，无数个冷门商品汇聚起来，完全可以得到与热门商品匹敌的巨大利润空间。但事实上，商店销售每件新产品都可能会增加一定的成本，因此，要特别注意新产品的边际利润和边际成本的关系。如果新产品的边际利润小于边际成本，此时增加冷门产品做长尾销售就会得不偿失。运用长尾理论必须保证任何一项成本都不随销量的增加而激增，最差也是同比增长。最理想的长尾商业模式为成本是定值，而销量可以无限增长，这正是网络商店运用长尾理论更有优势的原因。

（3）**长尾市场是大众市场的一个有益补充**。长尾理论提醒经营者关注长尾商品，并不是要经营者忽略热门商品的存在，而是传达了这样一种理念：在特定的消费市场，企业可以通过经营长尾商品获得相应的利润，不必争夺少数畅销产品份额而陷入价格战等恶性竞争的泥潭。

2.3 网络整合营销理论

网络即时互动的特点使消费者参与营销管理全过程成为可能，而个性消费的复归使消费者的主动性增强，迫使企业贯彻以消费者需求为出发点的现代营销思想，将消费者整合到营销过程中。为此,企业就必须将消费者的需求和利润最大化放到同等重要的位置,而且在整个营销过程中要不断地与消费者交互,每一个营销决策都要从消费者出发,而不是像传统的营销管理一样主要从企业的角度出发。

2.3.1 网络整合营销的概念

整合营销是美国西北大学教授唐·舒尔茨博士提出的一种现代营销策略,其基本思想是以消费者为核心重组企业行为和市场行为,综合协调地使用各种形式的传播方式,以统一的目标和统一的传播形象,传递一致的产品信息,实现与消费者的双向沟通,迅速建立产品品牌在消费者心目中的地位,建立产品品牌与消费者长期密切的关系,更有效地达到广告传播和产品行销的目的。

网络整合营销的相关概念

网络整合营销是传统整合营销理论在网络环境下的演化和发展,但它在整合方式、整合内涵等方面都有深刻的变化。个性化消费需求促使消费者与企业对话,让企业了解其个性化需求;而企业也必须把消费者整合到营销过程中,以实现经营目标。为更好地满足消费者的个性化需求,就需要整合营销模式,而网络的即时交互为实现这种模式提供了物质基础。网络的即时交互功能与传统整合营销理论两者的结合,正是网络整合营销的魅力所在。

1. 网络整合营销定义

营销学家菲利普·科特勒认为,企业所有部门在为服务于顾客利益而共同工作时,其结果就是整合营销。具体地讲,整合营销强调各种要素之间的关联性,要求各种营销要素成为统一的有机体,在统一的方向上形成合力,共同为企业的营销目标服务。

网络整合营销是一种从接收者的角度考虑全部营销过程的策略,即综合协调使用以互联网渠道为主的各种信息传播方式,把顾客以及各种营销资源整合到营销过程中,从顾客需求的产生到需求的满足,不断地与顾客进行有效的双向沟通,以便更好地达到品牌传播和产品行销的目的。

网络整合营销强调的传播方式整合,是以互联网渠道为主整合各种信息传播方式,包括线上多种信息传播渠道的整合、线下各种传统信息传播渠道的整合,以及线上线下混合渠道资源的整合协调使用,这是网络整合营销有别于传统整合营销的地方。同时,网络整合营销还强调要把顾客以及各种营销资源整合到网络营销过程中,体现了整合的内涵与传统整合营销的不同。

网络整合营销把各个独立的营销活动(包括广告宣传、销售促进、事件营销、客户服务等)与营销资源借助网络综合成一个整体,以产生协同效应。

网络整合营销的目标是基于电子信息网络(主要是互联网),为企业创造网络品牌价值,为实现企业整体经营目标服务。

2. 网络整合营销的核心思想

网络整合营销强调对各种网络营销工具和手段的系统化综合运用,根据环境变化及时进行动态修正,以使交易双方在交互中实现价值增值。正确理解网络整合营销的内涵,应注意把握以下核心要点。

（1）时刻关注消费者的价值取向并传播一致性的营销信息。网络整合营销要求必须深刻理解什么正在吸引消费者的眼球，同时强调企业统一宣传口径，使消费者无论从哪种媒体获得的信息都是统一的、相互无冲突的。

（2）跨媒体协调使用不同的传播手段。在网络环境下，信息可以很方便地在不同媒体之间发布和互动，网络整合营销需要协调整合的传播手段包括线上传播、线下传播，以及线上线下结合传播。协调整合的内容包括两个方面：一是相同信息在不同媒体之间的交叉传播和整合；二是媒体之间合作、共生和协调，以发挥不同传播工具的优势。

（3）将核心价值观融入品牌并让消费者形成良好的品牌体验。品牌的核心价值观是维系消费者和品牌关系的核心维度，主要是基于消费者心理的洞察和对品牌本身差异性的挖掘，需要品牌形象传播一致性。网络整合营销强调在深刻理解消费者价值取向的基础上，通过品牌宣传，使消费者产生相应的价值取向心理体验，进而形成品牌体验，达到口碑营销、品牌传播的目的。

（4）充分利用网络让消费者参与互动，并将消费者整合到营销过程中。网络是传播品牌信息和聚合受众参与品牌营销活动的核心平台，通过各种媒体的组合应用，可以激发受众的互动参与兴趣，达到品牌传播的目的。消费者互动参与，即企业与消费者之间展开富有意义的交流，能够迅速、准确、个性化地获得需求信息和反馈信息。消费者互动参与是网络整合营销**传播致效**的关键，可以实现品牌经验的分享、品牌体验的扩散传播，实现全程营销。

> **知识卡片 2-4**
>
> 传播致效需要信息与行动两个要素。信息即媒介传播内容，必须具备吸引力、刺激性、针对性、简便性，且要能促进行动的发生；行动即媒介要为受众提供一个直接有效的渠道，这种渠道的提供与受众形成了互动关系，为更好地实现传播致效提供通路。
>
> 美国学者 D. 卡特赖特曾概括传播致效的四个原理。第一，信息引人注目，有适合受众需要的鲜明特点和刺激态势，能够进入他人感官。第二，使受传者认识到所传信息对他有利，使信息与其心目中原有接受目的一致或接近。第三，使信息在受传者处便于被理解和接受，成为其认知结构的一部分。第四，在劝导说服有效的基础上，受众根据所传信息采取行动的基本条件是达到目的途径的简便性、具体性、直接性；达到目的途径越直接、规定时间越具体，选择余地越小，受众采取行动的可能性就越大。

网络整合营销与传统营销以产品为中心相比，更强调以客户为中心、以服务为核心等营销理念。关于以客户为中心的营销策略，将在本书第 8 章中详细介绍。

2.3.2 网络整合营销的实施原则与步骤

网络整合营销强调与消费者多渠道沟通，其优势在于以最小的投入获取最大的回报。要使网络整合营销最大限度地发挥优势，需要深入分析消费者的关注热点和需求，准确把握营销信息整合推广策略。为此，实施网络整合营销必须遵循一定的原则。

1. 网络整合营销 4I 原则

在网络整合营销实施过程中需要遵循 4I 原则,即趣味原则(Interesting)、利益原则(Interests)、互动原则(Interaction)、个性原则(Individuality)。这 4 条原则的英文单词首字母大写都是 I,因此简称 4I 原则。

(1)趣味原则。趣味原则要求网络整合营销的内容及形式要娱乐化,具有一定的趣味性。互联网进入民用领域以后,很多应用或多或少地具有一定的娱乐属性。适当地将营销信息巧妙包裹在趣味的情节当中,是吸引人们注意力的有效方式。

(2)利益原则。利益原则是指网络整合营销的信息要为消费者带来某种其所需的价值。这里的利益可以是物质利益,也可以是信息、服务、心理满足等免费利益。网络上具有海量的产品和服务信息,若营销活动不能为目标受众提供利益,则很难引起消费者的关注。虽然消费者一般会抗拒广告,但期望得到满足其需求或欲望的相关产品或服务信息。因此,若将直接推销类广告转换成为消费者提供资讯的免费利益,则其接受度会大增。

(3)互动原则。互动原则要求消费者亲自参与互动和创造的营销过程,把消费者作为一个主体,发起其与品牌之间的平等互动交流。互动性是网络媒体区别于传统媒体的一个重要特性,由于网络媒体在传播层面上失去了传统媒体的强制性,因此,只有充分挖掘并利用网络的交互性与消费者沟通,才能让网络整合营销的功能发挥到极致。数字媒体技术的进步,允许我们以极低的成本与极大的便捷性,让互动在营销平台上发挥作用。而消费者完全可以参与网络整合营销的互动与创造。

(4)个性原则。个性原则是指网络整合营销要尽量让消费者心理产生"焦点关注"的满足感,使之更容易引发互动与购买行动。在传统营销环境中,个性化营销成本非常高,很难推广。但在网络媒体中,数字化信息特征让客户细分或市场细分变得简单、便捷,使得一对一的个性化营销成为可能。

2. 网络整合营销的一般步骤

网络整合营销模式是通过企业和用户的不断交互,清楚地了解每个用户个性化的需求后,作出相应的使企业利润最大化的决策。实施网络整合营销,一般可以按以下步骤进行。

(1)细分市场。找准市场机会和营销目标,对市场进行细分。

(2)设计用户体验功能。良好的用户体验是网络整合营销取得成效的关键。企业可以根据已有用户的特征数据,自行设计开发具有用户体验功能的小程序,或在自建网站上开设用户体验频道。自身实力不够的企业可以将这项工作外包给专业建站的公司。

(3)确定营销战术。利用技术和数据库手段,分析用户反馈的信息,确定主要营销战术,满足更多、更重要的用户需求。

(4)建立用户交流平台。设计、提供商家与用户的交互功能,如论坛、社区等,以维系用户的忠诚度。一般通过自建网站开发论坛需要几年的积累,最好选择已经应用广泛的论坛进行推广。

(5)分析信息需求并确定信息传播渠道。根据已有用户信息涉及的内容和分布人群,分析各传播工具的特性,引导潜在用户产生兴趣和需求。虽然网络整合营销可以整合使用各种传播渠道,但需要经过分析后确定和选择可以作为主体发挥主流作用的渠道。

(6）实施服务。在这个过程中，要注意跟踪分析实施效果，及时发现用户的潜在需求，引导传播和消费。

由于用户个性化需求的良好满足，以及对企业的产品、服务形成良好的印象，在第二次需求该类产品时，会对该企业的产品产生偏好，优先选择原来的产品；随着第二轮交互的进行，产品和服务可能更好地满足其需求，如此重复。一方面，用户的个性化需求不断地得到越来越好的满足，建立起用户对公司产品的忠诚意识；另一方面，由于这种满足是针对差异性很强的个性化需求，因此其他企业的进入壁垒变得很高，其他生产者即使生产类似的产品也不能达到同样的程度满足用户的个性化需求。企业和用户之间的关系就变得非常紧密，甚至牢不可破，从而形成了所谓的一对一营销关系。

2.3.3 网络整合营销的发展特点与趋势

网络整合营销的发展呈现出线上线下深度融合的特点，这种深度融合主要体现在以下3个方面。

（1）全媒体融合传播成为网络整合营销发展的必然趋势。全媒体是指媒介信息传播采用文字、图片、声音、影像、动画、网页等多种媒体表现手段，利用网站、电视、电影、广播、音像、图书（包括电子图书）、报刊（包括电子杂志）等媒介形态，通过互联网络、电信网络、广电网络进行三网融合传播，最终用户以计算机、手机、电视等多种终端完成信息三屏合一的融合接收，实现任何人、任何时间、任何地点、以任何终端获得任何想要的信息。

（2）品牌广告形式向多元化的方向发展。在网络整合营销环境下，桌面软件、下载工具、网络游戏、电子杂志、即时通信、影音播放器等都成为很好的广告投放载体，社区营销、视频广告等成为主流的网络整合营销形式。

（3）广告投放进一步向网上整合营销方向迁移和发展。在网络整合营销模式下，企业和用户之间的关系变得非常紧密，形成了一对一营销模式，体现了以用户为出发点及企业和用户不断交互的特点。

此外，基于细分媒体平台的优化组合以及内容营销、事件营销、互动营销等网络营销策略的实践也日趋体系化和系统化。

网络整合营销已成为国内营销界炙手可热的理论，网络的互动性使得用户能够真正参与整个营销过程，而且其参与的主动性和选择的主动性都得到加强。

2.3.4 典型案例：赢道的FEA网络整合营销

1. 赢道FEA网络整合营销的含义

FEA网络整合营销是赢道营销顾问机构提出的一种网络整合营销方案，其侧重点在于通过多种话题（Focus）、事件（Event）、活动（Activity）的组合运用、持续展开，并依托多种互联网传播平台与渠道，采取文字、图片、声音、动画、视频等形式，进行推广内容的多样化创造、海量式投递、互动式参与以及病毒式传播，无限地扩大品牌和产品信息的目标受众范围，与目标受众形成深度沟通，加深品牌和产品在目标受众群体中的印象，使目标消费群体对品牌产生信任和兴趣，形成购买意向，并最终促成购买行为。

(1) **话题营销**。用户的关注点各不相同且时刻变化,但总会有一些话题能引起绝大多数人的注意。例如照明行业营销的目标是业主、设计师等群体,这些群体对装修、灯具、家居、生活、设计等不同领域的话题有天然的敏感性。因此,在话题营销上只要适当把握产品、品牌、企业信息,就能够在短时间内引起大量用户的关注。

(2) **事件营销**。通过策划、组织和利用具有新闻价值、社会影响或者有名人效应的人物和事件,吸引媒体、社会团体及用户的关注,以求提高企业或产品的知名度、美誉度,树立良好的品牌形象,并最终促成产品或服务的销售是事件营销的意义。事件的发生往往会伴随着话题的诞生而吸引用户的视线,但事件营销必须有一定的意义,不能演变成单一的品牌、产品或者企业宣传,否则会让用户反感。

(3) **活动营销**。选秀、公益活动、征文大赛、某项运动等都可以是活动营销的主题,而且这些活动本身对目标用户的吸引力决定着用户的参与度,也会影响活动的传播和品牌形象的树立。例如涂料行业,赢道顾问曾为3A环保漆打造的"爱宝贝 挑战代言人"大赛,将代言人评选与公益活动结合起来,引起大量用户的关注和好感,3A环保漆的品牌形象也迅速提升。

赢道的这个FEA网络整合营销方案在为生产照明灯具的广东三雄极光照明股份有限公司(以下简称三雄极光照明)等50多家企业进行的产品推广中,都取得了良好的营销效果。

2. 赢道FEA在三雄极光照明的应用

三雄极光照明是广东一家生产照明灯具的企业。赢道在三雄极光照明的FEA网络整合营销主要分两个阶段展开。

(1) **话题伴随着活动展开**。在话题营销方面,先以"你家的照明健康吗?"这一话题在网络渠道传播引发关注,并伴随"光健康"的义诊活动开展企业品牌、产品理念的传播。用户报名并被抽为幸运观众后,该公司会派人前往用户家中对各个空间的照明状况免费进行诊断,提出优化家庭照明的建议。围绕这次活动与话题传播,三雄极光照明还组织了诸如光健康小常识你知多少、购买灯具六大法则、绿色照明不是梦、引领第三次照明变革等推广,确保了企业品牌、产品理念的基本传播。

(2) **活动与事件相结合**。案例以当时引人瞩目的轰动性事件(上海世博会)为契机,举办光影世博摄影大展。活动邀请网友发表各种光影世博的摄影作品,体现上海世博园在各种光的状态下的景色(包括自然光和人工光)。报名及作品提交时间长达4个多月。活动的创意既借助了上海世博会的题材,又与照明紧密相关,符合品牌推广的主题,也能彰显产品的卖点。

3. 案例分析与启示

从这个案例中,可以得到关于开展网络整合营销的哪些启示呢?至少有以下三点可以让读者在其他场景实施网络整合营销时借鉴。

(1) **整合多种营销方式以避免单一营销通路或工具的局限性**。FEA网络整合营销方案以话题营销、事件营销与活动营销为主体,通过多个话题、事件、主题活动的创造性策划,综合网络媒体、地区新闻媒体、行业网站、博客、网络社区、网络视频、电子邮件、短信平台、搜索引擎、电子商务平台、电子发行物等组合型通路和传播载体,构建流水线操作品牌知名度经营与传播的整合营销传播体系,从而避免单一营销通路或工具在传播范围、受众、影响力上的局限性。

(2) **借助不同营销方式实现线上线下深度融合**。FEA 网络整合营销方案以互联网作为主要信息传播通路,同时保留传统与经典营销的方法,借助话题营销、事件营销与活动营销引发"病毒式"传播与口碑传播,实现营销传播方面的"**蜂鸣效应**"。在整个操作过程中,FEA 网络整合营销方案将"企业推什么"放在第一位,而不仅仅是针对企业的产品做网络公关、论坛发帖、广告创意设计与广告片拍摄,也不是简单地根据企业推广需求选择搜索引擎关键词,而是对这些通路进行整合,组合化地使用,既借助各种可能的渠道,又发挥各种渠道的协同性,以便实现"1+1>2"的效果。此外,这种线上线下深度融合的营销模式不受限于大流量平台,可以主动组合其他优质传播渠道资源,比如各种中小型门户网站、网络社区、网络博客等,走一条"通路整合、资源整合、平台整合"的路子,在严控成本的情况下,确保营销效果。

 知识卡片 2-5

蜂鸣效应:是指营销中利用特定事件或特定人群引发产品信息在目标受众中口碑传播的效果,从而达到产品信息在潜移默化中快速、广泛传播的目的。蜂鸣的英文原词 *buzz*,意指"嗡嗡声",它非常形象地体现了蜂鸣营销所引发的口碑效应,故称蜂鸣效应。

品牌传播蜂鸣效应的产生一般都是源自一批"有影响力的人",他们或者是名人的助手,或者是电台主持人等。不管是何身份,这些人都有一个共同的特点,即他们在真正影响着最流行的东西。

(3) **整合多种营销渠道和社会化媒体资源**。FEA 网络整合营销方案通过整合多种网络营销渠道,应用各种社会化媒体与用户互动,提高了品牌黏性,收到了预期的效果。

2.4 网络关系营销理论

网络关系营销是传统关系营销理论在网络环境下的应用和发展。关系营销的概念由美国伦纳德·L.贝瑞教授于 1983 年最早提出,认为关系营销是吸引、维持和增强客户关系。此后,工业市场营销专家巴巴拉·B.杰克逊从工业营销的角度将关系营销描述为"关系营销关注于吸引、发展和保留客户关系";顾曼森从企业竞争网络化的角度来定义关系营销,认为"关系营销就是市场被看作关系、互动与网络";摩根和亨特从经济交换与社会交换的差异角度,认为关系营销"旨在建立、发展和维持成功关系交换的营销活动"。

现在一般认为,关系营销是把营销活动看作一个企业与客户、供应商、分销商、竞争者、政府机构及其他公众发生互动作用的过程,其核心是建立和发展与这些公众的良好关系。企业是社会经济大系统中的一个子系统,企业的营销目标要受到众多外在因素的影响。关系营销理论的核心思想是:要正确处理好与客户的关系,把服务、质量等因素与营销有机地结合起来,通过与客户建立起长期稳定的关系以实现长期拥有客户的目标。

2.4.1 网络关系营销的含义

网络关系营销是指企业借助互联网、现代通信技术和数字化交互式媒体等现代信息技术手段建立双向沟通机制,以处理好与客户的关系为核心,在互利双赢的基础上建立起企业与客户及相关组织间长期稳定合作关系的过程。网络关系营销强调企业应借助于电子信息网络,在全球范围内拓展客源。因此,现代企业应充分发挥互联网络的互动优势,灵活开展网络关系营销,以促进企业的持续发展。

正确理解网络关系营销理论需要把握以下两点:一是在宏观上,要认识到网络关系营销会对范围很广的一系列领域产生影响,包括线上线下的消费者市场、劳动力市场、供应市场、内部市场、相关者市场,以及影响者市场(政府、金融市场)等;二是在微观上,要认识到企业与客户的关系会不断变化,网络关系营销的核心应从过去简单的一次性交易关系转变到注重保持客户长期关系上来。

2.4.2 网络关系营销的核心任务

网络关系营销的核心任务是吸引和维系客户,为客户提供高度满意的产品和服务价值,减少客户流失。网络关系营销通过加强与客户的联系,提供有效的客户服务,保持与客户的长期关系,并在与客户保持长期关系的基础上开展营销活动,进而实现企业的营销目标。

网络关系营销具有极强的互动性,能极大地简化客户的购买程序,节约客户的交易成本,提高购物效率。网络关系营销并不是以损伤企业利益为代价,而是提倡企业与客户双赢。有关研究表明,一个满意的客户通常会影响 8 笔潜在的生意,其中至少有一笔会成交;一个不满意的客户通常会影响 25 个潜在客户的购买意愿;争取一个新客户所花的营销费用通常是保持一位老客户费用的 6 倍。因此,建立与客户稳定的合作关系并增强客户的忠诚度,可以为企业带来长远的利益。

2.4.3 网络关系营销的原则

在网络关系营销过程中,应遵循以下原则。

(1)主动沟通原则。在网络关系营销中,企业应主动与其他关系方接触和联系,进行信息沟通,向信息透明化努力。同时,企业要主动为关系方提供优质服务或为关系方解决相关困难和问题,增强伙伴之间的合作关系。

网络关系营销的原则

(2)承诺信任原则。在网络关系营销中,企业要履行各项诺言,赢得关系方的信任,这是强化合作关系的基础与关键。

(3)互利互惠原则。在与关系方交往过程中,企业必须做到相互满足关系方的经济利益,并在公平、公正、公开的条件下进行高质量的产品或价值交换,做到互利双赢。

2.4.4 网络关系营销的作用

现代信息技术的发展为企业和客户之间建立有效的双向沟通渠道提供了良好的技术支持。网络关系营销依靠信息和网络技术实现全面互动,建立以客户为导向的客户关系管理体系，使企业可以高效地收集、处理和传递信息。企业开展网络关系营销的作用，主要体现在以下三个方面。

（1）为企业与客户建立长期关系提供有效的保障。网络关系营销将互联网作为一种有效的双向沟通渠道，使企业与客户之间可以实现低成本的沟通和交流，从而为企业与客户建立长期关系提供有效的保障。同时，通过网络平台进行交易，企业可以实现对整个交易过程从产品生产质量、产品销售渠道到售后服务质量等环节的全程质量控制。

（2）促使相关企业和组织建立合作关系实现双赢发展。在商品交易过程中，客户通过支付价值获得相应的使用价值，企业则通过让渡产品实现价值获得利润。这说明企业和客户之间存在共同的利益，二者可以通过长期合作实现双赢。互联网作为廉价的沟通渠道，它能以低廉的成本帮助生产企业及其供应商、分销商等伙伴建立协作关系。例如，联想集团通过互联网实现与分销商的信息共享，降低库存成本和交易费用，同时密切加强双方的合作关系。

（3）增加壁垒阻挡竞争者入侵。设计和建立一个有效和完善的网络关系营销系统是一项长期的系统性工程，需要投入大量的人力、物力和财力，但企业一旦实现了有效的网络关系营销，竞争者就很难进入其目标市场。因为竞争者要用相当多的成本，建立一个类似的客户关系数据库，而这几乎是不可能的。所以，网络关系营销还可以在一定程度上增加进入目标市场的难度，从而阻挡竞争者入侵。

此外，网络关系营销强调个性化的营销方式，可以从根本上提高客户的满意度；网络关系营销能满足客户对购物方便性的需求，减少了去商场购物的距离和时间的消耗，提高其购物效率；网络关系营销还能为企业节约巨额的促销和流通费用，降低产品成本和价格。

2.4.5　典型案例：小红书的泛关系链营销

泛关系链营销的重点在于拉动用户参与到品牌共建的过程，让用户主动、积极地反馈信息并传播给与其有关系的用户，使品牌信息呈几何级数扩散。

> 知识卡片2-6
>
> 　　泛关系链：是指在互联网环境下，使现实关系扩展为多种泛关系。互联网络无限放大了传统物理局限的关系圈或用户数，同时把各种各样的关系模型或关系种类放大了。因此，围绕在每个网民周围的关系网络由真实关系链、地域关系链、兴趣关系链、内容关系链、生活关系链等组成。此外，还有基于兴趣爱好的关系、基于内容的关系等。
>
> 　　泛关系链营销中的"泛"有三层含义：一是指营销覆盖的每个网络用户的关系种类和圈子是全面的；二是指营销实现跨平台产品以及众多营销模式之间的无缝互动和互通互联；三是指聚焦在整个社会化媒体营销领域。

1. 案例描述

小红书通过建立一个以用户生成内容为主的内容分享社区，借助关键意见领袖与大量用户建立起泛关系链，从而掌握大量的用户流量和持久的用户关注度，形成强大的话语权和影响力。其具体做法如下。

首先，通过大数据分析、目标人群画像及同行竞品关键词数据来构思并发起话题；然后，邀请多位关键意见领袖一起发测评笔记，吸引更多关键意见领袖参与进来，形成独特的用户生成内容氛围，与此同时，让关键意见领袖与用户、受众在小红书这个社区中通过评论、私信等方式相互进行交流，建立起一种网状的社交关系，使受众与关键意见领袖之间和受众与受众之间都有了联系，进而形成泛关系链，借助用户的力量来将话题影响力扩大化；最后，根据小红书平台的内容推荐机制将话题推至热门，通过层层联动霸屏后，将品牌商品购买链接植入关键意见领袖的测评笔记中，进而提高产品的购买率。

（资料来源：https://zhidao.baidu.com/question/315444408340507244.html. 编者有删改[2023-10-10]）

2. 案例评析

互联网在商业领域应用深入发展，使得受众的关注点越来越细分化，越来越多的人热衷于关键意见领袖引导式消费，共享消费偏好与消费信任。本案例有以下两点值得关注。

（1）通过关键意见领袖发布的测评笔记内容触发泛关系链而让品牌快速曝光。一项研究表明，81%的用户会因高频出现的内容而影响其购买决策。因此，企业可利用小红书关键意见领袖强大的话语权和影响力，把品牌产品形象植入用户印象中，从而获得可观的热度和搜索量，提高曝光量和转化率。

（2）"关系"的价值很难用数字衡量。互联网还能起到销售渠道的作用。通过泛关系链让用户自发地将品牌信息以几何级数扩散开去，成为网络营销的重要趋势。泛关系链营销通过介入用户的决策路径，帮助品牌迅速、持续地对目标用户进行大范围覆盖，进行可信、有效的互动沟通，从而达到营销目的。

2.5 网络软营销理论

软营销是相对于工业经济时代的以大规模生产为主要特征的强势营销而言的营销理论，两者的根本区别在于：软营销主动方是消费者，而强势营销主动方则是企业。网络软营销是传统软营销理论在网络经济环境下的应用和发展。在网络经济环境下，消费者可以主动地、有选择地与企业沟通，其购买商品不只是满足生理需求，还要满足心理和精神需求；消费者会反感那些不遵守**网络礼仪**的营销信息。

知识卡片 2-7

网络礼仪：是指在网上交往活动中形成的被赞同的礼节和仪式。换句话说就是人们在互联网上交往所需要遵循的礼节，是一系列使人们在网上有合适表现的规则。

常用的网络礼仪：记住别人的存在；网上网下行为一致；入乡随俗；尊重别人的时间和带宽；分享知识；平心静气地争论；尊重他人的隐私；不要滥用权利；宽容。

网络礼仪最重要的原则：不请自到的信息不受欢迎。

只有当使用互联网的人们都懂得并遵守这些规则时，互联网的效率才能得到更充分、更有效的发挥。

2.5.1 网络软营销的含义

网络软营销是指在网络环境下,企业采用更具理性化的促销手段向消费者传送营销信息,使之更易于被消费者接受,进而实现信息共享与营销整合。网络软营销强调企业进行营销时必须尊重消费者的感受和体验,让消费者能主动地接受或参与企业的营销活动,通常需要借助**网络社区**等社会化媒体实现。

 知识卡片 2-8

网络社区:是存在于互联网上供其会员自由交流的虚拟社区,是人们在现实生活中社会关系的一种补充,通常由那些具有相同兴趣、目的,经常相互交流、互利互惠,能给每个成员以安全感和身份意识等特征的互联网上的单位或个人所组成。

网络社区实质上是一个信息发布系统,由各种混合的社交软件组成,包括网络聊天室、论坛、BBS、个人博客、微博、QQ 空间等,可以通过文字、声音、视频来交流。

在传统营销活动中,有两种促销手段最能体现强势营销特征,即传统广告和人员推销。传统广告的目标是通过持续不断的信息灌输方式在消费者心中留下深刻印象,至于消费者是否愿意接收则不考虑,消费者常常是被迫、被动地接收广告信息;传统的推销人员也基本不考虑被推销对象是否愿意和需要,只是根据其预定的营销计划或判断强行展开推销活动。在互联网上,由于信息交流是自由、平等、开放和交互的,强调相互尊重和双向沟通,网络消费者也更注重个人体验和隐私保护。因此,企业采用传统的强势营销手段在互联网上展开营销活动往往会适得其反。

【微型案例 2-1】美国著名 AOL 公司曾经对其用户强行发送 E-mail 广告,结果招致用户的一致反对,许多用户约定同时给 AOL 公司服务器发送 E-mail 进行报复,结果使得 AOL 公司的 E-mail 邮件服务器处于瘫痪状态,最后不得不道歉平息众怒。

网络软营销强调从消费者的体验和需求出发,通过采取拉式策略吸引消费者关注企业来达到营销目标。需要注意的是,网络软营销与传统强势营销并不是完全对立的,二者的巧妙整合往往会收到意想不到的效果。

【微型案例 2-2】国泰航空公司原来以亚洲地区为主要业务重心,为了扩展美国至亚洲航线的市场,拟举办一个大型抽奖活动,并在各大报纸上刊登了一个"赠送百万里行"抽奖的广告。与众不同的是,这个广告除了几个斗大的字"奖 100 万里"及公司网址,没有任何关于抽奖办法的说明,要了解抽奖办法的消费者只能登录公司网站。结果众多消费者主动登录该公司网站以获得相关的活动信息,这样就为公司下一步实施网络软营销奠定了基础。

上述案例通过这种传统强势营销与网络软营销整合应用的运作方式,在响应时效和营销效果上都较单一方式强化了许多,同时也更经济。此外,从长远的角度来看,这种方式使该公司一方面提高了公司网站的知名度和消费者登录公司网站的积极性,另一方面收集到为数众多的消费者的 E-mail 地址等信息,这为公司进一步开拓市场储备了资源。

开展网络软营销一定要遵循网络虚拟社区的网络礼仪规则。从某种程度上讲,网络软营销就是要在遵循网络礼仪规则的基础上，通过对网络礼仪和营销策略的巧妙运用以获得一种微妙的营销效果。

2.5.2 网络软营销的主要特点

网络软营销一般不直接向目标客户进行广告灌输，而是通过间接方式把广告信息植入目标客户的心中，或者以委婉的方式增强客户的忠诚度，从而达到营销的目的。个性化消费需求使客户在心理上要求自己成为主动方，而网络软营销使其实现主动方地位成为可能，将二者完美地整合在一起。网络软营销体现出以下特点。

（1）网络软营销强调产品和服务以客户为中心。由于互联网络具有很好的互动性和引导性，客户通过互联网络在企业的引导下对产品或服务进行选择或提出具体要求，企业可以根据客户的选择和要求及时进行生产并提供服务，使得客户跨时空得到满足要求的产品和服务；另外，企业还可以及时了解客户需求，并根据客户要求组织生产和销售，提高企业的生产效益和营销效率。

（2）网络软营销倡导以客户能接受的成本定价。传统定价策略以生产成本为基准，网络软营销倡导以客户为中心，以客户能接受的成本来定价，并依据该成本组织生产和销售。企业以客户为中心定价，必须测定市场中客户的需求以及对价格认同的标准，否则以客户接受成本来定价就很难实现。客户可以通过互联网络提出其能接受的成本，企业则根据客户的接受成本提供柔性的产品设计和生产方案，直到客户认同并确认后再组织生产和销售。具体实施时，客户在企业的服务器程序导引下完成成本设定，并不需要额外的服务人员，因此成本也会极其低廉。例如，美国通用汽车公司允许客户在互联网络上，通过公司的有关导引系统自行设计和组装满足其需要的汽车，客户首先确定接受价格的标准，然后系统根据价格的限定从中显示满足要求式样的汽车，客户还可以进行适当的修改，公司最终生产的产品恰好能满足客户对价格和性能的要求。

（3）网络软营销强调产品的分销以方便客户为主。网络营销是一对一的分销渠道，是跨时空进行销售的，客户可以随时随地利用互联网络订货和购买产品。例如，法国钢铁制造商犹齐诺—洛林公司，采用电子邮件和世界范围的订货系统，把加工时间从15天缩短到24小时以内，并通过内部网与汽车制造商建立联系，能在对方提出需求后及时把钢材送到对方的生产线上。

（4）网络软营销使压迫式促销转向加强与客户沟通和联系。传统促销是以企业为主体，通过一定媒体或工具压迫式地促使客户被动接受其产品，缺乏与客户的有效沟通，同时促销成本也很高。网络软营销让客户可以参与到企业的营销活动中，通过与客户的有效沟通和密切联系，能更好地了解客户需求，更容易获得客户的认同。例如，雅虎（Yahoo!）公司曾开发了一种能在互联网络上对信息分类检索的工具，由于该产品具有很强的交互性，客户可以将其认为重要的分类信息提供给雅虎公司，雅虎公司马上将该分类信息加入产品中供其他客户使用，因此不用做宣传其产品就广为人知，并且在短短两年之内使公司的股票市场价值增长数百倍之多。

调查显示：企业在获得同等收益的情况下，对网络软营销的投入是传统营销工具投入的十分之一，而信息到达速度却是传统营销工具的5～8倍。

2.5.3 网络软营销的常用方式

网络软营销传播营销信息常用方式的主要包括网络软文传播、免费网络资源传播、网络事件传播、网络视频传播等方式。

（1）网络软文传播。网络软文是网络软营销的重要方式之一，关于网络软文的知识请读者参阅本书 4.5.2 节"网络软文营销"相关内容。

（2）免费网络资源传播。借助一些网络媒体免费共享、分享资源的特点，形成客户主动地传播。例如，植入式 QQ 表情、提供免费的软件初级版等，通过客户对这些免费资源的使用，形成植入广告，进而达到相应的传播效果。

（3）网络事件传播。通过策划一个线上主题活动或事件，与客户形成互动，在互动过程中产生广告宣传作用。由于网络事件营销可能会产生两种截然相反的效果，要么形成良好的正面效益，要么造成极其负面的效益，一旦执行失败，对企业伤害巨大，因此应用这种方式需谨慎。

（4）网络视频传播。借助带有营销信息或表现某种主题的视频短片在网络上广泛传播而达到营销目标。例如，联想集团曾拍摄了一个名为《爱——永不掉线》的营销视频短片，以情感营销为主线贯穿整个视频，实现了视频的广泛传播，最终达到了预期的效果。有关网络视频营销的详细内容，请读者参阅本书 4.4 节。

此外，网络软营销还可以借助各种社会化媒体，如博客、微博、即时通信、社交网站、电子书等工具传播营销信息。

2.5.4 典型案例：海商网的"故事化"产品信息发布

海商网是由浙江海商网络科技有限公司经营的 B2B 型电子商务平台，为企业提供自主优化网站、在线贸易平台和搜索引擎营销"三合一"的综合网络推广服务，通过分析采购商的使用习惯、搜索渠道，以及多层次深度定位企业关键词等，针对供应商会员企业的产品关键词、价格与服务、公司在所属行业的地位、文化特色等发布直接匹配的信息，促进交易，帮助企业实现低成本网络扩张。

1. "故事化"产品描述手法

海商网倡导用讲故事的方式发布产品信息，每个产品都是一个故事，通过完善产品描述，诠释企业文化，从而达到宣传企业、推广产品的营销目标。

一个耐人寻味的故事，必须有若干个性鲜明的主人翁、跌宕起伏的故事情节、幽默诙谐的语言描述才能吸引人。介绍产品信息如果仅仅只有简单的产品名称、介绍和图片，那么就像一个没有框架、不够饱满、缺乏活力的乏味故事，让观看者昏昏欲睡，味同嚼蜡。海商网将欲发布的有关产品信息内容有条理、有逻辑地组织并且展示出来，侧重细分关键词和原创故事式产品描述，同时结合企业文化或经营理念，使产品信息像故事一样生动地呈现在网站访问者眼前，让每一个产品都绽放出生命活力，从而引起人们的关注。

2. 客户服务实例

义乌市涵旺日用品商行在成为海商网高级供应商三个月后，升级为白金供应商。海商网为该会员按照"故事化、精准化"规则发布和维护产品信息,采用有情节的"故事化"描述为产品加分增色并赚足眼球,收获了可喜的效果。

在描述方面,首先,海商网从产品的型号、原产地、品牌、颜色、设计风格、重量等方面描述其产品的大致内容,给买家留下良好的第一印象;其次,从产品的付款方式和装运条件以及供货能力方面作进一步的阐述和补充;再次,从产品的特点、设计类型、形状、原材料、尺寸、功能和适用季节等各个方面展现产品的特征和魅力,如"讲故事"一般将产品的优势娓娓道来,具有很强的可读性;最后,综合出货、包装、分类和企业简要介绍等进行有力的结尾,并用模特展示图的方式为产品增色,获得比较好的视觉效果,使人眼前一亮。

在体现企业文化方面,海商网在网站提供的"博客式"自定义菜单板块中,添加了该会员的企业博文、产品知识科普、工厂生产环境展示、3D产品的立体展示和公司新闻,从而更加全面、细致地强化其效果,提升客户体验度和操作规范。

(资料来源:编者根据"海商网"提供的资料整理)

3. 案例经验启示

海商网运用绘声绘色"讲故事"的语言和栩栩如生的画面感来描述产品信息,体现企业文化内涵,引起客户的认同,从而使企业产品在泛滥的网络信息中脱颖而出,使推广借助"特色、亮点"出奇制胜!

2.6 绿色营销理论

党的二十大报告提出,要"倡导绿色消费,推动形成绿色低碳的生产方式和生活方式"。绿色营销强调在营销过程中注重地球生态环境保护,注重全社会的全局利益,促进宏观的社会经济和生态的协调发展,而不是只着眼于企业本身。一方面,从利益层面来看,企业实施绿色营销符合消费者的绿色消费需求,有利于降低成本,有利于在竞争中获取差别优势,从而获取更多的市场机会,占有更大的市场份额,相应获得更多的利益。从这种意义上来讲,网络营销是一种典型的绿色营销。另一方面,伴随网络技术和数字经济的加速发展,特别是以海量、高速、多样和易变为特征的**大数据**时代的来临,使得驱动企业竞争的核心从资源转向数据,绿色营销也日益成为一项基于数据而非仅仅是创意的职能。

> **知识卡片 2-9**
>
> 大数据:是具有大规模、分布式、多样性和时效性的数据。大数据的特点决定了只有采用新技术架构的分析方法,才能有效地挖掘这些新资源的商业价值。也就是说,大数据需要新的处理模式才能在合理时间内撷取、管理、处理并被整理成为人类所能解读的数据资讯。业界将大数据的基本特征归纳为"4V",即Volume(体量性)、Variety(多样性)、Value(价值性)、Velocity(快速性)。

2.6.1 绿色营销的概念及特点

1. 绿色营销的概念

绿色营销是一种能辨识、预期及迎合绿色消费的社会需求，并且可带来利润、能实现永续经营的管理过程。绿色营销观念认为，企业在营销活动中，要顺应时代可持续发展战略的要求，注重地球生态环境保护，促进经济与生态环境协调发展，以实现企业利益、消费者利益、社会利益及生态环境利益的协调统一。从这些界定中可知，绿色营销是以满足消费者和经营者的共同利益为目的的社会绿色需求管理，以保护生态环境为宗旨的绿色营销模式。

从生产经营的角度看，绿色营销是指企业在生产经营过程中，将企业自身利益、消费者利益和生态保护利益三者统一起来，并以此为中心对产品和服务进行构思、设计、销售和制造。

从环境保护的角度看，绿色营销是指企业以环境保护为经营指导思想，以绿色文化为价值观念，以消费者的绿色消费为中心和出发点的营销观念、营销方式和营销策略。它要求企业在经营中遵循自身利益、消费者利益和生态环境利益相结合的原则。

从社会责任的角度看，绿色营销是指企业在充分意识到重视环境保护的社会责任和消费者对清洁型无公害产品日益增长的市场需求的基础上，发现、创造并选择市场机会，通过一系列理性化的营销手段来满足消费者以及社会生态环境发展的需要，实现可持续发展的过程。

从社会效益的角度看，绿色营销是指企业在营销活动中体现的社会价值观、伦理道德观，在营销过程中充分考虑社会效益，自觉维护生态平衡，自觉抵制各种有害营销。

绿色营销的核心是按照环保与生态原则来选择和确定营销组合的策略，是建立在绿色技术、绿色市场和绿色经济基础上的、对人类的生态关注给予回应的一种经营方式。绿色营销是一个导向持续发展、永续经营的过程，其最终目的是在化解环境危机的过程中获得商业机会，在实现企业利润和达到消费者满意的同时，达成人与自然的和谐相处，共存共荣。

2. 绿色营销的特点

纵观绿色营销的发展过程，基本上可以形成一条以绿色需求→绿色研发→绿色生产→绿色产品→绿色价格→绿色市场开发→绿色消费为主线的绿色价值链。绿色营销的主要特点可以归纳为以下四个方面。

（1）综合性。绿色营销观念是市场营销、生态营销、社会营销等多种营销观念的综合。市场营销观念的重点是满足消费需求，"一切为了满足消费者的需求"是企业制定一切工作的最高准则；生态营销观念要求企业把市场要求和自身资源条件有机结合，要与自然、社会、经济环境协调发展；社会营销观念要求企业不仅要根据自身资源条件满足消费者的需求，还要符合消费者及整个社会目前需求及长远需求，倡导符合社会长远利益，促进人类社会自身发展。绿色营销综合体现上述多种营销观念，要求企业在满足消费者需要和保护生态环境的前提下取得利润，把企业、消费者、生态环境三方利益协调起来，实现**可持续发展**。

知识卡片 2-10

> 可持续发展：是既满足当代人的需求，又不对后代人满足其需求的能力构成危害的发展。它们是一个密不可分的系统，既要达到发展经济的目的，又要保护好人类赖以生存的大气、淡水、海洋、土地和森林等自然资源和环境，使子孙后代能够永续发展和安居乐业。可持续发展与环境保护既有联系又不等同，环境保护是可持续发展的重要方面。
>
> 可持续发展的核心是发展，但要求在严格控制人口、提高人口素质和保护环境、资源永续利用的前提下进行经济和社会的发展。发展是可持续发展的前提；人是可持续发展的中心体；可持续长久的发展才是真正的发展。

（2）统一性。绿色营销强调社会效益与企业经济效益的统一。一方面，企业在制定产品策略时，既要考虑到产品的经济效益，同时又必须考虑社会公众的长远利益与身心健康，这样产品才能在市场中站住脚。另一方面，随着社会公众绿色意识的觉醒，消费者在购买产品时不仅会考虑对自己身心健康的影响，也会考虑对地球生态环境的影响，谴责破坏生态环境的企业，拒绝接受有害于环境的产品、服务和消费方式。因此，企业要寻求可持续发展，就必须尊重自然规律，实现经济、自然环境和生活质量三者之间的相互促进与协调。

（3）无差别性。绿色标准的核心内容呈现出世界无差别性。绿色产品的标准尽管世界各国不尽相同，但都是要求产品质量、产品生产及使用消费和处置等方面符合环境保护要求，对生态环境和人体健康无损害。

（4）双向性。绿色营销不仅要求企业树立绿色观念、生产绿色产品、开发绿色产业，同时也要求广大消费者购买绿色产品，对有害产品进行自觉抵制。

2.6.2 绿色营销的需求与策略

党的二十大报告指出，要"广泛形成绿色生产、生活方式"。绿色营销是在人们追求健康、安全、环保的意识形态下所发展起来的新型营销方式和方法，也是一种新的营销理念。现阶段绿色营销模式的制订和方案的选择及相关资源的整合，还无法也不能脱离原有的营销理论基础。

1. 绿色需求产生的原因

绿色需求是在人类社会更加注重消费质量、环境保护、安全健康及社会可持续发展的情况下应运而生的。企业在制订绿色营销方案时必须认真分析和考证绿色需求，才能为绿色营销工作的顺利开展打下基础。

（1）人类追求高品质及高品位的生存质量和生活质量产生绿色需求。生存质量的追求表现在更加注重生态环保，生活质量的追求表现在倾向于消费无公害产品、绿色产品。由于这些产品本身所包含的特性和特点，使人们在消费过程中得到品质的满足和品位的提升。

（2）新型消费观念形成绿色需求。随着人们对于生态环保观念的认知和加强，也促使人们改变原有的消费观念，许多人已经自愿拒绝非绿色产品，站在绿色消费立场上。例如，人们在购买汽车时会考虑排放标准、无氟冰箱已经进入千家万户、人们开始关注服装对人体健康等方面的安全保护等，这些都是新型消费观念冲击传统需求而形成的绿色需求。

（3）绿色消费法制化和广泛的社会宣传培育绿色需求。为了更好地推行绿色消费，一些国家特别是发达国家已经制定和颁布了相关法规，来规范和推行绿色需求，实现绿色消费。

2. 绿色需求的具体表现

绿色需求体现在绿色研发、绿色生产、绿色产品中，这是创造绿色消费载体的过程。企业进行绿色营销的前提是企业要具有绿色经营管理理念，并在这种理念的指导下引导绿色消费，创造绿色效益。

绿色营销要求企业从绿色研发、绿色生产到绿色消费都是公开的，必须显现出其绿化的特征，并在理念上进行本质改变，如研发工作的基本前提是产品要绿色。目前，许多企业已经在此方面进行了诸多工作，并取得了诸多成果。像节能环保电视、环保节能冰箱、环保节能汽车、绿色食品、绿色健康内衣等，都已经有声有色地进入了人们的生活。许多企业更是建设了绿色研发实验室，拥有一批专业的绿色工程师，这对人类社会的绿色进程无疑是一巨大推动。

以绿色食品为例，英国、德国绿色食品的需求完全不能自给，英国每年要进口该食品消费总量的80%，德国则高达98%。这表明，绿色产品的市场潜力非常大，市场需求非常广泛。我国目前只能对部分食品、家电产品、通信产品等进行绿化，离实现全部产品的绿色消费还有很长的一段路程。

3. 绿色营销的管理策略

绿色营销的管理策略主要包括以下几个方面的内容。

（1）树立绿色营销观念。绿色营销观念是在绿色营销环境条件下企业生产经营的指导思想。传统营销观念认为，企业在市场经济条件下生产经营，应当时刻关注与研究的中心问题是消费者需求、企业自身条件和竞争者状况3个方面，并且认为满足消费需求、改善企业自身条件、创造比竞争者更有利的优势，便能取得市场营销的成效。而绿色营销研究的首要问题是与绿色营销环境的关系。企业营销决策的制定必须首先建立在有利于节约能源、资源和保护自然环境的基础上，着眼于现实绿色需求和潜在绿色需求，促使企业营销的立足点发生新的转移。企业与同行竞争的焦点，在于最佳保护生态环境的营销措施，并且认为这些措施的不断建立和完善，是企业实现长远经营目标和可持续发展的需要，它能形成和创造新的目标市场，是企业竞争制胜的法宝。与传统的社会营销观念相比，绿色营销观念注重的社会利益，定位于节能与环保，立足于可持续发展，放眼于社会经济的长远利益与全球利益。

（2）制订绿色发展计划。企业实施绿色营销战略需要有一个明确的绿色发展计划，详细表述产品绿色发展周期，绿色品牌实施计划，绿色产品研发计划，绿色营销推广计划，绿色营销服务通道计划，绿色商流、物流、价值流计划，绿色营销管理方案等内容。另外，企业在实施绿色营销前，还要对企业实施绿色营销的过程管理、人力资源管理、资金流和价值流的管理进行系统规划，确保整个绿色营销进程中各种资源适时地有效整合，为最终实现各种利益体的共赢打下坚实的基础。

（3）坚持绿色管理原则。企业在推行绿色营销时，要将绿色观念融入企业的生产、经营、管理活动的全过程。国际比较通行的做法是遵循"5R"原则：①研究（Research）原则，就是把环保纳入企业的管理决策中，重视对环保的研究及相关环境的管理；②减消（Reduce）原则，即通过采用新技术、新工艺、新材料，减少或消除有害废弃物的排放；③再开发（Rediscover）原则，即积极进行科研活动，变普通产品为绿色产品，积极创造绿色品牌；④循环（Recycle）原则，即对废旧产品进行回收处理，循环利用；⑤保护（Reserver）原则，即积极参与环境整治活动，培养员工环保意识，树立企业绿色形象。企业通过绿色管理原则，制定绿色发展和绿色经营管理战略，实施绿色营销方案，从而推动**绿色企业文化**的形成和企业绿色生产技术的发展，生产出满足公众绿色需求的产品，实现社会和企业经济的可持续发展。

 知识卡片 2-11

绿色企业文化：是指企业及其员工在长期生产经营实践中逐渐形成的为全体职工所认同遵循的、具有本企业特色的、对企业成长产生重要影响的、对节约资源和保护环境以及与企业成长密切相关的看法和认识的总和。绿色企业文化由外层企业物质文化（物质层）、中层企业制度文化（制度层）、内层企业精神文化（精神层）组成。

绿色企业文化的三个层次是紧密联系的。物质层是企业文化的外在表现和载体，是制度层和精神层的物质基础；制度层则约束和规范物质层和精神层的建设，没有严格的规章制度，绿色企业文化无从谈起；精神层是形成物质层和制度层的思想基础，是绿色企业文化的核心和基础。绿色企业文化强调消费者需求的全面性，要求重建竞争观念，重视企业对环境和社会的责任，以绿色为标志塑造企业形象。进行绿色企业文化建设既要重视经济效益，又要重视社会效益、生态效益，满足现代消费者追求绿色产品的要求，提高企业产品的生态含量，树立良好的企业形象。

（4）提供绿色服务通道。随着经济的不断发展，服务已经由原来的辅助营销功能转为创造营销价值的主要营销功能，绿色营销需要建立绿色服务通道。绿色服务通道具有如下功能：一是传播绿色消费观念，减少绿色消费误区；二是真正从专业化的角度解决消费者在绿色消费中出现的问题，指导消费者进行绿色消费；三是实现绿色产品价值再造。通过绿色服务，达到减少资源浪费、节约物质消耗、减少环保成本、综合利用资源的目标，从而实现绿色产品在绿色服务中价值最大化。

总之，绿色营销管理要求企业要有全局、长远的发展意识。企业在制定企业发展规划和进行生产、营销的决策和管理时，必须时刻注意绿色意识的渗透，在可持续发展目标下调整自身行为，从单纯追求短期最优化目标转向追求长期持续最优化目标，将可持续性目标作为企业的基本目标。

4. 绿色营销组合策略

实施绿色营销战略与企业的长期发展规划和战略密不可分，要求企业在深入进行目标市场调研的基础上，对企业产品和品牌进行合理的市场定位，分析潜在市场容量和潜在消费者购买能力，对绿色营销资源有效整合。在实践中可以运用网络营销 4P 与 4C 组合策略（关于网络营销 4P 与 4C 策略的详细内容读者可以参阅本书第 7 章和第 8 章），发挥绿色营销独特的作用，实现绿色营销的综合效益最大化。

（1）设计满足消费者需求的绿色产品。企业实施绿色营销必须以绿色产品为载体，为社会和消费者提供满足绿色需求的绿色产品。绿色产品是指对社会、对环境改善有利的产品，或称无公害产品。这种绿色产品与传统同类产品相比，至少具有下列特征。①产品的核心功能既能满足消费者的传统需要，符合相应的技术和质量标准，又能满足对社会、自然环境和人类身心健康有利的绿色需求，符合有关环保和安全卫生的标准。②产品的实体部分应减少资源的消耗，尽可能利用再生资源。产品实体中不应添加对环境和人体健康有害的原料、辅料。在产品制造过程中应消除或减少对环境的污染。③产品的包装应减少对资源的消耗，包装材料和产品报废后的残物应尽可能成为新的资源。④产品生产和销售的着眼点，不在于引导消费者大量消费而大量生产，而是指导消费者正确消费而适量生产，建立全新的生产美学观念。

（2）制定计入环保成本的绿色产品价格。价格是市场的敏感因素，定价是营销的重要策略，实施绿色营销必须研究绿色产品价格的制定。一般来说，绿色产品在市场的投入期，生产成本会高于同类传统产品，是因为产品环保的成本应计入绿色产品成本中。环保成本主要包括以下几个方面。①在产品开发中，因增加或改善环保功能而支付的研制经费。②在产品制造中，因研制对环境和人体无污染、无伤害而增加的工艺成本。③使用新的绿色原料、辅料而可能增加的资源成本。④由于实施绿色营销可能增加的管理成本、销售费用。企业制定绿色产品价格，一方面应考虑上述因素，另一方面应注意到，随着人们环保意识的增强，消费者经济收入的增加，消费者对商品可接受的价格观念会逐步与消费观念相协调。因此，企业营销绿色产品不仅能使企业盈利，还能在同行竞争中取得优势。

（3）建立便利的绿色营销渠道。绿色营销渠道是绿色产品从生产者转移到消费者所经过的通道。企业实施绿色营销必须建立稳定的绿色营销渠道，策略上可从以下几个方面努力。①启发和引导中间商的绿色意识，建立与中间商适当的利益关系，不断发现和选择营销伙伴，逐步建立稳定的绿色营销网络。②重视绿色营销渠道各个环节的建设。从绿色交通工具的选择、绿色仓库的建立，到绿色装卸、运输、储存、管理办法的制定与实施，认真做好绿色营销渠道的一系列基础工作。③尽可能建立短渠道、宽渠道，减少渠道的资源消耗，降低渠道费用。

（4）搞好多渠道与消费者互动沟通的绿色促销活动。绿色促销主要借助绿色媒体，传递绿色产品信息，引发消费者的绿色消费需求，唤起其绿色消费欲望，最终促成购买行为。绿色促销的常用手段有以下几个方面。①绿色广告。通过广告对产品的绿色功能定位，引导消费者理解并接受广告诉求。在绿色产品的市场投入期和成长期，通过量大、面广的绿色广告，营造网络营销的绿色氛围，激发消费者的购买欲望。②绿色推广。通过营销人员的绿色推销，从销售现场到促销平台，多渠道向消费者宣传、推广产品绿色信息，讲解、示范产品的绿色功能，回答消费者咨询，宣讲绿色营销的各种环境现状和发展趋势，激励消费者的绿色消费欲望。同时，通过试用、馈赠、竞赛、优惠等策略，促成购买行为。③绿色公关。通过企业的公关人员参与一系列公关活动，诸如发表文章、演讲、影视资料的播放、社交联谊、环保公益活动的参与、赞助等，与社会公众进行互动沟通，增强公众的绿色意识，树立企业的绿色形象，为绿色营销建立广泛的社会基础，促进绿色营销效果的达成。

2.6.3 绿色营销的作用与绩效评价

1. 绿色营销的作用

绿色营销对企业网络营销最终价值的实现发挥着重要的作用，主要体现在以下几个方面。

（1）有利于占领市场和扩大市场销路。通过绿色营销，提供消费者所需要的绿色产品，满足消费者的绿色需求，可以扩大产品的市场占有率和销路。随着公众环境意识的增强和生活水平的提高，以保护环境为特征的绿色消费正影响着人们的消费观念和消费行为，成为一种新的时尚。

（2）促进企业塑造绿色文化和营造绿色文明。企业通过实施绿色营销使全体员工树立绿色营销观念，并在此观念指导下进行绿色产品的研发和生产，在企业内部营造清洁、绿色、环保、安全的工作环境，有利于保护企业职工身心健康，更有利于培育企业"绿色文化"。绿色营销可以推动新型绿色文明的发展，绿色文明是一种以追求环境与人类和谐共存和发展的新型文明。

（3）有助于企业提高经济效益。绿色营销的过程就是企业努力提高资源和能源的利用率，尽可能减少污染环境或不污染环境，实现可持续发展的集约化经营的过程。通过这种过程，企业可以从比较深的层次来考虑技术开发和产品更新换代，促进企业经济的增长。因此，绿色营销也是降低资源消费，提高经济效益的重要途径。越来越多的事实证明，企业只有推进绿色营销战略，生产绿色产品，建立节能、降耗、节水、节地的资源节约型经济，才能以尽可能小的代价和最少的能源、资源消耗，获得最大的经济发展效益。

2. 企业实施绿色营销的绩效评价

绿色营销绩效是指绿色营销活动在企业发展、生态环境和社会影响等方面所达到的现实状态。绿色营销绩效集成了企业绩效、生态绩效和社会绩效，整合了协调绩效、持续绩效和发展绩效等，是一个包含多因素、多维度的概念。对企业实施绿色营销的绩效进行综合评价，是促进企业实施绿色营销的重要之举。

（1）建立评价指标体系的基本原则。建立评价指标体系是一项较为复杂的工作，为了达到科学性、规范性和能在大范围内使用的目的，其建立必须遵循以下原则：①目的明确；②系统全面并具有科学性；③动态与静态结合；④定量与定性结合；⑤具有可比性和可操作性；⑥具有独立性和侧重性。

（2）绿色营销绩效的评价指标。绿色营销绩效评价指标体系是一个由目标层、准则层、指标层及分指标层构成的层状体系（表2-1）。其中，目标层由准则层反映，准则层由具体评价指标确定。

表 2-1　企业绿色营销绩效评价指标体系

目标层	准则层	指标层	分指标层
绿色营销绩效综合优度（X）	企业绩效（X_1）	企业盈利力（X_{11}）	销售利润率（X_{111}）；利润增长率（X_{112}）
		企业成长力（X_{12}）	销售增长率（X_{121}）；市场扩大率（X_{122}）
		企业形象力（X_{13}）	企业知名度（X_{131}）；企业美誉度（X_{132}）
		企业文化力（X_{14}）	员工绿色意识（X_{141}）；绿色环境改善（X_{142}）
		企业竞争力（X_{15}）	竞争者仿效率（X_{151}）；顾客渗透率（X_{152}）；顾客忠诚度（X_{153}）
	生态环境绩效（X_2）	资源利用度（X_{21}）	资源综合利用率（X_{211}）；资源节约率（X_{212}）
		环境保护度（X_{22}）	清洁生产率（X_{221}）；排放达标率（X_{222}）
	顾客绩效（X_3）	顾客服务力（X_{31}）	绿色产品率（X_{311}）；承诺履约率（X_{312}）；顾客满意率（X_{313}）
		顾客影响力（X_{32}）	绿色消费率（X_{321}）
	社会绩效（X_4）	公众影响力（X_{41}）	媒介注意度（X_{411}）；社区影响力（X_{412}）
		社会贡献力（X_{42}）	绿色贡献率（X_{421}）；绿色积累率（X_{422}）
		社会导向力（X_{43}）	公益活动率（X_{431}）；绿色控制率（X_{432}）

（3）绿色营销绩效的评价方法。绿色营销的绩效评价问题具有一定的模糊性，可以说某个企业所开展的绿色营销活动的绩效较好或一般，但是很难用一个确切的等级标准来加以界定。因此，衡量绿色营销绩效的好坏适合用模糊数学的方法来定量确定。对营销绩效产生影响的因素越多，这些因素越具有模糊性。这就要求根据多个因素对绩效进行综合评判。基于上述考虑，可以采用模糊数学中的模糊综合评价法来对绿色营销的绩效加以全面评价。模糊综合评价法是一种基于模糊数学的综合评价方法，主要根据模糊数学的隶属度理论把定性评价转化为定量评价，即用模糊数学对受到多种因素制约的事物或对象做出一个总体的评价。它具有结果清晰、系统性强等特点，能较好地解决模糊的、难以量化的问题，适合各种非确定性问题的解决。此外，绿色营销绩效评价在某些场景下也可以参照本书9.5.2节所述的网络营销绩效评价的常用方法和一般流程进行。

2.6.4　典型案例：快手48小时直播冰雕鲸鱼的"告别"

1. 案例描述

2022年4月，快手联合蓝丝带海洋保护协会等公益组织，在青岛海边以《没有一条鲸鱼想这样告别》为主题，举办了一个48小时冰雕鲸鱼环保展览。在这48个小时里同时直播这头长7.4米，重25吨的鲸鱼冰雕，在上万人的注视下，于烈日之下迅速融化，默默迎接着"死亡"的降临，而当其皮肤褪去，露出的是由人类丢弃的塑料垃圾填满的腹部的场景。

这个直播宣传视频发布后，在两天内就获得了近2.6万条转发，话题讨论1.6万次，取得了广泛关注的宣传效果。

2. 案例评析

这次环保展览是快手与新华网共同发起的#带着快乐去赶海#主题活动的开幕仪式,它与快手站内举办的赶海、捕鱼短视频征集赛是联动的。

快手的这次绿色营销,在内容上采取的是灾难式的广告风格,借此引起人们的悲伤、恐惧情绪来警诫人们关注海洋污染问题;传播上联合了知名公益组织来扩大活动声势;形式上考虑了快手的产品特性,既吸引了本来快手上那些海量的赶海爱好者的目光,又凭借不俗的艺术表达提升了在广大的普通观众心中快手的品牌价值。总体而言,案例中快手结合产品特点有效地传递其品牌态度,堪称经典。

本 章 小 结

了解网络营销信息传递的原理和特点以及信息交互的本质,是认识网络营销的核心思想、充分发挥网络营销功能的基础。本章着重介绍了网络营销信息传递的模型组成、特点、一般原则;长尾理论的基本思想、应用策略;网络整合营销的核心思想、实施原则;网络关系营销的含义、核心任务、原则与作用;网络软营销的含义、特点与常用方式;绿色营销的概念与特点、绿色营销的需求与策略、绿色营销的作用与绩效评等。对于主要的网络营销理论,配备有相应的典型应用案例,以辅助说明该理论的实际应用方法。

网络营销市场的广域性、文化的差异性、交易的安全性、价格的变动性、需求的民族性、信息价值跨区域的不同增值性及网络消费可选择性等,给网络营销理论研究提供了广阔的发展空间和无尽的研究课题,也给企业带来了更大范围成交的可能性以及更广域的价格和质量的可比性。

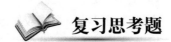

复习思考题

1. 选择题(有一项或多项正确答案)

(1) 网络营销信息传递的特点主要包括(　　)等。

　　A. 信息传递具有交互性
　　B. 信息传递渠道具有多样性
　　C. 信息传递效率具有高效性
　　D. 信息传递不允许有噪声

(2) 在网络营销中应用长尾理论,正确的说法是(　　)。

　　A. 销售成本较大的产品比较适合做长尾销售
　　B. 虚拟产品的销售尤其适合长尾理论
　　C. 畅销产品的销售比较适合长尾理论
　　D. 所有冷门产品都适合做长尾销售

（3）关于网络整合营销理论，下列说法正确的是（　　）。
　　A．网络整合营销是一种从接受者的角度考虑全部营销过程的策略
　　B．网络整合营销强调把消费者以及各种营销资源整合到营销过程中
　　C．网络整合营销要求在营销过程中不断与消费者进行双向沟通
　　D．网络整合营销允许使用多种网络渠道传递不一致的营销信息
（4）网络软营销一般不直接向目标客户进行广告灌输，其主要特点包括（　　）。
　　A．强调产品和服务以客户为中心
　　B．倡导以客户能接受的成本定价
　　C．强调产品的分销以方便客户为主
　　D．倡导加强与客户沟通和联系
（5）网络关系营销需要遵循的基本原则包括（　　）。
　　A．主动沟通原则　　　　　　　　B．信守承诺原则
　　C．互利互惠原则　　　　　　　　D．阻挡竞争者入侵原则

2．判断题

（1）网络营销应创建尽可能长的信息传递渠道。（　　）
（2）长尾理论统计的是利润与销量之和。（　　）
（3）网络关系营销的核心思想是通过与顾客建立长期稳定的关系以实现长期拥有顾客的目标。（　　）
（4）网络软营销倡导以客户能接受的成本定价。（　　）
（5）绿色营销是一个导向持续发展、永续经营的过程，其最终目的是在实现企业利润和消费者满意的同时，达成人与自然的和谐相处、共存共荣。（　　）

3．简答题

（1）网络营销信息传递有什么特点？在构建网络营销信息源时应注意哪些问题？
（2）网络整合营销与传统整合营销分别有何特点？如何实施网络整合营销？
（3）网络关系营销、网络软营销分别有什么特点？在实际应用中通常有哪些方式？
（4）什么是绿色营销？实施绿色营销可采用哪些策略？

4．讨论题

大数据时代，绿色营销会面临怎样的机遇与挑战？请查阅相关资料，结合具体企业应用大数据和绿色营销的实例，分小组展开讨论，并将研讨结果向全班报告。

案例研讨

亚马逊网络公司（以下简称亚马逊）是美国最大的B2C在线零售商，也是全球最大的跨境电商平台，为全球客户提供各类图书、音像、软件、玩具礼品、百货、服装等商品。在图书零售方面，亚马逊是世界上销量最大的书店，可提供310万册以上的图书目录，比全球任何一家书店的存书都要多。

亚马逊的商品管理策略验证了长尾理论的轨迹。在成立之初，亚马逊拥有邮购商家集中配送的基本优势和目录零售的直销优势，而无须负担印刷和邮递目录的成本，一成立就拥有 150 万种可售图书。随后，亚马逊开始引入虚拟库存以降低库存成本，将商品储存在供应商仓库中，同时又扩大了可售商品的种类。然后，亚马逊将虚拟库存模式加以扩展，引入其他大型零售商，利用他们和生产商、分销商的现有关系，增加亚马逊的可售产品种类和数量。从 1999 年开始，亚马逊开始利用它的"市集（Marketplace）"工程为大大小小的商家提供服务，从专营店到单个人，任何规模的零售商和分销商都可以把自己的产品放在亚马逊网站上。

2019 年，亚马逊平台卖家销售价值近 2000 亿美元的产品，销售额超过 10 万美元的卖家达到 28 万个，其中销售额在 100 万美元以上的卖家有 3 万个，第三方销售额占亚马逊总销售额的比例上升到 60%。2021 年亚马逊市场上的卖家销售了价值 3900 亿美元的商品，卖家的销售额占亚马逊总 GMV 的比例高达 65%。

认真分析上述材料，并结合本书 2.2.4 节所述案例，就以下问题展开讨论。

（1）亚马逊在商品经营管理中是如何运用长尾理论的？收到了什么样的效果？

（2）在网络零售中应用长尾理论有什么优越性？应该注意哪些问题？你认为网络零售行业应该如何有效地运用长尾理论？

第二篇　方法篇

篇首寄语

《孙子兵法·虚实篇》云"水因地而制流,兵因敌而制胜。故兵无常势,水无常形,能因敌变化而取胜者,谓之神"。译成现代汉语意思是"水根据地势而决定流向,用兵要根据敌情而制定取胜的策略。所以,用兵作战没有固定不变的方式,就像流水没有固定的形状一样;能根据敌情变化而取胜,可称得上用兵如神"。

常言道"商场如战场",在商业活动中有时也需要懂得一些用兵之道。既要严格遵守相关法律法规、诚信经营,又要学会变通和与时俱进。因此,在实际工作中,不要照搬本篇介绍的各种网络营销方法及相关案例,而应善于造势和借势,根据企业的具体情况灵活运用。

第 3 章　Web 1.0 经典网络营销方法
第 4 章　Web 2.0 与社会化媒体营销
第 5 章　Web 3.0 营销
第 6 章　移动营销

第 3 章 Web 1.0 经典网络营销方法

教学目标

- 解释企业网站营销、营销型网站优化、许可 E-mail 营销的含义，陈述营销型企业网站的基本构成要素、内部邮件列表与外部邮件列表方法，说明网络广告、病毒式营销的主要特点。
- 阐述搜索引擎营销中的常用搜索引擎营销方式，说明搜索引擎营销的目标层次，解释搜索引擎优化的原则和基本内容，运用营销型网站诊断评价方法对具体企业的网站进行专业性诊断分析和评价。
- 结合营销型网站的专业性诊断，强调关注企业是否合规经营；结合营销型网站的用户导向原则，强调企业经营者要有服务大众、回馈社会的情操；结合搜索引擎优化作弊行为及后果，强调诚实做事、诚信做人。

学习要求

基本内容	主要知识点	能力素养
企业网站营销	（1）营销型网站的构成要素、可信度建设； （2）营销型网站的发展阶段及各个阶段的推广任务； （3）营销型网站的专业性评价指标； （4）网站优化的内容、原则，网站易用性与搜索引擎友好性的关系	（1）各种经典网络营销方法的灵活应用能力； （2）营销型企业网站的专业性诊断与评价能力； （3）养成诚实守信、尊重他人、有责任心等良好品质
搜索引擎营销	（1）竞价排名、分类目录登录、搜索引擎优化、付费搜索引擎广告、关键词广告、网页内容定位广告、地址栏搜索广告等； （2）搜索引擎优化的定义、原则、内容	

续表

基本内容	主要知识点	能力素养
许可 E-mail 营销	（1）许可 E-mail 营销的定义、实施条件、实施流程与技巧； （2）内部列表与外部列表的基础条件、外部邮件列表常见问题、内部邮件列表与外部邮件列表功能与特点比较； （3）许可 E-mail 营销效果的评价指标、有效性、影响因素	
网络广告	（1）网络广告的特点、类型、发布策略与计费方式； （2）网络广告效果的评价指标、评价方法	
病毒式营销	（1）病毒式营销的含义、特点； （2）病毒式营销战略的实施条件与传播途径、实施策略与一般步骤	

基本术语

网站营销、营销型网站、搜索引擎营销、搜索引擎优化、许可 E-mail 营销、内部邮件列表、外部邮件列表、网络广告、E-mai 广告、病毒式营销

 引例

蜜雪冰城的"黑化"广告

蜜雪冰城是一个专为年轻人打造新鲜冰激凌与茶饮的全国连锁品牌。1997年，大学时期的张红超为了减轻家庭负担，租下一间小橱窗，开了一家"寒流刨冰"冷饮店，专营刨冰等各式冷饮，这也是蜜雪冰城的前身。2000年，品牌名称"蜜雪冰城"正式启用，经过20余年的发展，其全球门店数量超过1万家，覆盖我国31个省（自治区、直辖市）。

2022年6月19日，蜜雪冰城外卖平台门店集体换头像，"洗脑式"地冲击用户的猎奇心理，在品牌传播之余，顺便提高了转化率。蜜雪冰城总部在郑州，官方网站回应最近持续40℃的高温，头像"黑化"是因为最近推出了"桑葚系列"新品，员工去摘桑葚的时候被晒黑了。原来蜜雪冰城这波"黑化"不仅是为了玩"梗"，更是为了推出"桑葚系列"新品进行的一系列营销宣传。与此同时，蜜雪冰城还同步上架了"黑化雪王"，线上线下两手抓，预热新品，带动销量，激活周边，还赚得了话题流量。

（资料来源：编者根据蜜雪冰城官网的资料整理）

点评：开拓思路，以新的创意赋予广告强大的感召力

在新品上市时，总要进行一波预热。蜜雪冰城为"桑葚系列"新品进行预热活动，是在利用自身资源的同时，结合天气元素，实现了营销出圈。

从本案例中我们可以得到如下启示。

（1）营销思路的创新很重要，小成本有时也会带来巨大收益，达到事半功倍的效果。首先，蜜雪冰城通过外卖平台店铺集体换黑色头像的方式，吸引大众眼球；然后，"蜜雪冰

城黑化"登上热搜,进一步撬动话题讨论度;而河南连续的高温天气为"蜜雪冰城黑化"提供了"晒黑"这一更加有趣的理由,从而扩大话题传播面。

(2)网络广告也可以与传统广告形式结合,借助互联网及社交媒体传播渠道,有效、快捷、低成本地宣传企业品牌,推广企业产品与服务。蜜雪冰城还发挥雪王的 IP 人格化的作用,让"黑化雪王"出现在线下门店,提升"黑化"的场景感、氛围感。

(3)在不违背社会公德的前提下,网络营销方法的使用可以不拘一格。蜜雪冰城官网的回应,揭示了谜底"桑葚系列"新品上市,还不忘和网友一起玩"梗",让整个传播做到了从网友到品牌的首尾呼应,最大限度地制造话题热度,激发大众对新品的好奇心和购买欲望。

经典网络营销方法是指在网络营销活动中,借助企业网站、搜索引擎、电子邮件、网络广告等常用的网络营销工具,实现营销信息的发布、传递以及与用户之间交互等所派生出的相应网络营销方法。例如,借助企业网站开展的网站营销、借助搜索引擎开展的搜索引擎营销(SEM)、借助网络广告开展的网络广告服务、借助电子邮件工具开展的许可 E-mail 营销和病毒式营销等。这些工具和方法在 Web 1.0 时代就已出现,而且发展得十分完善,应用也十分普遍,因此称为经典方法。

3.1 企业网站营销

企业网站营销是指依托营销型企业网站开展营销,是一种网络技术和营销策略相结合的营销手段或方法,目的是较大程度地提高潜在用户的转化率。

3.1.1 营销型网站的构成要素与可信度建设

营销型网站是指以网络营销理念为核心,以搜索引擎的良好表现、用户的良好体验为标准,能够更好地将访客转化为用户的企业网站。

1. 营销型企业网站的构成要素

完整的营销型企业网站一般包括企业网站结构、企业网站内容、企业网站功能、企业网站服务四个要素。

(1)企业网站结构。网站结构是指为了向用户传达企业信息所采用的网站栏目结构、网页布局、网站导航、网址(URL)层次结构等的表现形式。下面讲解网站栏目结构和网页布局。

① 网站栏目结构。企业网站栏目可分为一级、二级、三级、四级等层次。营销型企业网站的一级栏目一般有 8~11 个,而栏目层次以三级以内比较适合。这样对于大多数信息,用户可以在不超过 3 次点击的情况下浏览到该内容页面,不至于因栏目数量或者栏目层次过多而给浏览者带来麻烦。

② 网页布局。网页布局是在网站栏目结构确定之后,为了满足栏目设置要求而进行的网页模板规划,包括网页结构的定位、网站菜单和导航的设置、网页信息的排放位置等。

网页信息排列的一般原则如下：将最重要的信息（如产品促销信息、新产品信息）放在首页最显著的位置；与网络营销无关的内容尽量不要放在主要页面；企业 Logo 一般放在页面左上角；公司介绍、联系信息、网站地图等网站公共菜单一般放在网页最下方。在设计网页布局时，应考虑用户浏览网页时注意力的"F 现象"。人们在浏览网页时，其注意力在整个视域内并非一直均匀分布，而是会习惯性地呈 F 形，这种现象称为用户网页浏览时注意力的"F 现象"。

注意力的"F 现象"

（2）企业网站内容。网站内容是网站向用户传递的信息，包括所有可以在网上被用户通过视觉或听觉感知的信息，如文字、图片、视频、音频等。营销型企业网站的内容一般包括公司信息、产品信息、用户服务信息、促销信息、销售和售后服务信息等。

（3）企业网站功能。网站功能是网站发布信息、提供服务所必需的各种技术支持系统。网站功能直接关系到可以采用的网络营销方法，以及所获得的网络营销效果。营销型企业网站的常见功能包括信息发布、会员管理、订单管理、在线调查、产品管理、在线帮助、邮件列表、流量统计等。

（4）企业网站服务。网站服务是网站可以提供给用户的价值，如问题解答、优惠信息、资料下载等。网站服务是通过网站功能和内容实现的。营销型网站的常见服务包括产品说明书、常见问题解答、产品选购和保养知识、在线问题咨询与即时通信服务、优惠券下载、会员社区、会员通信、简易资讯聚合（RSS）订阅等。

2. 营销型企业网站的可信度建设

营销型企业网站的可信度是用户对网站的信任程度，它是影响用户转化的重要因素。营销型企业网站的可信度建设是营销型网站建设与维护的重要内容，直接制约着网络营销的最终效果。

（1）营销型企业网站可信度建设的影响因素。影响营销型企业网站可信度的因素有多个，如网站或企业的知名度、网站的功能和服务等。此外，还有很多细节问题会或多或少地影响用户的信心。

① 影响营销型企业网站可信度建设的关键因素。一般来说，网站域名的类型和域名主体的选择、网站的设计风格与设计水准、网站内容的价值和质量、网站运行的安全维护管理等，对网站的功能和服务会产生重大作用，是影响网站可信度建设的关键因素。

② 影响营销型企业网站可信度的细节问题。研究表明，影响网站可信度的细节问题主要有网站基本信息不完整、产品介绍过于简略、没有明确的个人信息保护声明、没有固定的联系方式、商业网站使用免费邮箱、网站信息太久不更新、网站首页下面的计数器显示浏览量很小等。

（2）斯坦福大学提出的网站可信性建设十大准则。斯坦福大学通过三年的研究，提出了网站可信性建设十大准则。大量的实践也证明，遵循这十大准则可以增强网站访问者对网站的信任度。斯坦福大学提出的网站可信性建设十大准则如下：

① 网站信息的准确性易验证。
② 网站显示有一个真实的企业或组织存在。
③ 强调团队中的专家和所提供的内容及服务的专业性。
④ 显示网站背后有值得信任的团队。

⑤ 让用户方便联系到你。
⑥ 网站设计的专业性。
⑦ 网站易使用且对用户有用。
⑧ 经常更新网站内容（或者至少要显示网站最近被更新过）。
⑨ 促销性内容适可而止。
⑩ 避免文字错误，无论是多么微小的失误都应避免。

斯坦福大学的研究者认为，如果希望通过网站赚钱，让网站访问者通过网站形成对公司的信任是促成用户转化的关键因素。目前，斯坦福大学提出的这十大准则对网站可信性建设仍然具有一定的指导意义。

3.1.2 营销型网站各发展阶段的推广任务

1. 营销型网站的发展阶段

营销型网站从建设规划到稳定运行发展一般要经历 4 个基本阶段，即建设期、初发期、成长期和稳定期。网站发展阶段与各阶段访问量增长关系曲线如图 3-1 所示。

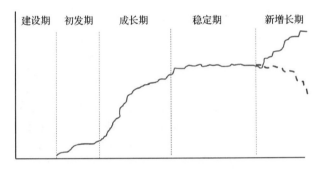

图 3-1 网站发展阶段与各阶段访问量增长曲线示意图

（1）建设期。建设期是指从网站建设规划开始到网站建成发布之前的时间。

（2）初发期。初发期即网站发布初期，通常是指从网站正式对外宣传之日开始之后约半年的时间。

（3）成长期。成长期是指网站通过发布初期的推广拥有一定的访问量，并且访问量仍快速增长的时间。不同网站在这个阶段持续的时间会有较大的不同。

（4）稳定期。网站进入稳定期的标志是访问量增长率明显减缓，但访问量维持在历史较高水平上下波动。网站从发布到进入稳定发展，一般需要一年甚至更长时间。

网站推广是一项持续的工作，网站发展到稳定阶段并不意味着推广工作的结束，仅意味着初期推广工作达到了阶段性目标。网站到达稳定期以后，有可能会因为持续有效的推广工作而使网站的访问量进入到新一轮的增长期，也有可能网站的访问量就此进入衰退期，直至网站生命周期终结。

2. 网站发展 4 个阶段推广工作的主要任务

（1）网站规划与建设阶段：主要任务是网站总体结构、功能、服务、内容的设计方案与网站推广策略的制定，网站优化设计的贯彻实施，网站的测试和发布准备，等等。

（2）网站初发期：主要任务是实施常规网站的推广方法，提升网站访问量，获得尽可能多的用户的了解。

（3）网站成长期：主要任务是分析常规网站推广方法的效果，制定和实施更有效的、针对性更强的推广方法，重视网站推广效果的管理。

（4）网站稳定期：主要任务是保持用户数量的相对稳定，加强内部运营管理和控制工作，提升品牌和综合竞争力，为网站进入下一轮增长做准备。

3.1.3 营销型网站的专业性评价指标

网站可以自行进行专业性评价，也可以选择第三方机构进行评价，无论选择哪种方式都需要有一套完整的网站评价指标体系。下面介绍一种营销型企业网站评价指标体系。该评价指标体系由一级指标及二级指标构成，其中一级指标包括网站整体指标、网站设计指标、网站内容指标、网站技术指标、网站推广指标及网站安全指标；每个一级指标下都分别包含若干二级指标。

1. 网站整体指标

网站整体指标是对网站使用过程中整体效果的衡量，主要包括网站链接有效性、下载时间、网站流量、点击率、网站黏性等。

（1）链接有效性。链接有效性是衡量网站链接质量的客观因素，如果网站有许多不可用的"死链接"，那么用户会觉得这个网站的质量较差，不能用它链接外部的资源。

（2）下载时间。下载时间一般用进入网站以及从一个网页进入下一个网页需要等待的时间衡量。调查显示，一个网页的打开时间超过 20 秒就会引起浏览者的厌恶感。

（3）网站流量。网站流量代表了在一定时期内访问该网站的用户数量，流量大说明企业在网站设计、网站推广两个方面做得比较成功。

（4）点击率。点击率可以用来反映网站的知名度和吸引力。该指标容易统计，但存在一定的不科学性。例如，利用会做点击操作的机器人来伪造点击率。

（5）网站黏性。网站黏性是表明访问者对网站内容或者产品信息感兴趣程度的指标，其值等于在一定时间内所有访问者浏览的页面数除以所有访问者数量，这是一个平均数，即平均每个访问者浏览的网页数量。

2. 网站设计指标

网站设计代表企业在网络市场上的形象，网站设计指标主要包括主题风格、整体结构、页面层次、导航功能等，在网站评价中具有重要地位。

（1）主题风格。网站设计一定要有鲜明的主题，否则会让用户觉得网站的内容没有连贯性，不愿意浏览该网站。主题风格是网站独特的不同于其他网站的地方，包括色彩、技术、交互方式等，能让用户明确分辨出这是网站的特色，即使只看到其中一页也可分辨出是哪个网站。

（2）整体结构。整体结构是指网站版式结构，包括站点提供的信息板块在页面中的分布状态、色彩选用、页面底色与文字、图片的色彩搭配等。

（3）页面层次。页面层次指标主要包括能否在网站任何一级页面上立即返回主页或上一级页面、能否在各个栏目之间自由跳转、能否跳转很少的页面就能找到某个页面或者某个内容、能否在三个链接内浏览整个网站。

（4）导航功能。网站应该设置清晰易懂、层次化的导航栏，或在比较明显的位置或容易找到的页面建立网站地图，使用户在网站不至于"迷路"。

3. 网站内容指标

丰富、充足的信息资源可以体现网站的价值。评价网站内容可选取的二级指标如下。

（1）信息内容范围。信息内容范围是指网站包括的领域信息资源，包含专著、论文、研究报告、会议信息等。从信息源来看，信息内容范围包括文本信息、图形图像信息、音频信息等。

（2）信息时效性。信息时效性由网页内容的更新频度（速度、周期）表示，频度高、周期短、速度快为最佳。

（3）资料新颖性。资料新颖性包括资料新颖、独特与完整、具有特色信息、拥有自主开发的数据库等。

（4）信息资源组织的有序度。信息资源组织的有序度是指信息资源的组织有序程度、结构清晰性、层次简明性等。

（5）使用方便性。使用方便性包括用户方便程度、个性化界面、交互方式与强度、死坏链接状况、网站地图、搜索引擎、保存用户信息等。

（6）公司资料信息。公司资料信息包括公司地址、电话、E-mail 等。用户浏览完网站，如果有问题，可以使用写信、打电话或者发 E-mail 的方式联系网站或者其公司，缩短了用户得到问题反馈的时间，以便在最短的时间内满足其需求。

（7）新颖度。高质量的网站代表优秀的企业形象，粗制滥造的网站是不能让用户对企业有信心的。新颖度也是决定网站访问量的指标。

4. 网站技术指标

网站技术指标是衡量网站专业性水平的重要尺度，具体可以从以下几个方面考量。

（1）交互性状态。网站交互性包括用户与网站的交流以及用户之间的交流两个层面，一般可通过设计开发论坛、社区聊天室、留言板等实现交互功能。这种交流可以让用户更好地了解和利用网站的服务，用户的需求也可以及时传递给网站管理者。

（2）邮件系统。邮件系统的开发有较高的技术要求，如果企业网站可以自行开发邮件系统并应用于其网站，会对提高用户的回访率起到很大的作用。

（3）制作精度。制作精度包括是否使用切图技术与 **CSS 样式**、数据库构建完整程度等。

 知识卡片 3-1

　　CSS 样式：CSS（Cascading Style Sheet，层叠样式表）是一种用来表现 HTML（标准通用标记语言的一个应用）或 XML（标准通用标记语言的一个子集）等文件样式的计算机语言，可以定义样式结构（如字体、颜色、位置等），通常被用于描述网页上的信息格式化和显示的方式。

> CSS 不仅可以静态地修饰网页，还可以配合各种脚本语言动态地对网页各元素进行格式化。CSS 能够对网页中元素位置的排版进行像素级精确控制，支持几乎所有的字体、字号样式，拥有对网页对象和模型样式编辑的能力。

（4）XML 与.net 技术的应用程度。在网站设计中应用 XML 和.net 技术，可以大大提高网站的安全性。

（5）有无交易平台。这是指商业网站是否具有安全的交易平台，是使用第三方的交易平台还是使用自己构建的交易平台。

5. 网站推广指标

企业网站建成发布后，必须进行宣传和推广工作以获得更多的关注和访问量。衡量营销型企业网站推广成效的主要指标如下。

（1）各大搜索引擎的排名。网上有种类繁多的搜索引擎，一个营销型企业网站推广是否做得好，在百度、雅虎等搜索引擎中的排名十分重要。

（2）META 标签的使用。META 标签是 HTML 网页源代码中标记 HEAD 区的一个关键标签，用来描述一个 HTML 网页文档的属性，如作者、日期和时间、网页描述、关键词、页面刷新等。虽然用户看不见 META 标签提供的信息，但它是文档最基本的元信息。

（3）适当的关键词。因为用户很大程度上习惯于通过搜索引擎搜索目标信息和企业网站，所以一些具有战略性的关键词是十分重要的。

（4）网站服务。提供一个及时、友好的回复与服务有助于企业和网站及时了解用户和市场需求，迅速建立用户网络、掌握用户群和开发出潜力无穷的新用户群。

（5）交换链接数量。交换链接数量是指和其他网站进行交换链接的数量。

6. 网站安全指标

任何计算机网络都会存在风险，网络风险的评估应对组成网络系统的硬件系统和软件系统进行综合评估，主要由以下二级指标组成。

（1）网站硬件设备评估。网站硬件设备包括网络/网站物理设备、网络传输介质、网络连接设备和网络操作系统。网站硬件设备的风险直接影响整个商业网站的运行情况，甚至可能导致网站无法访问和数据库的破坏。

（2）计算机病毒的防治。计算机病毒已经成为危及计算机网络安全的主要风险因素，特别是在互联网络中，这一风险因素表现得极为明显。

（3）服务器风险的评估。服务器系统是整个网络系统中至关重要的组成部分，是对网络风险进行评估时应充分考虑的重要因素。

（4）数据库系统的风险评估。数据库系统是整个网络系统中的核心部分，也是最脆弱、最容易受到内部和外来攻击的部分。

以上指标仅为参考指标，在实际应用中，可以根据各企业的具体情况选择侧重点，可以增加或减少指标类型，以对该企业进行更为有效的评估。

3.1.4 营销型网站的专业性诊断

网站的专业性诊断可以从网站规划与网站栏目结构诊断、网站内容及网站可信度诊断、网站功能和服务诊断、网站优化及运营评价诊断 4 个方面进行。

1. 网站规划与网站栏目结构诊断

可以从以下问题入手，考查网站规划与网站栏目结构设计的合理性和建设的完善程度。

（1）网站建设的目标是否明确？网站为用户提供哪些信息和服务？

（2）网站导航是否合理？用户是否可以通过任一个页面返回上级页面或首页？

（3）各个网站栏目之间的链接关系是否正确？是否有一个简单清晰的网站地图？

（4）通过最多 3 次点击是否可以从首页到达任一个内容页面，是否可以通过任一个页面到达站内其他网页？

（5）网站栏目是否存在过多、过少问题或者层次过多等问题？

2. 网站内容及网站可信度诊断

可以从以下问题入手，考查网站内容及网站可信度建设方面的完善程度。

（1）网站是否提供用户需要的详尽信息，如产品介绍和网站或公司的联系方式？是否提供产品销售信息、售后服务信息和服务承诺？

（2）网站内容是否更新及时？过期信息是否及时清理？

（3）网站首页、各栏目首页以及各个内容页面是否分别有能反映网页核心内容的网页标题？整个网站是否都用一个网页标题？

（4）网站首页、各栏目首页以及各个内容页面的 HTML 代码是否都有合理的 META 标签设计？

（5）公司介绍是否详细？是否有合法的证明文件？

3. 网站功能和服务诊断

可以从以下问题入手，考查网站功能和服务的完善程度。

（1）网站是否可以稳定运行？访问速度是否过慢？

（2）网站为用户提供哪些在线服务手段？用户关心的信息能否在网站首页直接找到？

（3）网站是否可以体现产品展示、产品促销、用户服务等基本的网络营销功能？

4. 网站优化及运营评价诊断

可以从以下问题入手，考查网站优化的合理性和网站的运营情况。

（1）网站共有多少个网页？被主流搜索引擎收录的网页有多少？占全部网页数量的百分比是多少？是否有大量网页未被搜索引擎收录或者在搜索结果中表现不佳？

（2）网站的 **PR 值**是多少？如果首页 PR 值低于 3，那么是什么原因造成的？是否有某些栏目页面 PR 值为 0？

> **知识卡片3-2**
>
> PR（PageRank，网页级别）值：用来表现网页等级的一个标准，级别从0到10。长期以来，PR值反映一个网页在互联网中的重要程度，其值也成为评价网页价值的重要指标。PR是一种由搜索引擎根据网页之间相互的超链接计算的网页排名技术，此技术通常与搜索引擎优化有关；Google用它来体现网页的相关性和重要性。

（3）网站搜索引擎优化是否存在不合理的现象？是否有搜索引擎优化作弊的嫌疑？

（4）网站是否采用静态网页？如果采用动态网页技术，则是否进行了合理的优化？

（5）网站对搜索引擎的友好性如何？网站首页、各栏目首页以及各个内容页面是否都有合理的有效文字信息？

（6）网站访问量增长情况如何？网站访问量是否很低？是否由网站优化不佳所致？

（7）与主要竞争者比较，网站在哪些方面存在明显的问题？

3.1.5 营销型网站的优化

网站优化是指在充分考虑用户的需求特征、清晰的网站导航、完善的在线帮助等因素的基础上，使得网站功能和信息达到最佳效果。换言之，网站优化是以企业网站为基础，在网络营销环境中与网络服务提供商（如搜索引擎网站等）、合作伙伴、用户、供应商、销售商等建立良好的关系，通过对网站结构、内容、功能和服务等关键要素的合理设计，使得网站的功能和表现形式达到最佳效果。

1. 网站优化的主要内容

网站优化是一项系统性很强的工程，关系到网络营销的总体策略，既要考虑网站各项功能的实现，又要适应用户的浏览习惯、对搜索引擎的喜好，还要兼容不同类型的浏览器，确保网站维护的便利性。网站优化主要包括以下三个方面的内容。

网站专业性诊断评价（一）

（1）对用户获取信息的优化。以用户需求为导向，设计方便的网站导航功能，并使网页下载速度尽量快，网页布局尽量合理并适合保存、打印、转发，丰富网站信息，有助于用户对网站产生信任。

（2）对网络环境的优化。让网站能够方便地被搜索引擎检索到（网站对搜索引擎友好），便于积累网络营销资源，并在同类网站中建立可信度等。

（3）对网站运营维护的优化。充分体现网站的营销功能，使各种网络营销方法都可以发挥最大作用；网站便于日常信息更新、维护和改版升级，以及获得和管理注册用户资源等。

网站专业性诊断评价（二）

2. 营销型企业网站优化的原则与目标

（1）营销型企业网站优化设计的原则。营销型企业网站优化设计的总体原则是：网站优化应以网站结构、网站内容、网站功能和服务为基础，坚持用户导向而不仅仅是搜索引擎优化。在进行网站优化设计时应做到以下几点。

① 网站结构设计合理，信息有效。
② 网页下载速度快，尽量采用静态网页，至少保证网站重要信息页面为静态网页。
③ 网站简单、易用，尤其要注意网站导航方便（复杂网站可以设计一个网站地图）。
④ 网站功能运行正常、链接有效，用户注册或退出网站方便。
⑤ 为每个网页设计一个合适的标题，设计 META 标签中的关键词和网站描述。

（2）营销型企业网站优化的目标。营销型企业网站优化期望达到的目标如下：第一，用户可以方便地浏览网站的信息、使用网站的服务，即增强网站的易用性；第二，网页内容可以更顺利地被搜索引擎检索，即网站要对搜索引擎友好；第三，当用户通过搜索引擎检索时，相关网页内容可以出现在理想的位置并提供给用户有吸引力的摘要信息，使得用户能够发现有关信息并引起兴趣，进而通过检索结果的引导进入网站获取详细信息；第四，对于网站运营人员，可以对网站方便地进行管理维护，有助于各种网络营销方法的应用。

3. 网站易用性与搜索引擎友好性的关系

网站优化要求增强网站易用性和搜索引擎友好性。其实，网站易用性和搜索引擎友好性是同一问题的两个方面，两者的最终目的是一致的。网站易用性从用户获取信息的角度描述网站设计；搜索引擎友好性从网站容易被搜索引擎收录并获得好的检索效果的角度说明网站设计应该关注的重要因素。

搜索引擎友好意味着网站的网页内容更容易被搜索引擎收录。搜索引擎友好的最终目的是用户可以更加方便地获取信息。

3.1.6 典型案例：深度网的全网营销服务

深度网（全称"深圳市深度网络有限公司"）是一家网络营销服务提供商，为企业提供包括互联网品牌策划+高端网站定制+移动互联网+整合营销等内容在内的全网营销整合服务。深度网的 SEO（Search Engine Optimization，搜索引擎优化）+UEO（User Experience Optimization，用户体验优化）官网免费推广的服务体系可提供用户体验度分析、内容质量诊断、关键词库分析、网站架构分析、安全环境分析、优化调整、关键词矩阵建设等。此外，深度网还通过表单设计、着陆页美化、详情页美化、广告设计等，提供整站 UEO 提升服务。

> **知识卡片 3-3**
>
> UEO：把网站针对用户的良好体验，面向用户层面对网站内容进行优化。
> UEO 本着为访客服务的原则，通过改善网站功能、操作、视觉等网站要素获得用户的青睐，以此提高流量转化率。

1. 案例描述

广西南宁市广盛源钟表礼品批发行（简称"广盛源表业公司"）是一家经营各类中高档机械表、石英表的批发及零售个体经营企业。企业在与深度网合作之前，一直被以下三个问题困扰。第一，企业的目标用户是谁？他们在哪儿？第二，不知道用何种方式在网上销售自己的产品。第三，如果重新制作网站，网站该如何定位？一个偶然的机会，企业老总认识了深度网的业务员小唐，并参加了"深度网络营销执行系统"课程培训学习。在小唐的帮助下，企业老总分析了企业的竞争对手情况，重新定位了目标市场，并针对企业的目标客户进行了网络营销策划，然后委托深度网重新制作企业的官网。从网站的规划、设计、程序开发直至官网上线，深度网提供全程服务。新的官网包含定位系统、网站营销、推广系统和运营系统四大子系统，为广盛源表业公司开展网络营销提供了有力的支撑。深度网通过梳理广盛源表业公司的经营项目，建议其组建网络营销运营团队，参加深度网的相关营销技能培训，并优先选择一个项目开展网络营销。就这样，在深度网业务人员的指导下，广盛源表业公司的营销团队经过一段时间的训练，能够依托公司网站，独立制订并实施一些营销方案。

（资料来源：编者根据深度网的资料整理）

2. 案例评析

深度网顺网络营销发展之"势"、行网络营销之"道"、御网络营销推广之"术"，帮助我国传统企业开辟出一条新的发展之路。该案例有如下两点值得借鉴。

（1）一站式全网营销服务。深度网针对企业网络营销的需求，推出互联网品牌策划+高端网站定制+移动互联网+整合营销等内容的网络营销一站式服务，结合网络营销课程培训、顾问咨询、项目执行，强调实际操作，现场完成独特卖点提炼、关键词设定、产品信息描述及营销型网站框架构建等工作，让企业人员能听懂、能学会、能应用网络营销，并且能够现场获得有成效的网络营销整体解决方案。

（2）"授人以渔"的网络营销模式。深度网"授人以渔"的网络营销服务模式在网络营销领域有着极强的影响力，在行业内受到重视，可以帮助我国传统企业开拓商业模式，使其步入互联网营销领域。

3.2 搜索引擎营销

搜索引擎营销（Search Engine Marketing，SEM）是根据人们使用搜索引擎的行为方式，利用其检索信息的机会尽可能地将营销信息传递给目标用户。广义的搜索引擎营销泛指基于搜索引擎平台的一切网络营销活动、过程和结果，包括搜索引擎优化等为开展搜索引擎营销提供的相关辅助服务。搜索引擎营销的核心思想是利用人们对搜索引擎的依赖和使用习惯，基于网站的有效文字信息进行推广。

3.2.1 搜索引擎的主要类型

搜索引擎按工作原理可分为全文搜索引擎、目录索引搜索引擎和元搜索引擎。

1. 全文搜索引擎

全文搜索引擎从互联网上提取各个网站的信息（以网页文字为主）并建立起数据库，可以检索与用户查询条件匹配的记录，按一定排列

全文搜索引擎
工作原理

顺序返回结果，向用户提供查询服务。当用户使用搜索服务时，全文搜索引擎会在其自建的数据库中搜索用户输入的关键词，如果找到与用户要求内容相符的网站，就采用特殊的算法（通常根据网页中关键词的匹配程度、出现的位置或频率、链接质量等）计算各网页的相关度及排名等级，然后根据关联程度，按顺序将这些网页链接制成索引返回给用户。

典型的全文搜索引擎有百度、360搜索、搜狗等。

全文搜索引擎的自动信息搜集功能一般通过定期搜索和提交网站搜索两种方式实现。

（1）定期搜索。定期搜索是指每隔一段时间，搜索引擎定期主动派出"蜘蛛"程序，对一定IP地址范围内的网站进行检索，一旦发现新的网站，就会自动提取网站的信息和网址并加入自建的数据库。

（2）提交网站搜索。提交网站搜索的原理是由网站所有者主动向搜索引擎提交网址，搜索引擎在一定时间（2天到数月）内专门向该网站派出"蜘蛛"程序，扫描并将有关信息存入自建的数据库，以备用户查询。

由于近年来搜索引擎索引规则发生了很大变化，主动提交网址并不一定能保证网站进入搜索引擎数据库，因此最好的方法是多获得一些外部链接，让搜索引擎有更多机会找到指定网站并自动收录。

2. 目录索引搜索引擎

目录索引搜索引擎，顾名思义就是将网站分门别类地存入相应的目录，用户在查询信息时，可以选择关键词搜索，也可以按分类目录逐层查找。如果以关键词搜索，返回的结果就与全文搜索引擎类似，也是根据信息关联程度排列网站，不过其中人为因素多一些。如果按分类目录逐层查找，某目录中网站的排名就是由标题字母的先后顺序决定的（也有例外）。有代表性的目录索引有雅虎、新浪分类目录搜索。

目录索引完全依赖于手工操作，目录编辑人员根据一套自定评判标准或主观印象决定是否接纳该网站，与全文搜索引擎按一定的收录规则由计算机程序自动完成网站检索有明显区别。

近年来，目录索引与全文搜索引擎有相互融合渗透的趋势，原来一些纯粹的全文搜索引擎现在也提供目录索引搜索，而一些老牌目录索引通过与知名搜索引擎合作扩大搜索范围。

3. 元搜索引擎

元搜索引擎是通过调用其他搜索引擎来实现搜索的一种网络检索工具。元搜索引擎一般没有自己独立的数据库，在接受用户查询请求后，同时在多个搜索引擎上搜索，通过对多个独立搜索引擎的整合、调用、控制和优化，将所有检索结果按某种策略集中起来，以统一的格式返回给用户。

元搜索引擎通过一个统一界面，帮助用户选择和使用合适的搜索引擎来实现检索操作。国外常见的元搜索引擎有InfoSpace、Dogpile、Vivisimo等；国内常见的元搜索引擎有360搜索、觅搜等。在搜索结果排列方面，有的直接按来源排列搜索结果，如Dogpile等；有的按自定的规则将结果重新排列组合，如Vivisimo等。

3.2.2 搜索引擎营销的常用方式

搜索引擎营销的常用方式包括竞价排名、关键词广告、分类目录登录、搜索引擎优化、网页内容定位广告、付费搜索引擎广告、地址栏搜索广告等。

1. 竞价排名

竞价排名是一些搜索引擎公司推出的一种按效果付费的网络推广方式,通常由搜索引擎按照付费最高者排名靠前的原则,对购买了同一关键词的网站按照不同的顺序进行排名,并呈现在网络用户相应的搜索结果中。竞价排名服务一般由用户为自己的网页购买关键字排名,按点击计费,具体实现方式如下:以用户在检索结果中点击某广告信息的次数为计费标准,而广告信息在检索结果中的排名取决于广告主愿意为此付出的单次点击费用,为每次点击支付价格最高的广告会排在第一位,然后依次排列。

搜索引擎将根据统计的用户点击该广告的次数来向广告主收取广告费用,如百度的点击收费。当然,若网络用户没有点击某广告,则即使该广告排在第一位也不收取任何费用。

竞价排名按点击收费的方式,使其可以方便地对用户的点击情况进行统计分析,也可以随时更换关键词以增强营销效果。

2. 关键词广告

关键词广告也称"关键词检索",简单来说就是一种在搜索引擎的搜索结果中发布广告的方式。与一般网络广告的不同之处仅仅在于,关键词广告不是固定在某些页面出现的,而是当有用户检索到广告方购买的关键词时,才会出现在搜索结果页面的显著位置。购买关键词广告在搜索结果页面显示广告内容,实现高级定位投放,用户可以根据需要更换关键词,相当于在不同页面轮换投放广告。

不同搜索引擎有不同的关键词广告显示,有的搜索引擎让付费关键词检索结果出现在搜索结果列表的最前面,也有的让其出现在搜索结果页面的专用位置。由于关键词广告可以实现高级定位投放,且可以随时修改有关信息、具有合理的收费模式等,因此其成为搜索引擎营销的常用形式。

3. 分类目录登录

分类目录登录包括免费和收费两种形式,收录的信息需要业务人员手工录入。免费分类目录登录是最传统的网站推广手段,目前只有少数搜索引擎可以免费登录。免费分类目录登录已经逐步退出网络营销舞台。收费分类目录登录则只有向网站缴纳费用之后才可以获得被搜索引擎收录的资格和一些固定排名服务。

4. 搜索引擎优化

目前较为流行的搜索引擎优化方式有搜索引擎定位和搜索引擎排名,主要目的是通过提高特定关键词的曝光率以提高网站在搜索引擎中的可见度,进而增加将网站的访问者转化为企业用户的机会。有关搜索引擎优化的详细内容请参阅本书3.2.4节的部分内容。

5. 网页内容定位广告

网页内容定位广告是搜索引擎营销模式的延伸，广告载体不仅是搜索引擎的搜索结果网页，还延伸到这种服务的合作伙伴的网页。

6. 付费搜索引擎广告

付费搜索引擎广告有多种计费方式，目前常用的有每千人成本、每点击成本、每行动成本、每回应成本、每购买成本、包月方式、按业绩付费等。

7. 地址栏搜索广告

地址栏搜索广告是指广告公司将其客户的公司名称、产品名称注册为网络实名，用户输入这些实名就可以直达相关网站，从而实现营销。利用地址栏搜索广告，用户无须记忆复杂的域名，直接在浏览器地址栏中输入中文名字，就能直达企业网站或者找到企业或产品信息，为企业带来更多的商业机会。地址栏搜索广告具有很强的目标针对性，主要为了抓住对企业已有一定知晓度的受众。因此，投放这类广告，若仅仅选择太过宽泛的关键词，则效果可能不一定理想。

从发展趋势来看，搜索引擎在网络营销中处于十分重要的地位，受到越来越多企业的认可。同时，搜索引擎营销的方式也在不断发展和演变，应根据市场环境的变化选择搜索引擎营销的合适方式。

3.2.3 搜索引擎营销的目标层次

搜索引擎营销追求高性价比，即以最小的投入，获得最大的来自搜索引擎的访问量，并产生商业价值。搜索引擎营销在不同阶段具有不同的目标，其最终目标是将浏览者转化为真正的用户，实现销售收入的增加。搜索引擎营销的目标一般可分为四个层次，即存在层、表现层、关注层和转化层，这四个层次从下到上目标依次提高，其中存在层是实现搜索引擎营销其他目标的基础（图3-2）。

搜索引擎营销的目标层次原理

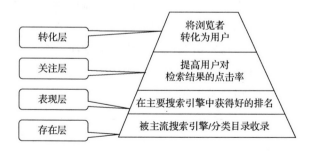

图3-2 搜索引擎营销的目标层次

第一层：存在层。存在层的含义就是提高网页的搜索引擎可见性。因此，存在层的目标就是让网站中尽可能多的网页获得被主流搜索引擎或分类目录收录的机会。存在层是搜索引擎营销的基础，离开这个层次，搜索引擎营销的其他目标也不可能实现。

第二层：表现层。表现层的目标是在被搜索引擎收录的基础上尽可能获得好的排名，即在搜索结果中有良好的表现。因为用户关心的只是搜索结果中排名靠前的少量内容，如果利用主要的关键词检索使网站在搜索结果中的排名靠后，那么有必要利用关键词广告、竞价广告等形式作为补充手段来实现搜索结果排名靠前。同样，如果在分类目录中的位置不理想，则需要同时考虑在分类目录中利用付费等方式使得排名靠前。

第三层：关注层。关注层的目标直接表现为通过搜索结果点击率的提高来提高网站的访问量。由于只有受到用户关注、经过用户选择后的信息才可能被点击，因此仅仅做到被搜索引擎收录且在搜索结果中排名靠前不一定能提高用户的点击率，更不能保证将浏览者转化为用户。因此，要通过搜索引擎营销实现访问量提高的目标，需要从整体上进行网站优化设计，并充分利用关键词广告等搜索引擎营销方式。

第四层：转化层。转化层是前述三个目标层次的进一步提升，是各种搜索引擎营销方式产生作用的集中体现，其目标是将访问量的提高转化为企业最终收益的提高。由于从访问量转化为收益是由网站功能、服务、产品等因素共同作用所决定的，因此转化层的目标在搜索引擎营销中属于战略层次的目标，其他三个层次的目标则属于策略范畴。

3.2.4 搜索引擎优化

企业网站是搜索引擎营销的基础，对搜索引擎营销的效果影响很大。但由于网站设计本身的问题导致其不能被搜索引擎检索，或者虽然网站可以被检索，但反馈信息对用户没有吸引力，或者用户检索反馈的信息与点击后看到的内容不一致等，因此必须进行搜索引擎优化。

1. 搜索引擎优化的定义

搜索引擎优化是网站优化的组成部分，其原理是通过对网站栏目结构、网站内容、网站功能和服务、网页布局等网站基本要素的合理设计，使得用户更加方便地通过搜索引擎获取有效信息。搜索引擎优化注重网站内部基本要素的合理化设计，为用户获取信息和服务提供方便，并非只考虑搜索引擎的排名规则。

搜索引擎优化一般根据搜索引擎抓取的网站网页、对特定关键词检索结果排名等算法的特点，尽量创造条件让网站的各项基本要素符合搜索引擎的检索规则，使网站有尽可能多的网页被搜索引擎收录，并在搜索引擎自然检索结果中排名靠前，从而提高网站的访问量，最终达到推广网站、提升网站销售能力等营销目的。搜索引擎优化是网站建设专业水平的自然体现，通常采用"白帽技术"实现。

 知识卡片 3-4

白帽技术：在搜索引擎优化行业中，使用符合搜索引擎网站质量规范的手段和方式，使网站在搜索引擎中关键词获得良好的自然排名，它也是 SEO 从业者的职业道德标准。

2. 搜索引擎优化对网络营销的价值

搜索引擎优化对网络营销的价值主要体现在以下几个方面。

（1）提高网站的访问量。搜索引擎优化后，网站通过搜索引擎自然检索获得的用户访问量会显著提高。

（2）提高网站的曝光率。优化网页内容能使用户通过搜索结果中有限的摘要信息关注网站，这也是网络品牌创建的内容和方法之一。

（3）帮助用户获取有价值的信息和服务。用户通过搜索引擎检索结果信息的引导登录网站后，可以获得有价值的信息和服务。

（4）增强企业的竞争力并促进用户转化。搜索引擎优化可以对竞争者施加营销壁垒，并对提高用户转化率提供最大的支持。

搜索引擎优化的最高境界是忘记搜索引擎优化，使每个网页都可带来潜在客户。

3. 搜索引擎优化的原则

（1）坚持用户导向。要始终坚持用户导向的网站优化思想，拥有原创的高质量的营销信息，丰富网站内容。

（2）尊重建站指南和专家建议。要按照搜索引擎给网站管理员的建站指南行事，听取搜索引擎优化专家提供的搜索引擎优化建议。

（3）杜绝优化作弊行为。不要在网页中夹带隐藏文本，不要与违规网站链接，否则网站很可能会被搜索引擎认定为优化作弊而被删除；不要过度运用内部链接和锚文本链接；不要大量复制其他网站的内容，这样不仅侵犯他人的著作权，还影响自己网站的形象。

（4）不要随意进行搜索引擎优化。要在充分准备的基础上进行搜索引擎优化，不要自行对网站进行搜索引擎优化。

4. 搜索引擎优化的内容

搜索引擎优化的内容可归纳为以下几个方面：网站栏目结构和导航系统优化、网站内容的优化、网页布局的优化、网站链接策略的优化等。

（1）网站栏目结构和导航系统优化。网站结构优化需要考虑以下问题：从搜索引擎优化的角度看，什么样的网站结构是合理的？网站结构要素优化对用户获取信息有哪些影响？合理的网站栏目结构的主要表现如下：通过主页可以到达任意一个一级栏目首页、二级栏目首页以及最终内容页面；通过任意一个网页可以返回上一级栏目页面并逐级返回主页；通过任意一个网页可以进入任意一个一级栏目首页；通过网站首页一次点击可以直接到达某些重要内容网页（如核心产品、用户帮助、网站介绍等）；通过任意一个网页，经过最多 3 次点击可以进入任意一个内容页面。主栏目清晰且全站统一，有一个表明站内各个栏目和页面链接关系的网站地图，每个页面都有一个辅助导航。另外，如果产品类别或信息类别较多，设计一个专门的分类目录是必要的。

（2）网站内容的优化。网站内容的优化包括网页标题、META 标签设计、网页正文内容的优化等。网站内容优化的主要指标包括：每个网页都有独立的、描述网页主体内容的网页标题；每个网页都有独立的反映网页内容的 META 标签（关键词和网页描述）；每个网页标题含有有效的关键词；每个网页主体内容含有适量的有效关键词文本信息；对某些重要关键词应保持其在网页中相对稳定。

营销型网站网页标题设计的常见问题：第一，大多数网页没有独立的标题；第二，网页标题设计不包含有效的关键词；第三，网页标题与网页主体内容的相关性不高，表现为通用网页标题无法保证网页标题与每个网页内容都具有相关性，或者过于"优化"网页标题包含大量的"重要关键词"，造成网页标题臃肿且与网页正文内容相关性不高。

网页标题设计的一般原则：其一，网页标题不宜过短或者过长，一般6～10个汉字比较好，最多不超过30个汉字；其二，网页标题应概括网页的核心内容；其三，网页标题中应含有丰富的关键词。

（3）网页布局的优化。网页布局的搜索引擎优化包括网页格式和网页URL层次等方面，需要从用户和搜索引擎两个角度考虑。由于有些动态网页无法被搜索引擎检索，因此，应采取"静动结合"的策略，即尽可能地采用静态网页，并将动态发布的信息转化为静态网页。但采用静态网页格式仅有助于搜索引擎索引信息，并不意味着只要是静态网页就一定会被搜索引擎收录，其被收录还取决于网页中文字信息和网页的链接关系等因素。因此，若动态网页希望被搜索引擎收录，则还需要增加该网页URL被链接的机会，这种链接可以在自建网站上，也可以在其他网站上。

 知识卡片 3-5

　　URL（Uniform Resource Locator，统一资源定位器）：最初是由蒂姆·伯纳斯·李发明的，用来作为万维网的地址，现在已被万维网联盟编制为互联网标准 RFC 1738。在WWW上，每个信息资源都有唯一的网络地址，该地址就称为URL，它是WWW的统一资源定位标志。

（4）网站链接策略的优化。由于百度、谷歌等技术型搜索引擎把一个网站被其他相关网站链接的数量作为评估网站级别的因素，因此在搜索引擎优化中需要适当考虑网站链接。提高链接广度不仅为了优化搜索引擎，还是进行网站推广的常用方法。但要注意搜索引擎不把链接广度作为考查被外部网站链接的唯一因素，还要考查外部链接网站的质量。因此，进行搜索引擎优化时，网站内容的相关性是最重要的因素，网站链接是次要因素。

3.2.5　典型案例：同程艺龙公司的搜索关键词营销

同程艺龙公司是2017年由艺龙旅行网与同程网络合并而成的一家在线旅行服务公司，依靠网站和呼叫中心为会员提供旅游资讯及预订等一站式服务，其业务范围覆盖全球酒店及机票预订、休闲度假、特约商户、集团差旅等服务。

1. 同程艺龙公司时代早期的搜索引擎营销策略分析

策略：同程艺龙公司从2003年便开始在搜索引擎上投放付费关键词，当时购买了"旅行""订酒店""航班""旅游""酒店""酒店预订"共6个词，每个词为1500～3000元，将这些词投放在百度、新浪、搜狐等搜索引擎上，针对每个关键词，采用定价排名的付费方式按月付款。同程艺龙公司的早期搜索引擎营销策略存在如下问题。

（1）付费方式选择不当。从同程艺龙公司的特点来看，旅游业竞争者繁多，并且不断有新产品组合推出,同时同程艺龙网有很多产品(如 3000 多家酒店、各条航班信息、各个度假线路),如果每家酒店都采用按定价付费的方式购买关键词,将是一笔很大的费用,而竞价排名不用对未产生点击的关键词付费。因此,在付费方式的选择上,同程艺龙公司采用竞价排名的方式可能更好。

(2)搜索引擎网站不集中。同程艺龙公司早期除了选择专业搜索引擎网站,还选择了门户网站。由于用户逐渐习惯通过专业搜索引擎查询信息,因此分散投资在各个门户网站搜索引擎上的营销效果并不理想。

(3)关键词太局限。由于按定价付费方式购买的关键词有很大的局限,很难与用户输入完全一致,因此应全面研究用户进行信息搜索时考虑的关键词,这也需要采用一定的跟踪技术来对用户行为进行分析。

(4)没有建立效果评估系统。搜索引擎营销需要全面的跟踪评估体系衡量每个关键词的营销效果。在这一点上,同程艺龙公司没有设立跟踪系统,很难知道投资回报。

2. 同程艺龙公司采用的搜索引擎策略分析

经过多年的经验沉淀,同程艺龙公司逐渐摸索出适合自己的搜索引擎策略:选择关键词采取竞价排名与搜索引擎优化推广结合的方式进行,对竞标价格在承受范围内的关键词,如"杭州酒店""香格里拉酒店"等,采用竞价排名形式推广;而对价格较高的关键词,如通用类关键词"旅游""酒店"等,采用搜索引擎优化推广。同时,同程艺龙公司不仅将搜索引擎看作一种广告方式,更是从建立企业品牌的角度考虑相关问题。同程艺龙公司选择关键词的具体方式如下。

(1)选择相关的关键词。同程艺龙公司选择与其产品或服务相关的关键词,如"杭州酒店""香格里拉酒店"等。对于相关热门核心词,通过同程艺龙公司自有竞价系统竞价,修改竞价系统的参数,将关键词对应广告维持在可承受出价的广告位置。

(2)选择具体业务的关键词。在挑选关键词时,还要注意避免用含义宽泛的一般性词语作为主打的关键词,应该根据业务或产品的种类,尽可能选取具体的关键词。如同程艺龙公司曾经选择很宽泛的关键词"酒店""旅游""机票",结果发现这类关键词的搜索量非常大,但转化率极低。通过分析用户的行为习惯,发现用户寻找信息时,会从具体的关键词开始,如"杭州酒店""上海打折机票"等,这类具体的关键词不仅竞争商家相对少一些、价格更低一些,而且用户的体验更好,因为他们会觉得这是直接需要的信息。

(3)选择品牌类关键词。同程艺龙公司在刚开始做搜索引擎营销时,只选择产品属性类关键词。在后面的跟踪分析中,同程艺龙公司发现很多用户对艺龙或同程品牌有一定的认识,寻找信息时可能会直接找艺龙或同程,而这些用户不一定都知道同程艺龙网站的地址,于是可能会通过搜索引擎寻找艺龙或同程的相关信息。在进行搜索引擎营销时,应该考虑这部分用户的需求。因此,除了属性类关键词,还应考虑品牌类关键词。同程艺龙公司选择的搜索引擎关键词还包含"e 龙""e 龙旅行网""e 龙酒店""同程""同程酒店"等品牌类关键词。

(4)选择错拼词。在选择品牌类关键词时,需要考虑一些用户可能会错拼的词,这种错拼来自用户对同程艺龙品牌的不确定。因为用户可能是从线下的某个广告或者朋友推荐知道了艺龙,其搜索信息时不一定知道准确的同程艺龙公司名字,而且即使知道也因输入习惯不同会有不同的输入方式,如中英文的不同或同音字的不同等。在实际中,监测到的用户在寻找同程艺龙时产生的输入有"e龙网""e龙机票""易龙网""艺龙""e-long""同乘"等。所以,应全面收集这些用户可能会考虑的关键词,而且这些关键词非常便宜,因为不会有其他公司去竞争购买。

(5)选择组合型关键词。同程艺龙公司十分注重对组合型关键词的选择,如"打折杭州酒店""特价北京机票"等。当用户搜索这类信息时能找到同程艺龙,时间长了,搜索到同程艺龙的人多了,知名度就会逐渐提高。当知名度提高到一定程度时,用户就会目的明确地搜索这类信息,以便更快速、准确地找到相应的站点,例如把公司和产品的名字一同作为搜索关键词,也可能把公司名字和其提供的服务连在一起。

(资料来源:编者根据相关资料整理)

3. 案例点评与思考

对于同程艺龙公司来说,搜索引擎营销是一种有效获取新用户的营销方式。从同程艺龙公司搜索引擎营销的案例中,我们可以得到如下启示。

(1)重视搜索引擎对品牌的影响和搜索引擎优化。不仅将搜索引擎看作广告发布的渠道,还应重视搜索引擎对品牌的影响;在选择竞价排名的搜索引擎付费方式时,要重视对搜索引擎的优化。

(2)针对目标用户行为特征购买相应的关键词。要分析目标用户行为,在关键词的选择上要注意品牌类关键词、错拼词、相关联的关键词和组合关键词,用更多便宜的长尾词平衡竞争激烈的热门词的成本;可从搜索引擎上发现竞争对手,在广告语上应注意产品和服务的差异化和排名优势。

(3)不要用毫不相干的热门关键词吸引访问流量。这样做不仅会浪费金钱,还会让用户对产品感到模糊。例如,如果同程艺龙公司选择热门的"游戏""5G"等关键词,虽然可能带来更大的流量,但这并不是旅游类服务的目标用户人群,其点击只会带来浪费。

(4)竞价排名与搜索引擎优化策略结合使用。对于经济状况能够承担竞价排名开销的公司,竞价排名广告可以作为首选;对于广告预算比较受限的公司,可把搜索引擎优化作为搜索引擎营销的首选。另外,还可采用两种推广方式的有机结合。竞价排名广告具有见效快、效果稳定的优势,但如果只用竞价排名进行广告推广,则会减少利润空间。虽然搜索引擎优化不如竞价排名进行广告推广见效快,但从长远看,它具有投资回报高的优势,两者的有机结合可取长补短,有效降低广告成本。

3.3 许可 E-mail 营销

许可 E-mail 营销是随着互联网应用的发展而产生的一种营销方式。它打破了传统媒体在发布地域和发布时间上的限制,传播方便快捷、范围广、覆盖面大、成本低廉,且反馈率高,营销效果好。许可 E-mail 营销可以按照接受者的具体公司、地理位置和所在国家进行精确发送。企业进行许可 E-mail 营销的目的是增进与潜在客户或现有客户的关系,从而达到建立品牌、发掘新客户、提高客户忠诚度、保持业务延续性等。

3.3.1 许可 E-mail 营销的概念

许可 E-mail 营销是在客户事先许可的前提下，通过电子邮件的方式向目标客户传递有价值信息的一种网络营销手段。也就是说，许可 E-mail 营销的原理是企业推广其产品或服务时，事先征得客户的许可，通过电子邮件的方式向客户发送产品或者服务信息。基于客户许可的 E-mail 营销比传统的推广方式或未经许可的 E-mail 营销具有明显的优势，可以减少广告对客户的滋扰、提高潜在客户定位的准确度、增强与客户的联系、提高品牌忠诚度等。

营销专家 Seth Godin 认为，许可营销是通过与自愿参与者的交流，确保客户对此类营销信息投入更多关注，有效推动客户和营销人员的交流。获得收件人的许可而发送的电子邮件，不仅不会受到指责，而且客户对邮件内容关注的程度较高。获得客户许可的方式有很多，如客户为获得某些服务而注册成为会员，客户主动订阅新闻邮件、电子刊物等。因此，"许可营销"概念一经提出，就受到网络营销人员的普遍关注并得到广泛应用。

对于企业而言，许可 E-mail 营销是企业应用一定的软件技术和营销策略，以发送电子邮件的方式与现有客户及潜在客户沟通，实现企业经营战略的一种营销方法。许可 E-mail 营销是网络营销方法体系中相对独立的一种，既可与其他网络营销方法相结合，又可独立应用。

实施许可 E-mail 营销要注意把握基于客户许可、通过电子邮件传递信息、信息对客户有价值三个基本因素，缺少任一个因素都不能称为有效的 E-mail 营销。因此，真正意义上的 E-mail 营销是许可 E-mail 营销，若无特别说明，本书所述 E-mail 营销均指许可 E-mail 营销。

许可 E-mail 营销按照不同的角度和特点，可以分为多种类型。例如，根据客户 E-mail 地址资源所有权的形式，E-mail 营销可分为内部 E-mail 营销（简称内部邮件列表）和外部 E-mail 营销（简称外部邮件列表）。内部邮件列表是一个企业或网站利用一定的方式获得客户自愿注册的资料来开展的 E-mail 营销；外部邮件列表是指利用专业电子邮件服务商或者可以提供相关服务的专门机构提供的客户电子邮件地址来开展许可 E-mail 营销。

3.3.2 许可 E-mail 营销的实施条件

电子邮件从普通的通信方式发展成为营销工具，需要具备一定的环境条件。当条件不完善时，还需要通过一定的方式创造条件，以便许可 E-mail 营销能够顺利进行。

1. 开展许可 E-mail 营销的三个基础条件

一般来说，开展许可 E-mail 营销需要解决三个基本问题：向哪些客户发送电子邮件？发送什么内容的电子邮件？如何发送这些电子邮件？因此，开展许可 E-mail 营销需要以下三大基础条件做支撑。

（1）具备开展邮件列表的技术基础。对于内部邮件列表而言，企业内部需要具有开展许可 E-mail 营销的能力，从技术上能保证客户加入、退出邮件列表，并实现对客户资料的管理，以及邮件发送和效果跟踪等功能。对于外部邮件列表而言，选择的 E-mail 营销服务商需要有专业的邮件发送和跟踪技术、丰富的 E-mail 营销操作经验和较高的可信度，可以根据要求选择定位程度较高的客户群体。

（2）拥有一定数量的客户 E-mail 地址。开展许可 E-mail 营销的前提是拥有客户的 E-mail 地址，这些地址可以是企业从客户或潜在客户资料中自行收集整理，也可利用第三方的潜在客户资源。对于内部邮件列表而言，在客户自愿加入邮件列表的前提下，获得足够多的客户 E-mail 地址资源是 E-mail 营销发挥作用的必要条件；对于外部邮件列表而言，需要邮件服务商拥有足够多的潜在客户 E-mail 地址资源。从国内目前的 E-mail 广告市场来看，可供选择的外部邮件列表资源主要有免费电子邮箱提供商、专业邮件列表服务商、专业 E-mail 营销商、电子刊物和新闻邮件服务商、专业网站的注册会员资料等。

（3）客户对于接收的信息有一定的反应或兴趣。例如，客户收到 E-mail 送达的营销信息后发生购买、浏览网站、咨询等行为，或者对企业品牌产生一定的认知和兴趣。许可 E-mail 营销的信息是通过邮件列表向客户提供的，只有邮件的内容对客户有价值，才能引起客户的关注，因此有效的内容设计是 E-mail 营销发挥作用的基本前提。内部邮件列表与外部邮件列表针对的对象不同，邮件内容的设计也应有所不同。提供外部邮件列表的专业服务商的重要优势是拥有 E-mail 营销专家和专门的 E-mail 营销技术方案，专业人员可以为客户提供从营销策略制定、客户列表选择、邮件内容设计到邮件发送和跟踪评价的整套建议。

2. E-mail 地址资源的获取方法

如何收集 E-mail 地址呢？一种方法是建立邮件地址订阅列表；另一种方法是从他人手中购买（但购买所得的地址可能已失效，或者可能由于别的商家已经进行过大规模的发送广告活动，客户拒收）。最好的方法是主动收集，而最直接的主动收集方法就是举办活动让客户参与。例如，采用竞赛、评比、猜谜、优惠、促销、售后服务、网页特效等方式有意识地营造网上客户群，用 E-mail 维系与他们的关系。常用的获得内部邮件列表客户 E-mail 地址方法如下。

（1）利用网站的推广功能。仅靠在网站首页放置一个订阅框是不够的，需要将其设置在显著位置提醒客户订阅。

（2）合理挖掘现有客户的资源。在向客户提供其他信息服务时，不要忘记介绍最近推出的邮件列表服务。

（3）提供多渠道订阅和部分奖励措施。多渠道可以增加潜在客户了解并加入列表的机会；奖励措施（如通过邮件列表发送在线优惠券等）可以激发客户加入邮件列表的积极性。

（4）通过朋友、同行其他网站的推荐。如果对邮件列表内容有足够信心，就可邀请朋友和同行订阅。如果能够得到相关网站的推荐，就会对增加新客户有一定的帮助。

（5）争取邮件列表服务商的推荐。如果采用第三方的专业发行平台，就可以取得发行商的支持，在主要页面进行重点推广。

3.3.3 许可 E-mail 营销的实施流程与技巧

1. 许可 E-mail 营销的实施流程

开展许可 E-mail 营销的过程就是将有关营销信息通过电子邮件的方式传递给客户的过程，一般需要经历下列几个步骤。

（1）制订 E-mail 营销计划。制订计划时，需明确本次营销活动的

许可 E-mail 营销的实施流程

预期目标,即确定开展许可 E-mail 营销是为了保持与老客户的良好关系还是为了开发新客户,并分析企业所拥有的 E-mail 营销资源。

(2)确定 E-mail 营销方式。根据预期目标决定利用内部邮件列表还是外部邮件列表,或同时使用两者。若决定利用外部邮件列表,则需要选择合适的外部邮件列表服务提供商。

(3)设计营销邮件内容。由于内部邮件列表和外部邮件列表发送邮件的目标群体对企业品牌或产品与服务的了解程度不同,因此应针对内部邮件列表和外部邮件列表分别设计邮件内容。

(4)发送电子邮件信息。根据 E-mail 营销计划,在适当的时间按一定的频率向目标客户或潜在客户发送电子邮件信息。

(5)跟踪分析营销效果。跟踪收集 E-mail 营销活动的客户(包括现有客户与潜在客户)反馈信息,并对营销取得的效果进行分析总结。

不同企业在不同阶段开展许可 E-mail 营销的内容和方法是有区别的,以上所述是许可 E-mail 营销的一般流程,并非每次 E-mail 营销活动都要经历这些步骤。

2. 许可 E-mail 营销的实施技巧

许可 E-mail 营销的有效性已经被许多企业的实践所证实,但许可 E-mail 营销和垃圾邮件都有潜在的副作用,如果运用方式不当,群发邮件就会对品牌形象造成损害。以下是许可 E-mail 营销实践中取得较好效果的做法,可以称为开展许可 E-mail 营销的经验或技巧。

许可 E-mail 营销的实施技巧

(1)及时回复并开展提醒服务。收到 E-mail 要养成及时回复的习惯,即使是"谢谢,来信已经收到"也会起到良好的沟通效果。通常应该在一个工作日之内回复客户 E-mail,如果碰到比较复杂的问题,要经过一段时间才能准确答复客户,就要简单回复并说明情况。若实在没有时间回复,则可以采用自动回复 E-mail 的方式。若未能立即回复客户的询问或发错邮件,则要主动坦承错误并致歉,不能以没有收到 E-mail 为借口,不但无法吸引客户上门,反而把客户拒之门外。另外,调查显示约 33%的 E-mail 登记了提醒服务,提醒服务专注于客户的现行需求和将来的购买行为,包括时间提醒(如生日)、补充(如替换、升级)和服务备忘录(如预定维护)等。

(2)选择适当的"频率"并避免无目标投递。E-mail 联系的频率应该与客户的预期和需要结合,这种频率预期与具体环境有密切关系,可以是每小时更新,也可以是每季度促销诱导。因为客户需要相应的、定位的内容和服务来取得许可,长期不变的非定位的 E-mail 信息将造成已经建立营销关系的客户撤销其许可,所以营销邮件的发送频率管理非常重要。此外,尽量不要采用群发的形式向大量陌生的 E-mail 地址投递广告,否则不但收效甚微,而且会被认为发送垃圾邮件而损害企业形象。

(3)尊重客户意愿与隐私权。不要向同一个 E-mail 地址发送多封相同内容的信件,当对方直接或间接地拒绝接收 E-mail 时,绝不可再向对方发送广告信件,要尊重对方意愿,否则就会被认为发送的是垃圾邮件,甚至被认为是恶意滋扰。同时,在征得客户首肯前,不得转发或出售收件人名单与用户背景,要尊重用户的隐私权。

(4)使营销邮件的内容个性化且言简意赅。企业可以根据客户以往的购买情况或合作情况，使发送的营销邮件内容个性化，因为调查发现客户更乐于接收个性化的邮件信息。例如，在邮件里加上客户的名字、创建更多个性化许可 E-mail 营销活动等。同时，由于客户在阅读营销邮件时大多走马观花，因此邮件内容要言简意赅，充分吸引客户的兴趣，长篇累牍会使客户放弃阅读。此外，发送邮件前一定要仔细检查，做到内容合规、语句通顺、没有错别字。

[微型案例 3-1] 亚马逊网络公司通过客户的购物历史记录向愿意接受建议的客户发送电子邮件并提出一些建议，从而赢得了许多忠诚客户；IBM 公司的"聚焦于你的新闻文摘"站点将有针对性的信息直接发送到客户的电子邮件信箱，同意接收新闻信件的客户可以从一个有兴趣的话题概况清单中选择所需的内容。

（5）了解许可的水平并附上联系方式。客户许可的水平有一定的连续性，每封发送的邮件中都应包含允许加入或退出营销关系的信息，用某些条件限制客户退出营销关系是没有必要的。为维持客户许可的水平，可以在一系列不同的 E-mail 服务项目中提供客户所需的特定信息，如新闻邮件、特定产品信息、降价信息等，使客户能够选择满足需求的服务，同时可以传达对产品兴趣和频率敏感的信息。此外，若邮件内容能在正文里面显示，则不要采用附件形式，且邮件一定要有签名并附上电话号码等联系方式，以免客户需要找人协助时不知道如何联络。

3.3.4 内部邮件列表与外部邮件列表

1. 企业应用内部邮件列表需要考虑的基本问题

进行邮件列表营销决策时，应考虑如下四个基本问题。

（1）经营资源评估。如果已经建立企业网站，根据网站目前的状况，通过网站访问者和现有用户、合作伙伴的推荐等方式，是否可能获得足够多的客户？如果企业网站正在策划阶段，那么，通过网站的功能定位和潜在客户分析，认为是否有必要建立自己的邮件列表？是否有能力开发或者租用邮件列表发行系统？是否有能力提供稳定的邮件列表内容？如果上述问题的回答是肯定或者基本肯定的，企业就应该建立自己的邮件列表。

（2）邮件列表的期望功能。不同企业对邮件列表的期望是不同的。当企业根据自身特点决定建立邮件列表时，还要进一步考虑期望邮件列表在哪些方面发挥作用，是用于客户服务，还是以新产品推广为主，或者多个方面兼顾？当然，都希望拥有一个威力强大的邮件列表，如果暂时做不到这一点或者用户特征决定了不可能面面俱到，那么可以定位于某种或者某些功能。

（3）邮件列表的类型和内容。不同类型的邮件列表具有不同的功能，邮件列表的功能直接影响邮件列表的内容，而内容和形式反过来也会影响邮件列表的功能。如果网站拥有丰富的行业信息、产品知识、专业文章、研究报告等相对比较客观和中立的内容，那么可以建立一个定期发行的行业电子刊物；如果未来的邮件列表内容主要是本公司新产品的信息和产品优惠措施，那么可以建立一个以不定期发行新产品介绍或在线优惠券为主要内容的客户关系邮件列表。

（4）建立邮件列表的时机。积累客户资源是一项艰苦、长期的工作，如果条件许可，那么建立邮件列表应该是越早开始越好。企业建立邮件列表不仅是多了一个营销工具，还为增强企业竞争优势添加了一个有力的筹码。

（5）内部邮件列表的管理。应用内部邮件列表进行营销活动，不仅需要自行建立或者选用第三方邮件列表发行系统，还需要对邮件列表进行维护管理，如客户资料管理、退信管理、客户反馈跟踪等。对于通过各种途径所获取的内部邮件列表地址资源，要进行分类整理，对邮件客户进行细分，进行有效的应用和有序的管理。在内部邮件列表的成本管理方面，初期客户资料比较少，费用相对较高；随着客户的增加，内部邮件列表的边际成本逐渐降低。

2. 外部邮件列表应用的常见问题

开展外部邮件列表的技术平台由专业邮件服务商提供，企业自身并不拥有客户的 E-mail 地址资源，因而也无须管理维护这些客户资料。利用外部邮件列表开展许可 E-mail 营销时，服务商受本身的资源、专业水平和技术水平等因素的限制，往往会出现一些看似简单实际上却很严重的问题，这些问题主要体现在以下方面。

（1）电子邮件发送机构或发件人的显示问题。这个问题在内部邮件列表中没有任何疑问，但在部分外部邮件列表中，如免费邮箱服务商和专业 E-mail 营销代理商，广告客户委托这些机构发送电子邮件，那么发件人应该是广告客户还是服务商？从服务商的角度来看，这个问题本来并不重要，只要将邮件内容送达客户的 E-mail 邮箱，就算完成了任务。但从广告客户的利益来看意义大为不同，因为客户的信任程度与不同的发件人有很大关系。一般来说，如果广告客户的知名度已经很高，以客户的名字发送 E-mail 效果会更好一些。因为发件人显示的内容也是一种信息传递方式，即使客户不打开邮件阅读，也可以从发件人名称对该公司的品牌增加一些印象。一些服务商为回避大量的邮件退回或者客户回复广告邮件发泄不满等原因，往往不愿意以其邮箱地址作为发件人和退信的地址。这样广告客户不仅要花费 E-mail 广告的费用，还要承担发送垃圾邮件的风险，这对于广告客户来说显然是不公平的，也表现出服务商不可信赖的一面。

（2）使用第三方的邮件服务器发送 E-mail 广告。例如，A 公司委托 B 公司投放 E-mail 广告，但收件人看到的信息来自与两个公司都没有关系的第三方邮件服务器，显然是 E-mail 营销服务商借用其他公司的邮件服务器发送电子邮件，这样发送的 E-mail 广告会导致邮件无法回复或者回复地址是与服务商和广告客户都没有关系的地址，其已经满足了垃圾邮件的基本特征，显然无法让收件人产生信任。

（3）无明确邮件主题。邮件主题直接影响 E-mail 的开信率，也表明了 E-mail 营销活动的专业水平。邮件主题的设计是许可 E-mail 营销内容设计中的重要工作，其要吸引人，但不能哗众取宠。

（4）邮件内容无法正常显示。受收件人计算机操作系统、电子邮件软件系统等的影响，部分客户收到的邮件可能出现乱码、图片和多媒体文件无法正常显示的现象，尤其当邮件中采用 Rich Media 或者其他新技术时，出现这种情况的可能性更高。解决这个问题的方法，一是在邮件发送前进行多方位的测试；二是尽量少用一些过于新颖的技术，因为技术本身并不是许可 E-mail 营销取得成功的充分条件。

（5）邮件广告片面追求新颖性而不考虑客户感受。有些企业开展 E-mail 营销活动时，为了获得收件人的注意，有时使用一些别出心裁的花样，如客户接收邮件后自动弹出网页、要求收件人发送收条以确认收到邮件、修改客户电脑注册表或者在短期内大量重复发送邮件等,这些做法不仅无法获得理想的营销效果,还会招致客户的强烈抗议,严重影响企业的形象。

因此,开展外部邮件列表时,即使将许可 E-mail 营销活动委托给服务商来操作,也需要营销人员进行监控和跟踪管理。

3. 外部邮件列表与内部邮件列表的功能和特点比较

由于内部邮件列表和外部邮件列表在是否拥有客户资源方面有根本区别,因此开展许可 E-mail 营销的内容和方法有很大差别,内部邮件列表和外部邮件列表的主要功能和特点比较如表 3-1 所示。

表 3-1 内部邮件列表和外部邮件列表的主要功能和特点比较

主要功能和特点	内部邮件列表	外部邮件列表
主要功能	改善客户关系、客户服务、品牌形象,协助在线调查、产品推广、资源合作	提高品牌形象,协助在线调查、产品推广
投入费用	相对固定,取决于日常经营和维护费用,与邮件发送数量无关,客户数量越大,平均费用越低	没有日常维护费用,营销费用由邮件数量、定位程度等决定,邮件发送数量越大,费用越高
客户信任程度	客户主动加入,对邮件内容信任度高	邮件由第三方发送,客户对邮件的信任程度取决于服务商的信用、企业自身品牌、邮件内容等因素
客户定位程度	高	取决于服务商邮件列表的质量
获得新客户的能力	客户相对固定,对获得新客户效果不显著	可针对新领域的客户进行推广,吸引新客户能力强
客户资源规模	需要逐步积累,一般内部用户比较少,无法在很短时间内向大量客户发送信息	预算许可时,可以同时向大量客户发送邮件,信息传播覆盖面广
邮件列表维护和内容设计	需要企业的业务人员操作,无法获得专业服务商的建议	服务商安排专业人员负责,可对邮件发送、内容设计等提供建议
许可 E-mail 营销效果分析	较难准确地评价每次邮件发送的效果,需长期跟踪分析	由服务商提供专业分析报告,可快速了解每次活动的效果

由表 3-1 可以看出,内部邮件列表以少量、连续的资源投入,获得长期、稳定的营销资源,内部邮件列表在客户关系和客户服务方面的功能比较显著。外部邮件列表用资金换取临时性的营销资源,操作较灵活,可以根据需要选择投放不同类型的潜在客户,在短期内即可获得明显的效果。

3.3.5 许可 E-mail 营销效果评估

在许可 E-mail 营销中,可以通过对一些指标的监控和分析评价营销效果,进而发现营销活动可能存在的问题,并进行一定的调整和控制。

1. 许可 E-mail 营销的评价指标体系

评价许可 E-mail 营销一般有以下几类指标。

(1) 获取和保持客户资源阶段的评价指标,主要包括有效客户总数、客户增长率、客户退出率等。

（2）邮件信息传递评价指标，主要包括反映实际邮件传送的送达率、退信率等。

（3）客户对信息接收过程的指标，主要包括开信率、阅读率、删除率等。

（4）客户回应评价指标，主要包括直接收益、点击率、转化率、转信率等。

2. 许可 E-mail 营销的有效性

许可 E-mail 营销是企业与客户沟通的一种手段，可以将企业最新的产品信息送达至用户，也可以将企业文化、最新动态等内容传递给客户。要做好许可 E-mail 营销，必须满足开展 E-mail 营销的三个基础条件。因此，衡量许可 E-mail 营销的有效性可以从基础条件的满足和相关指标状况综合考虑。

（1）内部邮件列表有效性的主要表现。内部邮件列表的有效性主要表现在以下方面：①有稳定的后台技术保证，信息送达率高、退信率低；②能尽可能多地获得客户加入列表，并保持 E-mail 营销资源稳定增加；③邮件内容和格式获得客户认可，并有较高的阅读率；④获得客户信任，且客户资源对企业有长期的营销价值；⑤在企业品牌、客户关系、客户服务、产品推广、市场调研等方面能有效地发挥作用。

（2）外部邮件列表有效性的主要表现。外部邮件列表的有效性主要表现在以下方面：①将尽可能多的邮件送达客户电子邮箱；②客户回应评价指标不低于行业平均水平；③所获直接收益大于投入的费用，可达到期望目标。

3. 影响许可 E-mail 营销效果的主要因素

（1）垃圾邮件对许可 E-mail 营销效果的影响。主要表现如下：①降低了客户对许可 E-mail 营销的信任，从而降低了回应率；②有价值的信息淹没在垃圾邮件中，很容易被误删；③受到邮件服务商的屏蔽，降低了正规邮件的送达率。

影响 E-mail 营销效果的主要因素

（2）客户行为变化对许可 E-mail 营销的影响。主要表现如下：①部分许可邮件不规范，会在一定程度上影响客户行为；②任何不感兴趣的电子邮件都被看作垃圾邮件，无论这些邮件是否为其曾经主动订阅的。

3.3.6 典型案例："新江南"的 E-mail 广告

"新江南"是一家旅游公司，为了在"五一"假期之前促销公司旅游项目，营销人员计划将网络营销作为一项主要的促销手段，并将 E-mail 营销作为重点策略。由于公司在网络营销方面缺乏经验，因此这次活动计划将上海作为试点城市，并且在营销预算方面比较谨慎，不打算投入大量广告，仅选择给部分满足营销定位的客户发送 E-mail 广告。因为暂时没有条件开展网上预订活动，所以主要利用 E-mail 广告进行品牌宣传，并为传统渠道的销售提供支持。

1. "新江南"开展 E-mail 营销的具体做法

（1）E-mail 服务商的选择。在服务商的选择上，"新江南"通过对多家 E-mail 营销服务提供商的邮件列表定位程度、报价和服务质量等进行比较分析，最终选择了新浪上海站，该网站有一份关于上海市白领生活的电子周刊，订阅客户数量超过 300000，这份电子刊物将作为本次 E-mail 营销的主要信息传递载体。

（2）E-mail 广告的投放策略。为了确保此次活动取得理想的效果，公司计划从当年 3 月 26 日开始连续四个星期投放 E-mail 营销信息，发送时间定为星期三，前两个星期以企业形象宣传为主，后两个星期针对公司新增旅游路线进行推广。

（3）E-mail 广告的内容设计。确定 E-mail 服务商和广告投放策略后，该公司接下来的主要任务是针对内部邮件列表和外部邮件列表分别设计 E-mail 广告的内容，并且每个星期的内容都有所不同。

2. "新江南"E-mail 营销的效果

"新江南"的这次 E-mail 营销活动结束后，网络营销人员分析 E-mail 营销期间数据发现，公司网站的日平均访问量比上个月增加了 3 倍多，尤其在发送邮件的次日和第三日，网站访问量的增加尤为明显，独立用户数量的最高纪录日达到了平常的 5 倍之多。在这次活动中，网络营销人员也发现了两个问题：一是内部邮件列表发送后退回的邮件比率相当大；二是企业网站上的宣传没有同步进行，客户浏览网站的平均停留时间只有 3 分钟，比活动开始前用户的平均停留时间少了 2 分钟。

（资料来源：编者根据相关资料整理）

3. 案例评析

"新江南"公司 E-mail 营销能够成功主要因为其选择了正确的 E-mail 服务商，采取了适当的 E-mail 广告投放策略，以及精心设计了 E-mail 广告内容。案例对企业开展 E-mail 营销如下启示。

（1）选择合适的邮件发送频率。发送 E-mail 联系潜在客户的频率应该与客户的预期和需要结合，这种频率预期因时因地因产品而异，可以从每小时更新到每季度的促销诱导。千万不要认为发送频率越高，收件人的印象就越深，过于频繁的邮件"轰炸"会让人厌烦。研究表明，相同内容的邮件，每个月发送 2~3 次为宜。

（2）明确电子邮件主题。邮件的主题是收件人最早看到的信息，要使邮件内容引人注意，主题起到十分重要的作用。邮件主题应言简意赅，以便收件人决定是否继续阅读。

（3）收集反馈信息并及时回复。开展 E-mail 营销活动应该获得特定计划的总体反应率（如点击率和转化率）并跟踪客户的反应，从而将用户的反应行为作为将来的细分依据。当接到业务问询时，应及时回复。应养成每天查收信件数次的习惯，并及时回复，不仅显示出对问询的重视，还显示出工作高效和对客户的重视。在对潜在用户的问询作出及时回复后，还应该在两三天内跟踪联系 2~3 次。跟踪联系意在确认对方是否收到了回复，同时给对方受重视的感觉，传达商家希望赢得这笔业务的诚意。

3.4 网络广告

网络广告是广告主有偿运用互联网等传播媒体向公众传递经营信息的商业活动，是最早出现的网络营销形式。随着互联网生态环境的逐渐完善，网络广告的精准化程度和认可程度不断提高，网络广告市场规模持续增大，呈现出强劲的生命力。网络广告涉及的内容非常广泛，如网络广告设计、网络媒体投放策略、网络广告效果监测等，但其主要价值体现在品牌形象宣传、产品促销等方面。几乎所有网络营销活动都与品牌形象有关，而在所有与品牌推广有关的网络营销手段中，网络广告的作用最为直接。

3.4.1 网络广告的特点

网络广告采用多媒体技术，提供文字、声音、图像等综合性的信息服务，不仅能做到图文并茂，而且可以双向交流，使营销信息能准确、快速、高效地传达给每一位用户。网络广告既可以独立采用，又可以与其他网络营销方法结合。与广播、电视、报纸、杂志等传统广告媒体相比，网络广告在多方面体现出自身的显著特点。

网络广告的特点

1. 网络广告的基本特征

（1）网络广告需要依附于有价值的信息和服务载体。一般用户为了获取对自身有价值的信息而浏览网页、阅读电子邮件，或者使用搜索引擎、即时通信等其他网络服务，网络广告只有借助这些有价值的信息和服务载体，才能有效传递营销信息。也就是说，离开了对用户有价值的信息和服务载体，网络广告便无法实现其营销目的。网络广告的这种特征表明，网络广告的营销效果不是单纯地取决于网络广告自身所包含的价值，还与其所处环境以及所依附的载体有密切关系。这也说明了为什么有些形式的网络广告（如搜索引擎关键词广告和电子邮件广告等）可以获得较高的点击率，而网页上的一般 Banner（横幅）和 Button（按钮）广告点击率持续下降的问题。

（2）网络广告具有强制性和用户主导性双重属性。网络广告的表现手段很丰富，对用户具有强制性主要取决于广告经营者，而不是网络广告本身。早期的网络广告是非强制性传播，可以由受众主动选择，这种对于用户的无滋扰性也使其成为适应互联网营销环境和营销手段的一大优势。但随着广告商对用户注意力要求的扩张，网络广告逐渐发展为同时具备强制性和用户主导性双重属性，而且表现手段和表现形式越来越多，强制性越来越严重。虽然从理论上讲，用户浏览和点击网络广告具有自主性，但越来越多的广告商采用强制性的手段迫使用户浏览和点击，如弹出广告、全屏广告、插播式广告、游走广告等。虽然这些广告会引起用户的强烈不满，但在客观效果上往往可以达到提高浏览量和点击率的目的，因此为许多单纯追求短期可监测效果的广告用户所青睐。目前，对于网络广告存在的强制性并没有形成统一的行业规范，更没有具备普遍约束性的法律法规，这种矛盾仍将继续存在下去。

（3）网络广告的核心思想是引起用户的关注和点击。由于网络广告承载信息有限，难以承担直接销售产品的职责，因此网络广告的核心思想是引起用户的关注和点击。这与搜索引擎营销传递的信息只发挥向导作用类似，即网络广告本身所传递的信息不是全部营销信息，而是为吸引用户关注专门创造并放置于容易被发现之处的信息导引。网络广告的这个特点使其效果在品牌宣传和产品推广方面更具优势。

2. 网络广告的优势

网络广告相对于传统广告的优势主要体现在以下方面。

（1）网络广告具有很强的交互性且易实时修改。网络广告的交互性能体现用户、广告主和网络媒体之间的互动关系，具有较强的互动性和选择性，因此有时也称交互式广告。也就是说，借助网络媒体提供的网络广告环境和资源，广告主（厂家）可以自主、高效地进行广告投放、更换、效果监测和管理，也可以随时得到用户的反馈信息，并根据用户的要求和建议及时作出调整；而用户可以根据自身需求选择感兴趣的广告信息及其表现形式，获取自认为有用的信息，也可以通过在线提交表单或发送电子邮件等方式向广告主请求特殊咨询服务。网络广告只有建立起网络媒体、广告主、用户之间的良好互动关系，才能营造大多数企业应用网络广告所需的和谐环境，最大限度地发挥网络广告的价值。虽然这种互动关系具有很浓的理想色彩，但在搜索引擎营销中常用的关键词广告、竞价排名等形式中显示出其价值。用户在网站上提供的个人资料（如对某种产品或生活方式的偏好等），有时也会成为广告商推出不同广告的依据。

【微型案例3-2】居住在上海某区的李姓用户，曾经在一次网络广告与用户的互动过程中表达自己夏天对某种小容量洗衣机的向往，没想到这竟成为厂商了解用户需求的重要信息。后来，该厂商据此"量身定制"出一整套促销方案。

传统媒体广告从策划、制作到发布需要经过很多环节的配合，广告一旦发布后，信息内容就很难改变，即使可改动往往也需付出高昂的经济代价，因而难以实现信息及时更改。由于有自动化的软件工具创作和管理网络广告，因此能以低廉的费用按照需要及时更改广告内容。网络广告的交互性是由互联网上信息互动传播与共享的特点决定的，网络广告主要通过"拉"式方法吸引受众注意，受众可自由查询，避免传统"推"式广告中受众注意力集中的无效性和被动性。

（2）网络广告传播范围广且无时空限制。网络广告的传播具有广泛性，不受时间和空间的限制。广告主通过互联网可以将广告信息24小时不间断地在任何地点发布并传播到世界各地，突破了传统广告局限于一个地区、一个时间段的限制。受众只要具备上网条件，就可以在任何时间、任何连接网络的地点浏览广告信息，这是其他广告媒体无法实现的。

（3）网络广告定向与分类明确。网络广告最大的特点是具有定向性。尽管传统广告铺天盖地，如精心制作的电视广告、收音机里充满诱惑力的广告语、报箱内或门缝下被人塞入的宣传单等，但这类广告没有进行定向和分类，往往收效甚微。网络广告不仅可以面对所有互联网用户，而且可以根据受众特点确定广告目标市场。例如，生产化妆品的企业，其广告主要定位于女性，可将企业的网络广告投放到与女性相关的网站上，通过互联网把适当的信息在适当的时间发送给适当的人，实现广告定向。从营销角度来看，这是一种一对一的理想营销方式，使潜在用户与有价值的信息精准匹配。

（4）网络广告可实现精确有效的统计。传统媒体广告的发布者无法得到多少人接触过该广告等准确信息，一般只能大致推算广告的效果。而网络广告的发布者可通过权威的广告统计系统提供庞大的用户跟踪信息库，从中找到各种有用的反馈信息；也可以利用服务器端的访问记录软件（如cookies程序等），跟踪访问者在网站的行踪包括其曾点击浏览哪些广告信息。访问者的这些行踪都被储存在cookies中，广告商通过这类软件可以随时获得访问者点击的次数、浏览的次数，以及访问者的身份、查阅的时间分布和地域分布等详细记录。随时监测投放网络广告的有效程度，具有重要的实际意义。一方面，精确的统计有助于企业了解广告发布的效果，明确哪些广告有效、哪些广告无效，并找出原因，及时对广告投入的效益作出评估;另一方面,广告商可根据统计数据审定广告投放策略,及时采取改进广告的内容、版式、加快更新速度等举措,避免资金的浪费,进一步提高了广告的效益。

(5) 网络广告内容丰富且形象生动。传统广告受媒体的时间和版面的限制,其内容只能删繁就简,突出少数重点;而网络广告的内容可以策划得详尽丰富,一个站点的信息承载量大大超过传统印刷宣传品。网络广告创作人员可以根据广告创意需要采用动态影像、文字、声音、图像、表格、动画、三维空间、虚拟现实等表现形式,并可最大限度地调动各种艺术表现手段任意组合创作,制作出表现形式多样、内容生动活泼、能够有效激发用户购买欲望的广告。

(6) 网络广告具有低成本高效率性。网络广告无须印刷,其平均费用仅为传统广告的3%。低廉的广告费用使得很多无力进行大规模传统广告投放的企业,有能力通过互联网在全球范围内宣传其企业与产品。同时,网络促销广告的传播效率很高。网络广告属于互动式媒体广告,主动查找本公司广告的用户一般带有较强的目的性,因而网络广告在到达目标用户方面的能力优于传统广告。网络广告不仅可以提高广告主对目标用户的选择能力,而且可以促进企业由大众沟通模式向个体沟通模式转变。

3. 网络广告的局限性

(1) 网络广告的创意具有一定的局限性。由于网络广告的创意需要考虑网络媒体的特性,因此具有一定的局限性。例如,虽然 Web 页面上的旗帜广告效果很好,但是创意空间非常小,其常用的最大尺寸约为宽 15cm、高 2cm。要在如此小的空间里创意出有足够吸引力、感染力的广告是对广告策划者的巨大挑战。

(2) 网络广告可供选择的广告位有限。网络广告受网页布局的限制,可供选择的广告位往往很有限。例如,旗帜广告一般都放置在每页的顶部或底部(位于页面顶部的旗帜广告效果通常比位于底部要好),因此可供选择的位置少。虽然图标广告可以安置在页面的任何位置,但因尺寸小而不为大多数广告主所看好。另外,由于广告越来越向少数有影响的导航网站聚集,因此这些网站页面上投放广告的位置成为广告主竞争的热点,这种情况加剧了广告位置的紧张。

总之,虽然网络广告存在诸多问题,但凭借上述所列举的种种优势仍然深深地吸引着众多的企业和用户。

3.4.2 网络广告的类型

随着网络新媒体新技术的进步和发展,网络广告形式也在不断发展和出新。按发布方式,网络广告大致可分为 Web 站点广告、富媒体广告、植入式广告、电子邮件广告四大类。

1. Web 站点广告

Web 站点广告是最早应用于互联网中的广告形式,可以认为是图形、文字等传统平面媒体广告在互联网中的延伸,一般具有链接功能,用户点击后可进入所链接的网页,从而获取更多信息。常见的 Web 站点广告有旗帜广告、按钮广告、摩天大楼型广告、弹出式广告、插播式广告、文本链接广告、搜索引擎广告等，一些 Web 站点广告的标准规格如表 3-2 所示。

表 3-2　Web 站点广告的标准规格　　　　　　　　　　　　　　　单位：像素

规　格	名　　　称
1. 旗帜和按钮（banner and button）广告	
468×60	全幅旗帜（full banner）
392×72	半幅旗帜（half banner）
88×31	小按钮（micro button）
120×90	1 号按钮（button 1）
120×60	2 号按钮（button 2）
120×240	竖幅旗帜（vertical banner）
125×125	方形按钮（square button）
728×90	排行榜（leader board）
2. 矩形和弹出式（rectangles and pop-ups）广告	
300×250	中级长方形（medium rectangle）
250×250	正方形弹出式（square pop-up）
240×400	竖长方形（vertical rectangle）
336×280	大长方形（large rectangle）
180×150	长方形（rectangle）
300×100	3∶1 长方形（3∶1 rectangle）
720×300	隐藏式弹出（pop-under）
3. 摩天大楼（skyscrapers）广告	
120×600	摩天大楼（skyscraper）
160×600	宽幅摩天大楼（wide skyscraper）
300×600	半页（half page）广告

资料来源：IAB 网站

（1）旗帜广告。旗帜广告是最常见的网络广告形式。网络媒体在网站页面中分割出一定尺寸的一个画面（尺寸视各媒体的版面规划而定）发布广告，因为其像一面旗帜，所以称为旗帜广告。旗帜广告在制作上经历了由静态向动态的演变，早期的旗帜广告多采用 GIF、JPG 等文件格式的图片，且多为静态无交互功能的方式，目前的旗帜广告普遍采用 Flash、Java 等技术实现动态交互性图像。旗帜广告具有可交互、可定向、可跟踪、操作方便且灵活等优点，允许用户用极简练的语言、图片介绍企业的产品或宣传企业形象。旗帜广告可分为非链接型旗帜广告和链接型旗帜广告两种，链接型旗帜广告与广告主的主页或网站链接，浏览者点击后可以看到广告商想要传递的更详细的信息。旗帜广告的尺寸规格参见表 3-2，其展现和互动方式随着技术的进步也在不断发展和创新。

（2）按钮广告。按钮广告也称图标广告，与旗帜广告类似，也是使用图像或 Flash 等制作的图形广告，由于尺寸较小，因此表现手法相对简单，通常只显示一个标志性图案及企业或产品名称。按钮广告因具有链接功能而主要用作提示性广告（如商标），以便用户点击进入其链接的网页。常用的按钮广告除了传统的普通按钮广告，还有一种称为"悬浮按钮"的悬浮或漂移在网页上的图标广告，这些悬浮按钮广告大多具有鼠标响应功能，即当鼠标移至或点击该图标广告时将打开所链接的页面。按钮广告的不足是具有被动性和有限性，只能被动地等待浏览者点击，以展现企业或产品更为详尽的信息。

（3）摩天大楼型广告。摩天大楼型广告也称条幅广告、擎天柱广告，是一种窄且高、常位于网页两边垂直放置的网络广告。

（4）弹出式广告。弹出式广告是一种在已显示内容的网页上弹出的具有独立内容的广告，一般出现在网页内容下载完成之后，会对浏览网页内容产生直接影响，容易引起用户的反感。另外，还有一种隐藏式弹出广告，与一般弹出式广告的不同之处是这种广告隐藏在网页内容后面，打开网页时不会立即弹出，而当关闭网页窗口或对窗口进行移动、最小化和改变窗口尺寸等操作时弹出广告窗口。

（5）插播式广告。插播式广告与弹出式广告类似，也具有独立广告内容的窗口，但它是在用户进入要访问网页下载过程中（两个网页内容显示切换的中间间隙）弹出的，中国互联网络信息中心将其定义为空隙页面广告，也称过渡页广告。虽然投放这种广告时大多选择与广告内容有联系的网站或栏目，而且插播的广告窗口幅面较小，但由于广告具有一定的强制性，容易引起用户的不悦，常会选择关闭 Web 浏览器的相关功能来屏蔽这类广告（电视广告无法做到），因此其效果往往并不显著。

（6）文本链接广告。文本链接广告是以文字链接的广告，即在热门站点的 Web 页上放置可以直接访问的其他站点的链接，通过访问热门站点，吸引一部分流量点击链接的站点进入相应的内容页面。这种广告形式简单，虽然难以产生图形广告那种视觉冲击效果，但对用户的干扰较少，对于有潜在需求的受众也能达到软性宣传的目的。文本链接广告的费用一般比较低，主要通过简短的文字传达信息，在实际应用中，往往需要通过好的创意吸引用户点击来达到预期效果。

（7）搜索引擎广告。搜索引擎广告是热门网络广告，主流形式有关键词广告、竞价排名、地址栏搜索广告等。①关键词广告。用户在搜索引擎上输入检索的关键词后，即可得到与关键词相关的信息链接，此时，在搜索结果页面的右侧出现与关键词密切相关的"赞助商"关键词广告，若用户点击其中某个广告，则可进入赞助商的网站或网页。②竞价排名。竞价排名是搜索引擎服务商的一种盈利模式，其基本运作原理是按用户的点击率收费。③地址栏搜索广告。用户利用浏览器地址栏搜索功能，无须记忆复杂的域名即可直达企业网站。

2. 富媒体广告

富媒体广告是指以动画、声音、视频为媒介的具有复杂视觉效果和交互功能的网络广告，其效果取决于站点的服务器端设置和访问者的浏览器能否顺利查看。

一般来说，富媒体广告能表现更多、更精彩的广告内容，可以应用在 Web 站点广告、电子邮件广告中。富媒体广告包括视频广告、流媒体广告、音频广告、墙纸式广告、屏保广告等常用传播方式。

（1）视频广告。视频广告分为传统视频广告和移动视频广告两类。传统视频广告是指在视频内设置和投放广告,而移动视频广告是指在移动设备(如手机、平板电脑、掌上游戏机等)上进行的插播视频。视频管理平台的开发难度较大,许多企业一般会将其营销宣传视频上传到优酷、爱奇艺、腾讯视频、快手等社会化视频分享网站,再将上传好的视频链接引回到企业网站进行播放。移动视频广告是通过移动互联网在移动设备中展示营销视频的一种方式,用户主要采用数码及 HTML 5 技术,融合视频、音频、图像及动画技术,利用移动终端开启或退出移动应用等"碎片时间"来插播视频。需要注意的是,过度频繁的移动视频展示不仅不能树立品牌效果,还可能导致用户体验受损。

(2)流媒体广告。流媒体广告是以流媒体技术在网络上传播产品、服务或品牌信息的广告活动。流媒体广告具有以下特点。

① 采用非强迫性方式传送资讯,可以让用户自由查询,并将资讯集中呈现给用户,从而更容易被接受。

② 可以边下载边播放,大大节约用户时间。

③ 流媒体广告所传达的信息可实现互动传播,用户可以获取其所需的产品或服务信息,广告商也可以随时得到用户的反馈信息。

④ 可以利用独有的流媒体技术针对目标受众专门发送流媒体广告,使信息能更直接地传递给潜在用户。

(3)音频广告。音频广告是指在各种广告形式中加入声音,增强广告效果,加深受众印象,综合利用视觉、听觉效果对用户进行说服的网络广告。其主要通过 Flash 或流媒体中的音频技术实现。

(4)墙纸式广告。墙纸式广告是把广告商所要表现的广告内容体现在墙纸上,并放在具有墙纸内容的网站上,以供感兴趣的人下载。

(5)屏保广告。屏保广告是指利用电脑和手机的休眠状态开发带有营销宣传信息的电脑屏保程序或手机屏保 App 的广告形式。当用户暂停操作电脑或手机时,屏保程序启动,相当于广告轮播。

3. 植入式广告

植入式广告是将产品或服务的具有代表性的视听品牌符号甚至内容,策略性地融入影视节目、游戏或软文的一种广告方式。植入式广告一般通过场景再现、思维联想等效应,让观众、用户或读者对产品和品牌产生印象,进而达到促销目的。植入式广告也称隐性广告或软广告,具有隐蔽性、关联性、经济性、说服能力强等特点。

在网络环境下,植入式广告主要利用网络游戏、网络社区、网络软文等方式实施。

(1)网络游戏植入广告。网络游戏植入广告是以网络游戏为营销信息传播载体的广告,具有受众面广、传播效果明显、广告性价比高等特点。网络游戏植入广告的核心思想是通过游戏向受众传递广告信息,主要采用情景植入方式实现。常用的植入方式主要有六种:①游戏场景植入。即将产品或品牌信息植入游戏的内部场景中,如在"足球射门"游戏中,南孚电池的品牌标志一直出现在球门的左右和后面,而且在每次射门失败之后都会出现"坚持就是胜利"的广告语,刺激玩家对产品的联想。②游戏人物的服饰、道具植入。该方式可满足玩家扮演其理想的社会角色的内在诉求。③游戏视频、音频的植入。这种方式在增强游戏情境效果的同时,强化玩家对品牌的认知和记忆。④游戏任务植入。在游戏关卡设置中植入与品牌相关的任务，使玩家在攻城拔寨的互动娱乐中，接触和体验品牌的内涵。⑤游戏登录界面植入。将广告信息嵌入游戏客户端软件的界面，提高品牌与产品的曝光度，加深品牌印象，了解产品信息。⑥游戏推广植入。这是一种整合营销传播策略，不仅包括游戏自身的广告，还包括网络游戏所涉及的各种推广渠道的营销传播。

（2）网络社区植入式广告。网络社区植入式广告是指利用在线论坛、博客、社区网站等基于社会化软件建立的网络交流空间进行的以植入式广告为主要形式的营销活动。网络社区以兴趣、交流和聚集为目的，其交流可能涉及社会生活中的热门话题、新生事物、流行时尚等议题。在网络社区开展植入式营销要善于捕捉商机，结合交流的内容，适时精准地隐性植入产品或品牌信息，并借助相关话题带动，引起网民对产品或品牌的关注。这一过程应当以润物细无声的方式进行，避免插入式广告的硬性推广方式。在网络社区这类场合开展植入式营销需要营销者具有敏感的市场洞察力、敏锐的营销思维、出色的企划能力和良好的公关素质。

（3）网络软文植入广告。有关网络软文营销的内容将在4.5.2部分详细介绍。

4. 电子邮件广告

电子邮件广告即通过电子邮件发送广告，具有针对性强、费用低廉、广告内容不受限制等特点。电子邮件广告一般采用文本格式或HTML格式，可以针对具体受众发送特定的分类广告，从而成为网络营销中实施精准营销的手段。首次发送电子邮件广告时，一般应征求接收者的意见，尽量获得对方许可，因为未经对方允许直接发送到接收者电子邮箱中的邮件广告，一般会被视为"垃圾邮件"。

3.4.3 网络广告的发布策略

发布网络广告需要考虑发布平台、投放时间等问题，企业应根据自身技术状况和经济实力，在对广告的传播范围、播放频率、受众特点、网站信誉、成本等方面进行综合比较和分析的基础上，作出合适的选择。

1. 网络广告发布平台的选择策略

网络广告的发布方式和途径比较多，可以利用自建网站或借助他人的网站发布广告，也可以利用广告交换服务网络、电子邮件列表、传统媒体等方式发布广告。选择网络广告发布平台时，应考虑的主要因素包括覆盖面、信誉度、收费标准等。

（1）利用自建网站发布广告。这是网络广告的常用发布方式。企业利用自建网站发布广告，可以完全自主地对广告的内容、画面结构、互动方式等因素进行全面策划。实际上，企业网站本身就是一个广告，当然不能企业网站的所有页面都被广告所充斥。网站运营实践表明，如果一个网站只提供广告，而不能同时提供其他信息，则往往不会有众多访问者。所以，许多企业的网站通常会提供一些时事新闻、名人轶事以及可供访问者免费下载的软件、游戏等非广告信息。总之，网站这种特殊的广告形式，必须能给访问者带来一定的利益，使其成为网站的常客。

（2）借助他人的网站发布广告。借助他人的网站发布广告也是常用的网络广告发布方式。互联网上的网站成千上万，为达到尽可能好的效果，应当选择合适的网站投放广告。

投放广告选择网站的基本原则如下：①选择访问率高的网站。例如，选择一些访问流量较大的搜索引擎网站、社交网站等投放广告，可以获得大量的点击率。②选择有明确受众定位的网站。互联网上有许多专业性网站，其特点是覆盖面较小，访问者较少，但访问这些网站的用户可能正是广告的有效受众，选择这类有明确受众的网站投放广告，往往可以获得比较高的有效点击率。

（3）利用广告交换网络。广告交换网络实际上是一个网络广告交换的中介机构，凡是拥有自建网站主页的用户都可以加入某个广告交换网络。广告交换网络主要有以下优点。①可以实现免费广告交换，且接触面广。②可以为所有成员与赞助商提供即时统计，报告广告出现的次数与被浏览的次数。③在广告交换网络上，广告销售业务可以由交换网络代为处理，解除单个网站的广告销售困扰。广告交换网络的运作机制如下：广告商首先按要求制作一个旗帜广告传送给交换服务网络，登记注册后便成为该网络的成员；然后在自建的网页上加入交换网络服务商提供的一段 HTML 代码，每当有人浏览其网页时，交换网络中有关成员的广告就会在该网页上自动显示。同理，该广告商的广告也会出现在交换网络这些成员的网页上，从而达到互换广告的目的。交换网络是以等量交换为原则的，其服务器会统计各成员网页被浏览的次数，并根据其值将某个成员的旗帜广告按类别等量地传送到其他成员的网页中显示，这样就可以实现相对公平地在成员中互换广告。

（4）利用电子邮件列表发送广告。利用电子邮件列表发送广告信息也是一种常用的广告发布方式。电子邮件列表也称邮件组，相当于一份地址清单，由于每个邮件组中的用户都是按某主题编排的，因此邮件组可以为企业提供精确细分的目标市场，所产生的回应率是比较高的。企业可根据自己的用户建立或通过正常渠道购买他人的邮件列表（有些邮件组不允许做广告，要想利用邮件组做广告，要先确定这个邮件组是否允许做广告），此后便可以定期向这个邮件组发送广告信息。最好的方法是使用邮件列表软件设置自己的邮件列表，或利用服务器上的邮件列表，一般服务器托管服务提供商都会向用户提供这项服务。

（5）利用传统媒体发布网址广告。企业可在各种其他媒体上购买空间发布广告，如在传统广告中加入一条类似于企业地址之类的 Web 网址。据统计，国外 10% 的电视广告中都带有网址；在我国，也有越来越多的企业利用电视广告进行企业网址的宣传和推广。

2. 网络广告发布时间的选择策略

由于网络广告发布的时机、时序、时段等都会对传播效果产生直接影响，因此，科学地选择广告投放的时间是提高目标受众浏览量和点击率的关键步骤。

（1）时机策略。时机策略即利用有利时机适时投放网络广告。例如，一些重大的节庆活动、体育赛事、娱乐活动、商业活动等都是广告发布的良机。

（2）时段策略。虽然 Web 形式的网络广告可以全天候播出，但为了提高点击的有效性，还是应根据目标受众的上网习惯安排合适的广告投放时段。网络广告的投放时段可分为持续式、间断式、实时式等方式，具体选择哪种方式，应在所选投放平台的基础上根据广告对象、预算、期望达到的效果等情况来决定。

（3）时序策略。时序策略即网络广告投放时间与所推广的产品进入市场的顺序的策略选择，分为提前、即时和置后三种策略。提前策略是在新产品进入市场前投放广告，以引起受众的关注，为新产品上市造势；即时策略是广告投放与新产品上市同步，为企业所普遍采用；置后策略是在产品进入市场之后投放广告，可以根据产品上市后的市场初始反应，及时调整促销策略，以提高广告的促销效果。

（4）时限策略。时限策略是指在一次广告投放周期中，广告投放的间隔和每次播放时间长短的选择，分为集中速决策略和持续均衡策略两种策略。前者是在短暂时间内，向目标市场投放高频率、密集的广告信息，主要适用于新产品投入期或时尚商品进入市场期，以及一些季节性的商品促销。持续均衡策略的原理是通过连续不断地给受众以信息刺激，以增强受众对广告信息的持久记忆，适用于产品的成长期、成熟期。选择时限策略时，必须综合考虑企业和目标受众的利益。广告投放时间短、间隔时间长能降低成本，受众也不会产生厌烦情绪，但投放时限太短、太疏难以充分传递促销信息，可能会降低广告效果；而广告投放时限太长不仅会增加成本，而且容易引起受众的逆反心理，产生抵触情绪。因此，要合理安排网络广告投放周期和各时段内的播出频率。

3.4.4 付费网络广告的计费方式

付费网络广告有多种计费方式，目前常用的主要有千人印象成本、每点击成本、每行动成本、每购买成本、包月（年）方式、按业绩付费等。

1. 千人印象成本

千人印象成本（Cost Per Thousand Impressions，CPM）也称千次展示量成本，是一种沿用传统广告的基于受众浏览次数计费的标准。在网络广告中，印象是指广告投放页面的用户浏览量，或称展示量。CPM 表示广告主投放的广告被浏览 1000 次的成本，计算公式为

$$CPM = \frac{广告总成本}{广告被浏览次数} \times 1000$$

例如，某网站的网络广告价格为 120 元/CPM，某广告商为其投放的广告支付了 12000 元，则该广告可在此网站上被浏览 10 万次。目前，采用该模式的主要是搜索引擎和信息门户网站。

2. 每点击成本

每点击成本（Cost Per Click，CPC）是指用户每点击一次某网络广告，广告商付出的成本。计算公式为

$$CPC = \frac{广告总成本}{广告被点击次数}$$

在该模式下，广告商仅为用户点击广告的行为付费，而不再为广告的显示次数付费，例如竞价排名就是一种典型的 CPC 计费模式。该方法对广告服务商的作单行为有一定的约束力，因此，从性价比看，CPC 比 CPM 合理，是比较受广告主青睐的一种计费方式。但是，也有不少经营广告的网站觉得此方法不公平，因为有时虽然浏览者没有点击，但是已经看到了广告，对于这些看到广告却没有点击的流量来说，网站成为免费信息提供者，因而很多网站不愿意做这样的广告。

3. 每行动成本

每行动成本（Cost Per Action，CPA），也称按实际回应定价，是按广告投放的实际效

果,即按由广告带来的用户回应行为计费的方式。具体标准包括按点击进入率、转化率付费等。如果用户在广告的引导下,提供了个人资料(注册)或下载了有关信息、提出咨询请求等,网站便可向广告主收取费用。计算公式为

$$CPA = \frac{广告总成本}{广告转化次数}$$

该方法对网络广告服务商有一定的经营风险,若广告投放效果明显,其收益会比CPM、CPC等方式高得多。

4. 每购买成本

每购买成本(Cost Per Purchase,CPP)是用户通过点击广告并进行交易之后,按销售笔数付给广告站点费用的计费方式。计算公式为

$$CPP = \frac{广告总成本}{广告转化的购买次数}$$

类似的还有CPS(Cost Per Sles),即以实际销售的产品数量来计算广告投放费用的方式。

5. 包月(年)方式

国内一些网络广告服务商(尤其是中小站点)按照"一个月(年)多少钱"这种固定计费模式收费。该方法相对简单、易操作,但对广告商和广告投放网站都有失公允,难以保障广告用户的利益。

6. 按业绩付费

按业绩付费(Pay-For-Performance,PFP)的基准有点击次数、销售业绩、导航情况等,这种计价方法保证了访问量的高度目标性,但也存在一定的局限性,并不是对所有行业都适用。

除了上述计费方式,某些广告商还可能会提出个别特殊议价方法,如以搜集潜在用户名单收费(Cost Per Leads,CPL)等。

总体来看,目前比较流行的网络广告计价方式是CPM和CPC,其中CPM最流行。广告服务商一般偏向使用CPM方式,而广告商为规避广告成本风险而倾向于使用CPC、CPA、CPP等方式。未来,决定网络广告服务商盈亏的关键问题是根据广告提供的实际价值向广告主收费。

3.4.5 网络广告效果评价

网络广告效果评价是对广告投放效果和运营质量的精确检测。网络广告发布后,其投放的效果评价直接关系到网络媒体和广告主的利益,必须进行广告效果评价。同时,网络广告效果评价能及时发现网络广告运营中的问题,从而进行必要的调整和改进。

1. 网络广告效果的评价原则

(1)有效性原则。要求测评网络广告投放效果时,必须依据科学、有效的评价指标体系,通过真实、有代表性的检测数据进行评估。

（2）可靠性原则。要求检测对象的条件和测定方法在不同检测时段均保持一致，并能在多次检测中得到相同的结果。

（3）相关性原则。广告效果检测的内容必须与营销目的相关，不可做空泛或无关的测评工作。例如，若广告的目的是推广新产品，则广告效果的检测内容应针对用户对品牌的认知程度展开；若广告的目的是与同类产品竞争，则应着重对品牌的感召力和增强用户对产品的信任感等进行检测。

2. 网络广告效果的评价指标

网络广告效果尚无统一评价标准，本书给出一些具有可操作性的评价指标。

（1）广告展示量。广告每一次显示称为一次展示。广告展示量一般为广告投放页面的浏览量，可反映广告所在网页的访问热度。广告展示量也是广告服务商计量广告效果和计费的基础，广告服务商通常以每千次展示量为一个计费单位。

（2）广告点击量。广告点击量即用户点击广告的次数，通常与下列数据结合可反映广告的投放效果：①广告点击量与产生点击的用户数（大多以 cookies 为统计依据）之比，可以初步反映广告是否有虚假点击现象；②广告点击量与广告展示量之比（称为广告点击率），可以反映广告对网民的吸引程度。广告服务商通常以每点击成本为一个计费单位。

（3）广告到达率。广告到达率即用户通过点击广告进入被推广网站（着陆页）的比率。广告到达率通常可反映广告点击量的质量，是判断广告存在虚假点击的指标之一，也可反映广告着陆页的加载效率。

（4）广告二跳率。广告二跳率即用户在推广网站着陆页上产生有效点击的比率。通过点击广告进入推广网站的用户在着陆页面产生的有效点击称为二跳，二跳的次数即二跳量。广告二跳量与通过点击广告进入推广网站的用户数量之比称为二跳率。二跳率通常反映广告带来流量的有效性，也是判断广告存在虚假点击的指标之一。此外，广告二跳率还能反映着陆页面对广告用户的吸引程度。

（5）广告转化率。转化是指受网络广告影响而形成的购买、注册或进一步了解信息的请求，即由广告带来的用户通过推广网站特定页面上的注册、购买等操作，将其身份从普通浏览者转变为注册或购买用户的过程。广告用户的转化量与广告用户进入推广网站的到达量之比称为广告转化率，其通常反映广告的直接收益。

上述评价指标在实际应用中的统计对象包括富媒体广告、文字链接广告、E-mail 广告等形式；统计周期可以是小时、天、周或月，也可按实际需要设定。

3. 网络广告效果评价的常用方法

网络广告效果评价可采取定性或定量的分析方法，下面介绍五种常用的评价方法。

（1）Web 日志分析法。Web 日志分析法通过分析 Web 服务器日志来获取流量的来源，判断用户是否来自广告，并追踪广告用户在网站上进行的操作。当用户在浏览器中打开某网页时，Web 服务器接受请求，在 Web 日志中为该请求创建一条记录，一般包括页面的名称、IP 地址、用户的浏览器及日期时间等数据。该方法不需要在网站上额外添加代码，不易造成数据缺失。由于主要是以服务器端的数据为分析依据，且没有涉及客户端的情况，因此统计的数据不一定准确，尤其当数据量较大时，将提高实时分析的难度。

（2）JavaScript 标记分析法。JavaScript 标记分析法是一种通过在监测对象网站的页面（包括静态、动态页面和基于浏览器的视频播放窗口等）嵌入 JavaScript 监测代码的方式获取用户访问这些网站信息的方法。用户使用浏览器访问被监测的页面时，同时向监测服务器发送统计信息，后者汇总接收的浏览器请求数量，统计被监测网站或广告的流量数据。该方法在获取被监测对象网站的全样本（所有被用户访问过的网页及其在这些网站上的所有访问行为）细节数据方面具有优势。

（3）比较分析法。比较分析法是一种通过比较两个或两个以上监测对象中相互联系的指标数据，揭示该指标与分析对象相互关系的方法。比较分析法包括定性比较分析和定量比较分析，两者原理相同，但在比较的内容和具体实现方法上有所不同。①定性比较分析。一种典型方式是对特征相同的受众分别投放或不投放广告，通过比较两类受众的反应来确定该广告的效果。定性分析的结果取决于测评人员的水平，虽然一些结果不一定精确，但可以在一定程度上为广告的统计分析提供参考意见，适用于一些无法量化的指标。因其具有操作性强、实施成本较低的特点而成为目前常用的方法。②定量比较分析。改变投放广告的展现方式（文字、图片、图像等）、展现时间长短与间隔、展现内容的多寡等，利用眼动仪、脑波仪等设备和内隐行为测试软件或问卷调查，获得受众对广告投放效果的数据。这种方式可以获得对广告效果的精确测评数据，但实施成本较高，测评过程也比较复杂。

（4）加权计算法。加权计算法是一种定性与定量结合的方法，即在广告投放一个时段后，根据该广告采用的投放形式、投放媒体、投放周期等情况所产生的不同效果，赋予其不同的权重，以判别该广告在不同情况下产生的效果之间的差异。加权计算法建立在对广告效果进行基本监测统计基础之上，它不是检测某次或某个广告的投放效果，而是对广告效果的综合评估。

【微型案例3-3】某企业分别在甲、乙两个网站上同时投放了一个相同的 Banner 广告，一个月后，两个网站取得的效果分别是：甲网站点击数量5000次，销售产品100件（次）；乙网站点击数量3000次，销售产品120件（次）。试比较两个网站的广告投放效果。

采用加权计算法进行分析的思路如下：根据来自广告服务商的经验统计数据，每100次点击中可产生2次实际购买，将实际购买的权重设为1.00，则每次点击的权重为0.02，由此计算出在上述两种情况下广告商获得的总价值。

在甲网站上投放广告，广告商获得的总价值：100×1.00+5000×0.02=200

在乙网站上投放广告，广告商获得的总价值：120×1.00+3000×0.02=180

虽然在乙网站投放广告获得的直接销售比甲网站多，但加权计算法分析的结果是在甲网站上投放广告更有价值。其原因为网络广告的效果除了体现在产生的直接购买量，还体现在用户对广告传递信息的关注与认知上。

使用加权计算法时，权重的设定对结果有直接影响。如何确定权重，需在分析大量统计资料的前提下，对用户浏览数量与实际购买之间的比例取一个相对精确的统计数据。

（5）转化率监测法。点击量和点击率是网络广告的基本评价指标，但有关统计资料表明，近年来网络广告的点击量呈逐渐下降趋势。造成这种状况的原因是多方面的，如一个网页上投放的广告太多而无暇顾及、广告设计不佳难以吸引浏览者点击等。较低的点击率是否意味着网络广告的作用在弱化，还需要用更科学的指标参数来衡量网络广告的效果。美国 Jupiter Media Metrix 公司的调查结果显示，即使旗帜广告没有被点击，也具有相当大的品牌感知价值。因此，人们采用与点击率相关的另一个指标转化率来反映浏览而未点击广告所产生的效果。

【微型案例 3-4】Ad Knowledge 公司通过调查发现了一个有趣的现象：随着时间的推移，由点击广告形成的转化率降低，而观看网络广告形成的转化率上升。点击广告的转化率从 30 分钟内的 61% 下降到 30 天内的 8%；而在相同监测条件下，观看网络广告的转化率由 11% 上升到 38%。这种现象提醒营销人员：应当关注占访问者总数 99% 的没有点击广告的浏览者，并注意监测转化率。

监测转化率的操作还有一定难度，在许多情况下仍要沿用对比分析法。

3.4.6 典型案例：361°集团"勇敢做自己"

冬奥会举办期间，对众多中国运动品牌企业来说，既是机遇又是挑战。谁能抢占先机，谁就能赢得进一步发展壮大的机会。2008 年，以生产运动系列产品、配件以及运动休闲产品为主的 361°体育用品有限公司与腾讯合作，推出了"勇敢做自己"系列富媒体广告。

1. 广告设计

2008 年北京奥运会期间，361°推出的广告画面以奥运烽火燎原为背景，轮番展示了 361°篮球、田径、羽毛球和足球系列服饰，画面人物动感十足，广告语"让世界听到我们的声音"瞬间激发国人奋发向上的民族自豪感，最终以"决胜中国北京，勇敢做自己"收尾，利用富媒体广告的优势，将此广告的设计要素和表现形式完美融合，信息传达十分流畅。

2. 广告主要特色

（1）广告创意：广告文字热情激昂，将品牌与奥运巧妙衔接，使用户仿佛置身奥运决战之巅。

（2）广告画面：画面以浓黑和金黄为主色调，图片和文字以张扬的姿态快频率交错出现，在短时间内冲击观众眼球，极富冲击力，突显富媒体广告优势。

（3）广告主题：以迎接奥运为主题，结合强烈的国家荣誉感烘托出广告主的民族运动品牌特色。

3. 总体效果

361°集团将专业运动的品牌定位与体育运动精神紧密结合，多年来实现了其自身的不断成长与飞越。在 CCTV 全球资信榜与经济观察报、腾讯网联合举办的"影响中国"年度评选中，361°集团与世界 500 强企业同时获最高奖项，成为"入选企业最年轻，发展速度最快的品牌"。

4. 案例分析

361°集团的成功离不开营销方式的创新。361°集团以民族性为基调，以中国情感为战略主元素，成功表达了其品牌诉求，奏响了民族品牌的最强音。

（1）有针对性地选择广告载体，保持目标人群和品牌形象的一致性。361°集团选择腾讯网作为广告投放的载体，较好地实现了对目标用户的锁定。腾讯网用户以15～40岁的人群为主，他们不仅思想十分活跃，而且喜欢尝试新鲜的事物，追逐潮流和品质，具有鲜明的主体意识，拥有很强的消费欲望和消费能力，这与361°集团年轻的品牌形象和潜在的核心消费人群有着极高的契合度与一致性。

（2）巧妙选择广告形式，成功传递品牌诉求。广告采用浓黑和金黄的主色调，快频率交错出现的图片和文字，在短时间内冲击观众眼球，极富冲击力。广告语"勇敢做自己"成功表达了361°集团的品牌诉求。

（3）赞助国家队训练服，既体现了企业的社会责任意识，又巧妙利用了体育盛事和明星效应宣传自身的产品和品牌，可谓一举多得。

3.5 病毒式营销

病毒式营销不是利用病毒进行营销，而是一种使营销信息短时间内在曝光率和影响上呈几何级增长的营销推广策略。一般认为病毒式营销的首次实践是1996年的Hotmail免费电子邮件推广活动。2000年病毒式营销被引入中国，但直到2005年借助腾讯QQ、个人博客和网络社区等工具才逐渐被营销人员关注和运用，并在理论和实践操作方法上有了一些本土化创新。

3.5.1 病毒式营销的含义与特点

1. 病毒式营销的含义

病毒式营销概念的理解

病毒式营销是通过用户的口碑宣传网络，使营销信息像病毒传播一样扩散，利用快速复制的方式传向数以千计或数以百万计的受众，常用于品牌宣传、网站推广等。

病毒式营销的基本思想是通过提供有价值或有独特创意的信息和服务，利用用户之间的主动传播来实现营销信息的传递。病毒式营销背后的含义是充分利用外部网络资源（尤其是免费资源）来扩大网络营销信息的传递渠道。

病毒式营销利用用户口碑传播的原理，在互联网上，口碑传播能够更为方便地在用户之间自发地进行，可以像"病毒"一样迅速蔓延，因此病毒式营销成为一种高效的信息传播方式。

2. 病毒式营销的特点

病毒式营销的本质是向用户提供有价值或有创意的信息和服务，并促使用户主动传播。

营销信息一般不会自动传播，需要依据其特点进行一定的推广。病毒式营销的主要特点如下。

（1）营销信息可以无成本地由用户主动传播。任何信息的传播都要为渠道的使用付费，病毒式营销中渠道使用的推广成本依然存在，只是目标消费者受商家的信息刺激自愿参与后续的传播过程，原本应由商家承担的广告成本转嫁到了目标消费者身上。因此，对于商家而言，病毒式营销信息传播几乎是无成本的。目标消费者不能从传播信息中获利，自愿提供传播渠道的原因是第一传播者传递给目标群的信息不是赤裸裸的广告信息，而是经过加工的、具有很大吸引力的产品和品牌信息，使消费者从纯粹受众转变为积极的主动传播者。

（2）传播速度呈几何倍数增大。病毒式营销借助大众媒体"一点对多点"的辐射状信息传播方式，自发地、扩张性地进行信息推广，通过类似于人际传播和群体传播的渠道，使产品和品牌信息被消费者传递给与其有着某种联系的个体。例如，目标受众读到一个有趣的内容，其第一反应就是将这个内容转发给好友、同事，无数个自动参与的转发者就构成了信息呈几何倍数传播的主体力量。

（3）通过私人化渠道高效率地接收信息。病毒式营销传播的信息大多是受众从熟悉的人那里获得或是主动搜索而来的，在接收过程中自然有积极的心态；同时，信息接收渠道也比较私人化，如通过QQ好友群、微信朋友圈、手机短信、电子邮件、封闭论坛等。这些特点使得病毒式营销尽可能地克服了信息传播中的其他影响，使信息能被高效率地接收，增强了传播的效果。

（4）传播过程呈S形曲线。病毒式营销的传播过程通常是呈S形曲线的，即开始时传播速度很高，当其扩大至受众的一半时速度提高，而接近最大饱和点时速度又低下来了。针对病毒式营销传播力的衰减规律，一定要在受众对信息产生免疫力之前，将传播力转化为购买力，方可达到最佳销售效果。

3.5.2 病毒式营销的实施条件与传播途径

制订和实施病毒式营销计划时，应该进行必要的前期调研和针对性检验，以确认病毒式营销方案是否满足实施条件，营销信息是否选择了最佳传播渠道。在实践中发现，一些营销人员以为只要在邮件的底部写上"请访问我们的网站"或者"请将此邮件转发给你的同事和朋友"等就是病毒式营销，这种认识显然是肤浅和片面的。

1. 病毒式营销的实施条件

有效开展病毒式营销需要具备以下条件。

（1）信息源必须富有价值和吸引力。病毒式营销的实质是利用他人的信息传播渠道或行为，自愿将有价值的信息向更大范围传播。如果提供的信息或服务没有价值，则无论如何操作都不会产生真正的病毒式传播效果。在网络营销人员的词汇中，"免费"一直是最有效的词语，大多数病毒式营销计划往往通过提供有价值的免费产品或服务来引起注意，如免费的E-mail服务、免费信息、免费"酷"按钮、免费软件等。

（2）受众无须努力就能向他人传递信息。病毒式营销在互联网上能极好地发挥作用是因为即时通信变得容易且廉价，数字格式使得复制更加简单，从营销的观点来看，必须把营销信息简单化，以使信息容易传输。因此，承载病毒式营销信息的媒体必须易传递和复制，营销信息也是越言简意赅越好。

（3）病毒式传播模型必须可迅速扩充。为了便于病毒式营销信息迅速扩散，传输方法必须使信息传递范围能从小到大迅速改变，并且能很容易地大规模扩散。有时为了满足病毒式营销信息扩散的需要，必须迅速增加邮件服务器等基础设施，否则将抑制需求的快速增加。

（4）实施方案能够充分调动与利用公众的积极性和行为。病毒式营销是基于用户之间的主动传播来实现营销信息传递的，成功的病毒式营销计划方案必须充分了解公众的需求，巧妙地利用公众的积极性和行为。通信需求的驱动，产生了数以百万计的网站和数以亿万计的 E-mail 信息。因此，病毒式营销实施方案只有建立在充分调动和利用公众积极性和行为的基础之上才会取得成功。

2. 病毒式营销信息的传播途径

按照病毒式营销信息的形式及发布渠道，其传播途径可以分为以下几类。

（1）利用即时通信工具实现病毒式营销。通过即时通信工具（如腾讯 QQ、MSN、Skype、淘宝旺旺等）形成用户圈，并借助用户在不同用户圈之间的主动分享信息，从而产生病毒式传播的效果。例如，在特定的腾讯 QQ 群内发布有价值的信息，群内的人就会将信息转发到其他群，这样层层转发就实现了信息的病毒式传播。由于不同的年龄以及不同的群体对即时通信工具有不同的需求，因此实际应用时需要有针对性地选择即时通信工具。

（2）利用电子邮件实现病毒式营销。电子邮件作为一种便捷且涵盖信息量较大的形式，对于发布较为私密性的信息和个性化信息比即时通信工具更有效。许多知名互联网公司都是通过电子邮件附加语的形式进行病毒式营销并取得成功的，但要注意尽量避免向非目标用户发送垃圾邮件。

（3）利用社交平台实现病毒式营销。通过互联网上的各种社交平台（如博客、论坛、视频网站、音乐网站等）发布相应信息，利用各种网站本身的人气达到快速传播的目的。

（4）利用功能服务实现病毒式营销。例如，为用户提供免费软件或者在线优惠券，免费提供功能服务时让用户主动传播；通过设计精美的动画、电子书或者其他媒介给用户带来惊喜，有些用户会在欣赏之余与好友分享，从而达到病毒式营销的目的。

3.5.3 病毒式营销的实施策略与一般步骤

病毒式营销的价值是巨大的，但这种价值不会自动实现。一个好的病毒式营销计划要想获得预期的效果和价值，必须采用相应的策略，按照一定的步骤有序实施。

1. 病毒式营销的实施策略

（1）提供创意独特且有价值的产品或服务。创意独特且有价值的产品或服务是实施病毒式营销的关键要素,对达到营销目的有决定性作用。要让用户主动地快速传播营销信息,必须有高质量、有价值、创意独特的产品或服务为基础。

(2) 精心设计病毒式营销方案。设计病毒式营销方案时,一定要合理地结合信息传播与营销目的,只为用户带来娱乐价值或优惠服务而不能达到企业营销目的的营销计划对企业并没有太大价值;相反,如果广告气息太重,则会引起用户反感,反而达不到营销目的。

(3) 策划和筹备原始信息的发布和推广。大规模信息传播是从小规模传播开始的,引起用户的兴趣,使其主动传播信息是病毒式营销成功的关键,因此,应该认真策划和筹备原始信息的发布与推广。一般来说,将原始信息发布在用户容易发现且乐于主动传递和分享这些信息的地方(如活跃的网络社区)的效果往往较好。

(4) 充分利用现有通信网络和他人资源。学会把营销信息置于人们现有通信网络之中,充分利用其他资源迅速扩散信息而达到营销目的,是实施病毒式营销的重要策略。资料表明,75%以上的用户曾经收到过熟人通信网络的推荐,被调查的成功营销人员中,50%利用已经建立起来的可信任的用户关系(其他资源)实施营销计划。

(5) 实时跟踪和管理病毒式营销的实施。在实施过程中,应该及时掌握病毒式营销带来的网站访问量、企业产品或服务知名度等变化情况,及时发现问题并进行适当的调整。同时,活动结束后还应该进行适当的总结,以便为下一次病毒式营销提供参考意见。

2. 病毒式营销的实施步骤

实施病毒式营销的关键是充分利用外部网络资源(尤其是免费网络资源)扩大营销信息传递渠道。成功实施病毒式营销一般需要经历以下五个步骤。

(1) 制订病毒式营销计划。针对企业整体营销战略和所处环境条件,确定病毒式营销的目的,制订病毒式营销实施的整体方案,选择实施病毒式营销的策略。

(2) 细分用户市场。病毒式营销的人群覆盖面可能很广,要想达到理想的预期目标,策划者必须对用户人群进行细分,明确最有价值的目标用户人群及其共性或个性特征。

(3) 设计病毒式营销的内容。要求充分挖掘用户群体的兴趣点并认真分析。各个年龄层人群的兴趣点是不同的,研究用户的兴趣点是营销创意的开始。

(4) 采取合理的营销手段。设计好病毒式营销的内容后,企业应该采取合理的营销手段实施病毒式营销。现在的营销手段十分丰富,如视频、邮件、软文等。

(5) 及时跟踪反馈。及时跟踪病毒式营销活动的实施效果,适时调整企业的营销策略,并且在营销活动结束后,对营销效果进行分析总结,为下一次实施病毒式营销活动积累经验。

3.5.4 典型案例:TikTok 的病毒式营销

1. 案例描述

2022 年 4 月,TikTok 在其商业博客推出了一篇官方教程,手把手教品牌商如何在其平台上创建受欢迎的视频进行病毒式营销。TikTok 的这篇博客文章给出了三点策略。

(1) 明确 TikTok 营销的重要性。品牌要进行 TikTok 营销来自 TikTok 庞大的用户群体和超强的影响力。平台数据显示，截至 2022 年 1 月，TikTok 共有 10 亿活跃用户，平均每人每月在 TikTok 上消耗 850 分钟；在互联网上每分钟就有 1.67 亿个 TikTok 视频被看到；73%的 TikTok 用户表示与在 TikTok 上互动的品牌有更深的联系；62%的 TikTok 用户表示针对 TikTok 的品牌内容是品牌与用户联系的最佳方式。品牌在 TikTok 上的曝光机会和效果可想而知。

（2）了解 TikTok 规则。创作品牌内容时，TikTok 提供的视频是采用 6∶9 的长宽比全屏展示、视频分辨率大于 720P 的高像素拍摄、视频时长为 21～24 秒（不要少于 10 秒），通过讲一个简短的故事配有与视频内容相关的音频，帮助品牌更好地创建病毒式营销视频。

（3）充分运用 TikTok 本身提供的资源。为了帮助品牌更好地在平台上进行创作、触达用户，TikTok 提供了很多原生且非常有帮助的平台和工具。①TikTok 创意中心。TikTok 创意中心是 TikTok 官方提供的一个开放式创意平台，其中涵盖了品牌进行病毒式营销和创作时需要获取灵感的三大板块和六大类型内容，包括趋势发现（如热门歌曲、热门话题、热门创作者、热门视频等）、热门广告（哪些品牌的广告在 TikTok 上取得营销成功）、案例研究（拆解具体的 TikTok 品牌营销案例，提供灵感）等。②TikTok 商业音频库。TikTok 官方提供的商用音频库按照主题、类型、情绪和年龄层四大维度进行划分。③TikTok 创作者市场。这是 TikTok 帮助品牌更好地选择适合自己的创作者并为品牌快速与目标用户建立联系的重要手段，其根据创作者的内容风格、位置、观点等进行分类，还有用户偏好等筛选维度。

TikTok 的这篇官方教程在短短几个月内的阅读和转发总量达到 78 万人次，瞬间引发全球流行 TikTok，赢得了大量潜在用户的关注，而其花费的成本却极小。

（资料来源：编者根据相关资料整理）

2. 案例评析

（1）选择有吸引力的平台环境便于营销信息病毒式扩散。TikTok 是一个供全球用户和创作者表达创意和独特性的短视频社交平台，案例首先通过数据显示平台用户对 TikTok 内容和品牌内容的偏好，暗示读者若品牌利用该平台制作和传播营销短视频，不仅会成为流行文化的一部分，还会牢牢抓住用户的心，更好地达成营销目标。这对于品牌商而言无疑具有强大的吸引力。

（2）有价值的信息源是病毒式营销的内在驱动力。TikTok 的这篇官方教程对于要开展 TikTok 营销的品牌商来讲，具有十分重要的价值。依据案例介绍的策略，通过研究热门内容，寻找合适的创作者合作，并且充分运用 TikTok 工具制作和投放素材，有助于其利用公众的积极性和行为，方便、快速、经济地开启品牌的病毒式营销。

（3）低投入高回报是病毒式营销的魅力所在。这篇官方教程以其自身富有价值和吸引力被读者自动转发并迅速扩散，在推广病毒式营销方法的同时，自身也成为病毒式营销的典范。TikTok 的活动已将病毒式营销向前推进了一步——花少量资金取得最佳效果。

本 章 小 结

企业网站、搜索引擎、电子邮件、网络广告等常用网络营销工具派生出的相应网络营销方法已经发展得十分完善。本章着重介绍了营销型企业网站的基本构成、优化、推广等内容；介绍了搜索引擎营销的常用方式、优化服务、效果评估；许可 E-mail 营销的定义、实施技巧、邮件列表服务等；网络广告的特点、类型、发布策略、计费方式、效果评价等；病毒式营销的含义与特点、实施条件与传播途径、实施策略与一般步骤等内容。对于每种网络营销的方法，本章都配备有相应的案例。

复习思考题

1. 选择题（有一项或多项正确答案）

(1) 网站专业性可以从以下（　　）方面进行诊断。
　　A．网站内容及网站可信度诊断　　B．网站功能和服务诊断
　　C．网站优化及运营评价诊断　　　D．网站规划与网站栏目结构诊断

(2) 下列关于网站易用性和搜索引擎友好性的关系描述，正确的是（　　）。
　　A．网站易用性和搜索引擎友好性是同一问题的两个方面，两者最终目的是一致的
　　B．网站易用性从网站更容易被搜索引擎收录的角度描述网站设计
　　C．搜索引擎友好性从用户获取信息的角度说明网站设计
　　D．网站易用性和搜索引擎友好性是两个方面的问题，两者的最终目的不相同

(3) 搜索引擎营销的目标一般可分为（　　）。
　　A．存在层　　　B．表现层　　　C．关注层　　　D．转化层

(4) 开展内部列表 E-mail 营销的三个基础条件是（　　）。
　　A．具有实现用户加入与退出邮件列表、用户资料管理、邮件发送和效果跟踪等功能的技术基础
　　B．在用户自愿加入邮件列表的前提下，能获得足够多的用户 E-mail 地址资源
　　C．与邮件服务商签订发送营销邮件的协议
　　D．设计对用户有价值的邮件列表的内容

(5) 下列属于网络广告特点的是（　　）。
　　A．需要依附于有价值的信息和服务载体
　　B．具有强制性和用户主导双重属性
　　C．核心思想在于引起用户的关注和行动
　　D．具有很强的交互性且易实时修改

(6) 实施病毒式营销的基本要求包括（　　）。
　　A．提供有价值的产品或服务
　　B．提供无须努力地向他人传递信息的方式

C. 利用公众的积极性和行为以及病毒式模型可迅速扩充

D. 利用现有的通信网络以及他人的资源

2．判断题

（1）网站优化要求增强网站的易用性和搜索引擎的友好性。（　）

（2）搜索引擎营销的原理是根据人们使用搜索引擎的行为方式，利用其检索信息的机会尽可能地将营销信息传递给目标用户。（　）

（3）企业开展外部列表 E-mail 营销，其自身没有用户的 E-mail 地址资料，因而也无须管理、维护这些用户资料。（　）

（4）电子邮件广告可以看作许可 E-mail 营销与网络广告的交集。（　）

（5）病毒式营销的基本思想是通过提供有价值的信息和服务，利用用户之间的主动传播来实现营销信息传递。（　）

3．简答题

（1）本章引例中运用了什么网络营销方法？应用该方法需要具备哪些基本要素？该引例给予我们什么启示？

（2）营销型企业网站有哪些构成要素？试举例说明，并讨论对其进行优化处理的方法。

（3）搜索引擎优化的基本原则和内容分别是什么？通常搜索引擎优化作弊有哪些表现形式？应该如何正确地评价搜索引擎营销的效果？

（4）许可 E-mail 营销的三要素是什么？内部邮件列表与外部邮件列表有什么区别？

（5）发布网络广告有哪些途径？你认为现阶段应该如何增强网络广告的营销效果？

4．讨论题

在运用各种网络营销方法实现其营销目标的过程中，企业应该如何承担起社会责任？我们应该如何培养自己的社会责任意识？各合作研讨学习小组成员采用"头脑风暴法"，每人提出一个解决方案，在小组讨论的基础上，每组挑选一个方案在全班进行交流。

案例研讨

四川省百世兴食品产业有限公司（以下简称百世兴）主要生产"酒鬼花生"系列产品。百世兴曾推出"花生部落"的创意，将旗下产品全部由"花生部落"这个品牌名称统一起来，然后细分出传统的"酒鬼花生"系列和时尚的"馋库"麻辣食品系列、"烘焙原料"系列、"餐饮配菜"系列，兼顾不同的消费群体。

为配合新品上市，百世兴建立了"百世兴花生部落"互动网站。在网络广告设计上，百世兴虚拟了一个充满欢乐的"花生部落"，通过音乐和视频，从视觉和听觉两个方面直观地向浏览者传递"百世兴花生部落"产品品牌传递的快乐理念，页面整体色调以橙色为主，图形设计上沿用了"花生男"标准形象，辅以线条、花纹、卡通物品等视觉元素，营造出欢乐的氛围。在"花生男"角色动画的设计上,加入了一些调皮、搞笑的动作,给浏览者带来更加新奇、有趣的体验。

新颖的宣传形式使百世兴的新品销售异常火爆,其中"馋库"系列花生以新鲜的口味和鲜艳的包装备受年轻女孩的青睐。通过巧妙打造"花生部落"品牌,百世兴迅速实现了由传统品牌向时尚品牌转换的品牌延伸。百世兴以"花生部落"为主题的营销推广取得了显著效果。

(资料来源:编者根据相关资料整理)

分析上述案例,思考以下问题并展开讨论。
(1)案例中的四川省百世兴食品产业有限公司主要运用了哪些网络营销工具和方法?
(2)运用网络广告进行营销有什么技巧?需要注意哪些关键问题?
(3)在案例中,通过运用网络营销工具实现了什么价值?从中我们可以得到什么启示?

第4章 Web 2.0 与社会化媒体营销

教学目标

- 解释博客营销、微博营销、即时通信营销（包括微信营销）、社交网站营销、网络视频营销、维基词条营销、网络软文营销、电子书营销、网络论坛营销、网络社群营销、种草营销的含义，独立分析相应的典型案例。
- 举例说明企业营销博客的写作原则与技巧、企业微博账号的配置技巧、微博营销的实施技巧、微信营销的常用方法、社交网站营销的理论基础与实施方法技巧、网络视频营销信息的主要传播渠道和业务内容。
- 结合各种社会化媒体营销方法及相关案例，引导学生树立社会主义核心价值观；结合网络直播营销的相关法律法规，强调培养合规实施网络视频营销的法律意识和习惯。

学习要求

基本内容	主要知识点	能力素养
博客营销与微博营销	（1）博客营销与微博营销的含义、基本特征； （2）营销博客与营销微博的写作要求； （3）博客营销与微博营销的实施原则； （4）微博营销的实施策略与技巧	（1）正确理解和灵活应用各种社会化媒体营销方法解决企业实际营销问题的能力； （2）网络社群营销、种草营销的创意策划能力； （3）自觉合规运营、遵循网络伦理、坚持正确价值取向的职业素养
即时通信营销	（1）即时通信营销的含义、特点、工具类型等； （2）微信营销的常用方式、基本特征； （3）微信与微博的区别	
社交网站营销	（1）社交网站营销的含义及特点； （2）"六度分割"理论、150定律； （3）社交网站营销的实施方法与技巧、效果评价	
网络视频营销	（1）网络视频营销的含义； （2）网络视频营销信息传播渠道、主要来源、业务内容	

续表

基本内容	主要知识点	能力素养
维基词条营销、网络软文营销、电子书营销、网络论坛营销、网络社群营销、种草营销	(1) 维基的含义、特点、营销方式、优势； (2) 网络软文营销的含义、特点、软文的形式； (3) 电子书营销的含义、操作流程、特点、优势； (4) 网络论坛营销的实施技巧； (5) 网络社群营销的含义、实施步骤； (6) 种草营销的含义及三个阶段	

 基本术语

社会化媒体营销、博客营销、微博营销、即时通信营销、微信营销、社交网站营销、网络视频营销、维基词条营销、网络软文营销、电子书营销、网络论坛营销、网络社群营销、种草营销

 引例

可可丽人面膜的微博体验营销

可可丽人面膜是海洋传说化妆品集团有限公司旗下的新产品，专门针对网络销售。可可丽人面膜上市初期为了让更多的人了解这个全新的网购品牌，曾借助新浪微博平台策划了一系列面膜体验活动，用了短短2个月便聚集了数万名面膜爱好者，并且在企业新浪微博上创造了大量有关可可丽人面膜的反馈内容，把用户牢牢地稳固在体验营销上。这一切是如何做到的呢？

第一，明确的定位。可可丽人面膜在官方微博上的定位很清晰，就是要聚集在微博上爱美、爱护肤、爱分享的年轻面膜用户，并给这些用户打上"面膜控"的标签。于是，可可丽人面膜在官方微博上发布了这样一条微博：

#面膜控征集令#可可丽人#100份面膜礼包免费体验#行动开始啦！跟帖说明你的肌肤状况以及你最想要体验我们六大系列的哪款面膜，说明理由并转发@好友参加，就有机会获得体验参与面膜护肤行动。还有#面膜控达人奖#16份，获奖用户可获得想要的面膜。

有了这样的清晰定位，接下来就是策划各种体验互动活动，从中寻找和发现这样一批用户群体。

第二，品牌主导声音的体现。可可丽人面膜同步开通企业博客和官方微博，并通过这两个平台分享与企业品牌、生产基地、产品、团队、公司文化相关的一系列真实故事，来传递公司在供应链上的实力、产品质量的把控以及对用户的负责态度等信息。

第三，体验活动的连续性。在2个月内，可可丽人面膜连续策划了6期"面膜控征集令"活动，每次活动发放不同组合的赠品和奖品给面膜控们体验，一共发放200多份赠品和奖品，聚集了数万名喜欢面膜的用户。

第四，体验活动形式多元化。在6期"面膜控征集令"活动中，可可丽人面膜综合运用了微试用、竞赛、投票、秒杀等互动方式，带给用户不断的新鲜感和惊讶感，并且一直是在愉悦的过程中完成的。

第五，**顾问加入对话**。在活动中，可可丽人面膜的顾问与试用者互动，交流面膜使用中的一些个性问题，让这些参与者感受到品牌的用心、专业及亲近，建立起信任感。

第六，**通过 QQ 群、微信朋友圈聚集**。公司把在活动中获奖的用户分期分批地加到面膜控 QQ 群、微信群中，方便大家相互交流，也容易引导这些用户参与微博上的互动及反馈。每天 QQ 群、微信朋友圈中都会出现大量的有关面膜知识、使用技巧等方面的内容，在活跃用户的组织上起到了非常重要的作用，创造了互动的机会。

第七，**鼓励用户反馈**。这是整个体验活动中的精华部分。连续 6 期活动都设置了体验反馈的激励机制，在微博上搜"可可丽人"，就有 6000 多条面膜控们使用可可丽人产品的晒单反馈，博客中也积累了 130 多篇用户的反馈案例。

第八，**给活跃用户各种荣誉**。在活动中，对积极参与、积极反馈的面膜控用户，会推荐其作为品牌的推广大使，让这些用户感受到自己备受重视，感受到企业对他们的尊重。

就这样，通过 QQ 群、微信群、微博等社会化媒体把体验营销当成一个系统工程来做，用最平常、最有用的方法推广产品，收获了知名度。

（资料来源：互联网天地，编者有删改）

点评：让产品的体验者最终都成为品牌推广大使

可可丽人面膜的这次产品体验活动说明借助微博开展体验营销是一个系统工程。首先，需要策划表现新意，明确定位和目标；其次，需要设计一系列环环紧扣的愉悦活动；最后，要不断地为聚集起来的用户创造互动分享的资源和条件，给他们提供舞台，让其发出自己的声音，并制订激励方案，让产品体验者最终都成为品牌推广大使。

Web 2.0 是继 Web 1.0 单纯通过网络浏览器浏览 HTML 网页模式之后的新一代互联网应用模式。在 Web 2.0 环境下，社会化网络媒体营销的核心是注重与用户的交互作用，用户既是营销信息的浏览者，又是营销信息内容的建设者。借助 Web 2.0 时代的社会化网络媒体（包括博客、微博、即时通信、社交网站、网络视频、网络论坛、维基词条等），用户能够方便地表达对所消费产品的意见，因此其内容先天具备再次推广产品的价值。

4.1 博客营销与微博营销

博客作为一种营销工具，可以发挥传递网络营销信息的作用。企业营销人员利用博客可以自主、灵活、有效、低投入地发布企业营销信息，降低宣传推广费用，为用户通过搜索引擎获取信息提供机会，也可以方便地增加企业网站的链接，以更低的成本对用户行为进行分析研究，从被动的媒体依赖转向自主地发布信息等。微博作为一种营销工具，不仅成本低，而且能快速收到用户的反馈，与用户进行平等的沟通和交流，对塑造品牌和促成销售都有直接的帮助。在人员和预算有限的情况下，微博更适合中小企业品牌的推广。

4.1.1 博客营销与微博营销的含义

1. 博客营销的含义

博客的全名是 Web log,缩写为 Blog,也称网志。Blog 网站可供用户免费发布观点、与他人交流以及从事其他社交活动。博客营销是企业或者个人借助博客网站或博客论坛等网络平台,通过对个人知识、兴趣和生活体验等资源的传播分享,或者通过关注和回复用户的咨询等途径,达到营销宣传目的的一种网络营销方法。

从形式上看,博客营销是企业或者个人通过发布并更新相关信息、关注和回复用户的咨询,以宣传产品或品牌的一种营销手段。从内容上看,博客营销是一种基于个人知识资源的网络信息传递形式,通过对知识的传播分享传递营销信息。从渠道上看,博客营销是通过博客网站或博客论坛,利用博客作者个人的知识、兴趣和生活体验等传播商品信息的营销活动。博客营销的本质是以网络信息传递形式表现个人思想和体验、分享个人知识和资源的公关行为。

国内市场上的知名博客平台主要有新浪博客、百度空间、天涯博客、网易博客等。

2. 微博营销的含义

微博营销是指借助微博平台进行的包括产品宣传、品牌推广、营销活动策划、个人形象包装等内容的营销活动。微博营销以微博网站作为营销平台,每个用户都是潜在营销对象。企业可以在新浪、网易等网站注册微博账号,通过更新微博内容向网友传播企业品牌和产品信息,或者通过用户感兴趣的话题在潜移默化中达到营销目的。

微博营销取得成效的基础条件有三点:一是拥有微博账号;二是定期更新微博内容;三是内容能引起用户兴趣。当然,微博营销的成功并不仅取决于这三个方面,还会受到其他因素的影响。

4.1.2 博客营销与微博营销的基本特征

1. 博客营销的基本特征

博客营销具有细分程度高、定向准确、口碑效应好、能引导网络舆论潮流、能与搜索引擎营销无缝对接等优势。博客营销的基本特征主要体现在以下几个方面。

博客营销的
基本特征

(1)博客营销一般以个人行为和观点为基础。博客信息的主体是个人,通过个人博客中的文章内容可以为读者提供了解企业信息的机会,尤其是在某领域有一定影响力的人物发布的博客文章更容易引起关注。

(2)博客营销需要持续的创作热情。利用博客进行企业营销信息传播需要一个长期的、日积月累的过程,一个企业偶尔发表几篇博客文章往往很难显现博客营销的价值,只有利用多种渠道发布尽可能多的企业博客信息,并长期坚持才能发挥作用。

(3)博客营销需要合适的博客环境。营造合适的博客环境是博客营销良性发展的必要条件,合适的博客环境有利于激发作者的写作热情,使其将个人兴趣与工作相结合,让博客文章成为工作内容的延伸。

（4）博客营销具有较强的互动性。博客的互动特点区别于报纸、电影、电视、广播、传统广告等传统媒介。博客的互动性主要体现在以下几个方面：①博客具有评论系统，也可以进行跟帖和回复；②博客具有链接系统，包括好友或友情链接、最近访客链接等；③博客具有即时通信系统，如邮件发送、即时通信工具等；④博客具有博客圈系统，保证了博主和博友之间的交流。

（5）博客营销方式或工具可以不拘一格。博客营销可以采取自建博客方式，也可以采用第三方博客或博客外包等方式，使企业相关营销信息尽可能地通过博客快速传播出去。

通过营销类博客文章，可以提高企业网站的**搜索引擎可见性**，从而增加用户通过搜索引擎发现企业信息的机会，以达到利用搜索引擎推广网站的目的。但作为一个内容发布平台，博客的内容较长且不能满足人们随时随地关注、发布信息的需求，在竞争中逐渐转变为小众化应用，使博客的发展呈精英化、专业化的特点。与之相关的互联网个人空间的应用则保持与用户共同成长的产品创新能力，集合了当下流行的社交产品的多种功能，基本完成了向社交类应用的转型，用户规模和使用率保持在较高发展水平，值得网络营销人员关注。

 知识卡片 4-1

搜索引擎可见性：让尽可能多的网页被主要搜索引擎收录，并且当用户利用相关的关键词检索时，这些网页出现的位置和摘要信息更容易引起用户的注意，从而达到利用搜索引擎推广网站的目的。搜索引擎可见性追求最高性价比，即以最小的投入，在搜索引擎中获最大的访问量并产生商业价值。

2. 微博营销的基本特征

微博分为个人微博和企业微博，微博营销也分为个人微博营销和企业微博营销。微博作为一个基于用户关系的信息分享、传播、获取工具，具有信息传播快、保真性强的特点，许多企业、机构、门户网站开通微博频道作为企业发布官方信息和与网民交流互动的平台，微博用户可以通过手机、即时通信软件（如 QQ、MSN 等）和外部 **API** 等途径发布消息。微博营销在实际应用中不断发展，具有了注重服务而非简单促销、注重与用户的互动和情感交流而不是直接单向地进行广告灌输等特点。微博营销的基本特征可归纳为以下四个方面。

 知识卡片 4-2

API：应用程序接口（Application Program Interface），是一组定义、程序及协议的集合，通过 API 可以实现计算机软件之间的通信。

API 的一个主要功能是提供通用功能集，程序员通过调用 API 函数对应用程序进行开发，可以减轻编程任务。API 也是一种中间件，为不同平台提供数据共享。

（1）表现形式多样性。从信息源表现形式的差异来看，微博营销信息具有多样化特点，一句话、一张图片、一段视频就能传递大量的营销信息。因此，企业进行微博营销时可以借助多媒体技术手段，在手机等平台上发布信息，用文字、图片、视频等一种或多种形式描述产品，使潜在用户更形象、直接地接受信息。

（2）传播快速便捷性。微博最显著特征之一是其传播迅速。从获取信息的角度看，用户可以利用计算机、手机等终端方便地获取微博信息；从发布信息的角度看，微博营销优于传统的广告行业，发布信息的网络渠道可以尽可能缩短，从而节约了大量的时间和成本。

（3）影响广泛性。微博营销通过用户关注的形式进行病毒式传播，借助品牌效应或名人效应往往能够使事件的传播量呈几何级增长，影响面非常广泛；同时，微博营销是投资少、见效快的一种网络营销模式，其快餐式阅读能让核心营销信息迅速引起用户关注，可以在短期内获得最大收益。微博的有效传播主要体现在转发数及评论上，一条好的微博内容，其被转载速度是惊人的，营销效果也非常强大。

（4）参与主动交互性。微博营销是一种主动式营销，这也是微博营销明显区别于其他营销方式之处。传统营销（如电视媒体、平面媒体等）主要通过广告手段，硬性地将产品推广到喜欢或者不喜欢的用户，其广告产生的流量转化率往往不尽如人意。而微博营销通过发布能引起用户兴趣的微博，让用户主动参与转载宣传。同时，微博营销的口碑互动优势明显。事实上，微博营销也需要更多地与用户或被关注的人群互动，以更好地体现其营销效果。例如，海尔曾在新浪上进行过微博营销战，但因缺乏与用户的互动而导致效果很不理想。

3. 微博营销的 PRAC 法则

微博营销经过不断摸索和实践，业界就其实施过程中应重点关注的要素逐步达成了思想共识。在微博营销中，应重点关注微博运营体系的四个核心要素，即平台管理（Platform）、关系管理（Relationship）、行为管理（Action）、风险管理（Crisis）。PRAC 是这四个要素英文首字母大写的缩写，因此，人们把在微博运营体系中重点关注这四个核心要素的思想称为 PRAC 法则。

（1）平台管理。PRAC 法则倡导 "2+N 微博矩阵模式"，即以品牌微博、用户微博两个微博为主平台，补充添加运营企业领导及员工微博、用户团微博、产品微博及活动微博等多个微博。

（2）关系管理。PARC 法则梳理出以用户关注者、媒体圈、意见领袖为主的 "3G 关系管理"模式，用来对企业微博和媒体微博、意见领袖微博与用户团之间的关系进行日常维护和管理。

（3）行为管理。在微博营销过程中，主要有引起注意、品牌推介、产品销售、活动推广等典型的营销行为，必须对这些行为进行协调管理，以保障微博营销有序推进。

（4）风险管理。微博转发和扩散来自一种情绪，如果愤怒、不满等负面情绪通过社会化媒体越传越高涨，严重时可能会引发一场**网络舆情**危机。此外，必须考虑企业预算与活动实际预算不匹配的风险,当活动费用超过企业预算时应该增加经费还是叫停活动,也需要企业事先做好准备。

> 知识卡片 4-3
>
> 舆情:"舆论情况"的简称,是指在一定的社会空间内,围绕中介性社会事件的发生、发展和变化,作为主体的民众对作为客体的社会管理者、企业、个人及其他组织及其政治、社会、道德等方面的取向产生和持有的社会态度。它是较多群众关于社会中各种现象、问题所表达的信念、态度、意见和情绪等表现的总和。
>
> 网络舆情:以网络为载体,以事件为核心,广大网民情感、态度、意见、观点的表达、传播与互动,以及后续影响力的集合。其具有广大网民的主观性,未经媒体验证和包装,直接通过多种形式发布于互联网上。
>
> 网络舆情六大要素:网络、事件、网民、情感、传播互动和影响力。

微博营销的风险管理思想适用于其他社会化媒体营销方法,也就是说,运用微博等社会化媒体进行营销,会不同程度地存在一定的风险,必须有风险管理意识,并提前准备应对可能发生风险的预案。

4. 博客营销与微博营销的区别

相对于博客的"被动"关注,微博的关注更"主动"。从引起关注这个角度上来说,微博对于商业推广、品牌效应的传播更有价值。博客营销与微博营销的区别主要体现在信息源表现形式和信息传播模式的差异方面,如表 4-1 所示。

表 4-1 博客营销与微博营销的主要区别

差异性	博客营销	微博营销
信息源表现形式的差异	以博客文章(信息源)的价值为基础,以个人观点表述为主要内容,每篇博客文章表现为独立的一个网页,对内容的数量和质量有一定的要求,这也是博客营销的瓶颈之一	内容短小精练,重点在于表达发生了什么有趣(有价值)的事情,而不是系统的、严谨的企业新闻或产品介绍
信息传播模式的差异	对时效性要求不高,用户可以直接进入网站或者 RSS 订阅浏览,还可以通过搜索引擎搜索获得持续的浏览,并获得多个渠道用户的长期关注	注重时效性,相互关注的用户可以直接浏览,还可通过用户的转发向更多的人群传播,是一种快速传播简短信息的方式

将以上差异归纳起来可以看出:博客营销以信息源的价值为核心,主要体现信息本身的价值;微博营销以信息源的发布者为核心,体现了人的核心地位,但某个具体的人而言,其朋友圈对其言论的关注程度取决于其在社会网络中的地位,以及朋友圈的影响力(群体网络资源)。因此,可以简单地认为博客营销与微博营销的区别在于,博客营销可以依靠个人的力量,而微博营销依赖社会网络资源。

4.1.3 营销博客与营销微博的写作要求

1. 营销博客的写作要求

营销博客的写作要求如下。

（1）遵循基本写作法则。虽然博客文章不需要拘泥于传统出版形式，但为了让读者能够轻松阅读，还是应遵循基本语法和拼写法则。如果用中文写营销博客，则需遵循汉语基本语法和汉字书写规范；如果用外文写营销博客，则需遵循对应语种的基本语法和相应的文字拼写法则。

（2）标题吸引人并做好编辑。博客文章标题要简练、具有吸引力，并与文章内容相符。

（3）内容简明扼要并兼具新闻和实用价值。博客文章需要具有趣味性和幽默性，同时具有一定的新闻价值和实用价值。人们订阅或经常看企业博客的主要原因是企业博客的内容对其日常工作、生活有用。一些营销博客不注意这些，往往导致博客营销效果不理想。

（4）便于浏览和链接。博客文章要想让读者快速浏览并抓住主旨，应尽量为读者提供优秀的链接，让其他博客文章为之提供知识背景，方便读者通过链接继续深入阅读。

（5）用第一人称且真实诚信。在一般的出版物中要求作者保持中立，但博客不同，越表达出作者的观点越好，这也是博客写作与其他方式写作的最大区别。此外，写作博客还需遵循更新适度、真实诚信的原则，同时应适当关注一些优秀博客，不断提高博客写作水平。

2. 营销微博的写作要求

很多企业和个人发现，虽然注册了微博、上传了头像并定期更新了内容，但还是没有多少用户，达不到营销或推广的目的。究其原因，主要是没有把握住营销微博的写作技巧。营销微博要想取得好的推广效果，在写作时需要把握以下几个要点。

（1）用简洁的文字呈现内容的核心价值。对核心内容可通过符号与后文分隔进行强调，用以引起用户阅读、转发微博的兴趣。

（2）传递有价值的信息。此处的价值不仅是告知一些优惠和赠品信息，而且是要与潜在用户各取所需、互利双赢。微博对目标群体越有价值，目标群体对其的掌控力也就越强。

（3）创造视觉吸引力与个性特征。对于以文字为主导的内容，即使原文没有配图也应该附上图片，它能扩大微博稿在读者屏幕上的面积；同时，企业微博要具有有感情、有思考、有回应、有个性的特点。

（4）取得用户的信任。微博营销是一种基于信任的主动传播，通过微博发布营销信息时，只有取得用户的信任，用户才能转发、评论，才能产生较好的传播和营销效果。

（5）连续定期发布微博。营销微博就像一本随时更新的电子杂志，需要定时、定量、定向发布内容，才能让用户养成浏览习惯。用户每次登录微博后，便期望了解企业微博有什么新动态，这无疑是一种成功的微博营销境界。

4.1.4 博客营销与微博营销的实施原则

1. 博客营销的实施原则

实施博客营销需要遵循一定的原则。对于一般企业而言,营销人员应该具备利用博客传播个人思想的能力,掌握一些博客营销实施原则,才能有效地挖掘博客的营销价值。

合理利用博客话语权

(1)合理利用博客的话语权。要做到合理利用博客的话语权,必须注意以下两点。一是注意个人观点与企业立场的区别。创作企业博客文章时,必须正确处理作者个人观点与企业立场的关系问题,应避免对容易引起公众关注的本企业的热点问题进行评论。二是注意博客文章的保密问题。发布个人观点应有高度的保密意识。一般来说,公司内部的所有规范文档、客户资料、核心技术、项目开发计划、研究报告、技术资料等均属于核心机密。

(2)博客文章的内容选择原则。由于只有长期坚持博客营销,才能收到预期的营销效果,因此需要有源源不断的写作素材,来保证博客文章的内容对读者有持续的吸引力。一般来说,选择博客文章的内容可以从以下方面入手:①关注外部信息资源,尤其是国内外最新研究动向;②某领域个人观点或思想的连续反映;③用另一种方式展示企业的新闻和公关内容;④产品知识、用户关心的问题等;⑤企业文化传播,企业文化的内涵很广,博客本身也是企业文化的一种表现,对于企业文化相关的话题,可以直接写在博客文章中,让更多的潜在用户通过企业文化来了解企业品牌,进而接受其产品和服务,这也是博客营销最有魅力之处。

(3)分享给予与链接交流原则。博客营销文章能否真正起到营销作用,关键是文章能否给予读者或用户一定的实惠。因此,营销博客要保证每篇博文带来应有的信息量,除了要有知识含量和趣味性,还要有经验的分享,让用户每次浏览博客都有所收获,这也是维系客户关系的最好方法。

(4)语言表达应专业而不枯燥。博客营销文章让人喜欢浏览是非常重要的,其要有一定的专业水平或行业知识;内容不能太枯燥,要有一定的趣味性,并巧妙地广而告之。许多博主简单地认为博客营销就是利用博客来做广告,于是干巴巴地在博客里写些广告语,还有的人把博客营销文章写成产品说明书或产品资料,这些做法不仅劳而无功,还遭人反感。

2. 微博营销的实施原则

虽然利用微博开展营销活动处置方式灵活、不拘一格,但要想提高微博营销力度,还必须遵循微博营销的以下基本原则。

(1)趣味与互动原则。微博的语言和内容都不能太枯燥,如果没有趣味性,微博的受众就不愿意转发微博内容;如果没有用户转发微博,微博就无法达到预期的营销效果。同时,由于微博的魅力在于互动,因此互动是与用户建立良好关系、达到营销目标的重要途径。"活动+奖品+关注+评论+转发"是微博互动的主要方式,但实际上更多的人只是关注奖品,并不关心企业的实际宣传内容。因此,应该注意企业宣传信息不能超过微博信息的10%,最佳比重是3%或5%;更多的信息应该融入用户感兴趣的内容之中。与赠送奖品相比,微博经营者认真回复留言，用心感受用户的思想，更能唤起用户的情感认同。当然适时结合一些利益作为回馈，用户会更加忠诚。

（2）真诚与乐观原则。真诚与乐观不仅是微博营销的基本原则，还是做其他任何事情与互动交流的基本原则。微博营销的从业人员首先要摒弃传统营销中存在的侥幸职业习性，以真诚与乐观的态度对待潜在用户。在现实中，人们往往更愿意与真诚和乐观开朗的人交朋友，微博上的互动交往也不例外，适度地与朋友分享一些有趣的事物也是乐观原则的体现。

（3）宽容与个性魅力原则。在微博上做推广的企业和个人很多，千篇一律的营销手段会使受众产生审美疲劳，因此微博营销竞争激烈。个性魅力原则要求选择与企业品牌形象相符的微博营销人员。如果企业品牌形象是创造力强，那么微博营销人员最好是极具创新思维的人；如果企业品牌是体贴呵护（如女性用品企业），那么选择一些善解人意的人员来做微博营销。如果能够请到拥有大量用户的人气博主转发，就能够使营销的效果得到最大化。宽以待人，也是个性魅力的体现。

（4）有效控制与模式创新原则。微博传播速度结合传递规模产生的效应可能是正面的，也可能是负面的，因此必须有效管控企业微博这柄双刃剑。一篇微博看起来短短百十字，但实际撰写难度与重要性非常高，需谨慎推敲，以免不慎留下负面问题；一旦出现负面问题，就要及时处理以控制局势，而非放任自流，不要等到问题很严重了却全然不知。借助微博开展营销活动要善始善终，对过程积极进行良性引导。因为网络参与自由度非常高，所以任由网民的主观意愿发表，往往会导致事态向难以掌控的方向发展；对于互动对象的举动与信息反馈也不可掉以轻心，必须积极而谨慎地对待，否则极可能产生"**蝴蝶效应**"。另外，微博营销的模式具有很大的扩展性，实际应用中也需要结合企业自身的特点与客观环境，抓住机会有效创新。总之，微博营销是一柄双刃剑，企业既然决定拿起这把剑，就要谨慎并用心经营。

知识卡片 4-4

蝴蝶效应：在一个动力系统中，初始条件下微小的变化能带动整个系统的长期、巨大的连锁反应。

蝴蝶效应属于混沌学研究的范畴，是非线性科学，把人们对正常事物的认识转向对反常事物和现象的探索。1963年，美国气象学家爱德华·罗伦兹在一篇提交纽约科学院的论文中分析了这个效应。对于这个效应，最常见的阐述是："一只南美洲亚马孙河流域热带雨林中的蝴蝶，偶尔扇动几下翅膀，可以在两周以后引起美国得克萨斯州的一场龙卷风。"其原因就是蝴蝶扇动翅膀的运动，导致其身边的空气系统发生变化，并产生微弱的气流，而微弱的气流又会引起四周空气或其他系统产生相应的变化，由此引起连锁反应，最终导致其他系统发生极大的变化。

4.1.5 微博营销的实施策略与技巧

企业实施微博营销想要取得好的效果，单纯在内容上传递价值还不够，必须讲求一些方法策略与技巧。比如微博话题的设定，内容的表达。如果博文是提问性的或是带有悬念的，引导用户思考和参与，那么浏览和回复的人自然多，也容易给人留下印象。反之，如果只是像新闻稿一样的博文，那么用户想参与也无从入手。

1. 微博营销实施策略

（1）全员参与策略。微博是企业在公众面前展示形象、沟通交流的阵地。要想吸引众多的用户，仅靠一两个管理员是不够的，企业需要普通员工在微博上扮演起"形象大使"的角色，与众多用户进行平等的交流，提供更多有趣的、更具个人视角的图文信息。

【微型案例4-1】中国东方航空集团有限公司（以下简称东航）是一家奉行全员参与策略的企业，曾经让其12家子公司数百名空姐集体以凌燕打头的昵称注册新浪微博，并通过微博引导关于东航的舆论。一个博友批评东航商务舱座椅有一个"严重缺陷"，这条微博迅速得到凌燕们的转发、评论和回复，凌燕微博团队表示公司已经开会讨论过这个问题并提出了新的座椅选择。在用户看来，凌燕微博团队已经成为传达企业理念，展现员工风采的微笑天使，让人们更了解和喜欢东航。

（2）取得用户的信任。微博营销是一种基于信任的主动传播。在发布营销信息时，只有取得用户的信任，用户才可能转发、评论，才能产生较好的传播效果和营销效果。获得用户信任的重要方法是不断保持与用户之间的互动，要经常转发、评论用户的信息，并在用户遇到问题时及时帮忙解决，用真诚、热情感动用户，从而与用户结成比较紧密的信任关系。

（3）结合活动展开微博营销。抽奖活动和促销互动都是非常吸引用户眼球的，能够实现比较不错的营销效果。例如，抽奖活动可以规定，只要用户按照一定的格式对营销信息进行转发和评论，就有中奖的机会。奖品一定是用户非常需要的，这样才能充分调动用户的积极性。促销活动一定要有足够大的折扣和优惠，才能够吸引用户进行病毒式传播。促销信息的文字要有一定的吸引力，并且要配合精美的宣传图片。如果能够请到拥有大量用户的人气博主转发，还可能使活动的效果得到最大化。

（4）微博广告策略。通过微博发布企业的营销信息，在措辞上不要太直接，要尽可能把广告信息巧妙地嵌入有价值的内容。因为这样的广告能够为用户提供有价值的内容，而且具有一定的隐蔽性，所以转发率更高、营销效果更好。如小技巧、免费资源、趣事等都可成为植入广告的内容。

2. 微博账号的注册方法与配置技巧

（1）微博账号注册的方法与技巧。注册微博非常简单，一般进入微博网站就会有注册操作提示。可通过手机号、电子邮箱或MSN账号、QQ号等方法来注册微博。在注册过程中，需要设置密码、一个昵称（可用真实姓名，也可用笔名或一句话）。为了能够快速被人找到，最好用真实姓名或常用的笔名。注册微博后，需要申请实名认证，即对用户资料真实性进行验证审核。特别是针对企业微博账号、企业高管的账号、行业内有影响力的人物的账号，需要先获得微博服务平台认证。微博账号经过实名认证后，一是可以区分重名微博用户，防止盗用他人的名义发布信息；二是有利于形成较权威的良好形象，使微博信息可被外部搜索引擎收录，且更易传播。认证并非一种荣誉，而是一种实名化的制度设计，所以不应存在收费认证的现象。目前，微博实名认证分为个人认证和机构认证。以新浪微博为例,个人认证的范围包括娱乐、体育、传媒、财经、科技、文学出版、人文艺术、游戏、军事航空、动漫、旅游、时尚等领域的人士。机构认证则面向政府、媒体、校园、企业、网站、应用等官方账号。

(2)微博账号配置策略。配置微博账号应注意以下要点。①以企业名称注册一个官方微博,主要用于发布官方信息;也可以注册一个企业领袖微博,对外突显企业领袖的个人魅力。企业领袖微博不是必不可少的,若选择注册企业领袖微博,则操作需要相当谨慎,因为可能会产生负面作用。②对于同时开发多个产品的企业,应该针对每个主要产品注册一个产品官方微博,用于发布产品的最新动态;产品官方微博还可以充当产品客服的作用,企业官方的客服也可以用个人名义创建微博,用来解答和跟踪各类企业相关的问题。③企业内部多个专家可以用个人名义创建专家微博,发布对行业动态的评论,逐步将自己打造为行业的"意见领袖"。

微博账号的配置技巧

3. 微博营销的运营技巧

微博注重分享,可以"围观"其他人发表的信息和观点,也可以参与转发和评论。在微博营销实践中,有些能取得良好效果的做法,这里称为微博营销的运营经验或技巧。

(1)使用个性化微博名称。一个好的微博名称不仅便于用户记忆,还可以取得不错的搜索流量。这个与取网站名称类似,好的网站名称(如百度、淘宝、开心网等)都很简洁、易记。企业的营销微博可以取企业名称、产品名称或者个性名称作为用户名称。

(2)巧妙利用平台模板。微博平台一般都会提供一些不同风格的模板供用户选择,用户可以选择与所在行业特色相符合的风格模板,这样更贴合微博的内容。当然,如果有条件也可以自行设计一套具有个性特色的风格模板。

(3)充分利用搜索功能。每个微博平台都会提供搜索功能,用户可以利用该功能对已经发布的话题进行搜索,检索查看相关内容及排行榜,与他人微博内容对比,也可以查看微博的评论数量、转发次数以及关键词的提及次数,以了解微博的营销效果。

(4)定期更新微博信息。微博平台一般不限制发布信息的频率,但对于营销微博来说,其热度和关注度来自微博的可持续话题。营销微博需要不断制造新的话题、发布与企业相关的信息,以吸引目标用户的关注。由于先前发布的信息可能很快被后面的信息覆盖,因此要想长期吸引用户注意,需要定期更新微博,以保证微博营销的持续效果。

(5)善于回复用户评论。通过微博进行营销需要积极查看并回复微博上用户的评论,被关注的同时关注用户的动态。如果想获取更多评论,就必须以积极的态度对待评论,认真回复评论也是对用户的一种尊重。

(6)灵活运用#与@符号。在微博中发布内容时,两个"#"间的文字是话题的内容,可以在后面加入自己的见解。如果要把某个活跃用户引入,可以使用"@"符号,意思是"向某人说",比如"@微博用户欢迎您的参与"。在微博菜单中点击"@我的",也能查看到有关自己的话题。

(7)学会使用私信。与微博的文字限制相比,私信可以容纳更多的文字。只要对方是自己的用户,就可以通过发私信的方式将更多内容通知对方。因为私信可以保护收信人和发信人的隐私,所以在开展活动时,发私信的方法会显得更尊重用户。

(8) 确保信息真实与透明。企业在通过微博开展一些优惠促销活动时,应及时兑现并公开得奖情况,以获得客户的信任。微博上发布的信息要与企业网站等媒体发布的信息一致,并且及时在微博上对活动进行跟踪报道,以确保活动的持续开展,从而吸引更多用户加入。

(9) 准确定位。对于企业微博来说,客户众多当然是好事,但拥有价值客户更重要,因为企业最终目标是要微博客户转化出商业价值,所以需要对微博进行准确定位。许多企业微博吸引的客户人数很多,但转载、留言的人很少,营销宣传效果不明显,其中一个很重要的原因就是定位不准确。例如服装行业,应围绕一些服装产品目标客户关注的相关信息来发布微博以吸引目标客户的关注,而非只考虑吸引眼球,导致吸引来的并不是潜在消费群体。现在很多企业博客陷入完全以吸引大量客户为目的的误区,忽视了客户是否为目标消费群体。

(10) 避免单纯发布企业产品或广告内容。有的企业微博很直接,天天发布大量的产品信息或广告宣传等内容,基本没有自己的特色,这种微博绝不会引人关注,自然也达不到营销的效果。微博不是单纯的广告平台,微博营销的意义是信息互动分享,而没兴趣是不会产生互动的。因此,要注意话题的娱乐性、趣味性等。

4. 微博营销的优化技巧

(1) 选择热门关键词。在进行微博关键词优化时,微博内容应尽可能地以关键字或者关键词组开头,并且加上"#话题#"。在选择关键词时,应尽量利用热门关键词和容易被搜索引擎搜索到的与推广内容相关的词条,以提高搜索引擎的抓取速率。

(2) 微博的 URL 地址要简洁明了。注册微博号后,微博的 URL 地址就变得尤为重要,因为要通过 URL 地址访问到微博,而且 URL 会影响搜索引擎的搜索结果。

(3) 微博的个人资料要填关键词。微博中都有个人资料介绍及选项说明,这些个人资料也会被搜索引擎检索。因此,在简短的个人资料中,应选择适当的时机填入优化的关键词,也可以在个人标签中填入要优化的关键词,以提升搜索引擎抓取的概率。个人资料的内容与微博保持良好的相关性,不仅能提升微博内容被搜索引擎抓取的概率,而且不会让用户感到厌烦,同时能增加有共同标签或共同兴趣的用户的关注。

4.1.6 典型案例:新浪微博的"美好生活@中粮"

1. 案例描述

中粮集团有限公司(以下简称中粮)是我国最大的粮油食品进出口公司和实力雄厚的食品生产商,经营的产品与大众生活息息相关。中粮欲利用微博营销从传播方式上塑造一个与大众亲密交流的中粮品牌形象,并表达"产业链·好产品·中粮带给你美好生活"的品牌诉求。

(1) 目标受众。主要是追求时尚的年轻用户,也吸引明星达人参与,传播重点是覆盖以白领为主的网络使用者。因为这个群体在健康饮食方面往往属于意见领袖人物,可以达到引导消费理念的传播效果。

(2) 传播策略。"美好生活@中粮"与独立的微博个体不同,营造的是一个完整的品牌互动传播平台。①传播事件点的选择：中粮的国际盛会赞助商身份成为其重要的传播事件点。以门槛低、易与用户产生共鸣的系列话题营销"发现美好"为主要机制，广泛吸引用户参与，引发"病毒式"分享。②媒体平台的选择：洞悉新浪微博在影响力和用户增长速度上的巨大潜力，选择在新浪微博平台推出"美好生活@中粮"主题活动。③信息源的构建：140个字、一张图片、转发/评论、从活动网站到个人微博，再到不同数量用户微博的长尾效应，"微博"作为品牌营销的源点。

（3）活动流程及内容。整个"美好生活@中粮"的活动流程是通过一系列用户参与（包括文字、图片和行为），引导并激发用户创造与美好有关、与中粮有关的内容和行为。在为期3个月的活动里，"美好生活@中粮"充分利用了新浪微博平台。活动的核心平台是一个架设在新浪微博站内的minisite（迷你站）作为活动的聚合页面，并且引导用户参与所有活动环节。为了调动微博用户的参与热情，活动的整体设计最大限度地满足微博用户的体验需求，也就是说，minisite上的所有用户参与内容和行为都与用户自身的微博同步。为了更好地让用户有"参与过程"的体验，ministie给每个用户开设一个个人页面，让用户可以更清晰地看到自己参与这个活动的过程和获得的奖品，这是一种不会影响用户参与微博体验的两全其美的做法。在整个活动的具体环节中共设置五大板块：主要板块"发现美好"以"过去、现在、未来"的时间为顺序，从群体记忆、当下话题分享，以及对未来美好生活的展望三个维度，与网民产生情感共鸣，引发讨论和分享，从而将"美好"的中粮品牌印记嵌入网民记忆。"发现中粮""粮呈美景"等板块鼓励用户随时随地发现中粮产品，引导网友上传分享相关照片，借国际盛会为品牌做强有力的**背书**。

 知识卡片 4-5

　　背书：原意是指在支票等背后签名表示支付、收到或同意转让等，现在经常使用其衍生意义——认可、支持。

　　例如，为某人背书的意思就是对某人的话表示认可和支持。网络上说的在某事上甲人（集团）完全支持、拥护或服从乙人（集团），有时也形容为甲为乙"背书"。

（4）活动效果。活动各阶段和各板块都取得了良好的效果，其中"发现美好"板块的参与量为801232次，"发现中粮"板块的发送量为87371次，"粮呈美景"板块的转发量为122385次。活动中广告总曝光量2075530374次，官方微博"中粮美好生活"积累用户23万以上。总之，微博平台的无边界交流与分享特性使这些话题的传播速度呈几何级数递增，中粮也借此活动提升了中粮的品牌好感与信任度。

2. 案例评析

微博营销效果的决定因素与微博营销的要点密切相关。案例对于在其他场景实施微博营销需要把握的决定因素、效果，给予我们如下启示。

（1）选择正确的微博平台。国内外微博平台众多，在选择微博进行营销时，要注意各类微博的关注度和参与人数等因素。中粮之所以选择新浪微博进行品牌理念宣传，就是考虑了其良好的影响力。

（2）选择正确的目标客户。有价值的用户才会对微博营销起到积极的促进作用。中粮在活动开展前注意到目标用户的重要性，进行了一系列调查来确定目标用户。

（3）系统规划活动流程和内容。中粮微博营销取得巨大成功的原因之一是其在活动开始之前就进行了整体布局，不仅从时间维度上整体规划，而且对活动内容模块进行准确划分，可以有效地激发用户积极参与的兴趣。

（4）传递价值。案例中有专门模块进行"美好生活"价值理念的引导。现在很多用户注重自身健康，而中粮的"美好生活"模块则告诉用户"什么是美好生活"，在此过程中逐步加深微博用户对其品牌理念的印象，产生润物细无声的效果。

4.2 即时通信营销

即时通信是一种可以让使用者在网络上建立某种私人聊天室的实时通信服务，大部分即时通信服务提供了状态信息的特性——显示联络人名单、联络人是否在线及能否与联络人交谈。即时通信已成为企业网络营销过程中进行在线客服、维护客户关系的有效工具。

4.2.1 即时通信营销的含义与特点

1. 即时通信营销的含义

即时通信营销是企业借助即时通信工具推广产品和品牌的一种手段，其常见的主要应用服务形式是企业网站在线交流和即时广告等。

企业建立网店或者网站时一般会提供即时通信工具，借助即时通信工具进行网络在线交流，如果潜在用户对产品或者服务感兴趣，就会主动和在线的商家联系。同时，企业可以通过即时通信工具发布一些产品信息、促销信息，或者可以通过图片发布一些网友喜闻乐见的表情，达到推广产品和企业品牌的目的。

即时通信工具实际是一类终端服务软件，允许两个人或多个人使用网络即时传递文字短信、档案文件，进行语音与视频交流等。借助即时通信工具，企业可以实现与用户零距离、无延迟、全方位的沟通，特别是企业门户网站或电子商务平台；可以与用户保持密切联系、促进良好关系；可以达到促进销售、实现商务交易的目的。借助即时通信工具，拥有某种相同或相似的爱好、兴趣或特质的人们也很容易聚集在一起形成"圈子"。圈子营销是指针对这类人群，深挖其需求并以此为基础进行定位，整合各类资源进行营销的活动。

圈子营销

2. 即时通信营销的特点

即时通信营销的基本特征是即时信息传递，具有高效、快速的特点，无论是品牌推广还是常规广告活动，通过即时通信可以取得相应的营销效果。利用即时通信平台开展营销主要具有以下优点：①提供在线咨询并及时解决问题，提高交易的可能性；②充当与用户的最优接触点和良好的综合营销平台角色；③可以借助病毒式营销作为强力助推器达到营销的目的。

此外，利用即时通信平台开展营销的门槛低、精准性高，而且灵活性强、回报快、覆盖面广、不受地域限制，可以面对国际市场。

即时通信软件是我国上网用户使用率最高的软件，主要代表为QQ、微信、钉钉。

4.2.2 即时通信营销的工具类型

按用途分类,即时通信工具可分为通用性即时通信工具、专用型即时通信工具、嵌入式即时通信工具;按装载对象分类,即时通信工具可分为手机即时通信(如手机短信、微信)和 PC 即时通信;按使用形式分类,即时通信工具可分为网站文本即时通信、视频即时通信等类型。下面仅讨论按用途进行的分类。

即时通信工具类型及特点

1. 通用性即时通信工具

这类即时通信工具应用范围广、用户多,并且捆绑服务较多,如捆绑邮箱等。由于用户多,因此用户之间建立的好友关系组成一张庞大的关系网,用户对其依赖性较强。例如,很多专业用户不舍得放弃使用 QQ 的主要原因是他们不能放弃多年来添加的 QQ 好友以及由好友关系建立的关系网。

通用性即时通信工具属于网络营销利益主体外第三方运营商提供的服务,具有垄断地位,进入门槛高,后来者通常难以与已经成熟的市场主导者抗衡。通用性即时通信工具有利于经营和积累营销关系网,主要代表为微信、QQ、钉钉、MSN、Skype 等。

2. 专用型即时通信工具

专用型即时通信工具的主要特点如下:仅应用于专门的平台和用户群体,与固有平台结合比较紧密,拥有相对稳定的用户群体,在功能方面专用性、特殊性较强,但由于用户主要是自身平台的使用者,因此在应用范围、用户总量方面有一定的限制。例如,阿里旺旺主要应用淘宝网、口碑网等阿里集团下属网站,移动飞信仅限于移动用户之间。

专用型即时通信工具通常为有相当实力的大企业所拥有,一般应用于具有稳定用户群体的专业平台,有利于激发有效需求和为交易的实现提供功能性服务,主要代表为阿里旺旺、慧聪发发、移动飞信等。

3. 嵌入式即时通信工具

嵌入式即时通信工具的主要特点是嵌入网页中,并且不需要安装客户端软件,直接通过浏览器就能实现沟通。这类即时通信工具适合企业网站使用,通常会配备特定的客服人员为用户提供在线服务,是传统客服、客服热线功能的延伸和拓展,较多应用于中小型企业。

虽然不同的即时通信工具各有特点,但其用户群体并非彼此分离,而是存在很大程度的交叉、叠加,即用户具有共享性。在即时通信营销应用实践中,用户迫切需要实现不同即时通信工具之间信息的互联互通。只有建立统一的接口标准,实现不同平台即时通信工具之间的信息互联互通,才能发挥即时通信营销应用的最高价值。

4.2.3 微信营销

微信是极为活跃的通用性即时通信工具,支持跨通信运营商、跨操作系统平台,用户可以通过手机、平板电脑、网页快速发送语音短信、视频、图片和文字信息。微信营销是网络经济时代企业对传统营销模式的创新,是伴随着微信产生的一种网络营销方式,用户注册微信后,可与周围同样注册的"朋友"形成一种联系,利用微信提供的系列信息交互功能实现点对点营销。

1. 微信营销的常用方式

现阶段,微信营销的方式主要包括微信公众平台营销、微信开放平台营销、微信二维码营销、位置签名营销、微信小程序营销、即时语音信息营销等。

(1) 微信公众平台营销。微信公众平台是腾讯公司在微信基本功能的基础上开发的重要功能模块,通过这一平台,个人和企业都可以打造一个微信公众号,实现与特定群体进行文字、图片、语音等全方位互动沟通。通过微信公众平台,可以实现大量的微信应用,助力企业品牌扩展。微信公众平台的营销作用主要体现在以下四个方面。①分类订阅。即通过发布公众号二维码,让微信用户随手订阅。②消息推送。即通过用户分组和地域控制,实现精准的消息推送,直指目标用户。③品牌传播。借助个人关注页和朋友圈,实现品牌的病毒式传播。④门店小程序。公众平台的运营者可以快速创建类似店铺名片的门店小程序,并支持在公众号的自定义菜单、图文消息和模板消息等场景中使用。

(2) 微信开放平台营销。微信的开放平台向第三方应用或网站免费开放接口,用户可将其他应用或网站的内容转发给朋友或在朋友圈分享。微信的开放平台有两大功能:①把用户在其他应用或网站中看到的精彩内容分享给微信好友;②把这些内容分享到微信朋友圈。例如,用户在第三方程序中看到一篇文章、一首歌曲或一件商品,希望与好友分享,只需要点击"分享给微信好友"或者"分享到微信朋友圈"即可实现。

微信开放平台营销的含义

(3) 微信二维码营销。微信个人用户可通过扫描识别二维码添加朋友、关注企业账号、读取商家信息等;企业用户可以通过设定企业品牌二维码,利用折扣或者优惠等方式吸引用户关注,实现O2O营销。这种方式表面上是添加用户,实质是得到忠实的用户。用户主动扫描二维码,至少说明用户对企业的产品是感兴趣的,所以,可以有针对性地引导用户主动扫描二维护码,促使其产生消费行为。此方式适合与用户关联比较紧密的产品。

(4) 位置签名营销。主要是利用微信"用户签名档"这个免费的广告位进行营销宣传,使附近区域的微信用户能看到商家信息。位置签名营销也称草根式广告,该方式的优点是可以有效地寻找附近用户,如果方式得当,转化率往往比较高。

(5) 微信小程序营销。微信小程序可以用于推送优惠券、做售后服务、支持分享传播,帮助店铺获取更多用户。此外,在微信好友圈中,经常会见到集赞有奖、邀请关注、打卡活动、砍价活动等,这实际上是微信小程序在营销活动中的具体应用形式。

(6) 即时语音信息营销。企业可以利用微信即时语音信息功能将其服务窗口建设成一个便捷、周到的服务平台,从而达到提升企业品牌形象的营销目的。

微信公众号和微信小程序区别如下:微信公众号是内容媒体,其主要用途是宣传;微信小程序是一个可以支持直接购物的轻应用,能够实现用户浏览→下单→支付的全过程。两者在精准定位、完成技术、营销作用、消费体验等方面都有明显不同。

2. 微信营销的基本特征

微信营销具有信息到达率高、曝光度高、接受度高、精准度高、便利性强等优势。微信一对一的互动交流方式具有良好的互动性，在精准推送信息的同时，能与营销对象形成一种朋友关系。微信营销的基本特征可归纳为以下几个方面。

（1）对等的双向交流。微信信息交互双方是一种对等的双向关系，只有用户间预先互加好友或关注对方账号才能实现对话沟通，使微信平台中的传播者与受众实现基于平等地位的互动交流。微信营销对等的双向交流主要体现在以下方面。①在微信营销中，受众既是营销信息的接收者，又可以通过互动成为信息内容的制造者和传播者。②微信营销模式无论是主流媒体、机构还是企业、个人，都可以成为微信公众号中"订阅号"的传播主体，尤为强调将受众纳入传播过程。③微信营销以朋友圈为载体，传播主体在朋友圈里与受众基于强关系社交网络建立联系，双向交流更加平等。

（2）融合社交与营销场景。微信具有真实社交圈与虚拟社交圈相融合的属性，通过对微信平台功能的应用，重构社交与营销信息传播模式，可以形成场景化的社交传播圈。例如，以微信网络社群为载体的微信营销模式，将具有共同兴趣、情感、价值与利益的受众或用户通过微信媒介以"部落化"形态聚集，实现社交关系的情感增进。受众通过场景内的社交功能与传播者有效互动，从而建立长期稳固的情感联系，同时对传播主体及所处传播圈构成的理念逐渐产生认同与情感归属。在企业微信营销中，对依托社交与营销场景融合构建的社区教育互动、用户反馈等微信社群，企业能够实现信息精准推送、解答受众疑问，并将有价值的社会议题及时传递给受众。同时，互动是多元的，留言、点赞、评论等互动过程也促进了场景内成员之间的关系。

（3）隐蔽及相对私密的传播圈。微信营销的传播圈是一个隐蔽且相对私密的信息传播网络。微信用户基于主观意愿与兴趣，搜索指定的微信公众号名称，关注后可以接收该账号主体的推文信息，形成的传播圈层具有相对的私密性。同时，推送频率具有限制，如订阅号每天只能群发一条消息，企业号每自然月允许群发四条消息，如果受众关注了该微信账号而成为该传播圈的"关注者"，则表明受众认同其传播主体价值理念，并认可其推送的优质内容与议题文章，从而保持长期注意力。由此，受众或用户基于对推送账号与传播主体的"感知"与"评价"，对其产品或服务具有认同与兴趣成为微信营销影响购买的重要因素。微信因具有隐蔽及相对私密性的特点而能够使得用户免受信息轰炸，使得传播主体可以更加精准化地推送营销信息，在微信账号与关注用户之间建立价值认知与感情信任。

（4）强关系的机遇。微信的点对点产品形态使其能够通过互动的形式将普通关系发展成强关系，从而产生更大的价值。通过聊天等互动形式与用户建立联系，可以解答疑惑、讲故事甚至"卖萌"，用一切形式让企业与用户形成朋友关系，人们不会轻易相信陌生人，但是会信任"朋友"，从而使微信营销更容易产生转化。

3. 微信和微博的区别

微信营销和微博营销的最大区别在于"精准"两个字。微博营销是由微博主发一条微博，用户通过看自己的微博主页，就能看到微博主发的营销内容，但现在人们关注微博主发的微博是随机的，因而微博传递的营销信息往往不能被及时阅读。而微信营销不同，微信公众平台账号发一条群发营销消息，所有关注的人都会收到这条消息。

微信和微博的主要区别可归纳为以下几个方面。①微博是自媒体；微信则兼具自媒体和用户管理的双重身份。②微博是一对多；微信是一对一，更具有针对性。③微博更偏向传统广告；微信则是真正的对话。④微博的曝光率极低；微信的曝光率几乎是 100%。⑤微博是开放的扩散传播；微信是私密空间内的闭环交流。⑥微博是弱关系；微信是强关系，用户价值更高。⑦微博是一种展示工具，注重传播；微信是一种联络工具，注重交流。

微信和微博的区别

4.2.4　典型案例：中国南方航空集团有限公司的微信营销

1. 案例描述

中国南方航空集团有限公司（以下简称南航）将企业社会责任管理融入公司战略，借助微信开展"以沟通+服务为中心"的营销活动，极大地改善了旅客的出行体验。

（1）南航微信公众平台营销。南航于 2013 年 1 月开设微信公众平台，并开通微信值机服务功能。平台发展经历了三个阶段。①从"以产品为中心"到"以客户为中心"的发展阶段。这一阶段主要通过南航微信公众号提供在线值机服务。②增加功能的探索阶段。这一阶段通过技术不断完善，增设了南航明珠会员服务、语音查询服务等功能。例如，南航明珠会员服务包括登录注册和里程查询等业务，以方便快捷的优势吸引更多会员加入。③利用微信支付功能实现交易闭环阶段。在微信 5.0 版本推出之后，南航微信公众号客户可以直接通过微信购买机票。此外，南航微信公众号坚持每周推送一篇宣传文章，内容不仅包括广告信息，还包括新航线开通、飞行知识、空乘生活等文章。

（2）南航微信小程序营销。"南航 e 行"小程序以服务为切入点，为客户提供完善的航班服务。小程序无须下载，具有可随时直达目的地页面等功能，非常适合南航的旅客。"南航 e 行"小程序把与客户关联度高的线下场景，例如订票、取票、订餐、候机、登机、取行李等串联起来，打造不同的微服务产品，借助微信这个社交渠道，触达更多人群，联动线上线下进行客户营销，达成从客户认知到喜爱，最终转化成会员的目的。

此外，南航还注重微信的社交属性，为客户提供航空动态订阅功能，客户可以实时查询航班动态等信息。

（资料来源：编者根据相关资料整理）

2. 案例评析

南航注重沟通和服务，借助微信公众号、微信小程序、微信语音查询等方式，为客户提供更便捷的沟通方式、更周到的服务，较好地达到了提升企业品牌形象、增强企业核心竞争力的目标。

4.3 社交网站营销

社交网站（Social Network Sites，SNS）是一种基于互联网的服务，它允许个体在一个封闭系统内建立一个公共或半公共性质的个人主页，与其他用户建立链接，并在个人主页上呈现联系人的列表。SNS 以其真实、参与、互动、对话、时效、公开等特点为企业提供了巨大的营销优势，用户可以使用社交网站和其他简单而有效的网络媒体传播营销信息，允许任何人无数个点之间的链接，以小红书、豆瓣网、Facebook、Friendster 等平台为代表。

4.3.1 社交网站营销的含义及特点

1. 社交网站营销的含义

社交网站营销是借助社交网站的分享和共享功能，在"六度分割"理论基础上实现的一种营销。其通常以病毒式传播的手段，让产品在很短时间里被众多人知晓。

社交网站营销是集广告、促销、公关、推广于一体的营销手段，它是在精准定位基础上展开的网络营销，偏重口碑效应的传播。简单地说，社交网站营销就是在社交网站上通过广告、口碑传播等进行品牌推广、产品推销等活动。社交网站营销将社会化网络与传统的论坛结合来构建更为强大的网络社区作为媒介进行信息传播。

2. 社交网站营销的类型

SNS 在我国发展非常迅速，已经形成社交网络业务市场。SNS 按服务内容大致可分为以下四大类。

（1）以休闲娱乐和交友为主的 SNS。这类网站因休闲娱乐和帮助打造个人关系圈而受到广泛欢迎，如 QQ 校友、优酷网等。

（2）以物质消费为主的 SNS。这类网站主要以餐饮娱乐、房地产交易、生活服务等形式开展社交服务，涉及产品消费、休闲娱乐、生活百事，如大众点评网、口碑网等。

（3）以文化消费为主的 SNS。这类网站实际上是一个社交、互动及增值服务的互联网平台，以书籍、影视、音乐等城市独特的文化生活吸引一大批忠实用户，如豆瓣网、聚友网等。

（4）综合型 SNS。这类网站可以为用户提供生活、社会、文化、情感、娱乐、文学、经济、教育、科技、体育等综合信息，同时为用户提供稳定安全的数据存储空间和便捷的交流平台，如 QQ 空间等。

3. 社交网站营销的特点

社交网站营销的核心是关系营销，社交的重点是建立新关系，巩固老关系。社交网站营销的主要特点如下。

（1）强大的用户资源。SNS 没有特定的用户群体，人员分布很广泛，全国各地、各行各业都有。SNS 营销可以作为普遍宣传手段使用，也可针对特定目标，组织特殊人群进行重点宣传。

（2）用户依赖性高。由于 SNS 积累了较多的资源，因此用户可以很容易在网站上找到其所想要的信息，从而拥有较高的用户黏度。

(3)可信度高。SNS 营销直接面对消费人群,目标人群集中,宣传比较直接,可信度高,更有利于口碑宣传。

(4)互动性较强。在 SNS 用户可以针对自己喜欢的当下热点话题进行讨论,也可以通过投票和提问,调动所有人的智慧。

(5)反馈及时。SNS 直接掌握用户反馈信息,可以针对用户需求及时对宣传战术和宣传方向进行调整。

4.3.2 社交网站营销的理论基础

1. "六度分割"理论

20 世纪 60 年代,美国耶鲁大学的社会心理学家米尔格拉姆设计了一个连锁信件实验。米尔格拉姆把信件随机发送给居住在内布拉斯加州奥马哈的 160 个人,信中写有一个波士顿股票经纪人的名字,要求每名收信人把这封信寄给自己认为是比较接近这名股票经纪人的朋友。朋友收到信后,把信寄给他认为更接近这名股票经纪人的朋友,最终大部分信件都寄到了这名股票经纪人手中,每封信平均经过 6.2 次寄信到达。于是,米尔格拉姆提出"六度分割"理论,认为世界上任意两个人最多只需 6 个人便可建立联系。

"六度分割"理论的含义

社交网站营销的理论基础是"六度分割"理论。"六度分割"理论指出,任何两个陌生人之间所间隔的人不会超过 6 个。也就是说,最多通过 6 个人就能够认识任何一个陌生人。

"六度分割"理论并不是说任何人与人之间的联系都必须通过 6 个层次产生联系,而是表达了一个重要概念:任何两个素不相识的人之间,通过一定的联系方式,总能产生必然联系或关系,如图 4-1 所示。显然,随着联系方式和联系能力的不同,实现个人期望的机遇将产生明显的区别。

图 4-1 "六度分割"理论示意图

2. 150 定律

英国人类学家罗宾·邓巴曾对人类大脑和社会网络进行研究。根据其对灵长类动物和人类的研究结果,罗宾·邓巴认为人类脑皮层的容量决定了其社会交往对象的数量。对任何时代而言,人类能够维持的有效人际关系数量是非常稳定的,即人类能够维持最大人际关系数量为147.8 人(约 150 人),人们将其研究理论称为"150 定律"(Rule Of 150)。后来马尔科姆·格兰德威尔考证了一个名为"郝特兄弟会"的欧洲农民组织,这个组织有个约定俗成的规定:每个兄弟会聚集人数限定在 150 人内,如果超过这个数字,就将它发展成两个分会。

"150 定律"与 SNS 结合能形成更大圈子的稳定人际关系。此理论近似"六度分割"理论,可以将人脉连接成可编织的网络。

3. "六度分割"与"150 定律"产生聚合的商业价值

"六度分割"也称"六度空间",其与互联网的亲密结合,已经开始显露巨大的商业价值。近年来,越来越多的人开始关注社会网络的研究,很多网络软件也开始支持人们建立更加互信和紧密的社会关联,这些软件统称为社会性软件或社交网络媒体。国外现在流行的是一种快速交友或者商业联系的工具,如 LinkedIN 等。这类社交网络媒体采用典型的物以类聚的生态形式,越来越像真实生活中的人际圈,人们可以更容易在全球找到与自身有共同志趣的人,更容易发现商业机会,更容易达到不同族群之间的理解和交流。

社交网络可以产生一种聚合效应。人、社会、商业都有无数种排列组合的方式,如果没有信息手段聚合在一起,就很容易损耗掉。万维网成功地将文本、图形聚合在一起,使互联网真正走向应用。社交网络遵循"六度分割"理论与"150 定律",其产生聚合效应的商业价值主要体现在以下方面。

(1) 通过聚合缓释网络虚拟空间造成的信任危机。熟人之间通过"六度分割"产生的聚合,可以产生一个可信任的网络,从而缓释网络虚拟空间造成的信任危机,其中往往蕴含着无可估量的商业潜能。

(2) 通过聚合现象发现潜在的需求。聚合研究也具有实际价值,康奈尔大学的科学家开发了一个算法,能够识别一篇文章中某些文字的"突发"增长,并据此更有效地筛选重要信息。如果这种方法应用到广告分析上,就可以快速找到潜在的社会需求。

"六度分割"理论与"150 定律"作为社交网站营销服务的理论基础,很好地阐述了一个网状的社会结构,增强了不同节点之间的联系和连接关系。然而它并不完整,作为社交网站营销的理论基础,还需要在实践应用中不断发展与完善。

4.3.3 社交网站营销的实施方法与技巧

在基于 Web 2.0 的社交网络环境下,获得消费信息不再是单纯的主动搜索过程,而是关系匹配→兴趣耦合→应需而来的复杂过程。在此环境下,营销信息传播的含义也发生了改变,不再是单纯地想要告诉他人信息,而是响应用户那些已经蕴含在内心、表达在口头、体现在指尖的需求。那么,如何利用社交网站有效地开展网络营销呢?下面从社交网站营销实施前的准备、社交网站营销实施的一般流程、社交网站营销的技巧等方面进行介绍。

1. 社交网站营销实施前的准备

企业利用社交网站开展营销活动,需要从思想意识和信息内容两个方面做好准备工作。

(1) 思想意识准备。实施前需要明确以下几个问题。①营销活动的目标用户是谁?营销的目的是什么?②采用什么营销策略?营销的媒介和平台分别是什么?③如何科学地评价营销活动的效果?

（2）信息内容准备。需要准备好以下内容。①创建大量有价值的新闻事件、营销视频、博客来吸引关注。②建立多种渠道，以多种方式双向推广，比如同时在 QQ 空间、Twitter 等平台上推广。③开展对话。基于社会化媒体的社交网站营销不是全部都能由企业控制，应允许用户参与和对话，并且尊重用户。

2. 企业实施社交网站营销的一般流程

企业实施社交网站营销的一般流程包括接触用户、让用户产生兴趣、用户与品牌互动过程、促成购买行动、分享与口碑传播五个步骤。

（1）接触用户。为了满足用户的情感交流、SNS 互动、App 娱乐等消费诉求，广告主通过提供各种产品和服务接触用户，为其直接锁定目标用户提供条件。

（2）让用户产生兴趣。将企业精准定向的网络广告通过广告创意与目标用户群结合，通过好友关系的传播并结合品牌娱乐化引起用户的兴趣，激发用户的潜在消费欲望。

（3）用户与品牌互动。在不影响用户操作体验的前提下，通过 App 植入的方式与用户互动，增加用户对品牌的认知。

（4）促成购买行动。通过之前用户与品牌的互动、娱乐过程，提升用户对品牌的认知度、偏好度和忠诚度，实现用户线上或线下的购买行为。

（5）分享与口碑传播。用户与品牌的互动和购买行为并非最终目的，社交网站营销期望用户在产品体验之后，分享使用心得，然后通过好友间的信任关系对企业品牌和产品进行分享传播，从而带来更高的关注度，形成更广更大的用户群体。

3. 网站营销的技巧

（1）不断推出创新的营销方式。由于形式和技术的限制，仅基于社交平台的营销能够发挥的空间已经很小，无论是@好友还是在社交游戏中植入广告，带给用户的新鲜感都终究会逐渐褪去。未来的趋势是将社交网络上的营销与线下的营销活动相结合，形成一整套跨越线上线下的整合营销方案。

【微型案例 4-2】美国鲜花礼品公司 1-800-Flowers 曾在 Facebook 上完成一次颇具创意的营销活动。朋友过生日时，在社交网站上送一件虚拟的小礼物成为许多人增进感情的一种方式，1-800-Flowers 从中看到了机会。用户只要在 Facebook 上安装一个 1-800-Flowers 的 App，就能够花一美元为朋友送上一枝虚拟鲜花；接着 1-800-Flowers 统计"寿星"收到花的种类和数量，将这些"虚拟鲜花"变为真的鲜花送到"寿星"家中。更有趣的是，在包裹鲜花的包装纸上印满了送花朋友们的 Facebook 头像。

（2）转变个体用户关系。社交网络的基础是用户之间的关系。社交网站广告主可以在同类人群中发现影响者或意见领袖，邀请有影响力的用户参与对话，说出自身的体验或对品牌的感受，同时邀请其他用户参与。

（3）发起传统品牌促销活动。如何利用社会化媒体来获得目标用户的关注？其实工具不是决定因素，关键是要了解受众的需求。社交网站是一个允许双向沟通的工具，企业可以借此接触用户并与其进行有效对话，用户一般会考虑这些平台信息是否有用且可信，并对有违社交网络信任本质的虚假促销信息作出激烈反应。如果企业在社交媒体上制造虚假的记录、视频、内容和评论来支持营销效果,就只会带来坏结果。

【微型案例 4-3】戴尔公司曾在 Twitter 上向 60 万名用户发送信息,销售了 300 万美元的产品;阿迪达斯曾借助社交网络的力量,将一款新鞋的质量问题带来的负面影响降到最低。

(4)培养内部关系和文化。企业对社交网站的运用,可以通过内部社会化媒体授权员工,让其全身心投入到提高公司业绩、应对营销挑战或是参与外部社会化媒体营销中。企业内部员工也是用户,如果给予员工一个可以发表想法或建议的平台,公司就会收获很多真知灼见。如果员工被邀请加入参与订阅型的内部社区,会觉得自己与网络关系更密切。维持一个活跃的社区需要有人来引导(如来自 IT 部门的人员),并要有基本的社交网络准则,如网络礼仪和机密性——明确哪些内部信息可以发布在防火墙之外等。在社交网站上,企业不能仅依靠传统的销售信息吸引大量用户,而应更多地了解用户的需求。当用户知道企业正在努力尝试改变时,一般也更愿意倾听企业的声音。把每个用户都视为有话要说的真正个体,这将挑战基本的营销假设,企业还有大量的工作要做。要让社交网站真正植根于高层管理人员心中,企业需要重建营销文化。

(5)开发或收购新产品和服务。创新是企业生存的先决条件,这一规律极有可能受到社会化媒体的影响。研发活动表明,社区使用者参与的、受社会化媒体帮助的产品研发活动会产生更多、更新、更可行的商业用途。

产品开发者在调查某种产品供应、价格、服务时,越来越多地采用社会论坛获得反馈。在论坛中,企业可以把产品最坏的一面展现出来,与用户进行真正对话和交流体验,找出用户不满意的方面。利用社会化媒体改进和开发新产品或服务的企业,目标是更简单地确定用户优先事项,接触企业内部人员不具备的技能和想法,从而更快地走向市场,极大地降低获取和留住用户的成本。

4.3.4 社交网站营销的效果评价

人们评价社交网站营销的绩效大多采用评价传统网站营销的数量指标,如网站流量、网站点击率、打开率、点击次数、在线时长、回复率与非回复率、留言率及评论率等。这些指标对于评价社交网站营销的绩效有一定的作用,但仅通过这些指标来衡量,往往会滋生一种"越多越好"的心态。实际上,成功的社交网站营销往往更多地依赖定性评价、互动氛围、质量和用户利益满意等信息。这些定性的测量结果可以普遍应用于网络营销,是项目实施的重要依据,并且实现了企业高层管理人员对社交网站投资回报的期望。

社会化媒体在衡量用户行为方面越来越科学,甚至可以记录用户潜意识的瞬间转变,计算能力和事件驱动的追踪模型都能比以往获得更深刻的见解。因此,企业高层决策者应该知道如何利用数据来判断互动的深度、互动的特点及品牌认知情况。

对用户如何权衡不同的需求、产生的结果及与产品互动的行为进行建模,一直是传统用户关系管理的组成部分。利用一些社交网站上的用户行为建模不仅能帮助追踪个体用户,而且自身可以是关系流程的一部分。

总体来说，社交网站营销作为一项商业实践仍处于发展成长阶段。企业必须高度关注用户的接受程度，掌握作为一种社会化媒体的社交网站在营销方面的作用。

4.3.5 典型案例：小米新品发布活动巧用社交网站预热

1. 案例描述

社交网站营销案例分析

小米 2021 春季新品发布会，在全球超过 50 个国家和地区中通过 7 种语言进行直播。OneSight 营销云数据显示，小米在海外社交媒体上自 2021 年 1 月末以 "Mi Air Charge" 远程无线充电技术的发布作为春季新品发布预热启动，在同年 2 月和 3 月分别围绕不同的主推机型，在各类社交网站密集发布了大量丰富的营销内容，并以抽奖、促销、教程、红人营销等一系列组合营销形式，持续调动用户参与互动，使得预热内容得到了更大范围的二次传播，促进了用户增速与对新品发布活动的高度关注。

2021 年 3 月 29 日发布会当天，小米 Facebook 全球页账号的用户较 2021 年年初增长近 50 万人，Twitter 全球页账号的用户数增长超过 30 万人，为小米 2021 春季新品发布会积聚了十分高涨的关注度与互动人气。

（资料来源：编者根据相关资料整理）

2. 案例评析

在社交网站上该如何预热重大新品发布？案例给予我们如下启示。

（1）社交网站可以依托自身优势密集推出相关营销内容。在营销内容上，小米采取丰富的表现形式，如代言人、产品介绍、应用教程演示、促销活动等，使用户对即将发布的新产品印象深刻，从而让品牌形象深入人心。

（2）策划组合营销形式持续调动用户参与互动。在营销手段上，小米组合运用抽奖促销及附带产品链接等导流方式，同时融入更丰富的产品使用小贴士、用户生成内容等与用户互动，收到有效提升品牌影响力的效果。

4.4 网络视频营销

网络视频营销是一种企业战略营销方法，一般通过设计和提供量身定制的营销内容，帮助广告商留住和吸引受众群体并刺激额外购买。网络视频营销通常借助网络视频直播平台、短视频平台进行营销。

4.4.1 网络视频营销的含义

网络视频营销是指企业利用数码技术将产品营销现场的实时视频图像信号或展示企业形象的视频信号以各种视频短片形式投放到互联网上，通过用户主动点击播放而达到一定宣传目的的营销手段。

【微型案例 4-4】 网上一个叫作"如何在 YouTube 上现眼"的视频曾在两天内吸引了 40 万人观看。视频中顶着"鸟窝头"的年轻人在镜头前完成了各种"悲剧性"演出，似乎命运在任何时候都与他作对。在看热闹的心态驱使下，网民们把这段视频"点"上了排行榜的第一名,并且传播到各大网站。虽然这段视频看起来简单、粗糙,像极了"家庭滑稽录像"里的作品,但在视频结束后,观众会在页面上发现这其实是一家企业推出的"不可否认的电视"活动广告。这个活动让人们用视频"描述某件不可否认的事情",获胜者将会获得一台该企业品牌的液晶电视和手持摄像机。最终,这个活动吸引到了十几万人参与其中,取得了非常好的效果。

网络视频营销将包含企业营销信息的各种视频与互联网结合,使其兼具两者所长。也就是说,网络视频营销既具有电视短片的感染力强、形式内容多样、创意空间人等特征,又具有互联网营销的互动性强、主动性强、传播快、营销成本低等优势。

4.4.2 网络视频营销信息传播渠道

网络视频营销信息传播主要利用互联网进行网络视频直播、利用网络流媒体系统进行营销视频传播。

1. 利用互联网进行网络视频直播

网络视频直播是电视直播手段与互联网视频系统相结合的一种传媒或宣传手段,其核心思想是利用既有的局域网、城域网或万维网实现对音视频信号的实时传输,并且能够在远端实现流畅收看。

(1) 网络视频直播平台系统的构成。网络视频直播系统一般由音视频编码工具、流媒体软件与流媒体数据、网络视频服务器、传输网络、播放端等元素组成。①音视频编码工具。用于创建、捕捉和编辑多媒体数据,形成流媒体格式,这可以由音视频编码工作站、音视频切换器、摄像设备组成。②流媒体软件与流媒体数据。流媒体软件主要包括流媒体服务器软件、流媒体录制软件、流媒体编码软件、流媒体播放软件等;流媒体数据包括声音流、视频流、文本流、图像流、动画流等时间上连续的媒体数据,如文件格式为 WMV 的视频流数据等。③网络视频服务器。网络视频服务器用于安装流媒体系统,并且存放和控制流媒体的数据。④传输网络。主要是直播现场网络接入与视频信息传输,一般对服务器端口要求较高。⑤播放端。即供用户浏览的端口,可以是网络播放器、网站页面,也可以是户外 LED。

(2) 网络视频直播的类型。国内网络视频直播按信息采集技术及处理方式大致可分为两种:一是在现场架设独立的信号采集设备,将音频和视频信号导入导播端,再通过网络上传到服务器,发布至网址供人观看;二是将电视模拟信号通过采样转换为数字信号实时上传至网站供人观看。前者是真正意义上的网络视频直播,能进行独立可控的音视频信息采集;后者是网络电视直播,只能转播电视信号单一收看,缺乏信号采集的自主性。

(3) 网络视频直播的营销价值。网络视频直播吸取和延续了互联网的优势,利用视讯方式进行网上现场直播,可以将企业背景介绍、产品展示、网上需求调查、对话访谈等内容发布到互联网上,利用互联网直观、快速、表现形式好、内容丰富、交互性强、不受地域限制、受众可划分等特点,加强活动现场的推广效果。现场直播完成后,还可以随时为读者继续提供重播、点播,有效延长直播的时间,发挥直播内容的最大价值。

网络直播营销可以看作网络视频营销的具体表现形式。针对一些网络直播平台主体责任履行不力、主播言行失范、虚假宣传、数据造假等突出问题，国家互联网信息办公室等七部门联合发布《网络直播营销管理办法（试行）》（以下简称《办法》），自 2021 年 5 月 25 日起施行。《办法》对直播营销环境下的不同参与主体予以划分，并且对直播间运营者、直播营销人员的行为规范提出明确要求。对于企业而言，需要对员工进行相关培训，使其能够合规合法地在网络直播中展示产品和服务。

2. 利用网络流媒体系统进行营销视频传播

流媒体是指采用流式传输技术在网络上连续实时播放的媒体格式，如音频、视频或多媒体文件。流媒体技术是一种网络传输技术，它把连续的影像和声音信息经过压缩处理后放到网站服务器，由视频服务器向用户的计算机依序或实时地传送各个压缩包，让用户可以一边下载一边观看或收听，而不必等整个压缩文件下载到本地计算机上才可观看。该技术先在使用者端的计算机上创建一个缓冲区，在播放前预先下载一段数据作为缓冲，在网络实际连线速度低于播放所耗的速度时，播放程序取用一小段缓冲区内的数据以避免播放中断，保证播放品质。

用于营销视频传播的流媒体系统主要有微软公司的 Windows Media Services（WMS）流媒体系统、RealNetworks 公司的 RealServer 与 Helix Server 流媒体系统、苹果公司的 QuickTime Streaming Server 流媒体系统、Adobe 公司的 Flash Media Server（FMS）流媒体系统等。

（1）微软公司的 WMS 流媒体系统。它的文件格式为 ASF（Advanced Stream Format），文件后缀为.asf 和.wmv，对应的客户端播放器是 Media Player。其适用于视频点播与直播，且容易与 P2P 技术结合。

（2）RealNetworks 公司的 RealServer 与 Helix Server 流媒体系统。其对应的客户端播放器是 RealPlayer 或 RealOne Player，它的文件格式有 RealAudio、RealVideo 和 RealFlash。其适用于视频点播与直播，且容易与 P2P 技术结合使用。

（3）苹果公司的 QuickTime Streaming Server 流媒体系统。这类文件的扩展名通常是.mov，它对应的播放器是 QuickTime。

（4）Adobe 公司 FMS 流媒体系统。FMS 流媒体系统运行时与 Adobe Flash Player 紧密集成，文件格式是 FLV。FMS 流媒体系统的优点是占用缓存与带宽小，用于视频分享是最有效的；缺点是不能运用 P2P 技术。

不同流媒体系统的流式文件格式不同，播放时要注意选择支持相应文件格式的播放器。

3. 其他营销视频传播途径

（1）受众自发地进行病毒式传播。网民看到一些经典的、有趣的、轻松的视频总是愿意主动传播，视频就会带着企业的品牌信息以病毒传播的方式在互联网上扩散。促使营销视频在网络上病毒式传播的关键是兼具价值性和趣味性的视频内容，然后寻找到一些易感人群或者意见领袖帮助传播。

（2）整合传播。整合传播主要是通过互联网整合线下的活动和媒体渠道进行营销视频的传播,进而达到品牌宣传的目的。由于每个用户的媒介和互联网接触行为习惯都不同,所以单一的视频传播很难有好的效果。首先,视频营销往往需要在公司的网站上开辟专区,吸引目标用户的关注;其次,应该与主流的门户、视频网站合作,提升视频的影响力。对于互联网的用户来说,线下活动和线下参与也是重要部分。因此,通过网络视频整合线下的活动、线下的媒体等进行品牌传播,可以收到更好的营销效果。

4.4.3 网络营销视频的主要来源

网络营销视频的主要来源有网民自创和企业策划拍摄两种。

1. 网民自创的具有营销价值的视频

网民的创造性是无穷的。在视频网站,网民不再被动地接收各类信息,而是可以自制短片上传并与他人分享,还可以通过回帖针对某个视频发表见解。因此,企业可以把广告片、新产品信息以及一些有关品牌的元素等放到视频平台上,吸引网民参与而达到营销目的。例如,企业可以向网友征集视频广告短片,对一些新产品进行评价等,并给予参与者一定的奖励,不仅可以让网友有获得收入的机会,还可以让企业获得产品或品牌的宣传机会。

2. 企业策划拍摄的营销视频

企业策划拍摄的营销视频主要包括事件营销视频、产品或品牌推介短视频等形式。

(1)事件营销视频。事件营销一直是线下活动的热点,国内很多品牌都依靠事件营销取得了成功。事件营销视频是指企业通过策划、组织和利用具有新闻价值、社会影响以及名人效应的人物或事件,拍摄能够吸引媒体、社会团体和消费者的兴趣与关注,提高企业或产品的知名度、美誉度,树立良好品牌形象,并最终促成产品销售或服务消费的相关营销视频。策划有影响力的事件,编制一个有意思的故事,将这个事件拍摄成视频并在网络上传播是一种非常好的营销方式,而且有故事内容的视频更容易被网民转发传播。

(2)产品或品牌推介短视频。这类视频一般短小精悍、主题突出,具有受众面广、宣传成本低等特点,能在短时间内使信息传播达到范围大、效果优,近年来成为国内外流行的一种公关传播与市场推广手段。

4.4.4 网络视频营销的业务内容

网络视频营销的业务内容主要包括营销视频拍摄和网络视频后期制作两大部分。

1. 营销视频拍摄

营销视频拍摄主要采用摄像机或单反相机拍摄企业宣传片,这个阶段的关键点是视频策划与拍摄。企业宣传片是企业自主投资制作的专题片,一般主要介绍企业的主营业务、产品、企业规模及人文历史等。

企业宣传片可以对企业内部的各个层面有重点、有针对性、有秩序地进行策划、拍摄、录音、剪辑、配音、配乐、设置动画、特效,最终合成输出制作成片,目的是突显企业独特的风格面貌、彰显企业实力，让社会不同层面人士对企业产生良好的印象，从而建立对该企业的好感和信任度，信赖其产品与服务，帮助企业树立具有竞争力的综合形象。

企业宣传片的类型按视频内容可分为企业形象片和产品直销片；按宣传目的可分为企业品牌宣传片、企业综合形象片、企业专题介绍片和企业历史片。企业宣传片已成为企业必需的展示方式，所有企业都希望借助视频充分展现发展状态，表现价值取向、文化传承、经营理念、产业规模等。

企业宣传片主要用于促销现场、项目洽谈、会展活动、竞标、招商、产品发布会、网络宣传推广等。

2．网络视频后期制作

网络视频后期制作包括剪辑、特效、动画、影音合成等，主要采用 PR 和 AE 等软件做剪辑与特效，用 C4D（CINEMA 4D）等软件做三维动画等。

（1）视频剪辑。视频剪辑是将视频、图像、声音等素材，以时间轴方式混合到一个视频中。根据视频的风格和类型通常有不同的剪辑要求。视频剪辑的常用软件 PR（Adobe Premiere），可以对多个视频和音频进行复合编辑，如视频编码，添加对话字幕、标题，创建简单的特殊效果，处理简单的音频、素材的转码等。与 PR 同类型的专业视频剪辑软件有 FCP、EDIUS、Vegas 等，在专业电影界，FCP 的用户较多。

（2）视频特效。视频特效是指特殊的视觉效果，包括电影特效、频道包装、动态图形设计等。制作视频特效的常用软件 AE（Adobe After Effects）是 Adobe 公司推出的动态图形设计和特效合成工具软件，可以用于图形视频处理、路径功能、特技控制、多层剪辑、关键帧编辑、高效渲染效果等。同类型的软件还有 NUKE、Flame、Fusion 等。

（3）视频动画。视频动画制作一般是利用三维动画软件在计算机中首先建立一个虚拟世界，设计师在这个虚拟的三维世界中按照要表现对象的形状尺寸建立模型以及场景；其次根据要求设定模型的运动轨迹、虚拟摄影机的运动和其他动画参数；最后按要求为模型赋上特定的材质，并打上灯光。完成后就可以让计算机自动运算，生成最后的画面。三维动画可以用于广告、电影及电视剧的特效制作（如爆炸、烟雾、下雨、光效等）、特技（撞车、变形、虚幻场景或角色等）、广告产品展示、片头飞字等。常用的视频动画制作软件有 C4D，其本身是 3D 的表现软件，由德国 Maxon Computer 公司开发，以极高的运算速度和强大的渲染插件著称，在广告、电影、工业设计等方面都有出色的表现。

4.4.5 典型案例：Blendtec 的"搅得烂吗"视频短片

企业如何利用网络视频推广产品并显示产品强大的功能呢？曾经有人上传一系列名为"搅得烂吗"的视频短片以展示产品——厨房搅拌机强大的搅拌功能，堪称经典，可以给予我们诸多启示。

1．案例描述

（1）起因。曾有一个名为 Blendtec 的用户往 YouTube 上传一个题为"搅得烂吗"的视频。短片中的主角是一个文质彬彬、头发斑白的

视频短片及案例分析

老头儿——汤姆,他穿着白大褂,戴着黑框的护目镜,很像一名科学家。在视频中,他手里拿着一部刚刚上市的手机,"我喜欢我的手机,它能做好多事情,但是它搅得烂吗?这是一个问题。"说完,他忽然把手机扔进了旁边的一部搅拌机里。慢镜头回放时,手机已经在巨大声响中变成了一堆黑色的粉末,还冒着烟雾。紧接着,老头揭开搅拌机盖子,说了一句:"冒烟了,别去闻!"现在,所有人都知道手机被搅烂了。这段不到两分钟的搞笑视频很快就吸引了众人的注意,浏览量迅速上升,一周便攀上了 YouTube 排行榜前列。这正中了食品搅拌机生产商 CEO 汤姆的下怀,他在公司里总是用各种奇怪的事物测试自家生产的搅拌机。有一天,市场总监突发奇想,决定把这些人所罕见的古怪测试过程录下来,统统上传到网上。

(2) 发展。在第一段视频受到广泛关注后,Blendtec 公司就开始陆续推出系列视频。每次他们都有新思路,然后按照思路新拍一段视频上传。汤姆几乎把所有能够想到的玩意儿都塞进了桌上的搅拌机里。被选作"牺牲品"的包括打火机、扑克、火柴、灯泡、大理石、高尔夫球棒、棒球、50 颗弹珠、人造钻石、摄像机、iPod、生蚝等。每段视频的开头,老头儿都会戴着护目镜,说一句:"搅得烂吗?这是一个问题。"他们最终共上传了 73 段视频,平均每个月更新 3 次。尽管视频的情节和结果都类似,但观众们还是乐此不疲地观看。为了提高视频的趣味性,Blendtec 公司在网站上还专门列了一张表格,向网友征询可以用来搅拌的物品。若网友有好的建议,则只需填表并写明原因,留下其邮箱,然后提交给 Blendtec 公司就可以了。只要觉得合适,Blendtec 公司就会采纳然后录制视频上传到网络。

(3) 效果。据统计,"搅得烂吗之手机"视频两个月内被观看了近 270 万次,"搅得烂吗之大理石"一周后总点击量达到 600 万次。很多人还把视频链接转发给亲朋好友,一时间引起了很多媒体的关注和议论。自从"搅得烂吗"视频推出以后,Blendtec 公司的家用搅拌机总销量增长了 7 倍,是公司成立以来最佳业绩。

2. 案例启示

Blendtec 公司为了显示其产品搅拌机的强大功能而拍摄制作的营销视频对我们在其他场景应用视频营销有如下两点启示。

(1) 好奇心也是网络视频营销的驱动力。在这个案例中,Blendtec 公司正是利用人们的好奇心,将一个普通的搅拌机化身成一个无所不能的搅拌"金刚",以低成本的表演方式、出人意料的表演内容,迅速吸引了观众的注意力。观众在会心一笑中也记住了 Blendtec 公司搅拌机的强大功能,可以说 Blendtec 公司借助观众的好奇心从而使自己的产品知名度暴涨。

(2) 巧妙地应用产品自身的功能来宣传自己。Blendtec 公司的"搅得烂吗"系列视频营销浑然天成,Blendtec 公司巧妙地应用了产品自身的功能来宣传自己,与其他案例借由另一件相关的创意来关联到自己不同。案例以极低的营销投入,使销量增长了 7 倍,更是堪称营销传奇。

4.5 其他 Web 2.0 媒体营销

4.5.1 维基词条营销

1. 维基的含义及特点

（1）维基的含义。维基（源于夏威夷语"wee kee wee kee"的音译 wiki）是一种多人协作的写作工具，支持面向社群的协作式写作，可以帮助人们在一个社群内共享某领域的知识。维基站点可以由多人（甚至任何访问者）维护，每个人都可以发表自己的意见，或者对共同的主题进行扩展与探讨。维基也是一种超文本系统，属于一种人类知识网格系统，可以在 Web 的基础上浏览、创建、更改维基文本，而且成本远比 HTML 文本低。

（2）维基的特点。与博客、论坛等常见系统相比，维基有以下特点。①使用方便。主要体现：维基可以快速创建、更改网站各个页面内容；文本格式简单，基础内容可以通过文本编辑方式完成，使用少量简单的控制符就能加强文章显示效果；链接方便，通过简单的"条目名称"可以直接产生内部链接，外部链接的引用也很方便。②自组织性。维基整个超文本的相互关联关系可以不断修改、优化；系统内多个重复的页面内容可以被汇聚于其中的某个页面中，相应的链接结构也会随之改变。③可增长性。维基页面可以创建链接目标，并通过点击这些链接目标创建相应的页面内容；也可以通过记录页面的修订历史，获得页面的各个版本。④开放性。维基社群内的成员可以创建、修改或删除页面；系统内页面的变动也可以被来访者清楚地看到。

2. 维基与博客的区别

维基与博客作为新兴的网络亚文化，都有相对成熟的网站制作等技术支持，其依托的网站一般都具有彰显个性、张扬自我的特点。但这两者也有明显的区别，见表 4-2。

表 4-2 维基与博客的区别

维基	博客
维基通常由一系列随时可以再编辑的条目构成，并大多按照主题分类和组织	博客通常由一系列经常变更的流水记录构成，并按照日期倒序排列
维基是多数人写、多数人看，每个人既是阅读者，同时也可是创作者	博客是一个人或少数人写、多数人看，阅读者被动接受，只能在文后添加评论
维基没有权威或中心，以主题为主线，强调协作、客观和中立，适合社区的知识管理与知识积累，一般适合作为资料库、知识库、信息库等	博客大多以个人为中心，以个人思想为主线，强调个性化，适合个人知识管理和言论表达，一般适合作为网络日记等
维基注重协作性，主题相对明确，内容关联性很强，组织紧密	一般是少数人关注的蔓延，主题相对松散，基本不会刻意控制内容的相关性
维基是体现开放、协作、平等、共享等网络文化的优秀代表	博客是私人性、公共性的结合，内容具有一定的分享价值
维基允许人人当记者和编辑	博客允许人人当记者

维基与博客的区别主要表现在以下几点。

首先，维基站点一般都有一个明确的严格共同关注的主题，并且内容要求具有高度相关性，其协作是针对同一主题做外延式和内涵式的扩展，会将同一个主题谈得很充分很深入；博客是一个简易、便捷地发布个人心得、关注个性问题的综合性展示与交流平台，虽然一般的博客站点都会有一个主题，但这个主题往往很松散，而且不会刻意地控制内容的相关性，所以博客的主题常常会在不知不觉中发生变化。

其次，维基非常适合做一种"百科全书"性质的站点，在这里个性化不是最重要的，信息的完整性和充分性以及权威性才是真正的目标，并且由于其含义与技术实现的交织和复杂性，如果任由社群成员漫无主题地去发挥，最终连维基建立者自己都会很快失去方向；而博客注重的是个人思想的交流，通常是访问者对一些或者一篇博客文章以评论的方式进行小范围的交互，个性化是博客的重要特色。

再次，维基使用最多的就是共同进行文档的写作或者文章与书籍的创作，特别是技术相关的常见问题解答（FAQ）；虽然博客也有协作的意思，但一般是指多人维护，不同维护者之间可能注重完全不同的内容，因而这种协作对内容而言是比较松散的。

最后，维基体现共性的东西，博客则可以展示自己个性化的内容。

3. 维基词条营销方式

维基词条营销主要是以关键词为入口，常用的营销手段是在词条上安置各种广告，如正文内容广告、URL 链接广告、图片广告、图片文字注释广告、相册广告、名片广告等，以引导用户进入目的网址。维基词条营销方法主要有以下两种。

（1）为产品编辑词条。以产品的名称作为词条进行创建，为产品进行详细介绍，但编辑词条时，要尽量客观地分析，以说明文的形式讲述，不要带有感情色彩。

（2）在词条中适当添加链接。方法是：先选择与公司产品相近的词条进行编辑或创建，然后在文中引用公司名称作为范例，同时给公司名称做外部链接，词条编辑时通常没有外部链接选项，但可以在源代码中加入，如{<A href="http://abc.wm23.com/CXBBJU/"> 北京大学出版社}。

调查表明，URL 链接广告是应用较多的维基推广模式，不同维基平台上的词条包含的外部链接比率有较大差异。

4. 维基词条营销的优势

维基平台上的词条概念一般都是经过全社会按维基严格的编辑规则编辑而成的，词条经过多次编辑后，其内容的可信度和权威性大大提高。因此，维基词条营销具有以下优势。

（1）维基可以更好地满足用户的搜索习惯。相对于搜索引擎而言，维基关键词检索的结果往往更接近用户的真正意图。从信息获取的过程来看，搜索引擎只是提供了一个链接或者方向标；而维基除了是检索工具，还提供检索结果。搜索引擎涵盖的范围比维基的广，搜索引擎通常提供了太多内容，其中大多数内容是无意义的，尽管搜索引擎也会对所链接页面的内容进行一定程度的关联度分析，但人们在耗费了大量时间和精力后往往依旧无所适从。维基基于中立和开放的编辑模式，会对各方面信息进行客观的总结，再通过人工将信息整理、分类,形成一种网状链接,各个条目之间的关联性十分智能,这是普通搜索引擎无法完成的。此外,从信息获取成本角度来看,维基的条目达到或超过某特定数量之后,使用维基查找信息所付出的时间和人力成本要比搜索引擎少得多。

(2)利用维基平台推广易于被收录浏览。由于维基的全民互动参与性高,用户群体广且浏览信息目标明确,内容涉及面广且实用性强,信息被收录和被用户搜索浏览到的概率往往很高。因此,利用维基平台进行营销推广,只要找到内容相关性高的维基推广站点,且网站的信息对用户有价值,点击率就会增加。此外,维基词条的搜索引擎友好性高,外部链接质量较好,如果有实际的产品出售,转化率就会相应地提高。

4.5.2 网络软文营销

1. 相关概念

软文是基于特定产品的概念诉求与问题分析,对用户进行针对性心理引导的一种文字模式,如新闻、第三方评论、访谈、采访、口碑等。网络软文是一种以网络为传播媒介的信息,主要面向互联网用户,其内容可以是产品宣传、活动宣传、公司宣传、行业资讯,也可以是个人博客、微博、微信公众号文章等。

软文营销是指通过特定的概念诉求、以摆事实讲道理的方式使用户走进企业设定的思维圈,有针对性地展开心理攻势并迅速实现产品销售的一种营销方式。软文营销从本质上来说是企业软性渗透的商业策略在广告形式上的实现,通常借助文字表达与舆论传播使用户认同某种概念、观点和分析思路,从而达到企业品牌宣传、产品销售的目的。

【微型案例4-5】国外有一家著名的DIY(Do It Yourself)家装连锁店,其成功的秘诀就是为用户省钱,每名员工的首要职责是告诉用户采用哪些装修材料,哪些工具既能满足他们的要求又能省钱。一位用户为了解决一个难题,欲购买一套价值5000美元的工具,该连锁店的一名员工利用软文为其提供了一个简单的解决方案,只花费5美元。许多人会说这样的企业太傻了,应该让用户尽量多花钱,这才是快速致富之本。但这家企业为用户着想,使得到实惠的用户奔走相告,广告费分文未花,每天用户多得店里都装不下,有了人气,财源自然滚滚而来。

网络软文营销是指在电子网络(主要是互联网)环境下进行的软文营销,是企业利用网络技术,整合众多网站优势资源,把企业的相关信息以软文的方式,及时、全面、有效、经济地向社会公众广泛传播的一种营销方式。

网络软文营销主要借助企业或产品的新闻发布、论坛、即时通信工具、电子邮件、博客、SNS社区等渠道传递营销信息。

2. 网络软文营销的特点

(1)具有隐蔽性与渗透性。网络软文不同于网络广告,其没有明显的广告目的,而是将要宣传的信息融入文字,从侧面描述,属于渗透性传播。网络软文营销的本质是做商业广告,但以新闻资讯、评论、管理思想、企业文化等文字形式出现,让受众在潜移默化中受到感染。

(2)内容丰富且形式多样。网络软文传递信息可以不拘泥于文体,内容丰富,表现形式多样,从论坛发帖到博客文章、网络新闻,从娱乐专栏到人物专访,从电影到游戏等,几乎遍布网络的每个角落。因此,大部分网络用户都会成为其潜在的目标受众。

(3)吸引力强且可接受度高。网络软文营销的主要目的是制造信任,它弱化或者规避了广告行为本来的强制性和灌输性,一般由专业的软文写作人员在分析目标消费群体的消费心理、生活情趣的基础上投其所好,用极具吸引力的标题吸引网络用户,然后用具有亲和力或者诙谐、幽默的文字以讲故事等方式打动用户,尤其是新闻类软文,从第三者的角度报道,用户从关注新闻的角度阅读,信任度高。

(4)成本低且效益高。传统的硬广告受版面限制,传播信息有限,投入风险大,成本较高。相比之下,网络软文营销具有高性价比的优势,信息量大,而且不受时间限制,可以在网站上长久留存。此外,网络软文有非常好的搜索引擎效果,可以进行二次传播。

(5)以用户为中心。网络软文内容以用户感受为中心,处处为用户着想,使读者易于接受。网络软文营销主张首先将重点放在研究用户的需求和欲望上,以用户为中心,按照用户的需求去制作软文;其次研究用户为满足其需求愿意支付的成本,并进行双向沟通,直到达成双方都满意的价格;最后着重考虑给用户提供方便,以最省事省时的方式获取信息,并加强与用户的交流。

此外,网络软文还能够产生病毒式营销的效应,在外部链接建设、SEO 等方面也具有优势。

3. 营销软文的形式

网络软文之所以备受推崇,一个主要原因就是硬广告的效果下降、电视媒体的费用上涨,而媒体对网络软文的收费暂时比硬广告低很多,在资金不是很雄厚的情况下,网络软文营销的投入产出比科学合理。常见的营销软文主要有以下几种表现形式。

(1)悬念式软文。悬念式软文也叫设问式软文,核心是提出一个问题,然后围绕这个问题自问自答。例如"人类可以长生不老吗?""真的可以治愈牛皮癣吗?"等,通过设问引起话题和关注是这种方式的优势。但应注意提出的问题要有吸引力,答案要符合常识。

(2)故事式软文。故事式软文往往通过讲述一个完整的故事带出产品,借助产品的"光环效应"和"神秘性"给用户心理造成强暗示,使销售成为必然。例如"1.2亿买不走的秘方""神奇的植物胰岛素""印第安人的秘密"等。因为听故事是人类最古老的知识接受方式,所以故事的知识性、趣味性、合理性是营销软文成功的关键。

(3)情感式软文。情感一直是广告的一个重要媒介,营销软文的情感表达因信息传达量大、针对性强而更容易使人心灵相通。因为情感式软文最大的特色就是容易走进用户的内心,所以"情感营销"一直是营销百试不爽的灵丹妙药。

(4)恐吓式软文。恐吓式软文属于反情感式诉求,情感诉说美好,恐吓则直击软肋。例如,"高血脂,瘫痪的前兆""天啊,骨质增生害死人"等。实际上恐吓形成的效果要比赞美更易让人记住,但是也往往会遭人诟病,所以应用时一定要注意把握度。

(5)促销式软文。促销式软文常常在上述四种软文见效时应用,如"一天断货三次,西单某厂家告急"等。这种软文直接配合促销使用,或者渲染产品的供不应求,通过"攀比心理""影响力效应"等因素促使受众产生购买欲。

(6)新闻式软文。新闻式软文就是将欲宣传的信息内容以新闻事件的手法去写,让人感觉仿佛是刚刚发生的事件。但要注意这种软文需紧密结合企业的自身条件，多与策划沟通，不要天马行空地写，否则可能会造成负面影响。

（7）诱惑式软文。诱惑式软文的写作往往以实用性、能受益等吸引访问者，让访问者主动点击这篇软文或者直接寻找相关的内容。因此，诱惑式软文要能给访问者解答一些问题，或者告诉访问者一些对其有帮助的内容，当然也包括一些打折的信息等。

4. 经典网络软文营销案例

穿"哈特威"衬衫的男人

美国人终于体会到贵的西装穿廉价衬衫毁坏了整个穿衣效果，实在是一件愚蠢的事。因此，在白领阶层的人群中，"哈特威"衬衫就开始流行了。

首先，"哈特威"衬衫具有耐穿性。其次，"哈特威"剪裁的低斜度及"为顾客定制"的衣领使得顾客看起来更年轻、更高贵。整件衬衣不惜工本的剪裁，因而使顾客更为"舒适"。衬衫下摆很长，可伸入顾客的裤子。衬衫纽扣是用珍珠母做成的，且非常大，也非常有男子气概，甚至缝纫上也存在着一种高雅。

最重要的是"哈特威"使用从世界各地进口的最有名的布匹来缝制他们的衬衫：英国的棉毛混纺的斜纹布，苏格兰的毛织波纹绸，西印度群岛的海岛棉，印度的手织绸，英格兰曼彻斯特的宽幅细毛布，巴黎的亚麻细布，穿上这么完美的衬衫，您会得到内心满足感。

"哈特威"衬衫是由缅因州的小城渥特威的一家小公司的手艺人缝制的。他们在那里工作了整整114年。您如果想在离您最近的店家买到"哈特威"衬衫，请写张明信片到"G•F•哈特威"缅因州•渥特威城，即复。

案例分析：这则软文广告是美国广告大师大卫•奥格威的得意之作。开篇第一句话点出一件公认的愚蠢的事"穿一件廉价衬衫毁坏了整个效果"，立即吸引了读者的注意力和好奇心。读者在心中也许会有这样的共鸣：的确很愚蠢，可有什么办法呢？随即文案娓娓道来，让人感觉"哈特威"衬衫就是避免愚蠢的"法宝"，它有各种优点，穿上它会有非常好的效果。看完不禁让人长叹一声："呀，我真该去买一件'哈特威'！"

案例软文广告中使用了 **USP 理论**和 **BI 理论**，广告文案内容有以下三点值得借鉴。第一，突出产品的差异性。通过鲜明的对比强调该产品与廉价衬衫的不同，它更能满足人们穿着既得体又高雅的需求。第二，强调企业多年积累的信誉。企业不惜工本的剪裁，选用高质量的原料，以及为顾客量身定做的特点，综合形成了一个代表优越质量和高贵品位的品牌形象，让人信服。第三，文案写法极具故事吸引力。尽管多达数百字，但语言朗朗上口，读者很快就能读完，且津津有味。

> **知识卡片 4-6**
>
> USP（Unique Selling Proposition，独特的销售主张或独特的卖点）理论是广告发展历史上最早提出的一个广告创意理论。它的意思是说：一则广告中必须包含一个向用户提出的销售主张。这个主张要具备三个要点，一是利益承诺，强调产品有哪些具体的特

殊功效及能给用户提供哪些实际利益；二是独特，这是竞争对手无法提出或没有提出的；三是有利于促进销售，即广告内容一定要强有力，足以影响成千上万的社会公众。

USP理论是里夫斯在20世纪50年代提出的，他当时是美国一家广告公司的董事长。里夫斯较早地意识到广告必须引发用户的认同，认为USP是用户从广告中得到的，而不是广告人员硬性赋予广告的。

知识卡片4-7

BI（Brand Image，品牌形象）理论认为品牌形象不是产品固有的，而是用户结合产品的质量、价格、历史等属性逐渐形成的；每则广告都应该是对构成整个品牌的长期投资。因此，每个品牌、每个产品都应发展和投射一个形象，形象经由不同推广技术，特别是广告传达给用户及潜在用户。用户看重的不只是产品本身，更在于心理需求的满足。在广告中诉说的心理价值对购买决策的影响往往比产品实际拥有的物质属性更为重要。

品牌形象理论是大卫·奥格威在20世纪60年代中期提出的创意观念，是广告创意策略理论中的一个重要流派。在此策略理论影响下，出现了大量优秀的、成功的广告。

4.5.3 电子书营销

1. 电子书营销的含义

电子书（Electronic Books，eBook）是指将文字、图片、声音、影像等信息内容集存储介质和显示终端于一体的手持阅读器，或者人们阅读的数字化出版物。

电子书营销是指某主体（个人或企业）以电子信息技术为基础，借助电子书进行营销活动的一种网络营销形式。企业或网店主可以通过制作实用电子书并嵌入广告内容，然后发布供人免费下载。这种方式常被用来传递产品或者网站信息。

2. 电子书营销的操作流程

电子书营销的操作流程十分简单，大致可分为两个步骤。

第一步：制作电子书。电子书可以自己制作，也可以委托专业公司制作，其内容要求围绕企业、网店或产品等主题。

第二步：发布并推广电子书。即把制作好的电子书在自建网站或第三方平台上发布，或与终端阅读设备制造商、阅读软件服务商合作推广。

3. 电子书营销的特点

电子书作为网络营销工具，其本身以及营销活动具有以下特点。

（1）信息完整并可长期保存。电子书与网页不同，浏览时不需要通过层层目录逐个页面打开。一部电子书的内容是一个完整的文件，读者下载后，书中的所有信息都将完整地保留，而且书中内容不会因为原提供下载的网站发生改变而改变。只要读者不从计算机等设备上删除，电子书就可以长期保存，可供读者随时阅读。

（2）可以离线阅读和反复传播。从网上下载电子书后即可用各种阅读设备离线阅读，不必像其他网上信息一样必须在线浏览。有价值的电子书往往会使读者反复阅读，并有可能在多人之间传播。正是在这样的阅读和传播中，电子书营销可以实现病毒式传播，达到宣传和获得新用户的目的。

（3）促销和广告信息形式灵活。由于电子书本身既具有平面媒体的部分特征，又具有网络媒体的部分优点，如具有超链接功能、能显示多媒体信息等，因此促销和广告信息可以采用多种形式，如文字、图片、视频、音频文件等。读者在线阅读时，还可以点击书中的链接直接到达广告网页。

（4）电子书营销与阅读终端密不可分。电子书必须依托一定的载体，在营销过程中常见的是"电子书+阅读终端"组合。电子书的格式除了要与其内容关联，还要有相关阅读终端可以识别，电子书格式可兼容的阅读终端越多，市场就越大；同样，阅读终端可识别的电子书格式越多，其价值就越高，市场潜力也就越大。因此，电子书和阅读终端是相辅相成的。

由于电子书具有网络媒体特征，且电子书广告具有网络广告的一般优点，比如可以准确地测量每部电子书的下载次数、可以记录统计下载者的分布等，因此便于对潜在读者做进一步的研究以评估电子书的营销效果。

4. 电子书营销的优势

电子书营销与其他网络营销方法相比，具有以下优势。

（1）电子书营销比平面广告更自由、更便宜。电子书对广告的内容和形式基本没有限制，可以完全自由定制文字内容和配图，并加强了读者的阅读体验。此外，电子书营销的投资费用远低于平面广告（包括传统平面广告和网络平面广告）的宣传费用。如果与搜索引擎营销结合，则效果更好。

（2）电子书营销比电子邮件营销更精准。电子邮件利用外部邮件列表漫无目标地群发营销邮件，往往会招来用户的反感；而电子书营销不一样，电子书是被目标用户接受并主动下载的，企业产品信息和电子书内容高度融合，因此目标用户的转化率也会远高于邮件营销。

（3）电子书营销比广告联盟更有效。广告联盟有很多，但广告模式（如按关键字点击效果付费模式）存在很多问题，用户容易被误导，不但没有获得实际的营销效果，而且容易招致用户把受骗等负面影响的原因认定到企业网站。而电子书营销是以传播知识为主体，向用户传递其最需要了解的企业信息，因此用户接受这些信息后往往会对提供信息的企业心存感激。

（4）电子书营销比软文营销、活动营销等方式更具生命力。网络软文的隐形传播效果虽好，但网络的海量信息让软文的生存周期太短；虽然各种活动一时热闹，但信息宣传时间也注定了不能长久延续。由于内容价值含量高、制作精美的电子书读者一般会收藏并经常随时查阅，因此电子书营销会比软文营销及活动营销的效果更持久。

总体而言，电子书营销承接了精准营销的精髓，并且传播便利、成本低廉；同时，电子书营销传播手段多样，不受制于他人，可完全独立操作，具备了实效宣传、自由控制等特点。此外，电子书将企业信息完全植入目标用户计算机中，保证了信息传播的长久性以及多次传播的可能性。

5. 典型案例：沃尔沃汽车的互动数字杂志

案例描述：沃尔沃通过通联传媒为旗下 S40、S80、C70 三款车型定制多种内容的互动数字视频杂志。借助互动数字视频杂志，用户可以动态地了解沃尔沃汽车各个组件的构造和特性，自由搭配喜欢的车身颜色。潜在用户在获取信息的过程中，通过新媒体的视频、动作及声音效果的体验，对沃尔沃独特的"安全""新时尚"等理念有了更深刻的感受，在一对一的沟通中达到了很好的体验式营销效果。

案例分析：沃尔沃通过与用户的互动强化了品牌理念，获得了用户关注点的宝贵数据；对于一些成熟的品牌来说，在互联网上利用电子书或电子杂志等新媒体数字化、虚拟化的技术与用户进行沟通，不失为一种有效促进营销的手段。

一般来说，汽车、手机、IT 类产品的营销往往需要对大量的资讯和信息进行分享，用户的潜在需求已经存在，铺天盖地的硬性广告不一定能够刺激用户消费，这就对企业的营销思路创新提出了挑战。如果在用户收集信息的渠道上做一些互动，比如以电子书为载体在搜索引擎上、在网站的相关频道里，放置企业产品或活动内容，用户若有兴趣，就会主动作出回应。

4.5.4 网络论坛营销

网络论坛营销是企业利用网络论坛等在线交流平台，通过文字、图片、视频等方式发布企业的产品和服务信息，让目标用户更加深刻地了解企业的产品和服务，从而宣传企业品牌、加深企业的市场认知度的一种网络营销活动。

实施网络论坛营销，应把握以下技巧。

（1）在论坛注册的技巧。首先，要精心设计注册用户名（ID 号），包括头像和签名档的设计，头像可以设置为企业的 Logo 或者设置为推广目标的照片，签名档可以设置为企业的详细信息和联系方式等；其次，ID 的名称要有一定意义以方便记忆，一般不用没有任何意义的字母和文字。

（2）主题帖撰写与发布技巧。主题帖的策划是网络论坛推广最为关键的内容，往往直接决定了营销效果。撰写主题帖时需要设计好标题和正文，优质标题则是网络论坛营销成功的关键因素，丰满的正文内容是网络论坛营销效果的坚实保障。拟定主题帖标题一般遵循以下三个规则：一是标题使用的语言要符合网络用语的习惯，尽量使用网络化的语言；二是标题要有震撼性或者让人感到特别惊异和好奇，能够引起大众点击的兴趣；三是标题最好能结合网络热议的热点话题等。此外，还要对发布帖子的字体、图片大小、视频和音频格式等进行设置，让人看着赏心悦目。

【微型案例 4-6】四川汶川地震发生后，王老吉曾为汶川地震灾区提供大额捐款，随即天涯社区便出现了"封杀王老吉"的帖子。这个"正话反说"的"封杀王老吉"倡议在天涯社区发出后，迅速成为当时的热门帖子，很多网友刚看到标题后本来是要进去愤怒驳斥，但看到具体内容后都是会心一笑并热情回帖。帖子发布当天下午，几乎遍及国内所有的知名社区网站与论坛。这个主题帖的标题很好地将上述三个规则有机融合，成为论坛标题的经典案例。

（3）维护与回复帖子的技巧。对于自己所发表的主题帖要及时顶帖，尽量使帖子始终处于一屏，保证被目标用户浏览。维护帖子不要一味地夸奖，可以把握好尺度，尝试从反面辩驳以挑起争论，把帖子"炒热"，从而引起更多用户的注意。回复他人帖子时要认真，切忌"顶""路过""收到"等灌水式回复；应该在论坛中积极参与讨论，注意看其他会员有什么疑难问题并积极帮助解决，久而久之就会在大家心目中建立起一个权威形象，推广的产品或服务也会被大家信任。

（4）使用论坛平台的技巧。使用论坛平台需要注意以下三点。①选择合适的网络论坛。例如，企业可根据市场定位和用户群体来选择论坛，也可以根据论坛影响力选择人气旺的论坛，以保证推广有一定的受众基础；②要遵循论坛规则，以免遭遇被删帖、禁止发言等处罚。③与论坛用户和管理层关系融洽，以免发言招人反感，多提一些对论坛发展有意义的建设性建议等。

4.5.5 网络社群营销

网络社群营销是基于互联网及移动终端把具有共同兴趣、爱好的人聚集在一起，进行营销传播的过程。在营销传播过程中通过引起受众的关注度，汇聚人群达到最终的营销目的。

【微型案例 4-7】 猫扑专门为百事公司的柠檬汽水品牌——七喜（英文名 7-Up）建立了一个品牌 Club，将喜爱七喜品牌且具有相同爱好的网友聚集在一起，而且使 FIDO 这个七喜独有的虚拟形象在网友里得到了最大化的延伸。

开展网络社群营销一般可以按以下步骤进行。

（1）确定目标用户群体并制定网络社群的建群规则。确定目标用户，找到群员之间的共性，通过基础流量和裂变流量把相同**用户画像**的人聚在一起，有针对性地规划社群输出内容和社群运营方向。在建群过程中要遵守某种规则，如地域规则、年龄段规则等，这样建起来的社群更容易管理。

> **知识卡片 4-8**
>
> 用户画像：又称用户角色，是一种勾画目标用户、联系用户诉求与设计方向的有效工具。作为实际用户的虚拟代表，用户画像所形成的用户角色要有代表性，能代表产品的主要受众和目标群体。
>
> 在实际操作过程中，往往会以最为浅显和贴近生活的话语将用户的属性、行为与期待的数据转化联接起来，形成用户角色。因此，用户画像并不是脱离产品和市场而构建的。用户画像可以使产品的服务对象更加聚焦、更加专注，还可以提高决策效率。

（2）设计网络社群结构并规范成员言行。一个社群的组织架构一般由三部分组成：管理员、核心用户和普通用户。管理员的职责是管理群成员，规范群内发布内容，禁止传播不当言论，让社群井然有序地成长发展。核心用户一般是社群内有一定影响力的正向活跃分子，可以作为推动普通用户转化的催化剂。

（3）分享有价值内容促活社群。促活就是让群员互动活跃起来。社群不活跃就表示用户不看群，自然也就不会有转化。促活社区可以通过两种方式：一是分享有价值的内容，让群员在群内有所成长，有所收获，持续输出有价值的内容是社群持久生命力的重要指标；二是借助社群管理工具打造多样性的话题互动，同时利用定时发送消息和自动回复功能可以有效营造社群互动的氛围。例如，聊天狗社群管理工具自带图片搜索、天气预报、故事笑话、新闻资讯、星座讲解等智能应用，只要群员在群里发送这些指令，聊天狗就能按需自动回复相应的消息，让社群更有价值和趣味性。

（4）社群造势与促销。社群造势就是激发用户情绪，制造感性购买场景，为社群促销做准备。网络社群营销口碑非常重要，产品和服务好、社群成员愉悦感强，通过传播就易于扩散形成巨大的社群能量。因此，适当举办一些活动，提高用户的愉悦感，使社群形成黏性，并最终获得裂变获取商业价值。

网络社群营销是基于圈子、人脉、"六度分割"理论概念而产生的营销模式，是一个口碑传播的过程，是在网络社区营销及社会化媒体营销的基础上发展起来的用户连接及交流更为紧密的网络营销方式。网络社群营销聚集的人群会通过各种关系延伸到陌生群体，最后形成一个庞大的市场。

4.5.6 种草营销

种草营销是口碑营销或场景沉浸营销的一种，一般来自网络红人、直播平台传播的内容宣传。简单来说，种草是指关键意见领袖在各种社交平台上生产原创内容吸引用户，引发用户主动购买产品的一种营销方法。

"种草"是一个网络流行用语，本质上是一种基于人际互动的信息传播模式。"种草"有三种含义：一是指分享推荐某商品的优秀品质，以激发他人购买欲望的行为，或自己根据外界信息，对某事物产生体验或拥有的欲望的过程；二是指把某事物分享推荐给另一个人，让另一个人喜欢某事物的行为，类似网络用语"安利"的用法；三是指某事物让自己由衷地喜欢。

种草营销一般会经历三个阶段：首先，某领域的关键意见领袖通过富有诱惑的推荐使用户对某物产生购买欲望（"种草"）；其次，用户想要购买的情感不断增长（"长草"）；最后，用户实施购买行动，买到想要之物，使购买欲得到满足（"拔草"）。

种草营销对于品牌商来说，可以更加直接地反馈产品的销售状态，缩短品牌或产品的营销宣传周期，减少营业费用；对于用户来说，可以让无法体验产品的用户从中获取产品的有用信息。

在种草营销过程中，要特别注意合规运营。关键意见领袖在向用户推荐某种产品或服务时，应该增强社会责任意识，让自己的言行符合社会道德规范和相关法律法规。

本 章 小 结

在 Web 2.0 时代，经典的营销模型悄然发生改变，各种社会化网络媒体营销模式如雨后春笋般兴起。本章主要学习内容：博客营销及微博营销的含义、基本特征、写作要求、实施技巧，以及博客营销与微博营销的区别等；即时通信营销的含义、特点、作用、工具类型，微信营销的常用方式；社交网络营销的含义、特点、类型、实施方法与技巧、效果评价；网络视频营销的含义、信息传播渠道、主要来源、业务内容等；维基词条营销、网络软文营销、电子书营销、网络论坛营销、网络社群营销、种草营销等方法。主要营销方法都要配有典型案例加以诠释，以帮助读者更好地理解、掌握相关知识和内容。在应用实践中，许多 Web 2.0 社会化网络媒体营销方法与一些 Web 1.0 经典营销方法融合使用，两者相得益彰，收到了很好的营销效果。

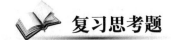

复习思考题

1. 选择题（有一项或多项正确答案）

（1）下列关于博客营销的基本特征描述，正确的是（　　）。
　　A．博客营销以个人行为和观点为基础
　　B．企业博客营销思想应与企业营销策略结合
　　C．博客营销需要持之以恒才能收到效果
　　D．博客营销必须正确处理个人观点与企业立场的关系问题

（2）微博营销取得成效的基础条件主要包括（　　）。
　　A．拥有微博账号　　　　　　　B．定期更新微博内容
　　C．内容能引起兴趣　　　　　　D．开展以产品为中心的强势营销

（3）微信营销的主要方式有（　　）等。
　　A．二维码　　B．微信公众号　　C．微信小程序　　D．位置签名

（4）维基词条营销的主要方式有（　　）。
　　A．在词条中插入图片广告　　　B．为产品编辑词条
　　C．在词条中适当添加链接　　　D．利用第三方平台推广

（5）开展网络论坛营销撰写主题帖时，拟定主题帖标题应该遵循以下（　　）规则。
　　A．标题使用的语言要符合网络用语的习惯，尽量使用网络化的语言
　　B．标题要有震撼性或者让人感到特别惊异和好奇，能够引起大众点击的兴趣
　　C．设计具有动感的格式展示标题
　　D．标题最好能结合网络热议的热点话题

2. 判断题

（1）员工写企业博客文章时，应尽可能避免对容易引起公众关注的本企业的热点问题进行评论。（　　）

（2）开展微博营销，若同时开发有多个产品，则应针对每个产品配置一个产品官方微博账号，公布产品的最新动态。（　　）

（3）即时通信营销是企业借助各类即时通信工具推广产品和品牌的一种手段，其常用的主要形式是企业网站在线交流和即时广告等。（　　）

（4）"六度分割"理论是指任何人与人之间的联系都只有通过六个层次才会产生联系，表达了这样一个重要的概念：任何两位素不相识的人之间，通过一定的联系方式，总能够产生必然联系或关系。（　　）

(5) 网络视频营销既具有电视短片的感染力强、形式内容多样、肆意创意等特征，又具有互联网营销的互动性、主动传播性、传播快、成本低廉等优势。（　　）

(6) 软文营销是通过特定的概念诉求，以摆事实讲道理的方式使用户走进企业设定的思维圈，有针对性地展开心理攻势迅速实现产品销售的一种营销方式。（　　）

3．简答题

(1) 博客营销有哪些形式？企业营销博客写作需要遵循什么原则？

(2) 微博营销有哪些优势？实施微博营销有哪些策略和技巧？

(3) 即时通信营销有什么特点？微信营销与微博客营销有什么区别？

(4) 社交网站营销的理论基础是什么？网络视频营销信息有哪些传播渠道？

(5) 什么是网络软文营销？什么是论坛营销？种草营销的"草"指的是什么？

4．讨论题

小微企业应该如何利用社会化网络媒体开展营销？试结合一家你所熟悉或感兴趣的企业谈谈你的想法，并与合作研讨学习小组的成员一起讨论其可行性。

案例研讨

1．【案例资料一】

国外一家家庭脊柱按摩诊所，通过社会化媒体途径与用户交流，取得了较好的效果。这家诊所是一位博士开的，他拥有一家网站、一个博客以及 Twitter 账户，自己制作视频，同时活跃在 Facebook 上。他每天浏览健康类网站，寻找读者可能会感兴趣的话题，每周更新几次博客，并通过 Facebook、Twitter 主动同潜在用户互动。

他有一个明智的做法，值得一些企业借鉴。他的患者初次看病时要填写信息表，除了与健康相关的常规问题，他通常还会在表中设置下列问题："为了与我们的患者保持联系，我们会使用一些社会化媒体。你经常使用 Facebook、Twitter 发信息吗？"如果患者的回答是肯定的，他就加他们为 Facebook、Twitter 好友。记者在和他对话时，他说："我的患者都会觉得很惊讶。之后，我会去访问他们的 Facebook 页面，并尝试就我看到的话题进行评论。"他还使用视频帮助患者辅助治疗，并告诉患者以下这些信息："你回到家后，我希望你可以做一些锻炼。我会发送给你一个链接，你可以点此访问我网站上的视频来查看我对这些锻炼的说明。"这种方式非常受患者的欢迎。

这位博士说，自从经常使用社会化媒体，诊所的患者顾客增加了 20%。他举了一个例子，他在 Facebook 上关注了一个大学好友，发现她有背部疼痛的毛病，于是联系了她。现在，她也成为这位博士的病人。博士还建议其他的企业家也使用这种社会化媒体，这种类型的信息不是关于介绍自己的，也不是要推销商品的，这些信息对人们康复大有帮助，不要担心你提供的信息不够完善，都可以来尝试。

（资料来源：编者根据相关资料整理）

分析上述案例,思考以下问题并展开讨论。

(1) 在案例中,这位博士主要运用了什么网络营销方法?运用该营销方法时需要注意哪些关键问题?

(2) 案例运用的营销方法取得了什么效果?从中我们可以得到什么启示?

2.【案例资料二】

一名连锁零售店的营销总监正在设法说服他的同事们采用新的网络工具,如小红书、人人网、朋友、新浪微博或豆瓣与顾客建立联系,他认为社交网络已经在商界得到了前所未有的应用。由于公司削减了营销预算,他迫切需要一种廉价的方式来巩固企业的营销能力。然而,营销总监的这一提议遭到了同事的抵制。部分原因是,有些企业高管仍然沉醉于过去的工作模式,还不认同社交网络的价值主张;有些企业高管认为这些网站都带有浓重的娱乐色彩,不够严肃庄重,可能会有损企业形象。营销总监虽然很想发起一场低成本的营销活动,但手头并没有足够的数据来证明此可以获得的收益。此外,他担心连锁零售店的顾客年龄层次分布较广,也许并不适合使用社交网络。

这是现实中营销的两难境地,许多企业营销人员会碰到这种问题,不能确定社交网络会如何适应业务战略,也不清楚如何判定社交网络对业务的价值。如果你在工作中遇到这种情况会如何应对?

第 5 章 Web 3.0 营销

教学目标

- 讲解 Web 3.0 营销的一般特点，解释 Web 3.0 下的众包营销、精准营销、嵌入式营销、Widget 营销、威客营销、跨界营销的含义，并举例说明相关应用技巧。
- 结合威客营销的含义与价值，引导学生要学会协作分享，在服务社会、帮助他人解决难题的过程中体现自身价值；结合威客营销模式信用机制等内容，培养学生诚实守信的品质。
- 结合基于大数据跨界营销的实施原则、主要形式及关键成功因素，引导学生关注企业的可持续发展与其应承担的社会责任的关系。

学习要求

基本内容	主要知识点	能力素养
Web 3.0 的含义与 Web 3.0 营销的特点	Web 3.0 的含义、Web 3.0 营销信息的聚合化和个性化、营销信息检索的精准化和智能化、交互的跨语言和跨平台化、服务的整合化和高效化	（1）Web 3.0 环境下主要营销方法及特点的理解与应用能力； （2）跨界营销的策划与实施能力； （3）诚实守信的品质与社会责任意识的养成
Web 3.0 环境下的营销模式	（1）众包的概念、类型、与外包的关系；众包营销的理论基础、价值； （2）精准营销的含义、核心思想、优势、实施策略； （3）嵌入式营销的核心理念、主要特征、基本方式； （4）Widget 的定义、分类，Widget 营销的特点、商业价值； （5）威客营销的含义、核心运营机制、价值； （6）跨界营销的含义、产生原因、实施原则、主要形式、利用大数据跨界营销成功的关键因素	

基本术语

Web 3.0 营销、嵌入式营销、Widget 营销、众包营销、精准营销、威客营销、跨界营销

引例

Web 3.0 带来虚实共生的消费体验　推动营销升维

Web 3.0 是第三代互联网运行方式。据《Web 3.0 营销白皮书》(2022 年)调研显示，2021 年，57%的受访消费者已经体验过至少一种与 Web 3.0 相关的互联网行为。例如，虚拟品牌空间、元宇宙游戏、虚拟偶像、数字会议等虚拟产品，元宇宙、数字人、数字藏品等虚拟 IP，智能眼镜、触感手套等消费级 XR 穿戴或操控设备，AI、区块链、云、XR、数字孪生、通信网络等智能技术。在知萌《2022 中国消费趋势报告》发布的十大消费趋势中，"虚实共生"便是其中之一。针对"虚拟和现实的关系"的调研显示，在 00 后群体中，只有 14.6%的人认可相互独立，68%的人认为是相互关联。

近两年，虚拟偶像、剧本杀、元宇宙 IP 等沉浸式体验成为年轻人所钟爱的娱乐方式。这些沉浸式体验背后折射的是每个人都希望有丰富的自我，"一个在虚拟世界穿梭，一个在现实世界游走，一个可以品味体验虚实共生的世界"。

越来越多的年轻人加入 Web 3.0 带来的虚实共生的多元交互世界。据百度观星盘数据，Web 3.0 相关信息关注人群中，70%的人为 25 岁以上，其中 25～34 岁的人占比最高，达到了 33.57%。用户对 Web 3.0 的热情直接传导至品牌端，品牌方对 Web 3.0 营销的认知度和参与意愿已经非常高，有 90%的受访广告主听说过与 Web 3.0 概念相关的创新数字营销方式；有 81%的受访广告主认为，未来一年较有可能参与 Web 3.0 营销。

(资料来源：编者根据相关资料整理)

点评：在虚拟和现实之间提炼出品牌与消费者的情感连接点

案例揭示了 Web 3.0 时代营销的一个基本特点——在虚拟和现实之间，提炼出品牌与消费者的情感连接点是消费者心智锚点。如果说 Web 2.0 时代带来的品牌体验是视觉、听觉层面的，那么 Web 3.0 时代的品牌体验是打破时间、空间限制，是即时且共生的。通过虚拟活动空间、虚拟身份、虚拟资产等，在品牌与消费者之间形成"虚实共生"的情感共生体，并让其在需要时出现，悄悄陪伴消费者成长。好的品牌会营造一个充满想象力的世界，内容、场景、品牌、消费者相互融合、链接成为一体，在消费者内心占有特别的形象认知，可以瞬间点燃消费者的"嗨点"——虚实共生的情感连接点。这样，营销活动也悄然上升到了新的维度。

知识卡片 5-1

元宇宙：利用科技手段进行链接与创造的、与现实世界映射和交互的虚拟世界，具备新型社会体系的数字生活空间。从时空性来看，元宇宙是一个空间维度上虚拟而时间

第 5 章　Web 3.0 营销

> 维度上真实的数字世界；从真实性来看，元宇宙中既有现实世界的数字化复制物，又有虚拟世界的创造物；从独立性来看，元宇宙是一个与外部真实世界既紧密相连，又高度独立的平行空间；从连接性来看，元宇宙是一个囊括网络、硬件终端和用户的、永续的、广泛覆盖的虚拟现实系统。
>
> 元宇宙一词诞生于 1992 年的科幻小说《雪崩》，该小说描绘了一个庞大的虚拟现实世界，在那里人们用数字化身来控制，并相互竞争以提高自己的地位。

Web 3.0 是在 Web 2.0 的基础上发展起来的，能够更好地体现网民的劳动价值，并且能够实现价值均衡分配的一种无所不在的互联网方式。随着 Web 3.0 在互联网上的广泛应用，其也对网络营销产生了重要的影响。

5.1　Web 3.0 的含义与 Web 3.0 营销的特点

5.1.1　Web 3.0 的含义

目前 Web 3.0 的含义众说纷纭。被誉为互联网之父的蒂姆·伯纳斯·李认为 Web 3.0 就是语义网，因为从技术上讲，Web 3.0 的诞生源于语义网。伯里昂·索尼斯则认为 Web 3.0 的特别之处是多方面的，其演化方向也呈现多样化；Web 3.0 可以将网络转变为一个数据库，使网络朝着人工智能、语义网、地理空间或 3D 空间等方向发展。索尼斯的定义从技术的角度表现了 Web 3.0 更多的特征。埃里克·施密特认为 Web 3.0 是各种应用程序的组合，这些应用程序都较小，数据以云形式存储，具有运行快、可定制性强、病毒式传播（通过社会化网络、电子邮件等渠道）等特点，并且可以在任何设备上运行。李开复博士指出 Web 3.0 有两个特性：一是网络化，数据和应用可以全部存储在网络服务端，不再需要在计算机上运行；二是个性化，在任何一台计算机或终端上打开浏览器，都能进入属于自己的世界。荷兰阿姆斯特丹自由大学的黄智生教授认为，Web 3.0 并不等同于语义网，但语义网技术是 Web 3.0 的重要技术基础。

综合现有文献，本书对 Web 3.0 的理解如下：其一，在 Web 3.0 环境下，网站内的信息可以直接与其他网站相关信息进行交互，能通过第三方信息平台整合使用多家网站的信息；其二，用户在互联网上可以拥有自己的数据，并能在不同网站上使用；其三，在 Web 3.0 环境下，用浏览器可以实现复杂的系统程序才具有的功能。简单地说，Web 3.0 就是基于用户需求的智能过滤器和满足多元化需求的平台。

三代网络营销方法的区别

Web 3.0 具有去中心化、开放性、独立性、安全性等特点。Web 3.0 对 Web 2.0 时期杂乱的微内容进行最小单位的拆分，同时进行词义标准化、结构化调整，使微信息之间可以互动。Web 3.0 在信息的同步、聚合、迁移的基础上加入了信息平台集中校验和分类存储，使分布信息能和平台信息进行智能交互，并能对原始信息进行提炼和加工。Web 3.0 对信息的智能整合，会给互联网营销带来巨大的变化。

5.1.2 Web 3.0 营销的特点

Web 3.0 营销是新技术和快速变化的用户购买趋势的聚合。Web 3.0 的最大价值不是提供信息,而是提供基于不同需求的过滤器,每种过滤器又都基于一个市场需求。推动 Web 3.0 营销的关键因素包括浏览习惯、浏览方式、更加智能的信息、更符合需求的用户体验,以及互联网的进一步开放。

Web 3.0 营销引入了智能搜索、智能网络和**虚拟现实**等技术,在很大程度上改变着现有互联网的应用模式,使得基于 Web 3.0 的营销活动呈现出 Web 3.0 营销信息的聚合化和个性化、Web 3.0 营销信息检索的精准化和智能化、Web 3.0 营销信息交互的跨语言和跨平台化、Web 3.0 营销服务的整合化和高效化等特征。

 知识卡片 5-2

> 虚拟现实(Virtual Reality,VR):顾名思义,就是虚拟和现实结合。从理论上讲,虚拟现实技术是一种可以创建和体验虚拟世界的计算机仿真系统,它利用现实生活中的数据,通过计算机技术产生电子信号,将其与输出设备结合而转化为能够让人们感受到的现象,这些现象可以是现实中真真切切的物体,也可以是我们肉眼看不到的物质,通过三维模型表现出来的,并使用户能沉浸在该环境中。因为这些现象不是人们直接看到的,而是通过计算机技术生成的一种模拟现实环境,所以称为虚拟现实。
>
> 虚拟现实技术又称虚拟实境或灵境技术,集成了计算机图形技术、计算机仿真技术、人工智能、传感技术、显示技术、网络并行处理技术、伺服技术等的最新发展成果,借助计算机等设备产生一个逼真的三维视觉、触觉、嗅觉等感官体验的虚拟世界,从而使处于虚拟世界中的人产生一种身临其境的感觉。

1. Web 3.0 营销信息的聚合化和个性化

Web 3.0 营销的最大特点是信息的聚合以及提供个性化的信息服务。利用网络平台为用户聚合和交换各类商品或服务信息提供帮助,一直是网络营销追求的目标。在 Web 3.0 技术发展的支持之下,信息聚合化变得更加容易、更加准确、更加贴近用户需求,并且在个性化的基础上能够更容易地实现用户需求的聚合化呈现。

Web 3.0 营销平台是由微单元构成的,信息可直接通过底层数据库进行交互和整合,同时在 **TAG** 或 **RSS** 基础聚合设施和语义网等技术的支撑下,结合对用户定制的背景及其偏好的分析和跟踪,实现基于用户偏好的不同网站信息的个性化聚合服务,并按一定的标准要求推送给用户。用户可定制个人的信息门户,可以在门户内享受多个站点的个性化信息聚合服务和参加交流活动等。

知识卡片 5-3

TAG：在我国没有统一的中文名称，有的称之为"开放分类"或"大众分类"，也有的称之为"标签"。TAG 是一种灵活、有趣的日志分类方式，可以不考虑目录结构对文章进行分类。各 TAG 之间的关系是一种平行的关系，但是又可以根据相关性分析，将经常一起出现的 TAG 关联起来，从而产生一种相关性的分类。TAG 也可以是一种关键词标记，但又不同于一般的关键词。用一般的关键词进行搜索时，只能搜索文章中提到的关键词，但利用 TAG 进行搜索却可以将文章中没有的关键词作为 TAG 来标记以便于查找。

与现有的关键词竞价排名不同，Web 3.0 时代的个性化搜索结果完全基于用户的自身需求，是按照用户给定的智能化代理程序进行筛选之后得到的结果，会让人更容易接受，并且更容易让消费需求转化成消费行为。

2. Web 3.0 营销信息检索的精准化和智能化

Web 3.0 时代的网络是智能化网络，聚合了各网站的信息，能对不同用户提供智能检索服务。Web 3.0 对 **UGC** 和标签进行筛选性过滤及整合，促使信息的特征性更加明显，并对用户的发布权限进行长期认证，从而分离出不同可信度的信息，以便用户快速检索到高可信度的 UGC 信息源。

知识卡片 5-4

UGC（User Generated Content，用户生成内容）：用户将自己原创的内容通过互联网平台进行展示或者提供给其他用户。UGC 是伴随着以提倡个性化为主要特点的 Web 2.0 概念而兴起的。它不是某种具体业务，而是一种用户使用互联网的方式，由原来的以下载为主变成下载和上传并重，体现了用户既是网络内容的浏览者又是网络内容的创造者。社区网络、视频分享、博客等都是 UGC 的主要应用形式。

同时，Web 3.0 智能搜索引擎可进行语义的智能学习和理解，通过对用户提交的自然语言进行智能化抽取、组合，并结合**用户偏好**处理技术，对用户的行为特征和背景进行深入挖掘分析，向用户提供准确的结果，甚至是问题的解决方案。Web 3.0 时代的个性化智能搜索使企业只要通过搜索引擎将自己的营销网页或营销信息与相应的搜索词结合，就能够轻松地把商品推介给用户。

知识卡片 5-5

用户偏好：用户考量商品和服务时做出的理性的具有倾向性的选择，是用户认知、心理感受及理性的经济学权衡的综合结果。

偏好是现代微观经济学价值理论及消费者行为理论中的一个基本概念，体现为倾向性消费选择的次序关系，实际上是潜藏在人们内心的一种非直观的情感和倾向。偏好有明显的个体差异，也呈现出群体特征，引起偏好的感性因素多于理性因素。通常情况下，偏好决定了作为个体的用户在一定环境和条件下所采取的行为和选择。

3. Web 3.0 营销信息交互的跨语言和跨平台化

Web 3.0 打破了用户终端的局限性，除计算机外，手机、电视、PDA 等都可以享受互联网服务。Web 3.0 不但可以实现微内容的标准化和结构化，满足通过底层数据库直接进行信息交互，从而达到跨平台的信息共享，而且其翻译引擎突破了语言的限制，让全世界的人们能够在互联网上没有语言障碍地互动，有利于实现范围更广的知识交流和共享，实现全球范围的信息和谐。

4. Web 3.0 营销服务的整合化和高效化

Web 3.0 采用个性化引擎和个人偏好信息处理技术，对用户的行为特征进行分析与归纳，从而帮助网络用户高效、准确地搜索到需要的信息内容，提高用户信息搜索和整合效率。例如，分享图片的 Flickr、分享学术论文的 CiteULike 等功能较单一的网站，在 Web 3.0 时代可以实现在同一平台上的联合，依据用户的喜好和需求，在博客的基础上整合网摘、即时通信、好友、部落、E-mail 等应用。

此外，Web 3.0 环境下的个人信息门户支持用户自由选择互联网应用信息，并通过建立可信的 SNS 以及可控的 Blog、**Vlog**、Wiki 等实现可信内容与用户访问的对接，为互联网用户提供安全、可信的服务方式。在 Web 3.0 环境下，信用度越好的用户发布的信息被认为可信度越高，并将信息授予较高的权重或者置顶。这种互动模式既提高了信息源发布者的可信度，又使得有用、真实的信息能更快地呈现给广大用户，以提高信息的使用率，降低用户查找信息的时间损耗。

> **知识卡片 5-6**
>
> Vlog（Video blog 或 Video log）：博客的一种类型，意思是视频记录，也称视频博客、视频网络日志，源于 Blog 的变体，强调时效性。Vlog 作者以影像代替文字或相片写个人网志，并上传与网友分享。
>
> Vlog 作为视频形式可以有两种定义：一种是 video log（视频日志），另一种是 video of log（日志视频）。区别在于前一种定义的重心是日志，本质上与文字日记、图片日记是同类形式，是用视频形式承载的日志内容；而后一种定义更强调视频，日志内容为视频服务。Vlog 只是众多风格视频中的一种形式，是以日常记录为内容的视频。

5.2 Web 3.0 环境下的营销模式

Web 3.0 的核心理念是个性、精准和智能。在 Web 3.0 背景下，网站内的信息可以直接与其他网站相关信息进行交互，能通过第三方信息平台同时对多家网站的信息进行整合使用，从而提高数据信息的可获取性。基于 Web 3.0 时代网络营销的特点，出现了以下营销方式。

5.2.1 基于 Web 3.0 的众包营销

1. 众包与众包营销的概念

众包一词由美国记者 Jeff Howe 在《连线》杂志 2006 年 6 月刊上首次提出，此后众多学者对众包的概念界定进行了补充。目前，关于众包的定义较为有代表性的观点认为，众包是一种特殊的大众网络聚集方式，是一家公司或机构把过去由员工或者承包商完成的工作任务，以自由自愿的形式外包给非特定的人众网络或虚拟社区的做法。

众包营销是一种可以聚集人才，在利用大众智慧的同时，既可以宣传企业的产品或品牌，又可以降低资金成本和时间成本的网络营销模式。对于众包营销概念的理解，要把握以下几点。

（1）众包最突出的一个特点是企业把原本由内部员工所应承担的部分职能外包给企业外部的大众。这种商业模式变革改变了劳动力的组织方式。

（2）定义中承担企业内部某些工作的大众群体是没有清晰界定的，这些大众往往不是该行业或领域的专业人员，大多数可能是利用业余时间参与众包活动的业余爱好者。

（3）在参与众包的过程中，大众不再是过去被动接受产品和服务的消费者，而是主动的参与者，可以决定是否参与以及如何参与众包活动。

【微型案例 5-1】小米公司研发 MIUI 操作系统时采用了众包模式，即通过与小米论坛上的用户互动征集意见，每周快速更新版本，对产品进行改进。小米手机的研发也延续了该模式：在手机新功能开发之前，通过论坛提前向用户透露一些想法，或者在正式版本发布前一两周，让用户投票选择需要什么产品。这种众包模式让小米手机获得了出人意料的成功，尽管不断被诟病，但对产品功能上的诟病反而使其越来越成熟。

2. 众包的类型

众包的基本类型主要包括大众智慧、大众创造、大众投票和大众集资四种。

（1）大众智慧。企业利用大众智慧的方法一般是先建立一个人数众多、来源广泛、多样化的智力资源网络，然后通过这些拥有丰富多元化知识的群体解决企业难题或者预测某种事物的发展。

【微型案例 5-2】InnoCentive 是一个利用集体智能的众包网络平台。企业人员可以在平台的网络社区张贴企业内部无法解决的研发难题，征募全世界的人才帮助企业进行研发；科学爱好者可以申报自己的解决方案，胜出者将会得到来自企业的奖励。

（2）大众创造。大众创造是企业将内部的任务外包给大众，由大众创造某种产品或服务。百度百科、优酷网等都是应用大众创造这种众包类型的典型平台。在这些平台中，用户参考并创造了本应由企业提供的产品和服务。例如，用户在百度百科的网站上共同创建、编辑、修订、增补各种词条，这就是大众创造的生动体现。

（3）大众投票。大众投票的原理是利用大众的辨别能力，对海量的信息进行组织分类。例如，搜索引擎网站将大众对某类产品的搜索结果进行排序，厂家可以据此排序结果了解最受大众欢迎的产品样式或类型。又如，亚马逊在其购物平台上根据分析用户购买图书的偏好，向其他有类似偏好的读者推荐其可能喜欢的书籍以促进销售。

（4）大众集资。大众集资的原理是让大众代替银行和其他机构提供基金。例如 Kiva.com 通过大众集资的方式为小公司和个人提供小额贷款。

企业进行众包营销实践时，不总是独立运用某种模式，可以组合应用四种类型的众包模式。

【微型案例 5-3】Threadless.com 是一家 T 恤厂商的网站，其在运作过程中运用了多种众包模式。在该网站，所有参与者都可以向网站提交 T 恤设计方案，用户投票选择优胜者，即 Threadless 的用户设计了 T 恤产品，其他人可以购买这些 T 恤；大众投票选择 T 恤的样式或类型，选出了满足其需求的产品，确保了产品的销路；大众选择生产线，确定产量，并负责市场推广、促销以及销售工作等企业价值活动。

3. 众包与外包的关系

众包与外包是既有联系又有区别的两个概念。众包是一种利用互联网突破地域约束，以全世界人才为基础的超级外包；众包是企业为合理组织资源而进行的多维度外包，是纵横交错的外包。这种观点并非将众包等同于外包，而是从内部资源不足引发资源配置，由内部积累转化为外部利用以及扩大组织边界的角度阐述了众包与外包的相同点。

众包与外包的区别也显而易见。外包是 20 世纪 80 年代流行起来的商业用语，至今理论界尚未形成权威定义，一般是指将公司或机构不擅长的或者占用较多时间、人力、物力的业务以合约的形式委托给外部专业公司，从而达到节省成本、集中精力于核心业务、善用资源、获得专业服务等目的。众包不同于外包主要表现在以下几个方面。

众包与外包的关系

（1）参与主体不同。外包是企业借助外部的专业化资源，参与外包的承包方通常是具有某方面优势资源的组织，能够以更短的时间或更低的成本完成这些工作和任务；而众包借助企业外部任何可能的大众，他们可能是这一领域的专业人士，很多时候也可能仅仅是业余爱好者。

（2）合作方式不同。外包倾向于组织间的合作，众包倾向于大众的参与。众包的基础在于大众所能够掌握的技能，强调企业与大众进行交互，从而以创意的形式进行深化，使大众参与企业的价值创造活动。

（3）合作的出发点不同。企业实施外包的原因一般倾向于降低成本；而企业运用众包的原因更倾向于解决企业内部遇到的难题，寻求企业外部的创意。

众包营销模式已经对一些产业产生了颠覆性的影响，如美国某跨国公司耗费几十亿美元也无法解决的研发难题，被一个外行人在两周内圆满解决。众包模式被视作将掀起下一轮互联网高潮、颠覆企业传统商业模式的创新模式。

4. 众包营销的理论基础

开放式创新和创意竞争是众包营销的重要理论基础，也是把客户整合到营销过程的有效方式。

（1）开放式创新。开放式创新的核心思想是将客户整合到创新过程中，是一种价值创造模式。把客户整合到创新过程的实质含义如下：开放企业的创新活动，以获得产生创新的潜在观点或创意，以便进入创新阶段。也就是说，由于更多组织积极地参与，大量潜在创意涌进企业的创新过程,因此企业会获得更多创意。其中,有些客户创意表明了其愿望和需求,被称为"需求信息";还有些客户的创意被称为"解决信息",解决信息不仅代表了需求信息,还描述了这些创意变成市场上产品的方法。美国学者詹姆斯·索罗维基如此描述这种情形:在解决问题、培养创新、明智决策以及预测方面,大众的智慧强于少数聪明的智者。

(2)创意竞争。创意竞争是一种扩大潜在创意来源的方法。一次创意竞争可以定义成向一个组织者发出的邀请,即一个企业与大众或目标群体之间达成某种约定,在事先约定的期限内,首先由参与者提交一个特定主题的创意,然后评审委员会评估提交的创意并选出优胜者。因此,创意的竞争性鼓励参与者提交具有创新性的独特创意。基于 Web 3.0 开展创意竞争,参与者可以通过网络平台提交、展示、点评其创意,也可设置允许其他参与者评价其创意。Web 3.0 技术给这些提供了便利,使企业能获得大量参与竞争的客户,同时降低了组织者和参与者的精力成本消耗。

5. 众包营销的价值

众包营销简化了传统的招投标体系,常被用来收集合理化建议,其在特定行业也能让产品发生质变。众包营销除了产生口碑效应,还蕴涵着更大的价值。

(1)收集合理化建议并促进产品销售。收集合理化建议的传统做法需要通过会议或征集等方式进行,面窄且作秀的成分比较多;而在 Web 3.0 环境下,这种障碍感被打破,人与人之间的隔阂在"六度分割"理论下实现了最好的"溶解"。通过众包方式收集合理化建议,借助提供建议者的口碑传播可以有效地提升企业产品或品牌的美誉度,进而促进产品销售。

【微型案例 5-4】服装类电商网站 Thread less 在短时间内崛起的诀窍很简单:每周都举办设计竞赛,近 700 名参加者将 T 恤设计上传到网站,然后经过投票选出其中六个设计进行印制。Thread less 让浏览者按 5 分制给设计打分,网站员工从最受欢迎的作品中选出优胜者。六位幸运的设计者每人都会获得 1000 美元的现金和奖品,他们的名字还会被印在制成品的标签上,公司则得到了优胜者的设计。这些根本不是出自职业设计师之手的 T 恤投放市场后大受欢迎,每个月这个网站都可以卖出 6 万件 T 恤,每年有超过 500 万美元的利润。

(2)灵活运用利益导向策略提升产品质量。众包营销中的利益导向特征,让各类开发者参与利润分成,极大地刺激了参与者的积极性,并能为企业的产品带来质的飞跃。

【微型案例 5-5】利益导向的驱动在苹果的应用软件商店(App Store)中显示明显。苹果公司的 iPhone、iPad 等产品的最大盈利点其实不是产品本身的销售收入,而是销售之后,应用软件商店模式激发了开发者去制造大量物美价廉的软件。这一模式类似于插件,只不过它可以让开发者赚到钱,使开发者可以更容易地在更大范围内和最终消费者发生联系,直接参与销售分成,把价值链的阻力降到最低。数量众多的程序开发者构建了手机在线软件商店的产品生产基地,而开发者们可以在上面发布自己的作品,满足商用条件后即可上线销售,获得高额回报。

上述案例中,让全球各类开发者参与利润分成的方式无疑极大地刺激了参与者的积极性,这一导向策略也使得苹果的众包营销为其产品带来了质的飞跃。此外,众多微博平台都推出了开放接口,供网民设计各种应用来让微博在基础应用体系之上变得更为丰富多彩;一些电子商务网站也积极推出类似 Thread less 的 DIY 产品供网民选择。只有 Web 3.0 标准的网站可以方便地在数据、功能上充分实现彼此的互通、互动。

总之,众包中参与的大众已经不再是纯粹的产品和服务的被动接受者,而是价值的共同创造者。在众包中,大众的参与使得企业可以低成本地利用企业外部蕴藏的大众的智力资源,以弥补内部资源不足,贴近市场和需求,提升企业的竞争力。众包中松散的、参与者自愿参与的网状组织结构能充分调动网络节点上的大众的能动性。

5.2.2 基于 Web 3.0 的精准营销

精准营销由现代营销理论大师菲利普·科特勒教授于 2005 年提出,是指通过定量和定性相结合的方法对目标市场的不同消费者进行细致分析,根据其不同的消费心理和行为特征,在精准定位的基础上,依托现代信息技术手段建立个性化的顾客沟通服务体系,实现企业可度量的营销效果的营销方式。精准营销中的"精准"有四个层面的含义:一是目标对象的选择性,即尽可能准确地选择目标消费者,进行针对性强的沟通;二是沟通策略的有效性,即沟通策略能很好地触动受众;三是沟通行为的高效性,即与目标受众沟通的高投资回报,减少浪费;四是沟通效果的可衡量性,即沟通的结果和成本可衡量。

1. Web 3.0 精准营销的核心思想

Web 3.0 精准营销的核心思想在于其精准性和可控性,具体体现为以下三点。

(1) 精确实现"一对一"营销。借助 Web 3.0 技术,产品设计充分考虑消费者需求的个性特征,为消费者创造更大的产品价值,向消费者提供比竞争对手更多的"让渡价值"。

(2) 精密细分消费人群。把消费者细分为不同的群组,针对不同群组的需求差异分别开展营销活动,以实现更佳的营销效果、更高的客户忠诚度。

(3) 准确把控营销渠道和成本。通过直接媒体和直接手段及时向消费者传递产品信息,降低消费者搜寻信息的时间成本与精力成本,努力实现交货渠道的个性化和便捷性,减少消费者的交易费用。

总之,精准营销的关键在于精准找到产品的目标人群,让消费者认识产品、了解产品、信任产品,到最后的依赖产品。在 Web 3.0 环境下,企业实施精准营销需要采用有针对性的技术、方法和指向明确的策略,实现对目标市场不同消费者群体更精准、可衡量和高投资回报的营销沟通。

2. 精准营销的优势

Web 3.0 精准营销顺应顾客个性化需求的趋势,可以降低整体顾客成本,其优势可归纳为以下几个方面。

(1) 可实现与顾客长期个性化沟通。在 Web 3.0 环境下实施精准营销,借助可量化的精确市场定位技术、先进的数据库技术、网络通信技术等与顾客长期进行个性化沟通,使营销达到可度量、可调控等精准要求,摆脱了传统广告沟通的高成本束缚,使企业低成本快速增长成为可能。

(2) 可建立稳定的企业忠实顾客群。Web 3.0 精准营销保持了企业和顾客的密切互动沟通,从而不断满足顾客个性化需求,建立稳定的企业忠实顾客群,实现顾客链式反应增值,从而达到企业的长期稳定、高速发展的需求。

(3)可降低营销成本。Web 3.0 精准营销借助现代高效物流系统使企业摆脱繁杂的中间渠道环节以及对传统营销模块式组织机构的依赖,极大地降低了营销成本。

(4)顺应顾客追求时间效率的趋势。与逛街购物相比,现代人更愿意把宝贵的时间投入到工作、学习、交际、运动、休闲等更有意义的事情中,而网络精准订购、送货上门的优点为顾客的购物提供了极大的便利。

3. 实施精准营销的策略

精准营销建立在充分了解用户行为的基础上,其实施过程的关键步骤是营销客体的定位,整个营销过程是一个迭代过程,其目的是使整个营销定位更精确。在 Web 3.0 环境下实施精准营销要注意运用以下策略。

(1)建立完备的客户信息库。这是实施精准营销的重要基础。一般来讲,数据库是企业对所有重要客户信息的记录,包括年龄、地址、电话号码、业务编码(工商业户)、查询来源、查询成本、购买经历等。完备的数据库便于企业进行精准营销,降低营销成本。借助数据库能精确列出每个客户的地理位置、心理特征、购买记录等,并可通过对这些客户资源进行有效整合分析而获取商机。例如,根据客户购买记录,可以推断哪些客户会对企业新推出的产品感兴趣,也可以找出企业的**优质客户**,并以向其赠送礼物卡等方式吸引这些客户下一次购买。

> **知识卡片 5-7**
>
> 优质客户:对产品(或服务)消费频率高、消费量大、客户利润率高且对企业经营业绩能产生一定影响的主要客户。优质客户通常又称重点客户、关键客户、大客户等。优质客户有两个方面的含义。一是指客户范围。客户不仅包括普通的消费者,还包括企业的分销商、经销商、批发商和代理商;二是指客户的价值。不同的客户对企业的利润贡献差异很大,通常 20%的优质客户贡献了企业 80%的利润。

(2)根据企业战略目标进行市场细分与市场定位。实施精准营销,先在市场细分的基础上选择明确的目标市场,并且清晰地描述目标消费者对本企业产品(或服务)的需求特征;然后,面对众多的竞争者,企业需要给自己的产品一个清晰、独特的市场定位,以便使其产品脱颖而出,这是开展精准营销的必备条件。

(3)精心组合产品并实施差异化价格策略。在开展精准营销的过程中,应将产品组合放在首位,面对特定的客户,确定好**市场区隔**,明确哪类产品是卖给哪类客户的。利用差异化定价可以实现多赢,为对价格敏感的客户提供获取低价的机会,对不能储存的产品增加需求量。

> **知识卡片 5-8**
>
> 市场区隔:将消费者依据不同的需求、特征区分成若干个不同群体而形成的不同消费群。市场区隔不仅是静态的概念,还是动态的过程。它是了解某群特定消费者的特定

需求，采用新产品或新服务或新的沟通形式，使消费者从认知到使用产品或服务并回馈相关信息的过程。市场区隔以行销资源的有效配置、行销目标的有效制定，以及创造行销优势等为目标。

（4）为客户提供个性化增值服务。在实施精准营销过程中，应借助网络与目标客户进行双向、有效率的沟通，以便针对客户的不同现实需求及潜在需求，提供有别于其他标准服务的增值服务，以此留住老客户，吸引新客户。

（5）社群聆听有效掌控营销过程。社群聆听可以监测用户的品牌情感，帮助企业不断修正其发展方向并保持竞争力。在社群时代，企业竞争力的关键在于灵活度。企业可以应用聆听所得到的宝贵资讯，根据用户的反馈、竞品的动态及时修正其营销活动、沟通策略，从而掌握商机，把控营销活动全过程。这也是社群聆听的营销价值所在。

知识卡片 5-9

社群聆听：企业通过监控特定关键字（品牌、产品、服务、公司具代表性人物等）在社群上被谈论的状况，收集并分析消费者对品牌的认知度、好感度及正反意见的过程。社群聆听是一个长期过程，它帮助企业不断修正其发展方向并保持竞争力。好的社群聆听策略与工具可以让企业了解舆论的走向和发展趋势，帮助企业预防公关危机，其收集的资料可以协助企业达到提升社群互动、维护品牌形象、掌握竞争者动态与产业趋势、挖掘消费者需求、处理消费者抱怨、发现未来商机的目标。

总之，在 Web 3.0 环境下，企业在精准的市场细分和市场定位的基础上，充分考虑消费者需求的个性特征，实施全过程管理并提供优质的服务，增强产品价值的适应性，可以极大地降低消费者需求的满足成本，同时能更好地培养消费者对企业的偏好与忠诚。

5.2.3 基于 Web 3.0 的嵌入式营销

嵌入式营销是一种基于**顾客价值链**的产业营销方式，在对产业顾客价值链分析的基础上，综合考虑顾客需求和竞争对手的行动，寻找企业资源能力与顾客盈利模式之间独特的价值匹配，并将其嵌入顾客的价值链，使营销活动成为顾客创造价值的不可或缺的一部分，从而建立长期稳定的营销关系。例如，汽车零部件生产商将产品嵌入汽车整车生产企业的整车装配线上的营销方式。

知识卡片 5-10

顾客价值链：从顾客角度对顾客消费过程的描述，将顾客购买获取价值的过程分解成相互分离又相互联系的若干个价值活动，包括售前、购买、使用和售后四个片段，其中每个片段都由若干价值活动组成。

对于顾客个体来讲，并不是每个片段都是必须经历的，而且购买性质、种类的不同决定了每个片段的重要性各不相同。构造顾客价值链时，企业需要找到价值链上影响顾客价值感知的重要价值活动，这些价值活动是该价值链的主要部分。

1. 嵌入式营销的核心理念

嵌入式营销理念源于 IT 行业的**嵌入式系统**，是以效率和价值为主线，以嵌入式团队活动为实施内容，抓住客户的需求动机和市场环境的变化要求，多角度且实时地关注质量、产品设计、成本、技术服务、交付、生产以及售后服务等问题，使客户满意度最大化，从而达到与客户建立长期合作的目的。

知识卡片5-11

嵌入式系统：一种完全嵌入受控器件内部，为特定应用而设计的专用计算机系统，通常以控制程序存储在 ROM 中的嵌入式处理器控制板的形式作为装置或设备的一部分。

嵌入式营销体现了现代营销中的顾客满意、竞争导向和关系营销三个核心理念。

（1）关注顾客满意。嵌入式营销在保证顾客满意的基础上，提供价值链增值服务。

（2）考虑竞争者的反应与行动。嵌入式营销在为顾客提供附加价值的同时，需要考虑竞争者的反应与行动，只有采取与竞争者不同的营销活动才能达到嵌入式营销的目的。

（3）注重关系营销。嵌入式营销特别注重顾客关系，而将自身营销活动嵌入顾客的价值链中，正好有利于企业与顾客建立起长久且稳定的营销关系。

在嵌入式营销的营销理念中，关系营销居于核心地位，嵌入式营销的实质是与顾客建立一种稳固的营销关系。

2. 嵌入式营销的主要特征

嵌入式营销作为一种基于产业顾客价值链的营销思维理念，超越现有竞争空间为顾客提供价值增值服务，区别于一般营销方式。嵌入式营销的主要特征可归纳为以下六个方面。

（1）嵌入式营销是一种针对产业市场顾客价值链的营销方式。嵌入式营销超越了现有的市场边界和竞争空间，在为顾客提供价值的同时，把营销活动嵌入顾客的价值链上，成为其创造价值不可或缺的一部分。嵌入式营销不仅仅着眼于产品和质量，更是从顾客满意的角度出发，就整个营销业务流程建立相应的价值传递链条，从顾客的需求动机出发尽可能地提供附加价值，以实现流程价值最大化，其涵盖的范畴已经超出了单纯的产品和服务范畴。

（2）嵌入式营销是一种基于客户端的工作模式。这种思想直接源于 IT 的嵌入式系统理念，Web 3.0 使企业具备了及时获取与处理信息的快速反应能力。嵌入式营销能使企业与客户进行及时、全方位的沟通，并由嵌入式团队中的相应人员提供个性化服务，从而保证了客户的需求能得到及时的、不失真的处理。

（3）嵌入式营销是基于产品载体上的服务营销。嵌入式营销是一种一对一的服务营销模式，服务包含市场、销售、生产、交付、技术协助和合作、售后服务等，全面支持客户的业务流程，尽量使客户满意，从而提高客户的忠诚度。

（4）嵌入式营销要求建立分布式组织结构。这种分布式组织结构一般授权基于客户端的团队现场实时工作，以整个业务活动和组织的营销理念为导向，可以改善传统的组织运作方式存在的反应滞后等缺点，为客户和项目带来极大的活力。

（5）嵌入式营销注重长期稳定营销关系的建立。嵌入式营销是一种连接客户、集团后台总部并进行互动协同的过程，其注重与客户达成亲密的伙伴关系，基于信任和承诺进行全面的合作，甚至共享工作流程和工作价值观。这种合作既是信任和承诺的保证，又会进一步巩固双方的信任关系。

（6）嵌入式营销以技术合作为主导。嵌入式营销也是一种以技术合作为基础的营销模式，其营销过程通常是围绕某新产品的开发流程，运用企业自身优势领域的核心能力，为客户提供增值服务。

3. 嵌入式营销的基本方式

嵌入式营销的一般流程：首先通过分析产业顾客的价值链活动，寻找与企业资源能力相匹配的独特价值；其次分析顾客满意因素和竞争对手的反应与活动，创造独特价值并嵌入顾客价值链中；最后评价嵌入式营销，保持或创新嵌入式营销的营销活动，以建立和维持与顾客长期稳定的营销关系。其中，嵌入顾客内部物流、嵌入顾客运营、嵌入顾客营销活动较典型。嵌入式营销的业务模式如图5-1所示。

嵌入式营销的一般流程

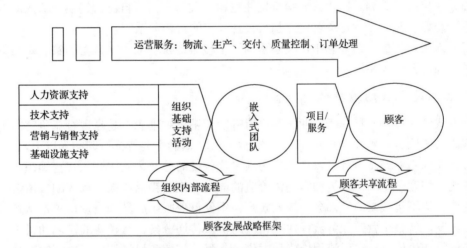

图 5-1　嵌入式营销的业务模式

（1）嵌入顾客内部物流。嵌入顾客内部物流是指分析产业顾客在产品生产过程中内部物流的相关活动（如投入品的进货、仓储和分配等），并将自己的营销活动与之结合的营销方式。

【微型案例5-6】安富利电子元件部获得海尔的库存所有权，成为其供应链的合作伙伴正是借助了嵌入式营销的力量。安富利为海尔提供所需要的电子元件以及增值的供应链服务，为海尔提供定期库存分析，按需自动补给，以确保库存时刻保持在最佳水平。安富利正是抓住了这些本来由海尔自己解决的内部后勤问题将自己的营销活动嵌入海尔的内部物流活动中，成为海尔创造价值的一部分，从而形成稳定的合作关系。

（2）嵌入顾客运营。嵌入顾客运营是指在营销过程中将营销活动嵌入产业顾客价值链的运营环节的营销方式。

（3）嵌入顾客营销活动。嵌入顾客营销活动是指通过分析产业顾客的价值链，将企业的营销活动和顾客价值链中的市场营销结合，比如，将生产企业的产品库存、搬运、销售渠道选择等与顾客（经销商）的产品收集、储存、散发和最终消费者的购买等活动联系展开嵌入式营销。

嵌入式营销不仅应用于上述三种价值链活动，还可应用于其他主体活动，如淘宝网推出的"猜你喜欢"。

5.2.4 基于 Web 3.0 的 Widget 营销

基于 Web 3.0 的个人信息门户提供了开放的 Widget API（微件应用程序编程接口），支持用户自行开发并提交 Widget（微件）工具。Widget 是一种应用程序，用户可自由定制工具，实现在个人信息门户中可移动式嵌入和自由整合，从而实现各应用站点数据的智能聚合。

1. Widget 的起源

Widget 最初源于苹果公司计算机工程师 Rose 的创意。1998 年，Rose 因为在 Mac 操作系统使用一个可以更换皮肤的 MP3 播放器时，产生了桌面上运行的所有工具也能够更换皮肤或外观的创意，他称之为 Konfabulator。

Konfabulator 1.0 于 2003 年 2 月正式发布，这个运行在苹果操作系统上的小工具中的主执行文件称为 Widget；同年 7 月 Konfabulator 1.5 发布，其主执行文件 Widget 得到了进一步开发并开始流行，Konfabulator 也更名为 Widget；2004 年 11 月 Widget 1.8 发布，该版本支持 Windows 和 Mac 操作系统；几个月后 Widget 2.0 正式版对外发布，它是继 Konfabulator 1.0 之后的又一个正式版，其以漂亮、实用、个性化等特征而广受欢迎。目前，很多公司都使用 Widget 技术。

2. Widget 的定义

Widget 是互联网上可被重复使用的数据块，可以使普通用户跨越技术门槛，根据自身需求聚合拼装网页和网站，具有权威、全面、及时及互动的特性。

从表现形式看，Widget 是一块可以在任何基于 HTML 的 Web 页面上执行的代码，表现形式可能是视频、地图、新闻、小游戏等。

从功能上看，Widget 是一种提供在线的功能性和内容的应用软件，也是一种全新的广告方式，其分布遍及潜在的海量网站。

从结构组成上看，典型的 Widget 通常包括以下文件。①Widget 配置文件。其包含 Widget 的基本信息，如名称、尺寸、作者和安全信息。②首页文件。类似于 index 文件，给出 Widget 的基本结构和内容。③图像文件。所有图像文件都保存在名为 images 的文件夹中。④JavaScript 脚本文件。所有脚本文件都保存在名为 script 的文件夹中。⑤Stylesheet 样式表文件。所有样式表单都保存在名为 style 的文件夹中。

与其他在线广告不一样，Widget 由用户以个人网站、网页、博客等方式自行上传到网站，是由其听众拉动而非由商家推动的。大量的上传者既是网站会员，在其建立 Widget 的同时又成为商家的宣传者。

3. Widget 的分类

Widget 种类繁多，可以从不同的角度进行分类。

（1）根据应用程序接口的终端分类。根据应用程序接口终端的不同，Widget 可以分为以下三类。①基于操作系统桌面的 Widget，如 Widows、Vista、Leopard 等。②基于互联网页面的 Widget。其中根据网站类型的不同，又可以细分为门户网站 Widget，个人门户 Widget（如 NetVibes、PageFlakes、iGoogle、Yahoo 等），博客 Widget（如新浪博客、搜狐博客等），社会人际网站 Widget（如 Facebook、MySpace 等）。③基于手机客户端的 Widget，如 iPhone、诺基亚等。

（2）根据 Widget 功能分类。根据 Widget 功能，Widget 可以分为以下类型。①交友类 Widget。主要有留言、即时通信、发送虚拟物品和管理人际网络等功能。用户可以通过交友类 Widget 与人际网络中的朋友保持联系，也可以认识新朋友。②娱乐类 Widget。用户可以借此自娱自乐，如在个人主页上养宠物、用鼠标涂鸦、选择有趣的标签以显示自己的个性；也可以利用 Widget 提供的分享功能与人分享信息，如 Graffiti、Bumper Sticker 等。③游戏类 Widget。主要为休闲类游戏，如拼字游戏、扑克、吸血鬼之战等。④信息类 Widget。为用户提供最新的内容，网站往往会专注于某垂直内容，主要通过 RSS 聚合的方式展现，如 CBSSports.com 等。⑤影音类 Widget。如 iLike、Movies、视/音频 Web2.0 等第三方网站，通过 API 将开发的 Widget 与社会人际站点的开放平台连接，用户不需要登录到母网站，通过 Widget 即可访问到所需的信息和服务。同时，第三方网站能够以这种方式获得更多的用户。⑥工具类 Widget。可以用来管理个人日程安排、设置纪念日提醒，如 Birthday Calendar 等。

4. Widget 营销的特点

Widget 营销允许广告商顺从用户意愿开展营销活动，可以与用户进行对话，这是一种全新的营销思想，是通过其他途径难以做到的。从商业的角度看，Widget 营销主要有以下特点。

（1）精准的受众群体。Widget 通过用户主动接受的行为实现营销信息的传递，因此喜爱或兴趣是实现 Widget 添加的主要驱动因素，营销人员也可据此判断用户的喜好。Widget 用户分布呈现出一定的特征，通常同类 Widget 的用户很有可能是同一类人群，从而积累起某特征的用户群。

（2）病毒式传播能力。Widget 营销信息的扩张是以点带面的病毒式传播，用户可以自由地向网页、个人档案主页和博客添加 Widget，然后在数字化的人际关系网络下，以 Widget 作为媒介进行病毒式传播。Widget 可以提高数据信息在整个网络的流动性并确保高效到达，其影响力常常引起马太效应。

知识卡片 5-12

马太效应：是指好的越好，坏的越坏，多的越多，少的越少的两极分化现象。

《圣经·马太福音》中有一句话，凡有的，还要加给他，叫他有余；没有的，连他所有的也要夺过来。社会学家从中引申出"马太效应"，用以描述社会生活领域中普遍存在的两极分化现象。

（3）开放性。Widget 通过 API（Application Programming Interface，应用程序编程接口）将两个网站或平台与应用联系起来，使得网站间不再只是通过超链接的简单连接，而是使各网站的用户和数据有机会分享融合并得到最大限度的利用，帮助用户更自由地使用更贴切的网站服务。

（4）功能性。Widget 是强调实用性的小型应用程序，具有一定的功能性，它既可以帮助用户提高工作效率，又可以让用户轻松一刻。每个 Widget 都有自己的主题功能，如传送时钟和天气预报、订阅的电子报纸和博客、在线播放喜欢的音乐列表及个人生活照片集、与好友或者网友临时组配玩休闲类游戏等。

（5）交互性。Widget 作为前台应用提供了丰富的网站功能，如使用 Flash 或者 AJAX，只需占据页面一小块儿地方，即可与用户间产生交互操作。同时，Widget 通过 API 与网站联系，通过函数进行机器间的交流，传输用户信息和使用情况。

（6）周期性。Widget 一般只有较短的生命周期，它能在短时间内有效吸引用户的目光，但也容易很快被用户弃用，因为不能在长时间内维持新鲜感吸引用户的注意力。不同类型 Widge 的生命周期不同，可能是几天、几周或者几个月，大多数用户在一开始花较多的时间参与 Widget 中，但热情一旦衰退，Widget 的使用人数就急速下滑。

5．Widget 营销的商业价值

Widget 是一种全新的与用户接触的方式，打破网站用户之间以及网站平台之间相互的隔阂。从营销的角度来讲，它是一种新媒体，具有参与性和互动性的优势。Widget 具有跨平台性，可以嵌入任何开放的地方，用户就是嵌入 Widget 的实施者。人们不必每次使用新服务都重复输入个人信息、添加好友、将现有的人际网络复制，通过添加 Widget 应用即可传送已有信息到网站。

Widget 营销的商业价值体现在以下方面：①用户可以在不是自己营造的社区中获取商品信息，可以在其他平台上交易并带来销售收入；②Widget 的商业模式不需要让用户停留在某个网站上，无论用户在哪里，通过 Widget 传送最专注、最相关的内容就可以将商品和服务带到哪里；③运用一些特定工具开发 Widget，可以实现跨平台集成的商业应用。

5.2.5 基于 Web 3.0 的威客营销

威客最早出现于 2005 年，它源于英文单词 Witkey，是 wit（智慧）与 key（钥匙）的合成词，字面意思为 The key of wisdom（智慧的钥匙）。在网络时代，凭借自己的创造能力（智慧和创意）在互联网上帮助他人，而获得报酬的人称为威客。威客可以是一类互联网应用网站，也可以是这类网站的注册用户。通俗地讲，威客就是在网络上出卖自己无形资产（知识商品）的人，或者说是在网络上做知识（商品）买卖的人。

1．威客营销的含义

威客营销就是利用威客这种网络应用形式开展网络营销，主要是指参与用户通过互联网平台的互动性完成知识技能与经济价值的平等置换，解决商业、生活等方面出现的问题，从而让知识技能体现出其应有的商业价值。企业可以通过威客招标来吸引悬赏型威客关注企业的网站、产品或者服务,并进一步引导其注册企业网站,真正了解和宣传企业;也可以通过"百度知道"等网站,以问答的方式来推广其网站、服务、产品、品牌等。

威客营销的理念是把企业或个人的难题交给网络志愿者去解决。其一般方法如下:企业提出问题并通过互联网发布和传播,请求志愿者给出解决方案;志愿者个人或小组接受并完成任务;企业奖励胜出者并获得解决方案所有权。威客营销与搜索引擎等营销工具结合使用,更有利于企业宣传信息。

2. 威客营销模式的核心运营机制

机制是指系统是实现某种功能的内在工作方式,包括其组成部分的相互作用,以及这些组成部分之间因发生变化而形成的相互联系。运营机制是一种有规律的动态事务,影响着系统内各要素的结构、功能、相互作用以及各个要素功能发挥作用的原理和运行方式。威客营销模式的运营机制是指为了保证威客营销网站能正常运营的内在工作方式,这些工作方式之间既相互作用又相互联系。

威客营销模式的本质是 C2C 型电子商务模式。威客网站为威客们提供了一个零门槛的营销交易环境,扮演着一个将知识、经验、智慧转化为经济效益的市场角色,一般由任务发布系统、知识库系统、检索系统、交易系统四大模块组成;需求方在威客网站提供的互动平台上发布遇到的难题或所研究的课题信息,威客通过该平台提交解决方案。众多研究者对威客的运营模型进行探讨并提出具体方案,其本质都离不开威客网站的基本运营模型(图 5-2)。

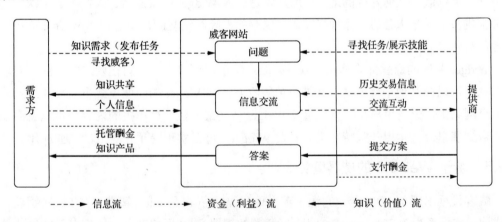

图 5-2 威客网站的基本运营模型

从图 5-2 可以看出,威客网站的基本运营模型中主要涉及的内容是需求方与提供商之间的利益传递,相关问题与答案通过威客网站进行信息传递,在整个运营过程中需求方、提供商与网站共同进行创造价值的活动。按照主体导向的不同,威客营销模式运营机制可以分为由需求方主导的运营机制与由提供商主导的运营机制两大类。

(1)由需求方主导的运营机制。由需求方主导的运营机制是指由需求方建立起威客模式的服务平台,制定相关的知识服务合约,吸引各种类型的威客进驻,整合威客提供商与威客需求方信息，建立类似于传统商业的加盟运营模式，对威客成员信息进行需求匹配，共同创造财富。由需求方主导的运营机制的核心是通过需求平台整合利益三方的信息流、资金流和服务流，建立起相关架构让提供商和平台方全力为自身服务。

由需求方主导的威客营销网站主要分为两大类：一类是由需求方主导的现金交易型威客网站，包括猪八戒威客网、任务中国、创意网、威客中国等网站；另一类是由需求方主导的非现金交易问答式威客网站，包括百度知道、爱问知识人、天涯问答、外包网等网站。其中，现金交易型威客模式占据着主流，其运营机制根据运营方式又可分为以下三类。①现金悬赏模式，即用户发布任务后预付全部赏金给威客网站，网站收取一定比例的费用，其余赏金支付给最终由用户选出的任务完成最好的威客。②招标模式，即威客凭借其大致的计划方案以及以往的成绩和信用状况参与竞标，若中标成功，则接下来执行具体的项目任务，赏金随项目完成进度逐步支付。③威客地图模式，这种模式借用了知识管理理论中的知识地图概念，即知识的导航系统，它表明不同知识存储间重要的动态关系，通过互联网将人的地理位置、擅长技能、联系方式、服务项目、个人空间五大属性聚集起来，形成关于人的搜索引擎。需求方可以预先发布自己的需求，然后根据自身的需求主动从备库的服务商中搜寻合适的威客，进行沟通交流来完成下一步的任务实施和交易。

（2）由提供商主导的运营机制。由提供商主导的运营机制是指提供商按平台方服务规则，要求威客将自己的技能、知识、智慧等智力作品放在网站上展示销售；或威客主动在网站上展示其所拥有的技能及所能服务的范围，由需求方按需求选择服务。该模式的核心在于提供商能否提供有价值、有吸引力的服务或产品，通过平台方的信息整合，展现给需求方供其选择。可见，这种营销模式是利于威客的。

由提供商主导的运营模式分为两大类：一类是独立运营的提供商主导；另一类是依附运营的提供商主导。独立运营的提供商主导是指网站中只有提供商展示方案的形式，网站并不直接提供具体的商品，而是告诉需求方威客具有的某方面特长技能，可以帮助需求方完成任务。依附运营的提供商主导是指网站中除了有提供商自己展示方案的形式，还有需求方主动提出任务的方式，它是一种混合型的威客模式，虽然其主体部分仍是由需求方主导的，但是仍有一部分是由提供商主导的。

3. 威客营销的价值

企业在威客营销模式中获得价值，一是通过采纳志愿者的解决方案，直接将其贡献转化为产品价值的一部分；二是提供一个供用户交流分享创作内容的平台，由平台方建立相关技术标准、服务标准，并通过用户交流分享创作的内容产生直接销售或广告收入，其他参与方根据平台方的合约和规定按比例分享知识服务费收入。

威客营销借助互联网开展资源互补、协同创新、合作共赢的经营活动，为企业和个人提供价值实现、技能展示的创新平台，在这个平台上，企业与个人互利互惠共同创造财富。

4. 威客营销模式在运营方面存在的问题

威客营销模式在运营方面存在如下问题。

（1）定价机制问题。由于需求方出价较少，因此威客流失或威客完成任务的质量不高，需求方对其不满意而不想付款或减少付款，使得威客更加不满意，导致威客流失加剧或完成任务的质量更加低下，如此恶性循环。

（2）信用机制问题。威客营销模式的信用评价大多是基于任务发布者与中标者的互评，信用值没有考虑可能存在作弊的情况。

（3）盈利机制问题。威客网站主要的盈利方式是服务费形式，即从知识产品交易金中抽取一定比例的金额作为服务费，盈利模式单一，盈利能力有待提升。

（4）信息服务机制问题。绝大多数网站、用户、威客相互间开辟的沟通渠道处于一种散乱和媒介形式单一的状态，沟通渠道整合运用比较欠缺，信息服务能力不足。

此外，威客网站也存在智力成果浪费严重、智力成果知识产权归属不清等问题。这些问题制约着威客营销模式的发展。

5.2.6 跨界营销

1. 跨界营销的含义

跨界营销是指根据不同行业、不同产品、不同偏好的用户之间拥有的共性和联系，让合作品牌中一些原本毫不相干的元素相互融合、相互渗透，形成品牌的立体感和纵深感，进而彰显出一种新的生活态度或审美方式，并赢得目标用户的认同，使得跨界合作的品牌都能够得到收益最大化的营销。

正确理解跨界营销的含义需要把握以下几点。

（1）跨界营销的实质是实现多个品牌从不同角度诠释同一个用户特征。跨界营销意味着要打破传统营销思维模式，寻求非业内的合作伙伴，发挥不同类别品牌的协同效应。

（2）跨界营销寻找合作伙伴的依据是双方为非竞争性品牌且具有互补性。可以跨界合作的不同品牌一定是非竞争性品牌，而且在市场人气、品牌内蕴、渠道或者消费体验上具有互补性，而非简单的功能性互补。

（3）跨界营销面向的是相同或相似的消费群体。企业在策划跨界营销活动时，需要对目标消费群体进行详细深入的市场调研，深入分析其消费习惯和品牌使用习惯，作为营销和传播工作的依据。

（4）跨界营销对相互合作的企业在营销能力上提出了更多的挑战。以往企业的营销战略，只需考虑如何使用好企业自身的资源，而由于跨界联合，企业需要考虑如何通过战略上的修正，在与合作伙伴的互动中获得资源利用上的协同效应。

此外，当品牌成为目标用户个性化体现的一部分时，这一特性同样需要与目标用户的其他特性协调，避免重新注入的元素与用户的其他特性产生冲突，造成品牌印象的混乱。

2. 跨界营销兴起的原因

大数据为跨界合作发展奠定了基础。跨界营销兴起主要有以下原因。

（1）日益激烈的市场竞争迫使产品功效和应用范围不断延伸。激烈的市场竞争使得各个行业间界限逐步打破,很多时候难以分辨一款产品应该属于哪个行业。例如,康王洗发产品貌似属于日化用品,但其实它属于药品行业。

(2) 市场发展催生了新型消费群体的崛起。新型消费群体的消费需求已经扩散到越来越多的领域,对一款产品的需求已不再是基本功能上的满足,而是渴望体现一种生活方式或个人价值或自身品位。例如,对于购买宝马车的消费群体而言,购买的主要理由之一可能就是品位。

(3) 大数据为企业对消费群体精准细分提供了便利。市场竞争的背后是产品的同质化、市场行为的模仿化和竞争的无序化等,迫使企业由过去关注竞争对手转向更多地关注消费者。整体市场和消费者的细分方式走出传统的按年龄、收入或地域特征进行划分的营销行为,改变为按照生活方式、学历、教育程度、个人品位、身份等深层次更精准化的指标来定义和解释消费者,大数据及相关分析技术的应用为这种转变提供了极大的便利和技术支撑。

基于以上原因,跨界营销通过行业与行业之间的相互渗透和相互融合,品牌与品牌之间的相互映衬和相互诠释,实现了品牌从平面到立体、由表层进入纵深、从被动接受转为主动认可的转变,使企业整体品牌形象和品牌联想更具张力,对合作双方均有裨益,让各自品牌在目标消费群体得到一致的认可。跨界营销改变了传统营销模式下品牌单兵作战易受外界竞争品牌影响而削弱品牌穿透力、影响力的弊端,同时解决了品牌与消费者多方面的融合问题。

3. 跨界营销的实施原则

很多企业实施跨界营销却未达到预期目标,其主要原因表现在两个方面:一是将跨界营销简单地理解为联合促销,单纯地认为任何两个不同行业品牌联合采取互助的促销就是跨界营销;二是忽视双方各自品牌、产品、消费群体、资源等方面的研究,在实施过程中无法实现预期的想法。因此,企业实施跨界营销需要在对跨界营销含义正确理解的前提下,遵循以下原则。

(1) 资源匹配原则。资源匹配是指两个不同品牌的企业在进行跨界营销时,它们在企业综合实力、营销思路、经营战略、市场地位等方面应该具有某种共性或对等性。只有具备相匹配的资源,跨界营销才能产生协同效应,获得双赢效果。

(2) 品牌效应叠加原则。品牌效应叠加是指两个品牌可以互补或者传播效应相互累加,将各自的市场人气、品牌内涵、渠道或者消费体验互相转移到对方品牌上,从而丰富品牌的内涵和提升品牌整体的影响力。每个品牌都诠释着一种文化或者一种理念,是目标消费群体个性化体现的一个组成部分,但是受特征单一以及竞争品牌和外界因素的干扰,品牌对文化或理念的诠释效果就会减弱,而采用跨界营销可以避免这种问题。

(3) 消费群体一致性原则。每个品牌都有准确定位的目标消费群体,实施跨界营销的品牌或合作企业由于所处行业不同、产品不同,要求双方企业产品或者品牌必须具备一致或者重叠的消费群体。

(4) 品牌非竞争性原则。跨界营销的目的是通过合作丰富各自产品或品牌的内涵,实现双方在品牌知名度或产品销售上的提升,达到双赢的结果,即参与跨界营销的企业或品牌应是互惠互利、互相借势增长的共生关系，而不是此消彼长的竞争关系。这就需要参与跨界营销的双方品牌内涵具有一致性或者相似的诉求点。

4. 大数据时代跨界营销的主要形式

在大数据环境下，跨界营销的主要形式有以下几种。

（1）品牌跨界。品牌跨界即跳出品牌及其行业的局限，通过跨界合作，实现资源共享、整合配置、提升各自品牌的价值，最终获得"1+1>2"的营销效果。品牌跨界的核心体现在营销观念的创新上，企业要敢于打破或颠覆传统思维定式，跨越行业之间的界限，善于借鉴其他行业的模式、资源、思想以及方法，实现自我提升和超越。跨界活动通过对各个品牌的资源进行有效的整合，可以最大化地利用各自的资源，从而提升整体的传播营销效果，塑造更为高大的品牌形象，并让用户对多个品牌产生好感，收获双赢的结果。

（2）产品跨界。在产品跨界的过程中往往会伴随着技术跨界，产品跨界的常见方式有以下两种：一是改变产品的价值属性，即研发的产品主要是在原有产品的基础上附加或者强化产品的其他属性，使得产品焕发新的生机，树立全新的产品形象，在不同的领域拓展市场；二是不同品牌商共同合作研发新产品，借鉴不同的产品理念，优势互补，为用户带来全新的体验和感受。由于 Web 3.0 环境下人们的需求具有复合性，功能单一的产品难以取得竞争优势，产品跨界可以使企业通过与同行业或者其他行业的企业合作很好地解决这一难题。

（3）传播跨界。传播跨界即跨平台链接构建具有传播力的媒体矩阵，整合不同形态媒体资源，形成多元信息聚合的平台，并通过不断增强媒体与用户的互动性，提高用户对企业产品或品牌的关注度或相关促销活动的参与度。企业在进行跨界传播时要考虑品牌的互动能力。品牌互动能力是指通过品牌跨界为对方创造品牌宣传与商品营销的机会。品牌间的互动能力越强，企业间的合作就越紧密，跨界传播创造的价值就越高。企业进行跨界传播的前提条件是双方是非竞争性关系，并且拥有相似的消费群体、消费文化、品牌资源和品牌影响力。

（4）渠道跨界。渠道跨界是指在商品或品牌营销过程中突破常规销售渠道的限制，跨越到不同的渠道进行销售，或者借助对方的优势资源渠道开展营销推广活动。渠道是网络营销中一个非常重要的环节，是帮助企业和商品进入市场和占领市场的重要条件。

5. 利用大数据跨界营销成功的关键因素

在 Web 3.0 环境下，技术驱动大数据产生了很多营销创意，也产生了无尽的信息需求，需要量化的情况越来越多，甚至个人生活的各个方面都可以被测量、存储、计算和分析，并得出有营销价值的结论，如通过大数据分析精确锁定潜在用户等。在不同的领域有效利用大数据进行跨界营销，需要把握以下关键因素。

（1）价值落地。在 Web 3.0 环境下，大数据和**云计算**等技术能帮助营销人员更有效地发挥用户数据的作用，甚至描绘出用户画像，充分挖掘用户数据的营销价值。因此，在 Web 3.0 环境下，跨界营销要善于运用大数据和云计算等技术对用户进行精准定位，善于发现和引领用户的新诉求，为用户提供个性化或定制化的产品和服务。同时，跨界营销要围绕用户的场景需求，依据大数据分析结果对合作品牌的外在价值进行整合，从不同的角度诠释和满足用户的体验，增强品牌的立体感和纵深感，进而增强用户对品牌的好感及忠诚度。

> **知识卡片 5-13**
>
> 　　云计算：分布式计算的一种，是指通过网络"云"先将巨大的数据计算处理程序分解成无数个小程序，然后通过多部服务器组成的系统进行处理和分析这些小程序，并将得到的结果返回给用户。云计算早期就是简单的分布式计算，分发任务并进行计算结果的合并，因而云计算又称网格计算。
>
> 　　简单地说，云计算是指通过计算机网络（多指因特网）形成的计算能力极强的系统，可存储、集合相关资源并可按需配置，向用户提供个性化服务。采用这项技术，可以在很短的时间（几秒）内完成对数以万计的数据的处理，从而达到强大的网络服务。

（2）杠杆传播。跨界营销的理想效果是杠杆传播，即在不同领域的跨界传播中，传播效果得到杠杆式的放大，这也是互联网传播独有的优越性。当然，要想达到杠杆传播的效果，必须找到正确的传播引爆点，然后集中资源去撬动它。

（3）深度融合。跨界营销的目的是突破传统广告效果越来越低的局限，采用创新的手段强化新的品牌内涵。跨界营销把品牌、优质内容广告投放技术、媒体资源、大数据资源等各环节全方位融合起来，以适应新环境下的不同营销场景。无论是跨产品边界还是跨媒体工具边界，跨界都不是简单的拼凑，而是为了实现内容的碰撞进行的深度融合。

（4）数据共享。大数据对营销创意和用户管理来说，一个重要的贡献就是"去中介化"，营销人员可以很方便地得到即时数据并随时监测行业的走向、分析流量、判断市场，为跨界营销操作提供客观依据。由于这个过程需要使用多种平台和媒介工具，如果没有数据的共享，就不能真正实现媒体整合，因此在整个跨界传播通路中就无法保证实时的交融和优化，跨界传播也就不能收到向纵深挺进的效果。

总之，借助大数据技术手段，把握好价值落地、杠杆传播、深度融合、数据打通等关键因素，可以准确预测市场及其变化，分析用户的接受偏好与体验，从而智能、实时、有效、合理地分配资源和进行预算，更好地达成跨界营销的目标。

5.3　典型案例：美的公司的"元宇宙"营销创新探索

1. 案例描述

2022 年第一天，美的公司官网发布了"美的 2022 Dr.M 系列"头像，这款以美的 IP "M 博"为基础创作的数字藏品不像传统数字藏品那样进行拍卖销售，而是赠送给用户，限量 1000 份。数字藏品的底层技术是区块链，它的特性为不可分割、不可替代、独一无二。这意味着，如果一件线上作品（如美的这次发布的系列头像）被转化为数字藏品后，就成为区块链上独一无二的数字资产。对持有用户而言，这不仅是一张独特的身份标识图像，还具有很高的收藏价值。活动中购买数字藏品者以年轻人居多。过去的很多营销活动即使看起来是很创新、很吸睛的出圈营销，对用户的影响力其实也是短暂的。而数字藏品的出现让品牌商能够在这个复制品"泛滥"的数字时代，为每个用户"创造"稀缺和专属的内容，让用户的记忆不会随着营销活动的结束而消失，而是会因为长期持有相关数字藏品让用户和品牌建立起更久的连接，这也是"数字藏品营销"的重要价值。

2022年3月，美的公司又推出美的魔净智能扫拖机器人M9，将元宇宙概念落地智能家居领域，描绘未来家居生活的理想形态。为了贴近元宇宙的科幻感，也为了配合新品美的魔净智能扫拖机器人M9上市，美的公司特意打造了一支蕴含悬疑科幻元素的TVC《神秘访客》。短片开头由一起"神秘事件"引出，主人公掉落在地板上的垃圾，竟然在她进入房间拿扫把的瞬间不翼而飞，感到不可思议的主人公试图通过设置关卡、查看监控的方式，找出让地面卫生变干净的"神秘访客"，可惜几次试验都无功而返。虽然此时并未揭晓视频悬念，但氛围感早已拉满。与此同时，美的公司还顺势推出了美的魔净M9元宇宙礼盒。这款礼盒不只外观设计充满了虚拟科幻元素，内部包装还采用了宇航员的卡通图案，使得整体效果看起来"元宇宙感"满满。

（资料来源：编者根据相关资料整理）

2. 案例评析

元宇宙概念最直观的理解是"现实世界的虚拟化"。元宇宙在未来会包括新的社交、电商、教育、游戏甚至支付等领域，并实现大规模商业化应用。今天人们所熟悉的互联网应用，在元宇宙上能以三维的、更加身临其境的方式呈现。

数字藏品其实是结合区块链技术+元宇宙概念所形成的一种虚拟"商品"。这种商品形式多样，可以是一款头像、一罐虚拟的可乐，或者一件绘画等。简单来理解就是，某些企业发行了一些虚拟的商品，这种虚拟商品是有形的（虚拟影像），它采用区块链技术而具有独特的身份号码，可以专属某个人（不能被别人偷走）。因为这些数字藏品具有唯一性，具有历史纪念意义（在特定的时间发行），而且可视化，所以未来是否具有价值，是否可以拍卖或者转赠、传承收藏等都具有无限想象的可能性。

购买数字藏品者以年轻人居多的主要原因有三个：第一，博物馆数字化、文创数字化表面上看是为了满足公众精神文化需求的阶段性措施，实际上逐渐成为其长远发展方向；第二，年轻人对数字产品和国潮国风的文化艺术品拥有更高的接受度；第三，虽然目前数字藏品不能流通和交易，但具有收藏价值。

当数字藏品在虚拟世界引起口碑效应时，对品牌或者某项活动来说是一种有效的传播手段。

在Web 3.0环境下，元宇宙世界将由一个超级入口和多个垂直以及企业级元宇宙构成，是一个全新的互联网形态。对企业或品牌营销而言，元宇宙可谓是一片待开发的巨大"蓝海"，给品牌带来了巨大的机遇和挑战。美的公司选择此时布局数字藏品、元宇宙，无疑是在更长远的品牌发展中抢占先机。

本 章 小 结

真正的 Web 3.0 是让用户可以通过简单的检索入口,跨越不同的应用平台共享不同社区的信息,以实现一站式智能化检索。本章介绍了 Web 3.0 的概念,分析了 Web 3.0 与 Web 1.0 和 Web 2.0 之间的区别以及 Web 3.0 营销的特点;着重介绍了 Web 3.0 环境下的众包营销、精准营销、嵌入式营销、Widget 营销、威客营销、跨界营销六种模式。Web 3.0 网站内信息可以直接和其他网站信息进行交互,能通过第三方信息平台对多家网站信息进行整合使用;用户在互联网上拥有自己的数据,并能在不同的网站上使用。元宇宙是 Web 3.0 应用的最佳落地场景。

复习思考题

1. 选择题(有一项或多项正确答案)

(1) Web 3.0 营销的特点表现为( )。
    A. 信息呈现的聚合化和个性化
    B. 信息检索的精准化和智能化
    C. 信息交互的跨语言和跨平台化
    D. 服务的整合化和高效化

(2) 众包是一家公司或机构把过去由员工或者承包商完成的工作任务,以自由自愿的形式外包给非特定的大众网络或虚拟社区的做法,其基本类型包括( )。
    A. 大众智慧　　　　　　　　B. 大众创造
    C. 大众投票　　　　　　　　D. 大众集资

(3) 精准营销中"精准"的含义是( )。
    A. 目标对象的选择性　　　　B. 沟通策略的有效性
    C. 沟通行为的高效性　　　　D. 沟通效果的可衡量性

(4) 嵌入式营销常采用以下( )方式实现。
    A. 嵌入顾客内部物流　　　　B. 嵌入顾客运营
    C. 嵌入顾客营销活动。　　　D. 嵌入第三方平台

(5) 威客网站的理念是( )。
    A. 把企业或个人的难题交给网络志愿者解决
    B. 把企业的难题交给上级主管
    C. 个人的难题个人自行解决
    D. 免费为企业提供解决问题的方案

（6）利用大数据跨界营销成功的关键因素包括（　　）。

A．价值落地　　　B．杠杆传播　　　C．深度融合　　　D．数据共享

2．判断题

（1）Web 3.0 的核心软件技术是语义网和人工智能。　　　　　　　　　　（　　）

（2）Web 3.0 以网络化、个性化、智能化为特征。　　　　　　　　　　　（　　）

（3）在 Web 3.0 环境下，精准营销的核心思想是精准性和可控性。　　　（　　）

（4）嵌入式营销体现了现代营销理论中的用户满意、竞争导向和关系营销三个核心理念。　　　　　　　　　　　　　　　　　　　　　　　　　　　　（　　）

（5）威客营销模式的本质是 C2C 型电子商务模式。　　　　　　　　　　（　　）

（6）跨界营销的合作伙伴必须是双方为竞争性品牌且具有互补性。　　　（　　）

3．简答题

（1）众包与外包的主要区别是什么？众包营销的理论基础是什么？众包营销有哪些局限性？

（2）什么是精准营销？你认为实施精准营销需要把握哪些关键要素？试结合具体企业案例加以说明。

（3）嵌入式营销和 Widget 营销分别具有哪些特点？

4．讨论题

（1）有人说"营销数字化将是企业数字化转型的重要场景"，你如何理解呢？在小组研讨会上说出你的观点并陈述理由。

（2）试结合教材的相关内容，进一步查阅有关资料，分小组对利用大数据有效实施精准营销、跨界营销等问题进行分析并展开讨论。

案例研讨

百度将自身 AI 技术能力、内容力、多元化场景能力打通，构建了完整的 Web 3.0 全链路场景，同时将丰富的品牌营销经验结合，提炼出 Web 3.0 营销解决方案，以帮助企业实现营销全链路智能化，为品牌营销提效增质。

在 2022 年 9 月百度举办的 Web 3.0 元宇宙沉浸式歌会中，采用 AI+XR 的技术呈现形式构建了包括空间（希壤元宇宙）、身份（数字人）和资产（数字藏品）的 Web 3.0 全链路场景。本次歌会空间布景可根据不同环节定制化呈现，让歌手在不同场景中切换自如，带给用户更加丰富的视听享受。这场搬到元宇宙里的晚会形式更加灵活自由，增强了用户的存在感。作为 AIGC（AI Generated Content，人工智能生成内容）的重要表现形式，度晓晓（百度公司推出的可交互的手机虚拟 AI 助手）担任歌会的 AI 制作人，与众多大师完成"真数同台表演"，展现出听说读写、唱跳能力以及个性化的互动能力。在文心大模型的支持下，度晓晓具备了很强的理解和生成能力，在 AI 作画、AI 写歌、AI 剪辑等领域频频

"出圈"。

以数字人为人格化的沟通主体,以元宇宙打造的沉浸式互动场域,以数字藏品搭建的价值共创载体,为品牌与用户提供价值续航,这也有助于品牌实现资产的累积与激活。

(资料来源:编者根据相关资料整理)

认真阅读上述案例材料,思考以下问题。

(1)案例中,百度在其营销活动中是如何体现Web3.0营销思想的?运用了哪些Web 3.0营销策略?

(2)案例为我们开展网络营销给予了什么启示?

第 6 章 移动营销

教学目标

- 给出移动营销的定义,分析移动营销的主要特征及 5G 技术对移动营销的影响。
- 描述移动营销的主要业务内容,说明移动营销的基本原则、常用方法、盈利模式。
- 结合 5G 技术在我国的发展与应用及其对移动营销产生的影响等问题进行研讨,激发学生的民族自豪感和不断进取、自强不息的奋斗精神。

学习要求

基本内容	主要知识点	能力素养
移动营销概述	移动营销的定义、主要特征、基本原则	(1)移动营销原则的理解和方法的运用能力; (2)5G 技术对移动营销影响的敏锐感知和适应能力; (3)树立不断进取、开拓创新的奋斗目标
移动营销的常用方法与参与者	(1)移动营销的常用方法; (2)移动营销的主要参与者	
移动营销的应用模式	(1)移动营销的业务模式; (2)移动营销的盈利模式	
移动营销存在的问题及发展前景	(1)移动营销存在的问题:用户许可问题、个人信息保护问题、方法策略问题; (2)5G 技术对移动营销的影响; (3)未来移动营销的应用发展特点	

第6章　移动营销

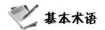

基本术语

移动营销、WAP、推送模式、独立 WAP 网站模式、短信网址模式、5G 技术

引例

从《啥是佩奇》视频短片看移动营销

2019 年临近春节,《啥是佩奇》短片在移动网络上走红,成为一时间人们刷屏的爆款短视频。佩奇本是一部外国儿童动画片中的角色,在国内也有较高的热度。在短片中,一位农村老人听说城里的儿子一家要回村里过年,孙子很想要一只佩奇,于是马上行动开始寻找佩奇,并发出了"啥是佩奇"的疑问。而在询问和寻找佩奇的过程中,发生了一系列令人捧腹大笑的故事,在历经波折后,老人终于亲手焊接了一个佩奇。

这个充满土味和温情的视频很快在网络上走红,观众看完该视频后意识到这是一个广告视频,其是为了即将上映的《小猪佩奇过大年》电影进行造势宣传,随着视频的火爆传播,达到了推广电影的目的。

(资料来源:编者根据相关资料整理)

点评:以潮流时尚元素为切入口借温情故事凸显移动营销魅力

案例短片以近年来在青少年中非常流行的时尚元素为切入口,以城市与农村、老一辈与年轻一辈之间的差异为情感角度,结合春节和团圆的氛围,通过一个看似平淡却充满欢笑与温情的故事来体现出亲情带给人们的感动。这种情感共鸣很容易戳中人们的内心,从而令其成为火热的讨论话题。最重要的是手机对于大部分人来说是必需品,媒体黏合度已经达到百分之百,即时、互动、准确、个性化的移动营销将成为下一波主流。

移动营销是网络营销的一个重要组成部分,主要研究无线网络中的营销问题,一般基于定量的市场调研深入地研究目标消费者,并整合运用多种营销手段实现企业产品的销售目标。移动营销既是一种营销方法,又是一种营销策略。

6.1　移动营销概述

移动营销诞生于日本和韩国,后在欧洲兴起。2000 年,中国移动短信业务开通,标志着我国移动营销市场开始起步。2005 年年初,我国移动营销市场开始迅速推广,经历了发展初期和市场培育期后,现已成为营销商重点推荐的服务。

6.1.1　移动营销的定义

移动营销早期也称无线网络营销或手机互动营销,一些研究机构和专业协会对移动营销进行了各自的定义。Manecksha(2000)提出移动营销是一种能直接与任何人,通过任何网络和任何装置，在任何地点、任何时间进行沟通的新兴营销方式。Mort & Drennan（2002）则认为移动营销是适用于手机、智能型手机、个人数码助理等通信设备和行动环境下的营销活动，并提出方便性、成本、机不离手、情景感知是移动营销的四大成功关键要素。美国移动营销协会（Mobile Marketing Association，MMA）在2003年定义移动营销是随时随地都能够带来即时、直接、交互沟通的一种渠道，简而言之，就是通过移动渠道来规划和实施想法、对产品或服务进行定价、促销、流通的过程。

以上定义对移动营销考察研究的角度不同，理解表述形式也不相同，但在以下两个方面达成共识。①移动营销的交互性。移动电话是一种很好的即时交流媒介，消费者能在收到营销信息后立即将回应传送给营销者，使营销者可以通过基于位置的服务提供更适合和更深入的具体信息。②移动营销信息特制化。营销者通过潜在消费者的发信息地和发信息时间等信息传送给消费者最适合的营销信息，即基于位置的服务。

综合各方观点并考虑现阶段我国移动营销的实践特征，本书编者认为：移动营销是依据企业整体营销战略开展的，以移动设备及无线通信信息系统为载体，在移动终端上直接向目标受众精确地传递时间和地点等敏感性的、个性化的商品或服务信息，并通过与消费者的信息互动达到提升品牌、维护客户等市场营销目标的商业活动。移动营销在强大的云服务支持下，可以利用移动终端获取云端营销内容，实现把个性化即时信息精确有效地传递给消费者，达到一对一互动营销的目的。

知识卡片 6-1

> 云服务：通过网络以按需、易扩展的方式获得所需服务，是基于互联网的相关服务的增加、使用和交互模式，通常涉及通过互联网提供动态易扩展且经常是虚拟化的资源。云是网络或互联网的一种比喻说法，抽象地表示互联网和底层基础设施。现阶段所说的云服务是分布式计算、效用计算、负载均衡、并行计算、网络存储、热备份冗杂和虚拟化等计算机技术混合演进并跃升的结果。

正确理解移动营销的定义，需要把握以下几点：①移动营销是企业整体营销战略的一部分，移动营销的主要目的是提升品牌知名度，改进用户信任度和提高企业收入；②移动营销的载体是移动终端和无线通信系统；③移动营销强调交互性，以便提升营销信息带给用户的价值；④移动营销直接面向目标受众传递信息，即直接面对事先已经定位的用户而不是大众，具有强烈的个性化特征。

6.1.2 移动营销的主要特征

移动营销是一种基于交互式、随时随地通信的营销手段，它通过移动通信平台，针对移动人群进行产品营销、服务营销和品牌营销。从策略层面看，移动营销以用户数据库为基础，选择合适的时间、地点开展发布广告、销售产品、提供基于移动性的服务等营销活动，通过与用户个性化和人性化的接触，与用户保持长期互动关系，培养用户的品牌忠诚度。移动营销的主要特征可概括为以下六个方面。

（1）拥有高度的便携性和黏度。移动终端先天具有随身性，能够让人们方便、有效地利用大量的碎片化时间；同时，平台的开放为手机用户提供了更多个性化选择，而基于信任的推荐有助于企业打造主动传播的社会化网络媒体，快速形成品牌黏度。

（2）高度精准性。移动营销借助即时通信软件（如微信、钉钉等）、**手机报**、手机短信等投放系统，通过信息四维定向（时空定向、终端定向、行为定向、属性定向）实现精准匹配，在浩瀚人海中锁定目标人群，并把信息有效地传递给与之匹配的目标群体。

> 知识卡片 6-2
>
> 手机报：依托手机媒介，由报纸、移动通信商和网络运营商联手搭建的信息传播平台，具有发送新闻、图片、广告等功能，可以为企业发送较大容量的多媒体信息。
> 手机报的操作模式：①彩信手机报模式。即报纸通过电信运营商将新闻以彩信的方式发送到手机终端上，用户可以离线观看。②WAP 网站浏览模式。这种模式是手机报订阅用户通过访问手机报的 WAP 网站，在线浏览信息，类似于上网浏览的方式。③App 应用客户端模式。智能手机用户通过下载相应的 App 应用客户端，可以第一时间进行新闻提醒、新闻推荐，使用起来比前两种模式便捷、直观。

（3）成本相对低廉。降低营销成本、拓展市场是企业的永恒目标。移动营销具有实现这种目标的明显优势，它能以低廉的成本、广泛的受众规模成为企业提升竞争力、拓展销售渠道、增加用户规模的重要手段，正受到越来越多企业的青睐。

（4）强调品牌的重要性。品牌是企业与用户建立信任的中间体，它能够通过自身的价值降低消费选择的复杂度，而塑造品牌可以提高目标消费群体的品牌忠诚度。移动营销带来方便性和选择多样性的同时也给用户带来困惑，塑造品牌就显得尤为重要。

（5）重视企业客户关系与客户服务。移动营销要求企业重视客户关系与客户服务。客户对企业的要求已经远远超过对产品本身的要求；企业对客户表示关怀，从与客户建立商业关系到个人关系，关注客户满意度，使客户获得完美的消费体验，是获得客户信任和提升客户对品牌忠诚度的关键。移动营销关注客户具有明显优势，可以为客户创造特殊的购物体验，并方便企业与客户以对话的方式建立起一种"随时随地"环境下的以客户为中心的一对一学习型关系。

（6）将与客户互动看作学习的过程。通过移动营销平台与客户的每次接触都会增进对客户的了解，并将所获得的信息经过整合后转化为一种知识与企业的潜能相结合，形成企业的核心竞争力。

总之，移动营销带给企业的不只是一种新的营销技术手段，更是一种创新的营销策略。

6.1.3 移动营销的基本原则

开展移动营销，要求遵循以下基本原则。

（1）用户自愿与隐私保护原则。移动营销服务的首要原则是用户自愿，并尊重与保护用户的个人隐私。企业在实施移动营销的过程中应避免骚扰用户，避免被用户投诉，这是一项基本准则。移植到手机内容市场的无线广告要传递到目标受众，必须得到用户的允许，充分尊重用户的个人意愿，由用户自主选择接受，并且严格保护由此获得的用户信息。

实施移动营销的原则

（2）信息内容与用户需求的相关度原则。无线运营商应反复强调移动营销内容与用户需求的相关度，无论是跨媒体促销还是关于本地产品的信息内容，都必须是用户期望的信息。调查表明，手机用户并非一概拒绝无线广告信息，许多手机用户希望通过手机等手持设备接收其喜欢的游戏、活动、电视节目、网站、体育及其他感兴趣的内容。因此，对于无线推广来说最重要的是，通过明确的说明让用户主动订阅手机信息，以确保其接收的信息和广告都是真正感兴趣的内容。

相关研究表明，移动营销可以提高用户的忠诚度。由于WAP网站受流量速度限制，因此移动营销内容必须短小精悍、直奔主题、不需要太多的修饰。

6.2 移动营销的常用方法与参与者

移动营销方式是依据移动网络的特点，在参考有线网络营销基本方法的基础上形成的。移动互联网接入设备受自身特点的限制，不可能将常规网络营销的方式全盘照搬到无线领域，这也决定了移动营销的参与者除了用户，还有服务提供商。

6.2.1 移动营销的常用方法

移动营销的常用方法大致可分为基于WAP网站平台的移动营销和基于手机App与短信息的移动营销两大类。

1. 基于WAP网站平台的移动营销

基于WAP网站平台的移动营销方法主要是通过移动电子公告板、移动电子邮件、移动企业通信助理、无线信息搜索引擎等来传递营销信息。

（1）移动电子公告板。移动电子公告板主要是推送营销信息到用户移动设备端，包括用户关心的信息（如公司通知等）、个性化定制服务信息（如关心的股票行情等），以及用户调查、企业内部投票等。

（2）移动电子邮件。移动电子邮件包括提供个人用户邮件列表、与企业内部电子邮件系统无缝集成、与因特网邮件系统（如新浪、网易等）无缝集成等。

（3）移动企业通信助理。移动企业通信助理主要是通过帮助用户登记、修改、查询企业内部个人信息，查询企业公共日历以及企业内部日历，提供纪念日或重大活动的提醒服务等，委婉地表达营销意图以达到营销目的。

（4）无线信息搜索引擎。无线信息搜索引擎主要提供企业内部信息、因特网公共信息的搜索及查询等。

2. 基于手机App与短信息的移动营销

基于手机App与短信息的移动营销方法主要包括点告与直告方式、WAP网站代理方式、小区广播方式、定制营销方式、App营销方式等。

（1）点告与直告方式。这是一类用户相对被动地接受信息的营销方式。点告是一种定点广告投放模式，通过多个无线互联网站将广告精确地投放到其目标用户的手机上；直告是手机直投广告的简称,是在手机用户许可的前提下,将广告直接投放到用户手机上的广告投放模式。

(2) WAP 网站代理方式。该方式主要是以 WAP 网站免费内容吸引用户访问,然后利用流量做广告。

(3) 小区广播方式。该方式主要利用手机的小区广播功能,向进入特定区域的用户发送商场广告等信息。这种服务既为移动运营商带来利益,又给商场带来商机,用户也满意,可以实现"三赢"。

(4) 定制营销方式。该方式主要采取会员制,只对会员推送广告,会员可以自主选择广告种类。

(5) App 营销方式。该方式通过智能手机、网络社区、社交网站等平台上运行的应用程序来开展营销活动。App 是指智能手机的第三方应用程序。App 起初只是作为一种第三方应用的合作形式参与到互联网商业活动中,目前 App 营销方式已经成为各大企业营销的常态。如淘宝开放平台、腾讯的微博开发平台、百度的百度应用平台等都是 App 营销模式的具体表现,一方面可以积聚不同类型的网络受众,另一方面借助 App 平台获取流量(包括大众流量和定向流量)。

6.2.2 移动营销的主要参与者

移动营销的主要参与者如图 6-1 所示。

图 6-1 移动营销的主要参与者

(1) 内容和应用服务提供商。内容和应用服务提供商主要包括内容制作商、内容集成商等,为不同的客户群体提供广告、音频、图片、视频等内容和服务。

(2) 门户和接入服务提供商。门户和接入服务提供商可分为两种类型:门户网站运营商和互联网服务提供商。他们共同为用户提供无线网络接入服务,使得内容和应用服务提供商提供的移动服务产品顺利地到达用户,进而实现移动商品的价值。

(3) 无线网络运营服务商。无线网络运营服务商主要包括无线网络基础设施运营商和无线服务提供商。他们共同为门户和接入服务提供商与用户搭建信息传递的通道。

(4) 支持性服务提供商。支持性服务提供商主要为无线网络运营服务商提供支持性服务,如搭建无线传输网络必要的硬件设施和程序、提供付费支持和安全保证等。

(5) 终端平台和应用程序提供商。终端平台和应用程序提供商包括终端平台提供商、应用程序提供商和终端设备提供商等,主要为用户提供良好的服务界面。

(6) 最终用户。最终用户包括个人用户和企业用户。他们是利用无线终端设备享受移动商务的实体,也是价值链中价值分配的价值提供者。

6.3 移动营销的应用模式

移动营销的应用模式包括移动营销的业务模式和移动营销的盈利模式。随着我国移动通信行业的迅速发展以及 5G 时代的来临，企业的营销创新空前活跃，移动营销面临着前所未有的发展机遇，涌现出多种可利用的业务模式和盈利模式。

6.3.1 移动营销的业务模式

移动营销可以让企业以手机或平板电脑等多种移动终端为渠道，通过二维码、App 等移动应用，面向用户进行精准高效的推广，并凭借移动互联网先天具有的即时交互性、易分享性、精准位置化服务等特色，为用户提供实时、个性化的服务，实现企业营销价值的最大化。企业移动营销业务模式主要有推送模式（PUSH 模式）、独立 WAP 网站模式、WAP 组合模式、移动短信营销模式、终端捆绑嵌入模式等。

1. 推送模式

推送模式（PUSH 模式）是指企业通过无线通信系统的群发功能直接向用户发送带有广告性质或以营销为目的的短信或彩信。由于短信操作简单、成本较低、传播对象群体规模大，并且可以针对特定的对象展开营销，因此，短信营销在推送模式中应用最广，在整个移动营销中占很大份额。

移动营销的业务模式

推送模式的优点是可直接将企业的营销信息迅速传递给用户，且覆盖面较广；缺点是企业对信息的内容、信息发送的时机把握不好容易引起用户的反感。因此，企业采取这种方式推送信息时，最好建立许可与退出机制。

2. 独立 WAP 网站模式

WAP（无线应用协议）是一项全球性的网络通信协议。独立 WAP 网站模式包括在企业自建的 WAP 网站和在第三方 WAP 网站上宣传两种方式。企业在 WAP 网站上可以做产品信息宣传广告或开展互动营销活动等业务，用户也可以自主在 WAP 网站上获取电子折扣等促销信息。WAP 网站为企业提供一个移动营销平台，帮助企业避免营销信息传播方向单一和范围有限等问题，还可以通过数据分析技术来帮助企业进行精准促销。

3. WAP 组合模式

WAP 组合模式主要包括以下三种应用方式。

（1）推送+WAP 组合模式。这种方式采用短信或彩信推送，加上无线网络的超链接形式进行移动营销。

（2）二维码+WAP 组合模式。这种方式是用户使用手机扫描二维码即可实现快速手机上网，随时随地下载图文、音乐、视频，获取优惠券，参与抽奖，了解企业产品信息。

（3）手机搜索+WAP 组合模式。这种方式是通过手机搜索关键词获取企业 WAP 网站信息。应用该模式需要注意以下两点。首先，关键词的选择要综合考虑企业名称、行业名称、产品、企业自身网站内容、竞争对手网站内容、用户使用关键词频率等因素,否则企业的目标用户很难找到企业网站和相关广告。其次,企业可以选择主动将 WAP 网站提交给知名的搜索引擎公司,以使企业的网站获得较高效的推广。

4. 移动短信营销模式

移动短信营销模式包括企业短信互动营销平台模式和短信网址模式。

(1) 企业短信互动营销平台模式。该模式主要利用手机进行营销管理活动,包括收集信息、宣传企业、销售产品、维系用户关系等。企业可以采取两种方式自建互动营销平台:一种是企业向移动运营商申请短信端口号,通过互联网连接移动运营商的网关实现短信群发功能;另一种是向移动运营商直接申请"企信通""集信通"等业务,运营商帮助企业搭建短信平台。

(2) 短信网址模式。短信网址是指移动互联网上用自然语言注册的网址。该模式是利用短信服务方式或 WAP 寻址方式为移动终端设备快捷访问无线互联网内容和应用而建立的寻址方式,为企业用户提供一个更加灵活的业务服务和营销接口。

5. 终端捆绑嵌入模式

终端捆绑嵌入模式的原理是将广告内容嵌入手机应用软件,或者将广告以图片、彩铃、游戏等形式嵌入手机等终端设备,是一种具有创新性和挑战性的新型广告模式。该模式的主要特点是占有终端,是手机广告一个行之有效的模式。由于终端覆盖率是广告主特别关心的问题,因此,移动营销策划者使用终端捆绑嵌入模式时还需关注相关手机厂商的情况。

6.3.2 移动营销的盈利模式

移动通信网络具有可控制、可管理的特点,用户付费习惯和收费体系非常成熟,这使得以手机为终端的移动营销也有着清晰的盈利模式。

(1) 短信或流量收费。这种盈利方式由参与各方确定收费标准及分成方式。

(2) 按使用频率收费。这种方式打破了以往移动增值业务应用必须由用户付费的使用习惯,改由商家广告主付费。这样用户得到收益,更有利于加深用户对广告的印象,并与广告主具有良好的互动关系,同时延展运营商的产品线,提升品牌形象。

(3) 按效果收费。手机广告反馈率以及成交额都可以作为广告效果的考核指标。因此,运营商和服务提供商可以采用与广告主对广告效果进行分成的业务模式。

6.4 移动营销存在的问题及发展前景

随着移动互联网技术的创新发展,多种智能移动终端进一步普及应用,消费群体对营销方式改变的接受能力增强,以至于移动搜索、移动视频、移动游戏等形式的移动营销产生的需求呈现泉涌态势。移动营销已成为企业的重要营销方式,并面临着新的应用发展机遇,但同时在实践中还存在许多问题。

6.4.1 移动营销存在的问题

关于移动营销的问题，除了法律和行业标准等宏观因素，还存在移动营销中的用户许可问题、用户个人信息保护问题、移动营销方法策略问题等。

1. 移动营销中的用户许可问题

正如有线网络营销中的许可原则一样，要向无线用户发送营销信息，需要事先得到用户的许可，否则成为侵犯用户权利的垃圾信息，这也是移动营销面临的危机之一。如果上网用户也是移动电话用户，那么用户通过互联网注册时，可以选择是否同意通过移动电话接收服务商的营销信息，这种获得用户许可的方式和有线网络营销没有什么区别，只是在发送的信息内容方面需要考虑移动电话接收的特点，如字符数的限制和发送时间问题等。

有些企业为了追求信息的大量传播，不经用户许可就通过移动平台发送营销信息，有些则是借提供某种功能的移动 App 强制用户接受其推送信息的约定，使得众多非主动搜索的信息传递到用户手机上，侵害了用户的权益，也给移动营销带来严重的负面影响。

2. 移动营销中的用户个人信息保护问题

随着移动互联网应用的蓬勃发展，智能手机等移动终端成为广大网民日常生活中不可或缺的工具。手机上的新闻资讯、网上购物、即时通信、网络约车、快递物流、网络支付等移动应用，为人们的工作和生活提供了极大的便利，成为推动我国经济发展的新动能。企业掌握了丰富的用户信息资料，可以精准地向用户传递有关营销信息，与用户进行沟通。但是，有些企业在营销中过度使用或违法违规收集用户信息，导致用户隐私信息被泄露，个人信息安全得不到保障。

移动端 App 收集使用个人信息存在的主要问题可划分为三类。①收集个人信息不规范。例如，超范围收集与功能无关的个人信息、强制或频繁向用户索要无关权限、存在不合理免责条款等。②隐私政策不合理。例如，未公开的隐私政策或隐私政策不规范和不完整，未清晰告知收集了哪些信息及收集的目的，用户无法充分享有知情权。③用户无法注销账户。用户注册后无法注销账户、无法删除个人信息，导致用户主体权利无法兑现、无法享有电子数据的被遗忘权等问题。

总之，在移动营销中保证个人信息安全成为亟须解决的问题。

3. 移动营销方法策略问题

在移动互联网环境下，细分化、碎片化、娱乐化、情绪化造就了众多新消费模式，广告形式更加丰富，广告主面对多样化的选择显得难以适从。碎片化问题除了困扰广告主，也困扰着营销企业，以往在高收视的电台、电视台播放一则广告就能将营销信息扩散到大江南北的时代已经过去。移动营销商只有弄清楚手机用户的真正心理和需求，了解其希望接收什么信息、哪些信息是不被接受的，才能确定有效的营销方法和正确的营销策略。

调查显示，16~35 岁的手机用户对手机中的多媒体内容更感兴趣，喜欢视频、新闻以及其他娱乐内容。因此，通过移动平台发布广告是一种接触这些年轻群体的极好方式。只有掌握头部流量并挖掘分析相关数据内容、匹配相应的广告技术，才能使移动营销效果最大化。在调查用户需求之前盲目发送营销信息，不仅不能满足受众需求，还可能会引起其反感，从而无法获得良好的营销效果。

6.4.2 5G技术对移动营销的影响

虽然移动营销作为新兴营销手段还存在一系列的问题和困难，但其作为很多产品和服务的盈利来源被高度关注，整个产业链在不断完善，呈现出无限广阔的发展前景。特别是随着5G和折叠屏等新技术的出现，移动通信行业也正在发生巨大变化，而本身就与移动互联网技术联系紧密的移动营销会受到如下影响。

（1）移动营销形式更加丰富。与4G技术相比，5G技术拥有更低的延迟性和超高的下载速度，很多广告视频不再被网速和文件大小限制，搜索广告的流量会更多地流向移动端。随着可连接的移动设备增多，各种新型营销方式也会快速发展。

（2）在线视频的点击率和可交付率更高。5G的发展还涉及视频广告方面，使广告加载更快、广告视频呈现格式更丰富，在线视频的点击率和可交付率会更高。另外，广告商的收入模式也会发生变化，要完善关键性参与指标（如点击率、可见度、视频完成度），这些指标会有更高的转化率。

（3）AR及VR广告营销将成为现实。5G技术会使AR广告在移动营销领域持续爆发。AR营销通过3D虚拟形象的场景化展示以及交互式产品体验，同时融合听觉、触觉，能够快速抓住用户的视觉焦点，让用户进入沉浸式的互动体验，从而引起用户更多的关注。移动营销品牌也可借助AR和VR等沉浸式媒体格式，探索出更多有创意的视频广告。

> **知识卡片 6-3**
>
> AR（Augmented Reality，增强现实）技术是一种将虚拟信息与真实世界巧妙融合的技术，广泛运用了多媒体、三维建模、实时跟踪及注册、智能交互、传感等技术手段，将计算机生成的文字、图像、三维模型、音乐、视频等虚拟信息模拟仿真后应用到真实世界，两种信息互为补充，从而实现对真实世界的"增强"。
>
> VR现实技术不仅能够有效地体现真实世界的内容，也能够借助头盔显示器促使虚拟的信息内容显示出来，能够把原本在现实世界的一定时间空间范围内很难体验到的实体信息（视觉、声音、味道、触觉等），通过计算机等科学技术，模拟仿真后再叠加处理，将虚拟的信息应用到真实世界，被人类感官所感知，从而实现超越现实的感官体验。真实环境和虚拟物体之间重叠后，能够在一个画面以及空间中同时存在。

（4）语音搜索越来越受重视。越来越多的家庭智能设备可以通过语音助手控制，如何应对语音搜索、语音唤醒的挑战对于移动营销来说是一个不可忽视的问题，语音搜索越来越受到重视。

6.4.3 未来移动营销的应用发展特点

随着移动互联网高速发展，自媒体时代全面到来，新兴媒体平台不断涌现，为移动营销的持续发展提供了强劲的动力。未来移动营销发展空间不可限量，其应用发展将呈现如下特点。

（1）"手机媒介+"行业应用模式将深入各行业。随着网络信息技术的日新月异，移动营销技术将逐步走向成熟和完善，移动设备上的 App 充斥着人们生活的方方面面，成为其提高生活品质、享受生活便利的必备要素，"手机媒介+"在各个行业的应用也会迅速普及深入。例如，在旅游、服饰、家居、珠宝、汽车及快消品等行业中，很多企业开始使用移动营销模式来宣传企业的产品并获得成功。

（2）移动营销智能化特点将愈加明显。伴随着移动互联网时代的全面到来，尤其是移动化所带来的位置数据、物联网数据日趋丰富，加之云计算、大数据、人工智能、物联网等技术的繁荣发展，营销智能化特点愈加明显。同时，其他要素将产生共振效应，渠道、场景、数据、体验都将以智能化为核心产生自我优化和变革。

（3）跨屏整合成为未来移动营销发展的趋势。随着 5G 技术的应用，智能手环、智能手表、VR 眼镜等移动设备相继出现，用户接触的屏幕和终端日益丰富，感知体验要求不断提高，目前以文字、图片为主的静态营销载体越来越不适应用户需求的变化，而在行走、驾驶等动态营销环境下手势、音频等营销载体越来越吸引用户的目光。在使用屏幕逐渐增加的情况下，跨屏整合成为未来发展的趋势。当然，这一方面要求由跨屏数据的整合和分析，准确获知同一用户在不同屏幕上的行为踪迹和特征偏好，以构建全面完整的用户画像体系；另一方面要求多屏整合营销，移动端与 PC 端、智能电视等有效结合，实现数据全面共享和跨屏互动营销，对同一广告进行多方位、全体验展示以便于广告效果的融合互补，从而进一步提升广告品牌的营销价值。

6.5　典型案例：木瓜移动从 KOL 到内容营销

北京木瓜移动科技股份有限公司（以下简称木瓜移动）是一家大数据营销技术科技公司，致力于为我国企业走出国门提供移动营销解决方案。

1. 案例描述

（1）活动背景。2020 年，随着海外线下店的关闭，线上零售需求规模开始不断增加，线上流量平台呈爆炸式发展。许多海外知名流量平台（如 TikTok、YouTube 等）吸引众多用户使用的同时，免费流量池中诞生了众多网络明星 KOL、KOC，衍生出种草营销等经济模式。面对国外市场需求的激增，国内跨境商家却面临着品牌转型升级的现状。

> **知识卡片 6-4**
>
> KOL（Key Opinion Leader，关键意见领袖）：拥有更多、更准确的产品信息，且为相关群体所接受或信任，并对该群体的购买行为有较大影响力的人。通俗地说，KOL 就是在某些特定领域具有影响力的人。
>
> KOL 的特征：有大量用户，并且能够影响用户的行为。KOL 需要具有专业的特定行

业内的影响力，并且能够在特定的媒体上制造并传播内容，吸引更多的用户持续关注，从而带动较强的实际销售能力。

 知识卡片 6-5

KOC（Key Opinion Consumer，关键意见用户）：能够影响自己的朋友，并产生消费行为的用户。

KOC 是具有真实、信任等特质的用户。与 KOL 相比，KOC 的用户更少，影响力更小，优势是更垂直、更便宜。由于 KOC 自己就是使用者，更加注重和用户互动，他们分享的内容多为亲身体验，短视频也更受信任。因此，KOC 和用户之间更加信任。此外，KOC 的内容、文案虽然不精致，甚至有时很粗糙，但是因为真实而被信任，因为互动而反应热烈，这样带来的结果是可以将曝光（公域流量）实现高转化率（私域流量）。

（2）一般 KOL 网红营销策略。品牌升级转型需要联合 KOL 进行种草分享与产品曝光，为企业独立网站进行进一步的引流。一些网红品牌诞生过程一般是 KOL 通过利用优质的内容建立自己的用户池，然后不断地进行内容互动，从而形成情感认同，最终赢得用户对产品的认同。

（3）木瓜移动的解决方案。木瓜移动建议企业利用 KOL 转变"出海"营销之前的思维：让跨境电商本土化。首先，借助大数据调研分析市场需求，让企业充分了解海外用户的习惯，做到知己知彼。其次，在品牌营销前期，把提高曝光量作为首要任务，在此期间适当减少信息软植入，而以内容本身为主；最后，在积累一定高黏度用户后，可尝试做品牌植入，但需注意实时监测用户行为及相关需求数据，寻找有效的植入方式。

（4）方案应用及营销效果。木瓜移动在 2022 年 3 月举办了第一届跨境聚能周，线上直播间浏览量达两万人，在线观看直播约为 5000 人，平均观看时长为 78 分钟，每位参与者都有所收获。迄今，木瓜移动成功助力众多广告主成功"出海"。

（资料来源：编者根据相关资料整理）

2. 案例评析

木瓜移动通过完成品牌升级，为"出海"企业提供市场调研、推广策略、广告创意、广告变现、本地化服务的一站式移动营销解决方案，这也是木瓜移动的核心价值。从案例中可以得到如下启示。

（1）营销信息内容是成功塑造品牌形象的关键。网红营销策略只是一种移动营销的渠道，而让用户一直保持品牌忠诚度的关键是优质的内容营销。在移动网络环境中，只有持续输出优质的、有深度的营销内容才能让企业成功塑造品牌形象。

（2）全方位打造营销闭环会使营销效果更佳。企业要想提升"出海"营销的能力，需要从战略角度、产品角度、品牌定位角度等全方位展开营销，并最终配合移动营销渠道的搭建形成营销闭环，从而影响用户的认知，收到预期的营销效果。

本 章 小 结

移动营销是一个值得重视的领域。本章给出了移动营销的定义,分析了移动营销的主要特征;阐述了现阶段移动营销的基本原则、主要参与者和常用方法;介绍了移动营销的业务模式和盈利模式;分析了移动营销存在的问题和发展前景。从技术角度看,移动营销是一种营销方法;从应用角度看,移动营销是一种营销策略。移动营销既可以与本书前面所讲的 Web 1.0、Web 2.0、Web 3.0 环境下的营销方法融合,又可以与后面章节将要介绍的网络营销 4P、4C 等策略整合应用。

复习思考题

1. 选择题(有一项或多项正确答案)

(1)移动营销通过精准匹配可以使信息实现四维定向,从而有效地传递给目标群体,其中四维定向包括(   )。

　　A. 时空定向
　　B. 终端定向与属性定向
　　C. 行为定向
　　D. 目标客户定向与潜在客户定向

(2)移动营销的参与者主要包括(   )等。

　　A. 内容和应用服务提供商
　　B. 门户和接入服务提供商
　　C. 无线网络运营服务商和支持性服务提供商
　　D. 终端平台和应用程序提供商
　　E. 最终用户

(3)移动营销的业务模式主要包括(   )等。

　　A. 推送模式　　　　　　　　B. WAP 组合模式
　　C. 移动短信营销模式　　　　D. 终端捆绑嵌入模式

(4)移动营销的发展将会呈现出的特征是(   )。

　　A. "手机媒介+" 行业应用模式将深入各行业
　　B. 移动营销能获得足够多的用户信息资源
　　C. 移动营销智能化特点将愈加明显
　　D. 跨屏整合成为未来移动营销发展的趋势

2. 判断题

(1)移动营销不只是一种营销技术,更是一种营销策略。　　　　　　　　　　(   )

（2）移动营销将与客户互动看成学习的过程，并将所获得的信息经过整合后转化为一种知识与企业的潜能相结合，形成企业的核心竞争力。（　　）

（3）移动营销的信息内容与用户需求相关度原则认为移动营销内容不必与用户需求相关，信息内容可以不是用户期望的信息。（　　）

（4）在移动营销的点告与直告方式中，用户只能相对被动地接受信息。（　　）

（5）移动营销策划者使用终端捆绑嵌入模式时，必须关注手机厂商的情况。（　　）

3. 简答题

（1）移动营销比邮件列表营销具有更多优势，是对邮件列表营销的替代和补充。这个观点对吗？试阐明支持你观点的理由。

（2）如何正确理解移动营销的定义？移动营销的基本特征是什么？

（3）移动营销应遵循什么原则？

（4）移动营销有哪些业务模式？分别具有什么特点？

4. 讨论题

5G 技术的应用对移动营销会产生什么影响？越来越多的消费者在移动设备上使用 5G 网络，企业如何在移动营销中跟上这项技术的步伐？在小组研讨会上说出你的看法并阐明依据。

案例研讨

据工业和信息化部网站消息，我国移动游戏市场呈现如下特征。

（1）移动应用开发者数量超过百万。2021 年，我国移动游戏市场规模大约达到 3078 亿元，同比增长 9.8%，用户规模约为 7.3 亿人，同比增长 2.8%。截至 2022 年 2 月，我国国内市场上监测到的移动应用开发者数量为 100.4 万个，其中游戏类移动应用开发者数量位列第一位，达 21.2 万个。

（2）游戏类应用规模保持领先。截至 2022 年 2 月，移动应用规模排在前 4 位的 App 数量占比达 62.5%，其他社交通信、办公学习、主题壁纸等 10 类 App 数量占比为 37.5%。其中，游戏类 App 数量继续领先，达 69.1 万款，占全部 App 数量的 29.5%；日常工具类、电子商务类和生活服务类 App 数量分别达 34.8 万款、23 万款和 19.7 万款，分列第二至第四位。

（3）游戏类、日常工具类、社交通信类、影音播放类应用下载量居前。截至 2022 年 2 月，我国第三方应用商店在架应用下载总量达到 20163 亿次。其中，游戏类移动应用的下载量达 3089 亿次，排第一位；日常工具类、社交通信类、影音播放类下载量排名第二至第四位，分别达 2653 亿次、2443 次、2414 亿次。其余下载总量超过 1000 亿次的应用有生活服务类（1858 亿次）、资讯阅读类（1549 亿次）、系统工具类（1549 亿次）、电子商务类（1332 亿次）。

总体而言，我国移动游戏行业未来的增长机会，将更多地源自 5G、云游戏、元宇宙等新技术及新业态的应用，移动游戏用户整体结构也将在政策监管下更加健康有序，进入持续规范化发展阶段。我国移动游戏未来的市场是全球市场，未来的目标用户也是全球用户。游戏渠道也会继续提升全球化分发能力，帮助游戏开发者高效"出海"，深入拓展海外市场，与开发者共同探索海外移动游戏市场的无限可能。

（资料来源：www.chinairn.com/news/20220330/163225376.shtml[2023-10-10]，编者有删改）

认真阅读上述案例材料，思考以下问题，并分小组展开讨论。

（1）案例揭示了移动游戏市场具有什么特征？企业应该如何利用这种特征提高其品牌知名度？你认为最佳的做法是什么？

（2）移动游戏能否成为营销信息的重要载体？企业或广告主如何提供最佳的客户体验并保持竞争力？对于开展移动营销，从案例中可以得到哪些启示？

第三篇　策略篇

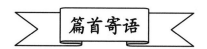
篇首寄语

《韩非子》云"小信成，则大信立"，意思是说，在小事上讲信用，在大事上就能够建立起信用。信誉的建立需要从每件小事做起，长此以往，信用度就会提高，切记"勿以善小而不为"。这个道理也适用于网络营销，无论采用哪种营销策略，诚信都是根本，如果企业想获得大诚信，就要从日常的一点一滴体现出来。

当然，运用营销策略时，适当注意一些技巧也是必要的。例如，运用沟通策略时，可借鉴美国广告创意大师威廉·伯恩巴克的名言，关于创意沟通，你可以采取两种态度：一种是冷静的推理，一种是温暖的人性。

第 7 章　网络营销 4P 策略
第 8 章　网络营销 4C 策略

第 7 章 网络营销 4P 策略

教学目标

- 解释网络产品、网络营销渠道、网络促销的含义,描述网络产品的类型、网络营销价格和网络促销的特点、网络营销渠道的特点及类型。
- 举例说明网络产品的层次特征,网络新产品的开发策略,网络营销的定价目标、定价方法、定价策略,网络营销渠道的功能,网络促销的常用策略和效果评价。
- 结合相关案例研讨,如成功企业的一次失败案例(如亚马逊的差别定价策略)等内容,培养辩证思维意识和辩证处理营销问题的能力、正确面对挫折的心理承受能力。

学习要求

基本内容	主要知识点	能力素养
网络营销产品策略	(1)网络产品的概念及其层次、市场生命周期; (2)网络产品的类型、新产品的开发策略	(1)网络产品五个层次概念的理解能力; (2)网络营销4P策略的应用执行能力; (3)学会辩证思考,增强面对工作、学习、生活中遇到挫折时的心理承受能力
网络营销价格策略	(1)网络营销价格的特点、网络营销的定价目标; (2)网络营销的定价方法:网络营销需求导向定价法、竞争导向定价法; (3)网络营销的定价策略:渗透定价策略、撇脂定价策略、定制生产定价策略、使用定价策略、密封投标定价策略、差别定价策略、弹性定价策略、收益最大化定价策略	
网络营销渠道策略	(1)网络营销渠道的定义、特点、类型; (2)网络营销渠道的功能:沟通功能、分销功能	
网络促销策略	(1)网络促销的含义、特点、与传统促销的区别; (2)网络促销的常用策略:网上销售促进、网络公共关系促销、网上折价促销、网上赠品促销、网上抽奖促销、积分促销; (3)网络促销效果的评价	

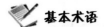 **基本术语**

网络产品、数字产品、网络产品的市场生命周期、需求导向定价法、招投标定价法、拍卖定价法、网络营销渠道、网络促销、网上销售促进、公共关系促销

 引例

蒙牛的《要强不分赛场》短片促销

在 2022 年卡塔尔世界杯开幕前夕,蒙牛上线了一支《要强不分赛场》的短片。短片一方面直接点明了用户为梦想不停奔跑与足球运动员为比赛取胜奋力奔跑两者表现出的"要强"精神产生了共鸣;另一方面在片尾的彩蛋中放出世界杯每进一球蒙牛就送 1000 箱牛奶的福利活动,以"无论谁进球,都来找蒙牛"突显蒙牛 2022 FIFA 世界杯全球官方赞助商的身份。

近年来,除了世界杯,蒙牛也在其他体育赛事领域展开促销,坚持输出品牌的价值。从 2018 年蒙牛成为世界杯历史上首个乳业赞助商并签下代言人来讲述品牌故事"天生要强",到 2019 年蒙牛成为最早签约谷爱凌的中国品牌,再到 2022 年中国女足重返亚洲之巅时,蒙牛迅速跟进对女足进行奖励以及这次卡塔尔世界杯足球赛的福利活动,每一步都显示出蒙牛对体育赛事营销的敏锐感知和不断深化品牌的"要强精神"。

(资料来源:编者根据相关资料整理)

点评:深耕体育领域突显"要强"精神实现产品品牌促销

大众对于体育赛事和运动员的认知大多是正面的,运动员在赛场上奋力拼搏、努力不懈的精神,能够加深正向价值观的印象,传递蒙牛正能量、阳光、健康的"天生要强"理念。而长线深耕体育领域,通过不同赛事既能覆盖更广大的消费者,又能用更多的故事丰满蒙牛自身的品牌精神,也让蒙牛找到一条深入不同圈层用户心智的"快速通道",并最终沉淀为产品品牌资产,成就其自身国民大品牌的地位,收到远超预期的营销效果。

20 世纪 60 年代,美国营销学学者麦卡锡提出了著名的 4P 营销组合策略,即产品(Product)、价格(Price)、渠道(Place)和促销(Promotion),他认为一次成功和完整的市场营销活动,意味着以适当的价格、适当的渠道和适当的促销手段,将适当的产品和服务投放到特定市场的行为。4P 营销组合策略也适用于网络营销,但在网络环境下,4P 营销策略在具体内涵和实施方法上具有新的特点。

7.1 网络营销产品策略

在网络环境下,传统的产品策略发生变化,产品的内容转化为实物产品、服务产品和信息产品等形式,而且实物产品在网络营销中被赋予了新的含义。因此,网络产品具有比传统产品更丰富的内容和层次,网络营销的产品策略也相应地有更多的新创意。

7.1.1 网络产品的概念及市场生命周期

网络产品是传统产品在网络环境下的继承、发展和创新,具有数字化、标准化、隐私化、兼容虚拟与现实等特征。网络产品与传统产品一样,具有一定的市场生命周期,网络产品营销可以不受时间和空间的限制。

1. 网络产品的概念及其层次

网络产品是在网络经济条件下满足网络消费者需求的物质产品、信息产品和网络服务的总称。根据产品满足消费者需求的不同属性,完整的网络产品包括五个基本层次,如图 7-1 所示。

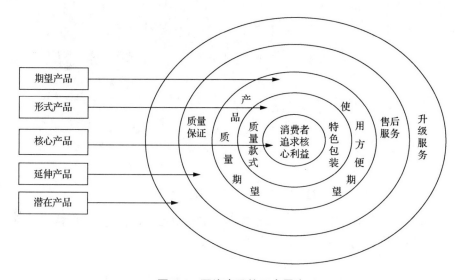

图 7-1 网络产品的五个层次

(1)核心产品。核心产品也称核心利益或服务,是指产品能够提供给消费者的最核心或最基本的效用或利益。这一层次的利益是目标市场消费者追求的共同的无差别的利益,如消费者购买计算机通常都是为了获得能满足其学习、工作、娱乐等方面需要的效用。

(2)形式产品。形式产品也称有形产品,是产品在市场上出现时的具体物质形态,是产品核心利益的物质载体。对于实物产品来说,形式产品主要由产品的材质、式样、包装等构成;对于服务产品而言,其形式产品由服务程序、服务人员、地点等构成。

(3)期望产品。期望产品也称个性利益,是指除核心利益外不同消费者对产品所期望的其他效用,表现出很强的个性化色彩。也就是说,产品的个性化特征往往通过产品的期望层次表现出来。例如,不同消费者购买面包所期望的核心效用或利益都是充饥,但有的消费者喜欢豆沙面包,有的消费者喜欢果酱面包,有的消费者喜欢奶油面包等。

(4)延伸产品。延伸产品也称延伸利益,是消费者网上购物希望得到一些附加利益的总称,通常包括售后服务、质量保证、免费赠品等。延伸产品是产品生产者或经营者为了帮助消费者更好地获得核心利益与个性化利益而提供的一系列服务。

（5）潜在产品。潜在产品也称潜在利益，是由企业提供的能满足消费者潜在需求的产品层次。潜在产品通常主要是产品的某种增值服务。例如，购买软件产品时，营销人员承诺消费者该产品可终身免费升级，这种升级服务就是该软件产品的潜在产品层次。

2. 网络产品的市场生命周期

网络产品的市场生命周期是指网络产品从研制成功投放市场开始，到成长、成熟阶段，直至衰退、被淘汰所经历的全部时间。其一般可划分为四个阶段：产品的导入期、成长期、成熟期、衰退期，如图7-2所示。

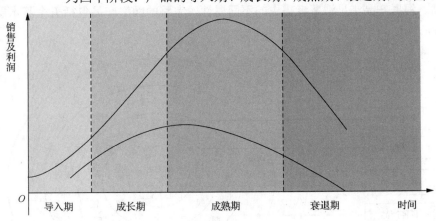

图7-2　网络产品的市场生命周期

（1）导入期。导入期的客户数据基数较小，增长也很缓慢；运营中需要不断改善客户体验，让客户给出满意的口碑，尽量避免客户负增长。

（2）成长期。成长期的客户良好体验和口碑积累到了一定程度，客户增长率呈现质的飞跃；运营中可通过大量的网络广告、社会化媒体营销、事件营销、发放补贴等方法快速扩大客户数量，迅速占领市场。

（3）成熟期。进入成熟期，竞争对手纷纷加入，市场达到饱和；运营中可采用等级制度、签到积分等方法，提高客户活跃度，把低价值客户转为高价值客户。

（4）衰退期。在衰退期出现新产品、替代品或同类品的竞争，原有客户开始流失；运营中的有效应对策略是不断创新。任何产品都会经历衰退乃至消亡，一味地维护客户不能防止客户流失，只有不断创新才能使产品品牌长盛不衰。

网络产品的市场生命周期主要取决于市场的需求和新产品的更新换代程度。市场有持续的需求，产品更新换代慢，其市场生命周期就长，反之较短。

7.1.2　网络产品的类型

在互联网（包括移动网络）上销售的产品，按照形态性质的不同主要分为两大类，即有形产品和无形产品。其中，无形产品又分为数字类产品和服务类产品。

1. 有形产品

有形产品也称实体产品，是指具有具体物理形状的物质产品，如普通消费品、工业品、旧货等。在通过网络销售实体产品的过程中，买卖双方主要通过互联网进行交互式沟通和交流。网络消费者通过浏览卖方的主页或网店、选择欲购买的商品，采用在线下单和支付的方式表达自己对品种、质量、价格、数量的选择和确定购买；卖方将面对面的交货方式改为物流快递邮寄产品或送货上门，与传统的购物方式不同。

在实体产品的网络销售过程中，互联网主要起到分销渠道的作用，网络零售商与分销商构成了网络市场的商家主体，如当当网、亚马逊等。

2. 无形产品

无形产品是相对于有形的实体产品而言的，其一般不具备具体的产品形态，即使表现出一定形态也是通过特定的载体呈现的。例如，通过网络向航空公司购买电子机票而获得的产品是无形的。通过网络销售的无形产品主要有两类：数字类产品和服务类产品。网络产品类型及其常见形式如表 7-1 所示。

表 7-1 网络产品类型及其常见形式

商品形态	商品品种		举　　例
有形产品	普通实体商品		消费品、工业品等
无形产品	数字类产品	可数字化平台性产品	计算机软件、网站、网店等
		可数字化终极产品	电子图书、数字音乐、数字电影等
	服务类产品	普通服务产品	远程医疗、网上预约就诊挂号服务，飞机票、火车票、入场券等网上订购服务，饭店、网上旅游预约服务，网络远程教育服务等
		信息服务产品	法律咨询、医药咨询、股市行情分析、金融咨询、信息库检索和查询、电子新闻、电子报刊、研究报告等

（1）数字类产品。数字类产品包括可数字化平台性产品、可数字化终极产品等。可数字化平台性产品主要指计算机软件、网站、网店等产品；可数字化终极产品主要是指电子图书、数字音乐、数字电影等。企业通过网络销售数字类产品时，可以采用两种方式：一种是由客户直接从网上下载该产品；另一种是与有形产品类似，将无形产品通过一定的介质（光盘、磁盘等）进行有形化，以送货上门的方式送达给网络订购者。数字类产品的最大特点是物流可以通过互联网在线完成，产品的性质和性能只有通过其他方式才能表现出来。

（2）服务类产品。服务类产品包括普通服务产品和信息服务产品两类。其中，普通服务产品是指一般的网上服务，如远程医疗服务、网上旅游预约服务、网络远程教育服务等；信息服务产品是指专门提供有关增值信息和进行咨询的服务，如股市行情分析、信息库检索和查询、电子新闻、研究报告等。

7.1.3 网络新产品的开发策略

不断开发新产品是企业在市场上求得生存和发展的重要条件。在 Web 环境下，随着信息与知识的共享、科学技术扩散加快，企业竞争从原来简单依靠产品的竞争转为拥有不断开发新产品能力的竞争，市场细分也越来越精细化，一种产品往往只能获得较低的销售额和利润。党的二十大报告指出，要"推动能源清洁低碳高效利用"。因此，网络市场上生态产品的发展、产品开发完成时间的缩短和产品市场生命周期的缩短、消费需求个性化发展等，都对网络新产品的开发提出了新要求。所以，企业开发网络新产品时，必须先研究网络消费者的消费行为与消费需求特点，进而确定网络新产品的市场定位，在此基础上选择新产品开发的实施策略。

> 知识卡片 7-1
>
> 生态产品：又称绿色产品，是指维系生态安全、保障生态调节功能、提供良好人居环境的自然要素，包括清新的空气、清洁的水源和宜人的气候等，其特点是节约能源、无公害、可再生。
>
> 生态产品的概念涉及材料学、物理学、化学、环境学、生理学等学科领域，因此目前对生态产品的理解存在争议，关于生态产品的定义也就不同。生态产品与农产品、工业品和服务产品一样，都是人类生存发展所必需的。

1. 网络消费行为的特点

（1）网络购物环节简化。电子商务使购物环节大大简化，能为企业节省巨额的促销费用和流通费用，使产品的价格降低成为可能。消费者可以在全球范围内寻找最优惠的价格，甚至可以绕过中间商直接向厂家购买，从而以低价购买。

（2）消费者的消费行为更加理智。消费者可以在短时间内通过网络对大量的供应商进行反复比较，选择性价比高的商品。

（3）消费需求更加多样化和个性化。在网络营销环境下，消费者可直接参与商品的生产和流通，可向商家和生产企业提出对商品的特殊需求，定制化商品变得越来越普遍。

2. 网络新产品的定位

新产品定位是指使企业新开发的具体产品的性能、功效等属性给消费者留下深刻印象，让消费者产生类似的需求时就会联想到这种产品。进入电子商务时代，消费者的消费行为和消费需求发生了根本性的变化。在网络环境下，可以为不同的消费者提供不同风格的商品，消费需求将变得更加多样化。个性化消费者可直接参与生产和商品流通，向商家和生产厂家主动表达自己对产品的需求，企业可以根据消费者的需求设计、生产产品。

3. 网络营销产品研发的新思维

网络营销新产品的研制与开发，首先需要形成新产品的构思和概念。新产品的构思可以源于顾客、科学家、竞争者、公司的专业技术人员、公司的销售人员、中间商和高层管理者，但主要还是源于市场，即由顾客引导产品的构思。企业可以通过其网络数据库系统来处理网络营销活动中的数据，挖掘顾客的现实需求和潜在需求，从而形成网络营销产品构思，进而指导企业网络营销策略的制定和网络营销活动的开展。

其次，在网络营销中，顾客可以全程参与概念形成后的产品研制和开发工作，而不再是简单地被动接受测试和表达感受。由于一些产品需要多个企业共同配合才有可能满足顾客的最终需求，因此要求在新产品开发的同时，更加注意加强与以产品为纽带的协同企业的合作。

4. 网络新产品的开发策略

由于网络产品具有一定的市场生命周期，因此不断研究和开发新产品是使企业保持竞争活力的关键。我国古代兵法主张在战争中出奇制胜，这个思想应用到商战中就是要不断创新，做到"人无我有，人有我廉，人廉我新，人新我转"。常见的网络新产品开发策略有全新产品策略、仿制新产品策略、现有产品线外新增产品策略、对现有产品改良或更新换代策略、降低成本的产品策略、重新定位的产品策略。

网络新产品的开发策略

（1）全新产品策略。全新产品策略主要应用于创新公司。进入网络时代，消费者的需求和消费心理发生了重大变化，凭借好的产品构思和服务概念开发新产品，尽可能满足网络消费者的个性化需求是网络时代行之有效的策略。

（2）仿制新产品策略。仿制新产品策略的原理是引进国际或国内市场上出现的产品，模仿、研制生产的产品。由于互联网环境下技术扩散非常快，因此模仿和研制开发某类产品往往不需要太多的资金和尖端技术，比研制全新产品容易得多。但使用这种策略时，企业应注意对原有产品的某些缺陷和不足加以改进，而不应全盘照抄；同时，要注意避免产品专利方面的纠纷。受网络时代新产品开发加快和产品市场生命周期缩短等因素的影响，仿制新产品策略只能作为一种防御性策略。

（3）现有产品线外新增产品策略。此策略是指补充企业现有产品线的新产品。网络市场需求差异性增大，市场分工越来越细化，一种新产品往往只有较小的细分市场空间，这种策略既能满足不同层次的差异性需求，又能以较低风险进行新产品开发。

（4）对现有产品改良或更新换代策略。此策略是指提供改善功能或能替换现有产品的新品。在网络市场中，消费者挑选商品的范围、权利与传统市场相比增大。企业为了满足消费者的需求，就必须不断改进和更新现有产品，否则就会被市场淘汰。例如，电视机的数字化和联网功能、空调的语音控制功能等，就是对传统产品进行信息化、网络化和智能化改良后开发的新产品。

（5）降低成本的产品策略。此策略是指提供同样功能但成本较低的新产品。虽然网络消费者注重个性化消费，但其消费行为变得更加理智，不仅对产品的价格进行比较，而且强调产品能为其带来的价值和所花费的代价。因此，提供相同功能但成本更低的产品更能满足日益成熟的网络市场的需求。

（6）重新定位的产品策略。企业的老产品经过重新定位后进入新的市场称为该市场的新产品。因为网络营销的市场空间更加广泛，企业可以突破时空限制，以有限的营销费用占领更多的市场。

总之，以上产品开发策略各有其优势和特点。企业可以根据自身情况选取合适的新产品开发策略，并充分发挥网络环境下可协同设计的优越性，使企业的产品设计、生产、销售和服务等环节能共享信息、相互交流，促使产品开发从各个方面更充分满足顾客的需求，最大限度地使顾客满意，从而在激烈的市场竞争中占据优势。

7.1.4 典型案例：百度的多样化产品策略

百度公司于 2000 年创立于北京中关村，拥有"超链分析"技术专利，使我国成为除美国、俄罗斯和韩国之外,全球仅有的四个拥有搜索引擎核心技术的国家之一。百度每天响应来自 100 多个国家和地区的数十亿次搜索请求,是网民获取中文信息和服务的主要入口,服务约 10 亿位互联网用户。百度能够保持强大的市场竞争力,得益于其多样化产品策略。

1. 百度的产品家族

百度公司旗下产品众多,是一个拥有搜索服务、导航服务、社区服务、游戏娱乐、移动服务、站长与开发者服务、软件工具以及百度旗下新上线的一些产品等服务的庞大产品家族,如表 7-2 所示。

表 7-2 百度的产品家族

百度旗下主要产品				
搜索服务	百度人工翻译	网页	视频	百度地图
	百度图片	百度翻译	百度新闻	百度识图
	百度学术	百度百聘		
导航服务	hao123			
社区服务	百度百科	百度取证	百度文库	百家号
	百度知道	百度贴吧	DUEROS	百度经验
	百度信誉	宝宝知道	百度安全社区	百度网盘
	度小满支付	百度众测	康波·财经	百度社团赞助平台
	地图掘金	百度教育		
游戏娱乐	百度游戏	hao123 游戏·手游	百度移动开放平台	百度游戏开放平台
移动服务	百度 H5	度小满理财	百度翻译 App	百度手机输入法
	百度手机助手	百度手机卫士		
站长与开发者服务	观星盘	百度大脑	百度统计	百度联盟
	百度搜索资源平台	百度营销	百度数据开放平台	百度指数
	百度移动统计	百度热搜	百度开发者中心	百度云观测
	百度舆情	百度精算	百度云加速	百度商业服务市场
	百度语音	百度 SSP 媒体服务	百度云推送	百度移动云测试中心
	百度智能云			
软件工具	百度脑图工具	如流	百度输入法	百度五笔输入法
百度旗下新上线	爱企查	小度商城	简单搜索	好看视频
	百度营销中心	商业推广	百度智能门户	爱番番
	百度健康	文心一言	一刻相册	有驾

2. 百度的多产品策略

(1)提供多样化搜索服务。作为全球最大的中文搜索引擎公司,百度是我国用户获取信息和服务的主要入口。①百度网页搜索随着移动互联网的发展,完成了由 PC 向移动设备的转型,由连接人与信息扩展到连接人与服务,用户可以在计算机、Pad、手机上访问百度主页，通过文字、语音、图像等交互方式找到所需的信息和服务。②百度地图是为用户提供包括智能路线规划、智能导航、实时路况等出行相关服务的平台。作为"新一代人工智能地图"，百度地图实现了语音交互覆盖用户操控全流程，上线了 AR 步导、AR 导游等实用功能。

（2）提供个人交流和分享平台。①百度贴吧是全球最大的中文社区，贴吧目录涵盖社会、地区、生活、教育、娱乐明星、游戏、体育、企业等。②百度百科是一个内容开放、自由的网络百科全书平台，旨在创造一个涵盖各领域知识的中文信息收集平台。百度百科强调用户的参与和奉献精神，汇聚上亿位互联网用户的智慧进行交流和分享。③百度知道是百度旗下的互动式知识问答分享平台，网友根据实际需求在百度知道上提问，可获得数亿名网友的在线解答。④百度文库是百度发布的供网友在线分享文档的知识平台，是最大的互联网学习开放平台。百度文库用户可以在此平台在线阅读、上传与下载文档。⑤百度健康是百度自身孵化和打造的一站式健康管理平台，联合优质医疗资源，构建健康知识服务、在线医疗咨询服务、健康商城服务、慢病管理服务及互联网医院服务五大体系，让用户便捷地获取可靠的健康知识和优质的健康服务。⑥好看视频平台拥有独家短视频内容源，分类覆盖搞笑、音乐、影视、娱乐、游戏、生活、小品、军事、汽车、新闻等视频内容，是一个专业短视频聚合平台。

知识卡片 7-2

百度贴吧：一种基于关键词的主题交流社区，它与搜索紧密结合，准确把握用户需求，搭建别具特色的"兴趣主题"互动平台。

贴吧的创意理念：让那些对同一个话题感兴趣的人们聚集在一起，方便展开交流和互相帮助。贴吧的组建依靠搜索引擎关键词。无论是大众话题还是小众话题，借助贴吧都能精准地聚集大批网友，展示自我风采，结交知音。

（3）提供互联网生活助手。近年来百度发布了一系列提升人们互联网生活品质的智能产品，其旗下软硬件一体化的人工智能生态形成。①小度商城是百度智能硬件产品及相关应用产品的电商销售平台，涵盖小度系列智能硬件、软件服务以及小度对话式人工智能操作系统。②百度智能云为企业和开发者提供人工智能、大数据与云计算服务，涵盖制造、能源、水务、政务、交通、金融等行业，助力企业数字化转型与智能化升级。③百度精算是百度推出的广告效果精准衡量平台，凭借百度公司海量人群样本库，为广告主和代理公司提供精准的广告效果全流程衡量、监控、分析服务。④观星盘是百度全链 AI 营销的数据平台，针对不同行业搜集品牌和用户特征数据并进行全场景多维度智能分析，帮助用户构建整合营销能力。⑤百度手机助手是 Android 手机的资源平台，拥有众多应用、游戏、壁纸资源，帮助用户在海量资源中精准搜索、高速下载、轻松管理。⑥百度网盘是百度推出的一项云存储服务，为用户提供免费的存储空间，具有添加好友、创建群组功能，可以将照片、视频、文档、通讯录等数据在移动设备和计算机客户端之间跨平台同步和管理，并可跨终端随时随地进行分享。⑦百度移动端输入法支持多种输入方式，智能联想出词，支持语音输入，提供千款个性化皮肤、颜文字，热门流行表情图每日更新，帮助年轻用户进行个性化的表达。⑧百度手机浏览器是百度自主研发的一款为手机上网用户量身定制的浏览类产品，提供超强智能搜索，整合百度优质服务。⑨hao123 及时收录包括音乐、视频、小说、游戏等热门分类的网站，与搜索功能完美结合，为我国互联网用户提供最简单便捷的网上导航服务。⑩百度安全是百度公司旗下以 AI 为核心、大数据为基础打造的安全品牌，业务由 AI 安全、移动安全、云安全、数据安全、业务安全五大矩阵构成，覆盖百度各种复杂业务场景，同时向个人用户和商业伙伴输出行业一体化安全解决方案。

（4）提供商业服务。百度商业服务整合了搜索、资讯、视频、线下场景屏、联盟流量等资源，形成全场景全用户覆盖的媒体矩阵，并依托 AI 技术和大数据功能提供消费者洞察、自动化创意、商家小程序等一整套智能营销解决方案，为企业提供搜索推广、信息流广告、品牌营销、商品推广等核心商业产品。

3. 百度的主要成功因素分析

从中文搜索引擎领域角度看，百度在技术、访问量、数据库等方面都遥遥领先。如今，百度将其功能延伸到各个领域，并且在多个领域取得了骄人业绩。

（1）百度的多产品技术创新开发策略是其成功的一个关键因素。百度领先的关键就是其产品技术不断创新。在算力方面，百度自主研发的云端 AI 通用芯片——百度昆仑 1，已在百度搜索引擎和智能云生态伙伴等场景广泛部署，具有高性能和高性价比，昆仑芯 2 代 AI 芯片量产后性能比百度昆仑 1 提升了 3 倍；在算法方面，飞桨是我国自主研发的第一个深度学习框架，是 AI 时代的操作系统。在云计算、AI、互联网融合发展的大趋势下，百度形成了移动生态、百度智能云、智能交通、智能驾驶及更多人工智能领域前沿布局的多引擎增长新格局，积蓄了支撑未来发展的强大势能。

（2）百度成功的另一个关键因素是其社会责任理念。百度坚持聚焦于解决社会问题，履行企业公民的社会责任，其提供的公益服务涵盖了教育、环保、医疗、扶贫等社会议题。

4. 百度多产品策略的启示

（1）重视客户需求和体验。百度注重为自身创造价值的同时，也给用户带来更好的体验。百度成为一个值得信赖的品牌，很重要的原因是其总是从用户的角度考虑问题。百度每次改进服务的背后，都吸取了大量的用户意见，其社会责任理念也建立在满足用户需求和良好体验的基础之上。

（2）智能搜索大有可为。智能搜索能实现一站式搜索网页、音乐、游戏、图片、电影、购物等互联网上能查询到的所有主流资源。依靠单一的搜索引擎不能完全满足人们的检索信息需求，而智能搜索引擎具有信息服务的智能化、人性化特征，允许网民采用自然语言进行信息检索，并能集各个搜索引擎的搜索结果为一体，用户使用时更加方便。

（3）多样化发展保持站在创新的前沿。百度在 AI 算力、算法、开放平台、开发者生态等方面建立的领先优势，转化为百度智能云"云智一体"的差异化竞争力，使之进入强劲增长的"快车道"。

7.2 网络营销价格策略

价格是网络营销 4P 组合中唯一产生收入的要素，营销组合的其他要素都只代表成本。在传统市场营销中，价格作为 4P 之一是十分重要的竞争手段。由于网络市场不同于传统的有地域限制的局部市场，因此网络营销的定价策略在很多方面都区别于传统策略。

狭义的网络营销价格是指人们为得到某种商品或服务而支出的货币数量；广义的网络营销价格是指消费者为获得某种商品或某项服务与销售者所作的交换，包括货币、时间、精力和心理担忧等。网络营销价格包含两层含义：一是可以量化的成本，这是价格的狭义理解，也是通常人们头脑中的价格概念，可称为产品（服务）的标价；二是不可量化的无形成本因素，也就是消费者在交易过程中所付出的除货币成本外的其他成本。

7.2.1 网络营销价格的特点

企业产品网上定价既受传统营销因素的影响，又受网络自身特点的制约。由于网络营销减少了中间环节，会节省一定的经营成本，因此网络营销在价格策略方面呈现出与传统营销不同的特点。

1. 价格标准化

在传统市场营销活动中，价格策略主要考虑产品的生产成本和同类产品的市场价格，制定价格时依据的是产品成本、需求状况和竞争状况。由于信息不对称，厂商往往对不同国家、不同地区、不同层次的消费者采取不同的价格；或利用消费者的消费心理，采用心理定价策略获取最大利润。网络营销依托的因特网具有全球性和互动性，网络市场是开放的、透明的，消费者可以利用因特网及时获得同类产品或相关产品的不同价格信息，对价格及产品进行充分的比较，从而给实行地区价格差异的企业带来巨大的冲击。为了消除这种不利影响，企业需要减少价格差异，最终实行价格标准化。

2. 价格弹性化

因特网让单个消费者可以同时得到某种产品的多个甚至全部厂家的价格，消费者可以对比后作出购买决策，这就决定了网上销售的价格弹性很大。因此，企业制定网上销售价格时，应充分核对所有环节的价格构成，作出最合理的定价决策。网络营销的互动性使消费者拥有更多信息，讨价还价的能力增强，可以与企业针对产品价格进行协商。企业必须以比较理性的方式拟定和改变价格策略，根据企业竞争环境的变化不断对产品的价格进行及时、恰当的调整。另外，由于网络上的消费者较理性，因此企业制定价格策略时要考虑消费者的价值观念，企业可以根据每个消费者对产品和服务提供的不同要求制定相应的价格。

3. 价格趋低化

在网络环境下，企业营销人员可以直接与消费者打交道，不需要经过传统的中间环节，从而降低企业产品的开发和营销成本，最终使得产品能够以较低的价格销售。由于因特网具有开放性和互动性，网上市场的产品及价格变得透明，消费者可以针对产品及价格进行充分的比较和选择，拥有极大的选择余地。因此，网上产品价格比传统营销中产品的价格更具有竞争性，迫使网络营销者以尽可能低的价格推出产品，增大**顾客让渡价值**。

> 知识卡片 7-3
>
> 顾客让渡价值：是指整体顾客价值与整体顾客成本之间的差额部分。其中，整体顾客价值是指顾客从给定产品和服务中期望得到的全部利益，包括产品价值、服务价值、人员价值和形象价值；整体顾客成本是顾客在购买商品和服务过程中所耗费的货币、时间、精力和精神成本。

4. 定价以顾客需求为主导

在网络营销时代，根据产品成本定价逐步被以顾客需求为导向定价取代。因特网的发展使需求由被动选择转变为主动选择，顾客的需求引导着企业的生产，顾客可以根据市场信息来选择购买或定制所需的产品或服务。

7.2.2 网络营销的定价目标

定价目标是指企业通过制定产品价格要达到的目的。企业为产品定价时，首先必须有明确的目标。不同企业、不同产品、不同市场、不同时期有不同的营销目标，因而要求采取不同的定价策略。企业定价目标不是单一的，而是一个多元的结合体。在网络营销中，企业常见到的定价目标主要有以下 5 种，如图 7-3 所示。

图 7-3　企业网络营销常见定价目标

（1）维持企业生存。当企业经营管理不善，或因市场竞争激烈、顾客的需求偏好突然发生变化等造成产品销路不畅、大量积压、资金周转不灵，甚至濒临破产时，企业只能为积压的产品定低价，以迅速出清存货，收回资金。但这种目标只能是企业面临困难时的短期目标，长期目标还是获得发展，否则企业终将破产。

（2）获取当前理想利润。追求目前利润的最大化，而不考虑长期效益。选择此目标时必须具备一定的条件，即当产品声誉好，而且在目标市场上占有竞争优势地位时方可采用，否则还应以长期目标为主。

（3）保持和提高市场占有率。市场占有率是企业经营状况和企业产品竞争力的直接反映，其对企业的生存和发展有重要意义。一家企业只有保持或提高市场占有率，才可能生存和发展。因此，这是企业定价的一个十分重要的目标。实行全部或部分产品的低价策略可以实现提高市场占有率这一目标。

（4）应对或抑制竞争。有些企业为了阻止竞争者进入自己的目标市场，而将产品的价格定得很低，这种定价目标一般适用于实力雄厚的大企业。中小型企业在市场竞争激烈的情况下，一般以市场为导向，随行就市定价，也可以达到缓和竞争、稳定市场的目的。

（5）树立企业形象。有些企业的定价目标实行的是"优质优价"，以高价来保证高质量产品的地位，以树立企业的形象。

企业定价目标一般与企业的战略目标、市场定位和产品特性相关。产品价格的制定需要立足于市场整体且从全局考虑，既取决于需求方的需求强弱程度和价值，又取决于产品的接受程度以及来自替代性产品竞争压力的大小。网络市场一般可分为两个部分，即消费品市场和生产资料市场。对于消费品市场，企业一般采用相对低价的定价策略占领市场；对于生产资料市场，购买者通常是商业机构和组织机构，购买行为比较理智，所以企业可以采用通过网络技术降低企业、组织之间的供应与采购成本而带来的双方价值增值的双赢策略。总之，企业应选择合适的定价目标以促进企业长期、稳定的发展。

7.2.3 网络营销的定价方法

企业确定定价目标、掌握有关影响因素的资料后，就可以开始具体的定价工作了。定价实际上是一个企业怎样把其提供给消费者的利益转变成可得到的利润。任何企业都不能只凭直觉随意定价，而必须借助科学的、行之有效的定价方法。

网络市场与传统市场相比存在着很大的差异，这种差异导致了网络市场的定价方法不同于传统市场的定价方法。在网络市场，企业重点研究如何满足客户的需要，以成本为导向来确定产品价格将逐渐被淡化，而以需求导向来确定价格成为主要方法，同时竞争导向中的招投标定价法和拍卖定价法也不断得到强化，如拍卖网站"阿里拍卖"将拍卖定价法在网络上发挥得淋漓尽致。

1. 需求导向定价法

在网络营销环境下，价值定价法和区分需求定价法得到了充分应用。首先，价值定价法的关键问题（即如何准确地进行价值评估），在网络市场中得到很好的解决。企业可以利用网络的互动性和快捷性特点，及时了解消费者的预期价格，从而正确地确定商品价格，避免估价过高或过低现象的发生。其次，在网络市场，企业可以通过网络准确地把握消费者需求的差异变化，使区分需求定价法得到更有效的发挥。例如，在传统的市场营销中，商品价格主要是根据其样式的新颖程度、外观的漂亮程度确定的，而忽视了消费者的个性化和多样化需求；而在网络营销中，企业可以让消费者根据需求自行设计产品的外观、式样、花色、档次，然后生产并确定商品的价格，使消费者的个性化和多样化需求得到更好的满足。

2. 竞争导向定价法

在网络市场同样存在着竞争，而且这种竞争并不逊色于传统市场的竞争。网络市场中以竞争为导向进行定价的方法主要有两种，招投标定价法和拍卖定价法。

（1）招投标定价法。招投标定价法是招标单位通过网络发布招标公告，由投标单位进行投标而择优成交的一种定价方法。它是买方引导卖方通过竞争成交的一种方法，通常用于建筑包工、大型设备制造、政府大宗采购、劳务贸易等。一般买方公开招标，卖方竞争投标、密封递价，买方按物美价廉的原则择优录取，到期公开开标，中标者与买方签约成交。这种定价法对于招标单位来说，扩大了招标单位对投标单位的选择范围，从而使企业在较大范围内以较优的价格选择投标单位；对于投标单位来说，不仅增加了投标的营销机会，而且使企业获得较为公平的竞争环境，为企业的发展创造了良机。

（2）拍卖定价法。拍卖定价法是市场经济中常用的一种定价法，它是拍卖行受出售者委托在特定场所公开叫卖，引导买方报价，利用买方竞争求购的心理，从中选择最高价格的一种定价方法。由于许多拍卖行都在网上进行有益的尝试，因此拍卖定价法在网络营销中得到了较快的发展。比较适合网上拍卖定价的是企业的一些原有积压产品，也可以是企业的一些新产品，可以通过拍卖展示起到促销作用。

网络营销常用的定价策略

投标价格与拍卖价格的形成有所不同，前者是卖方密封递价，后者是买方公开竞价。

7.2.4 网络营销的定价策略

产品的销售价格是企业在网络营销过程中一个十分敏感且难以控制的因素，它直接关系着市场对产品的接受程度，影响着市场需求量（产品销售量和企业利润）。企业要想制定出科学合理的价格，必须对成本、消费者品位和竞争活动中不断发生的变化及时跟踪，制定合理的定价目标，从而确定产品的价格。另外，定价也是网络营销活动中的活跃因素，由于网上价格信息具有公开性和易被消费者搜索，因此一家企业或它的竞争对手往往可以在瞬间根据市场需求改变价格。企业为了有效地促进产品在网上销售，必须针对网上市场制定有效的价格策略。网络营销常用的定价策略有渗透定价策略、撇脂定价策略、定制生产定价策略、使用定价策略、密封投标定价策略、差别定价策略、弹性定价策略和收益最大化定价策略等。

1. 渗透定价策略

渗透定价策略是企业把新产品投入市场时的价格定得较低，以吸引大量消费者而迅速打开市场，短期内获得比较高的市场占有率，同时通过接近成本的定价，阻碍其他打算进入该领域的竞争者的一种定价策略。渗透定价策略也称低价渗透策略，又包括直接低价策略、折扣定价策略、促销定价策略等。

（1）直接低价策略。采用直接低价策略就是在公开价格时一定要比同类产品的价格低，定价时大多采用成本加一定利润，有的甚至是零利润。制造商在网上进行直销时一般采用该策略。采取这种策略一方面是企业产品由于通过互联网直销可以节省大量的成本；另一方面是为了扩大宣传、提高网络市场占有率。采用该策略时，应注意以下三点：首先，在网上不宜销售消费者对价格敏感而企业又难以降价的产品；其次，在网上公布价格时要注意区分消费对象，要针对不同的消费对象提供不同的价格信息发布渠道；最后，因为消费者可以很容易地在网上搜索到价格最低的同类产品，所以网上发布的价格要注意比同类站点公布的价格低，否则价格信息的公布会起到反作用。

（2）折扣定价策略。折扣定价策略即在原价基础上进行折扣定价，让消费者直接了解产品的降价幅度以促进消费者购买。在实际营销过程中，网上折扣定价策略可采取会员折扣、数量折扣、现金折扣、自动调价、议价策略等。例如，为鼓励消费者多购买本企业商品，可采用数量折扣策略；为鼓励消费者按期或提前付款，可采用现金折扣策略；为鼓励中间商淡季进货或消费者淡季购买，也可采用季节折扣策略等。目前网上商城绝大部分要求消费者成为会员，凭会员资格在购物时给予折扣。

（3）促销定价策略。当企业拓展网上市场，但产品价格不具有竞争优势时，可采取网上促销定价策略。例如，采用网上变相折价促销策略、网上免费促销策略等，详情可参阅本书 7.4.2 小节相关内容。

2．撇脂定价策略

撇脂定价策略是指在产品市场生命周期的投入期，企业产品以高价投放市场，在短期内获取厚利，尽快收回投资。这一定价策略就像从牛奶中撇取所含的油脂一样，取其精华，所以称为撇脂定价策略，也称高价撇脂策略。

一般而言，对于全新产品、受专利保护的产品、需求价格弹性小的产品、流行产品、未来市场形势难以测定的产品等，投放市场之初都可以采用撇脂定价策略。后期随着产品销量和产量的扩大、成本的降低，逐步降低价格。

3．定制生产定价策略

定制生产定价策略是在企业能实行定制生产的基础上，利用网络技术和辅助设计软件，帮助消费者选择配置或者自行设计能满足其需求的个性化产品，同时承担自己愿意付出的价格成本。

定制生产定价策略也称个性化需求定价策略，它充分利用互联网的互动性特征，根据消费者的具体要求确定商品价格。这种策略目前还只是初步阶段，消费者只能在有限的范围内进行挑选，还不能完全要求企业满足消费者所有的个性化需求。

4．使用定价策略

使用定价策略是消费者通过互联网注册后，无须完全购买就可以直接使用企业的产品或服务，企业按照消费者使用产品的数量或接受服务的次数进行计费的定价方式。

使用定价策略减少了企业为完全出售产品进行大量不必要的生产和包装的浪费，同时吸引了有顾虑的消费者使用产品，扩大了市场份额。采用这种定价策略，一般要考虑产品是否适合通过互联网传输、是否可以实现远程调用。目前比较适合使用该策略的产品有软件、音乐、电影等产品。

5．密封投标定价策略

密封投标定价策略就是企业根据招标方的条件，综合考虑竞争对手出价水平、企业出价的可获利水平以及中标概率等确定标的物价格的方法。许多大宗商品、原材料、成套设备、建筑工程项目的买卖和承包等，往往采用发包人招标、承包人投标的方式来选择承包者，确定最终承包价格。一般来说，招标方只有一个，处于相对垄断地位；投标方有多个，处于相互竞争地位。标的物的价格由参与投标的各个企业在相互独立的条件下确定。在买方招标的所有投标者中，通常报价最低的投标者中标，其报价就是承包价格。密封投标定价的最大困难是估计中标概率,这往往取决于竞争对手如何投标,而每个参与者都严格保守商业秘密。企业只能通过猜测、调研及搜集历史资料,尽可能地准确估计。

6. 差别定价策略

差别定价策略是指对同一产品针对不同的顾客、不同的市场制定不同的价格的策略,主要包括以顾客为基础的差别定价策略、以产品为基础的差别定价策略、以产品部位为基础的差别定价策略和以销售时间为基础的差别定价策略。企业制定网上销售价格时,应注意所有环节的价格构成以作出合理的定价决策。当企业具备条件时,定价时应注意与传统营销渠道中产品价格保持一定的差别,即使价格相同,也应充分体现产品价值的不同。

7. 弹性定价策略

弹性定价策略是指根据价格弹性确定价格调整方向的原则或技巧。价格弹性又称价格影响需求量的弹性系数、需求的价格弹性系数,其经济学含义:

$$价格弹性=需求量变化的百分比/价格变化的百分比$$

它能反映需求量受价格变动率影响的变动程度,表示价格每增加(或减少)1%时需求量降低(或增加)的百分比。

在网络营销环境中,企业应注意两个影响定价因素的改变:一是市场的垄断性降低,消费者在一定程度上控制交易,企业面对趋于完全竞争的市场,采用价格垄断是行不通的;二是消费者的购物心理趋于理智,网络为其提供了众多商品信息,有条件对商品进行综合比较后选择价位适中或性价比高的商品。所以,企业进行产品定价时应注重灵活性。

【微型案例 7-1】美国通用汽车公司允许消费者在因特网环境中,通过公司的导引系统自己设计和组装所需的汽车。在这一过程中,用户首先确定自己可接受的价格标准,然后导引系统根据价格展示用户要求的汽车式样。用户还可以在系统上进行适当的修改,使公司最终生产的汽车恰好能满足用户价格和性能上的要求。

8. 收益最大化定价策略

收益最大化定价策略是企业精确核算市场风险使收益与成本之比达到最优的灵活定价策略。在许多情况下,最大化收益比最大化价格好。企业制订的复杂定价方案不仅要经得起消费者的比较,而且要使收益最大化,尽管实际上平均价格不一定提高。例如,许多航空公司通过网站出售即将起飞的飞机机票,或者降价出售或者是拍卖空位,以使一次航班收益达到最大化。

此外,免费价格策略也是网络营销中常用的营销策略。虽然这种策略一般是短期的、临时的,但它对促销和推广产品有很大的促进作用,许多新型公司都凭借这一策略获得成功。目前,企业在网络营销中采用免费策略的目的,一是先让用户免费使用,等习惯后再开始收费;二是想挖掘后续商业价值,是从战略发展的需要制定定价策略,主要目的是先占领市场,然后在市场中获取收益。

总之,企业可以根据自身产品的特性和网络市场的发展状况选择合适的价格策略。但无论采用什么策略,定价策略都应与其他策略配合,以保证企业总体营销策略的实施。

7.2.5 典型案例：亚马逊的差别定价策略

差别定价是网络营销的一种基本定价策略，但在实施过程中存在着诸多困难。下面以亚马逊网络公司一次不成功的差别定价试验作为案例，分析企业实施差别定价策略时面临的风险以及一些可能的防范措施。

1. 亚马逊网络公司的差别定价试验

亚马逊网络公司（以下简称亚马逊）始于1995年7月贝索斯在美国西雅图创建的亚马逊网上书店。为了提高在主营产品上的盈利，亚马逊网上书店于2000年9月中旬开始了其著名的差别定价试验。亚马逊网上书店根据潜在顾客的人口统计资料及其在亚马逊网上书店的购物历史、上网行为和上网使用的软件系统，确定所选试验商品的差异报价水平。例如，同一款商品对新顾客的报价为22.74美元，而给对该商品表现出兴趣的老顾客的报价为26.24美元。通过这一定价策略，部分顾客支付了比其他顾客更高的价格，亚马逊网上书店提高了销售的毛利率。但是这一差别定价策略实施不到一个月，细心的顾客发现了这一秘密并在相关网络社区上交流，成百上千的顾客知道了此事，支付高价的顾客怨声载道，纷纷在网上以激烈的言辞对亚马逊网上书店的做法进行口诛笔伐，有人甚至公开表示以后绝不会在亚马逊网上书店购买任何东西。

为挽回日益突显的不利影响，亚马逊网络公司的首席执行官贝索斯只好亲自出马进行危机公关，指出价格试验的目的只是测试顾客对不同折扣的反应。不仅如此，亚马逊网络公司还试图用实际行动挽回人心，承诺给所有在价格测试期间购买这款商品的顾客以最大的折扣并退还差价。至此，亚马逊价格试验以完全失败告终，不仅在经济上蒙受了损失，而且声誉受到了严重损害。

2. 亚马逊网络公司差别定价试验失败的原因

亚马逊差别定价策略失败的原因究竟是什么呢？其实，亚马逊这次差别定价试验从战略制定到具体实施都存在问题。

（1）战略制定方面。亚马逊差别定价策略从战略管理角度看有着诸多的先天不足。

首先，亚马逊的差别定价策略违背其一贯的价值主张。亚马逊在官网主页上明确表述了它的使命：要成为世界上最能以顾客为中心的公司。在差别定价试验前，亚马逊在顾客中有着很好的口碑，但定价试验彻底损害了其形象。尽管亚马逊为挽回影响进行了及时的危机公关，但其在顾客心目中永远不会像从前一样值得信赖了，至少人们会觉得亚马逊是善变的，会为了利益而放弃原则。

其次，亚马逊的差别定价策略侵害了顾客隐私。亚马逊在差别定价的过程中利用了顾客购物历史、人口统计学数据等资料，但是它收集这些资料时是以向顾客提供更好的个性化服务为幌子获得顾客同意的。显然，这些做法在某种程度上侵犯了顾客隐私，有违基本的网络营销伦理和基本的商业道德。

最后，亚马逊的行为同其市场地位不相符合。据研究人员对网络营销不道德行为影响的分析，亚马逊违背商业伦理的行为被曝光后，不仅其声誉受到影响，而且整个网络零售行业都受到了牵连。因为亚马逊本身就是网上零售的市场领导者，占有最大的市场份额，所以它无疑会从行业信任危机中受到最大的打击。

由此可见，亚马逊制定的差别定价策略是极不明智的。

（2）具体实施方面。亚马逊的差别定价试验在实施上也存在重大错误。

首先，微观经济学理论认为一个公司的差别定价策略只有满足以下三个条件才是可行的：企业是价格的制定者而不是市场价格的接受者；企业可以对市场细分并且阻止套利；不同的细分市场对商品的需求弹性不同。案例中的实际情况如下：试验商品在市场上的分散程度很高，而亚马逊当时只是众多经销商中的一个，从严格意义上讲，亚马逊不是该款商品价格的制定者。但是，考虑到亚马逊是一个知名的网上零售品牌，以及亚马逊网上书店该商品售价低于主要的竞争对手，亚马逊在制定价格方面有一定的回旋余地。当然，顾客对该商品的需求弹性存在着巨大的差别，亚马逊可以按照一定的标准对顾客进行细分，但问题的关键是，亚马逊的细分方案在防止套利方面存在着严重的缺陷。亚马逊的定价方案试图通过给新顾客提供更优惠价格的方法来吸引新顾客，但它忽略了一点：基于亚马逊已经掌握的顾客资料，虽然新顾客很难伪装成老顾客，但老顾客可以轻而易举地通过重新登录伪装成新顾客实现套利。至于根据顾客使用的浏览器类别定价的方法同样无法防止套利，因为无法阻止套利，所以从长远角度，亚马逊的差别定价策略根本无法有效提高盈利水平。

其次，亚马逊歧视老顾客的差别定价方案同关系营销的理论相背离。亚马逊的销售主要来自老顾客的重复购买，重复购买在总订单中的比重在当年第一季度为66%，一年后这一比重上升到76%。亚马逊的策略实际上惩罚了对其利润贡献最大的老顾客，但它又没有有效的方法锁定老顾客，其结果必然是老顾客的流失以及销售与盈利的减少。

最后，亚马逊还忽略了虚拟社区在促进顾客信息交流方面的巨大作用，顾客通过信息共享显著提升了市场力量。的确，大多数顾客可能并不会特别留意亚马逊产品百分之几的价格差距，但从事网络营销研究的学者、主持经济专栏的作家以及竞争对手公司中的市场情报人员会对亚马逊的定价策略明察秋毫，他们可能会把其发现通过虚拟社区等渠道广泛传播。这样，亚马逊自以为很隐秘的策略很快就在虚拟社区中露了底，并且迅速引起传媒的注意。

在亚马逊的这次差别定价试验中，战略上的失误是导致"试验"失败的根本原因，而实施上的诸多问题是导致失败的直接原因。

3. 亚马逊差别定价试验的启示

亚马逊差别定价试验是电子商务与网络营销发展史上的一个经典案例，不仅是因为亚马逊公司本身是网络零售行业的一面旗帜，还因为这是网络营销史上第一次大规模的差别定价试验，并且在很短的时间内就以失败告终。我们从中可以获得哪些启示呢？

（1）差别定价策略存在着巨大的风险，必须谨慎使用。差别定价策略失败不仅会影响产品的销售，而且可能会对公司经营造成全方位的负面影响，公司失去的可能不仅是最终消费者的信任，而且还会有渠道伙伴的信任。所以，实施差别定价必须慎之又慎，尤其是当公司管理层面临短期目标压力时更应如此。

（2）实施差别定价过程中选择适当的差别定价方法非常关键。这不仅意味着要满足微观经济学提出的三个基本条件,而且要使用各种方法造成产品的差别化,力争避免赤裸裸的差别定价。常见的做法有以下几种。①通过增加产品附加服务的含量来使产品差别化。网络营销的商品通常包含着一定的附加服务,这些附加服务可以使核心产品更具个性化,同时服务含量的增加还可以有效防止套利。②与批量定制产品策略结合。定制弱化了产品间的可比性,并且可以强化企业价格制定者的地位。③采用捆绑定价的做法。捆绑定价是一种极其有效的二级差别定价方法,捆绑还具有创造新产品的功能,可以弱化产品间的可比性,在深度销售方面也能发挥积极作用。④将产品分为不同的版本。该方法对固定生产成本极高、边际成本很低的信息类产品更加有效,而这类产品恰好也是网上零售的主要品种。

综上所述,在网络营销中运用差别定价策略存在着很大的风险,使用时必须谨慎。实施差别定价策略时,通过使产品差别化而避免赤裸裸的差别定价是避免失败的关键。

7.3 网络营销渠道策略

营销渠道是产品或服务从生产者向消费者转移的具体通道或路径,营销渠道本质上是对使产品或服务能够被使用或消费的一系列相互依存的组织的研究。随着市场环境的变化,企业的营销渠道不断变革和演化。

7.3.1 网络营销渠道的定义

美国著名渠道研究学者 Rosenbloom 给出网络渠道的定义:利用互联网获得产品和服务信息,从而使目标用户能够利用计算机或其他可行的技术购物,并通过交互式电子方式完成购买交易。

网络营销渠道是借助互联网的销售平台,将产品从生产者转移到消费者的中间环节,是商品和服务从生产者向消费者转移过程的具体通道或路径。完善的网络销售渠道应该有网上订货、结算以及配送三大功能。

互联网直接连接生产者和网络消费者,将商品直接展示在消费者面前,回答消费者的疑问,并接受消费者的订单。这种直接互动与超越时空的电子购物无疑是营销渠道上的革命。目前,许多企业在网络营销活动中除了自建网站,大部分都通过中间商信息服务、广告服务、撮合服务等扩大企业影响,如中国化工网、医药网、纺织网等中间商能帮助企业顺利完成商品从生产到消费的整个转移过程,并达到开拓市场的目标。

7.3.2 网络营销渠道的特点

互联网改变了网络营销渠道的结构,使得网络营销渠道作用更广泛、结构更简化、费用更低廉。在传统营销渠道中,中间商是重要的组成部分,其凭借业务往来关系、经验、专业化和规模经营,提供给公司的利润通常高于自营商店获取的利润。互联网高效率的信息交换,改变了传统营销渠道的诸多环节,使得传统营销中间商凭借地缘获取的优势被互联网的虚拟性所取代,将错综复杂的关系简化为单一关系。网络营销渠道呈现出以下特点。

（1）网络营销渠道作为特定产品或服务价值实现所经由的通道。网络营销渠道一端连接企业，另一端连接消费者，是该产品或服务从生产者到消费者建立的沟通或分销过程。与传统渠道不同，网络营销渠道的传输媒介是互联网络。不是所有产品都可以通过网络实现流通价值的全过程。对于实体产品交易，需要线下完成物流环节。

网络营销渠道的特点

（2）网络营销渠道使产品或服务的所有权在购销环节流向消费者。在网络营销环境下，生产者可将产品直接销售给消费者，一次转移产品所有权或使用权，此时销售渠道最短。网络销售渠道的长度决定了零售商、批发商的比较利益。

（3）网络营销渠道是具有一个多功能的网络系统。网络营销渠道不仅要在虚拟市场中提供产品和服务以满足需求，而且要通过建立实体市场的促销活动来刺激网络市场的需求。网络营销渠道与企业战略目标的有机结合，不仅为最终消费者最大限度地降低了购买成本，而且为企业市场的拓展开辟了新的途径。

总之，企业通过网络营销渠道发布产品或服务信息，了解消费者需求，掌握社会消费趋势，最终实现从商家到消费者的信息流、资金流和物流传递的全过程。

7.3.3　网络营销渠道的类型

经典营销渠道理论将渠道划分为沟通渠道、分销渠道和服务渠道。对于网络营销渠道，可以从渠道信息交互特点、渠道功能和应用等不同角度划分为不同的类型。

1. 按渠道信息交互特点分类

根据渠道信息交互特点，网络营销渠道可以分为两大类：一类是通过互联网实现的从生产者到消费者的网络直接营销渠道；另一类是通过融入互联网技术后的中间商机构提供网络间接营销渠道。

（1）网络直接营销渠道。网络直接销售渠道是指生产者通过互联网直接把产品销售给消费者的分销渠道，一般适用于大宗商品交易和产业市场的 B2B 交易模式，此时传统中间商的职能发生了改变，由环节中间力量变成为直销渠道提供服务的中介机构，如提供货物运输配送服务的专业配送公司，提供货款网上结算服务的网上银行，以及提供产品信息发布和网站建设的 ISP 和电子商务服务商。网络直接营销渠道使得生产者和最终消费者直接连接和沟通。通过网络直接营销，生产者能够直接接触消费者，获得第一手的资料，开展有效的营销活动；可以减少流通环节，买卖双方都节约了费用，产生了经济效益；企业能够利用网络工具（如电子邮件、公告牌等）直接联系消费者，及时了解消费者对产品的需求和意见，从而针对这些要求向消费者提供技术服务，解决难题，提高产品的质量，改善企业的经营管理。

（2）网络间接营销渠道。网络间接营销渠道是指生产者通过网络中间商把产品销售给最终消费者的分销渠道，一般适合小批量商品和生活资料的销售。传统中间商融合了互联网技术，大大提高了交易效率、专业化程度和**规模经济效益**。基于互联网的新型网络间接营销渠道与传统间接分销渠道有着很大不同，传统间接分销渠道可能有多个中间环节（如一级批发商、二级批发商、零售商），而网络间接营销渠道只有一个中间环节。

第7章 网络营销 4P 策略

知识卡片 7-4

规模经济效益：又称规模经济效应，是经济学和生产经营管理的词汇。规模经济效益是指适度的规模产生的最佳经济效益，在微观经济学理论中，它是指生产规模扩大产生的长期平均成本下降的现象。

2. 按照渠道功能和应用分类

网络营销渠道按照渠道功能和应用分为网络信息渠道和网络交易渠道两大类，见表 7-3。

表 7-3 网络营销渠道的分类

渠道种类		子类别	说明
网络信息渠道	产品或服务的网络信息渠道	企业信息网站	网站主要介绍本企业的产品和服务、相关业绩、联系方式等
		信息中介	为实现网络交易建立的信息发布平台
	网络服务渠道	服务商在线服务	传统服务业的在线实现
		广告服务	以网络广告为主要的收入模式
		虚拟社区	网上论坛、博客、SNS 等用户之间，消费者与企业的交流场所
	网上中介服务渠道	网上银行	支持网络交易的电子支付和资金划拨
		内容订阅	提供高质量的内容订阅服务
		第三方物流	由第三方建立支持网络交易的物流配送模式
网络交易渠道	网络直销交易渠道	销售商网上店铺	批发商和销售商不通过其他中间商直接实现营销目标的模式在线销售
		制造商网上店铺	制造商直接通过互联网出售产品提供服务
		在线拍卖	对网上销售产品采取竞价拍卖模式，是传统拍卖的在线运用
		网上网下结合	实体店自建交易网站，实体与虚拟结合的营销渠道
	网络第三方交易平台	行业第三方交易平台	由第三方建立的专业性平台
		综合第三方交易平台	由第三方建立的网络交易的场所
		传统企业与第三方平台	传统企业与电子商务平台融合

网络信息渠道包括发布企业信息和产品信息，但尚未搭建消费者互动平台的静态企业网站；以及接收顾客询问、电子邮件、并允许用户注册，但未实现网上买卖的互动型企业网站。网络交易渠道包括实现网络销售和购买产品或服务的可交易网站；以及搭建供应商、消费者、内部部门、物流结合的网络系统，实现商务交易电子化的整合网站。

7.3.4 网络营销渠道的功能

网络营销渠道承担着互联网环境下的沟通与分销功能。网络营销渠道促进了企业的技术革新和产品与服务的演进，成为企业新的传播媒介，帮助消费者实现网络购买，并不断改变着分销渠道和零售模式，使消费者对产品和服务有极大热情和预期，改变消费者的交易习惯。

1. 网络营销渠道的沟通功能

在传统营销管理中，渠道用于弥合生产厂商和最终消费者之间的缺口，传统营销渠道的主要职能是单纯的"物流"功能，包括商品的分类、整理、匹配、仓储、运输等。随着网络技术的普及和营销观念的发展，营销渠道的沟通功能日益被人们所认识，这部分功能包括调研、促销、联系、谈判、财务、承担风险等。

网络营销渠道的功能

Daniel 和 Klimis 从以下五个角度给出了对网络营销渠道的沟通功能的认识：①服务角度，向企业传达消费者的需求，是降低服务费用，提高产品质量和服务速度的工具；②交易角度，提供通过互联网购买和销售产品、信息的能力，以及其他在线服务的可能；③合作角度，在组织间和组织内部搭建新的合作框架；④社区角度，为社区成员提供学习、分享和交流的场所；⑤通信角度，借助电话、网络或任何其他电子媒介进行信息、产品或服务传递以及支付的过程。

随着买方市场的形成，消费者在交易市场中的地位逐渐上升，企业通过渠道销售提供的不仅是产品，还包括信誉、感情等市场所需的附加功能。

2. 网络营销渠道的分销功能

在经济学中，分销的含义是建立销售渠道，即产品通过一定渠道销售给消费者。据营销大师菲利普·科特勒的定义，分销渠道是指某种商品或服务从生产者向消费者转移的过程中，取得这种商品或服务的所有权或帮助所有权转移的所有企业和个人。从分销的角度看，一个完善的网络营销渠道应具有三大功能：订货功能、结算功能和配送功能。

（1）订货功能。网络营销渠道的订货功能通常由企业网站上提供的购物车实现。消费者在电子商务网站或网店选购商品后，将其放入电子购物车中，系统自动统计出所购物品的名称、数量和金额，消费者在结算后生成订单，订单数据进入企业的相关数据库，为产品生产、配送提供依据。

（2）结算功能。由于消费者在网上购买商品后可以采用多种方式付款，因此企业应该提供多种网络结算方式方便用户选择。例如，信用卡、电子货币、电子支票、第三方支付工具以及一些网上银行提供的电子钱包等工具。还有一些网络营销平台自身提供的支付工具，如京东商城提供的"京东白条"、淘宝网提供的"花呗"结算功能等。

（3）配送功能。一般来说，网络产品可分为有形产品和无形产品，可以直接通过互联网配送无形产品（如服务、软件以及数字音乐等）。而有形产品的配送需要仓储和运输，一些网络企业将配送交给专业的物流公司进行。网络交易中的信息流、商流和资金流可以直接通过网络营销渠道来完成，但是物流（商品的实体运动）必须借助传统销售渠道通过存储和运输等线下环节完成。

7.3.5 典型案例：LinkFlow 私域和公域跨渠道联动赋能广告降本增效

1. 案例描述

由于流量红利见顶、媒体生态越来越封闭和用户触点的持续碎片化，过往粗放的广告投放方式，导致品牌面临数据资产分散、获客成本高、精准触达困难等挑战。面对这些挑战，LinkFlow 坚持以用户为核心，制定私域和公域跨渠道联动营销的应对策略。其做法如下。

（1）合理选择投放渠道，收集和沉淀公域广告数据并使之可复用。在广告管理模块，LinFlow CDP 2.0 对接了市场上主流的投放媒体，如巨量广告、磁力引擎、腾讯广告、百度信息流等，满足品牌通过多个媒体渠道投放广告的需求。

（2）串联公域投放和私域转化数据，全链路数据分析帮助品牌合理分配广告预算。LinkFlow CDP 2.0 的广告跨渠道全链路分析模块，串联从公域广告投放到私域用户转化全链路数据，一站式提供跨平台、多维度、端到端数据报表，帮助品牌科学评估广告投放效果，数据驱动指导媒体预算分配，从而及时优化广告投放渠道，降低广告投放成本。

（3）比对私域用户数据和公域广告数据特征，利用媒体渠道撬动更多的公域用户。LinkFlow CDP 2.0 可以通过一方数据（企业自有的数据）进行用户洞察并赋能投放。例如，可以结合一方人群（企业拥有的已转化人群）的画像报告和营销效果分析，向各大广告平台输出种子用户特征，帮助媒体渠道精准放大；或者将历史上被广告触达过或者访问过网站但未进行过消费的用户，通过第三方渠道进行持续投放（重定向投放）；还可以通过将渠道方提供的投放人群包和一方数据进行匹配，针对符合标签的人群进行精准投放。

（资料来源：编者根据相关资料整理）

2. 案例评析

LinkFlow CDP 2.0 的广告模块产品精确洞察用户在公域投放过程中的痛点，提供广告管理、广告分析、广告运营三大产品模块，帮助品牌实现全渠道数据采集、全链路数据分析、全域数据激活应用业务需求，实现从粗放到精细的私域和公域运营，构建企业的私域和公域营销双螺旋增长模式。在用户运营的过程中，如果品牌在完成第一步跨渠道整合了用户数据，就可以基于这些数据搭建用户标签体系，继而深入分析，获得更有价值的用户洞察，为后续的个性化运营提供决策基础，最终帮助品牌实现降本增效。

7.4 网络促销策略

随着企业的市场竞争从传统竞争模式走向网络竞争模式，现代企业竞争的最终目标也从销售更多的产品转变为获取更多的客户，从而获得更好的产品销路。因此，企业除了要重视生产适销的产品和制定具有诱惑力的价格等传统营销要素，还要重视产品的网络促销，设计并传播产品外观、特色、购买条件以及产品将给目标客户带来的利益等信息。

7.4.1 网络促销的概念

1. 网络促销的含义

促销是营销者向消费者传递有关企业及产品的信息，说服或吸引消费者购买其产品，以扩大销售量的一种沟通活动。网络促销是利用现代信息技术向虚拟市场传递有关商品和服务的信息，以引发消费者的需求，唤起其购买欲望和促成购买行为的活动。网络促销成为现代企业提高竞争力、树立良好形象的重要手段。

与传统促销一样，网络促销的核心问题也是吸引消费者，为其提供具有价值诱因的商品信息。最常见的网络促销形式是将公司的名称列入门户网站的搜索引擎中，尽可能让消费者容易查询到公司的资料，使其快速获得所需商品的信息。此外，发布网上广告也是常见的商业应用，如网页上常见的擎天柱广告、通栏广告、横幅广告、流媒体按钮广告、全屏广告等；与其他网站建立友情链接方便互访也是网络促销的一个重要手段。

2. 网络促销的特点

网络促销具有以下三个明显的特点。

第一，网络促销通过网络技术传递商品和服务的存在、功效及特征等信息。它建立在计算机与现代通信技术的基础上，并且随着计算机和网络技术的不断改进而改进。因此，网络促销不仅需要营销者熟悉传统的营销技巧，而且需要掌握相应的计算机和网络技术知识，包括相关软件的操作和硬件的使用。

第二，网络促销是在基于互联网和移动网络的虚拟市场上进行的，不受时间和地域的限制。互联网是连接世界各国的大网络，它在虚拟的网络社会中聚集了较多的人口，融合了多种文化。所以，从事网络促销的人员需要跳出实体市场的局限性，采用虚拟市场的思维方法。

第三，网络促销面临的是全球统一的国际市场。网络虚拟市场将所有的企业，无论是大中型企业还是小微型企业，都推向了一个世界统一的市场。传统区域性市场的小圈子正被一步步打破，全球性的竞争迫使每个企业都学会在全球统一的大市场上做生意。

3. 网络促销与传统促销的区别

虽然传统促销和网络促销都能引导消费者认识商品，引起消费者的注意和兴趣，激发其购买欲望，并最终实现购买行为，但是互联网具有强大的信息传播能力和覆盖范围，网络促销在时间和空间观念上、在信息传播模式及消费者参与程度上都与传统的促销活动有较大的变化。

网络促销与传统促销的区别

（1）时空观念的变化。传统促销建立在工业化社会顺序、精确的物理时空观的基础上，网络促销建立在网络化社会柔性可变、没有物理距离的电子时空观上。以商品流通为例，传统的商品销售和消费者群体都有一个地理半径的限制，而网络促销突破了这个半径成为全球范围的竞争；传统的产品定货都有一个时间的限制，而在网络上订货和购买可以在任何时间、任何地点进行。

（2）信息沟通方式的变化。促销的基础是买卖双方信息的沟通。在网络上，信息沟通渠道是单一的，所有信息都必须经过线路传递。然而，这种沟通又是十分丰富的。多媒体信息处理技术提供了类似于现实交易过程中的商品表现形式，双向的、快捷的、互不见面的信息传播模式，将买卖双方的意愿表达得淋漓尽致，也留给对方充分思考的时间。在这种环境下，网络营销者需要掌握一系列新的促销方法和手段，撮合买卖双方的交易。

（3）消费群体和消费行为的变化。在网络环境下，消费者的观念和消费行为都发生了很大的变化。网络消费群体具有不同于传统消费大众的消费需求，网络消费者普遍实行大范围的选择和理性的购买，直接参与生产和商业流通的循环。这些变化对传统的促销理论和模式产生了重要的影响。

（4）网络促销与传统促销手段相互补充。虽然网络促销与传统促销在促销观念和手段上有较大差别，但由于它们推销商品的最终目的是相同的，因此整个促销过程的设计有很多相似之处。对于网络促销，一方面应当站在全新的角度去认识这一新型的促销方式，理解这种依赖现代网络技术、与消费者不见面、完全通过电子邮件交流思想和意愿的商品推销形式；另一方面应当通过与传统促销的比较去体会两者的差别，吸收传统促销方式的整体设计思想和行之有效的促销技巧，使网络促销与传统促销互为补充、相得益彰。

7.4.2 网络促销的常用策略

传统的促销方式主要有广告、销售促进、人员推销和利用公共关系宣传推广等方式，具有传递信息、提供信息、诱导需求、指导消费、扩大与稳定销售等功能。在网络环境下，网络促销的手段和策略更加丰富。

现阶段网络促销通常采用的策略包括网上销售促进、网络公共关系促销、网上折价促销、网上赠品促销、网上抽奖促销、积分促销、网上变相折价促销、网上联合促销等。

1. 网上销售促进

网上销售促进是指企业运用短期诱因，在网络市场利用销售促进工具刺激消费者对购买产品或消费使用服务。网上销售促进在刺激产品销售的同时，还可以与消费者建立互动关系，了解消费者的需求和对产品的评价。网上销售促进主要是用来进行短期性的刺激销售，一般主要有以下形式。

（1）网上有奖促销。在进行网上有奖促销时，提供的奖品要能吸引促销目标市场的注意；同时要善于利用互联网的交互功能，充分掌握参与促销活动群体的特征和消费习惯，以及对产品的评价。

（2）网上拍卖促销。网上拍卖市场是新兴的市场，由于操作和交易快捷、方便，因此能吸引大量消费者参与网上拍卖活动。拍卖促销就是将产品不限制价格在网上拍卖，如Compaq公司与网易合作，通过网上拍卖计算机获得很好的销售促进效果。

（3）网上免费促销。网上免费促销就是通过为消费者无偿提供其感兴趣的各类资源和服务，吸引消费者访问企业网站或网店，提高站点流量并从中获取收益。目前利用提供免费资源获取收益比较成功的站点越来越少。

利用免费资源促销要注意的问题：①要考虑提供免费资源的目的是什么。比如有的是为了形成媒体作用，有的是为了扩大访问量形成品牌效应。②要考虑提供什么免费资源。目前网上免费资源非常丰富，只有提供有特色的服务才可能成功吸引消费者。③要考虑收益是什么。免费促销的收益可能是通过增大访问量而从广告商获取直接收益,或者扩大企业品牌知名度等间接收益。

2. 网络公共关系促销

公共关系是一种重要的促销工具,它通过与企业利益相关者包括供应商、消费者、雇员、股东、社会团体等建立良好的合作关系,为企业的经营管理营造良好的环境。网络公共关系促销是企业借助互联网作为媒体和沟通渠道,为改善与社会公众的关系,促进公众对企业的认识、理解及支持,达到树立良好企业形象、实现企业与公众的共同利益与目标的促销活动。网络公共关系既要收集信息、传递信息,又要反馈信息,它是一种双向交流,其作为营销沟通的手段,在提升企业形象、赢得消费者信任,为企业发展创造良好的外部环境方面发挥着越来越重要的作用。

网络公共关系与传统公共关系的功能类似,但由于网络具有开放性和互动性特征,因此网络公共关系具有一些新的特点:一是主体主动性增强;二是客体参与性增强;三是能进行一对一的公关活动;四是效能提高。传统公共关系是"一对多"的双向沟通模式,受媒介的限制,传播的效能大大降低。网络公共关系可以利用网络的及时互动性,进行一对一的个体沟通,其传播目标更具体,传播内容更深入,效果明显提高。

3. 网上折价促销

折价也称打折、折扣,是网络中最常用的一种促销方式。网上销售商品不能给人全面、直观的印象,也不可试用、触摸等,再加上配送成本和付款方式的原因,影响人们网上购物和订货的积极性,而幅度较大的折扣可以促使消费者进行网上购物的尝试并做出购买决定。

大部分网上销售商品都有不同程度的价格折扣,折价促销的形式也多种多样,常见的如平台折扣、补贴券、满减券等。

4. 网上赠品促销

网上赠品促销在网络销售的应用也很常见,一般在新产品推出试用、产品更新、对抗竞争品牌、开辟新市场情况下,利用赠品促销可以达到比较好的促销效果。大部分网络销售商都会在特定时期赠送赠品。

网上赠品促销的优点:①可以提升品牌和网站的知名度;②鼓励消费者经常访问网站以获得更多优惠信息;③能根据消费者索取赠品的热情程度总结分析营销效果和产品本身的反应情况等。

网上赠品促销选择赠品应注意:①不要选择次品、劣质品作为赠品,这样只会起到适得其反的作用;②明确促销目的,选择适当的能够吸引消费者的产品或服务;③注意时间和时机,如冬季不能赠送夏季使用的物品、在紧急情况下可考虑不计成本的赠品活动以挽回企业公关危机;④注意预算和市场需求,赠品要在促销活动的预算内,不可过度赠送赠品而造成营销困境。

5. 网上抽奖促销

网上抽奖促销是大部分网站采用的促销方式。抽奖促销是以一人或多人获得超出参加活动成本的奖品为手段进行商品或服务的促销，网上抽奖活动主要附加在调查、产品销售、扩大用户群、庆典、推广某项等活动中。消费者或访问者通过填写问卷、注册、购买产品或参加网上活动等方式获得抽奖机会。

网上抽奖促销活动应注意以下几点：①奖品要有诱惑力，可考虑用大额超值的产品吸引人们参加；②活动参加方式要简单化，要有趣味性，太过复杂和难度太大的活动较难吸引消费者；③保证抽奖结果的真实性、公正性和公平性，由于网络具有虚拟性、参加者的地域广泛，因此应请公证人员对抽奖过程进行全程公证，并及时通过 E-mail、公告等形式向参加者通告活动进度和结果。

6．积分促销

积分促销在网络上的应用比传统营销方式简单、易操作。网上积分活动很容易通过编程和数据库等实现，并且结果可信度很高，操作起来相对简便。积分促销一般设置价值较高的奖品，消费者通过多次购买或多次参加某项活动来增加积分以获得奖品。积分促销可以增加消费者访问网站和参加某项活动的次数；可以提高消费者对网站的忠诚度、活动的知名度等。

【微型案例 7-2】苏宁易购在网上推出会员以积分兑换礼品、购物返积分、积分购买商品等促销活动，其积分兑换与传统的购物积分有很大区别，手续也比较简单。消费者在苏宁易购消费可以用积分兑换相应系列的礼品，大大激起了消费者的再次购买欲望。

一些电子商务网站发行的"虚拟货币"是积分促销的另一种体现。这类网站通常通过举办活动来使会员"挣钱"，会员用仅能在网站可用的"虚拟货币"购买本站的商品，实际上是给会员的优惠。

7．网上变相折价促销

网上变相折价促销是指在不提高或稍微提高价格的前提下，提高产品的数量及服务品质，较大幅度地增加产品或服务的附加值，让消费者感到物有所值。由于网上直接折价促销容易造成商品降低了品质的嫌疑，利用增加商品附加值的促销方法更容易获得消费者的信任。

8．网上联合促销

由不同商家借助互联网联合进行的促销活动称为网上联合促销，网上联合促销的产品或服务可以起到一定的优势互补、互相提升自身价值等效应。如果应用得当，网上联合促销可起到相当好的促销效果，网络公司与传统商家联合还可以提供一些在网络上无法实现的服务。

7.4.3　网络促销策略的实施

对于任何企业来说，实施网络促销策略是网络促销人员必然面对的挑战。营销人员首先必须深入了解商品信息在网络上传播的特点，分析网络信息的接收对象，设定合理的网络促销目标；然后通过科学的实施程序，打开网络促销的新局面。根据国内外网络促销的大量实践，网络促销策略的实施流程可以按以下五个步骤进行。

1. 确定网络促销对象

网络促销对象是针对可能在网络虚拟市场上产生购买行为的消费者群体提出的。随着网络的迅速普及，这一群体不断扩大。网络消费群体主要包括产品的使用者、产品购买的决策者、产品购买的影响者。

（1）产品的使用者。产品的使用者是指实际使用或消费产品的人。实际需求构成了这些消费者购买的直接动因。抓住了这一部分消费者，网络销售就有了稳定的市场。

（2）产品购买的决策者。产品购买的决策者是指实际决定购买产品的人。在通常情况下，产品的使用者和产品购买的决策者是一致的。但产品的购买决策者和使用者也有分离的情况。例如，对于婴儿用品，产品的使用者是婴儿，但购买的决策者是婴儿的亲属。所以，网络促销同样应当把产品购买的决策者放在重要位置。

（3）产品购买的影响者。产品购买的影响者是指对最终购买决策可以产生一定影响的人。在低价、易耗日用品的购买决策中，产品购买的影响者的影响力较小，但在高价耐用消费品的购买决策上，产品购买的影响者的影响力较大。因为对高价耐用品的购买，购买者往往比较谨慎，希望广泛征求意见后作决定。

2. 设计网络促销内容

网络促销的最终目标是达成销售，这个最终目标需要通过设计具体的促销信息内容来实现。消费者的购买过程是一个复杂的、多阶段的过程，促销内容应当由购买者目前所处的购买决策过程的不同阶段和产品所处的经济生命周期的不同阶段特点决定。一般来说，产品完成试制定型后，从投入市场到退出市场大体要经历四个阶段：投入期、成长期、成熟期和衰退期。

（1）投入期。在新产品刚投入市场的开始阶段，消费者对该种产品非常生疏，促销活动的内容应侧重于宣传产品的特点，引起消费者对新产品的关注。

（2）成长期。当产品在市场上具有一定的影响力时，促销活动的内容需要偏重唤起消费者的购买欲望，还需要创造品牌的知名度。

（3）成熟期。产品进入成熟期后，市场竞争变得十分激烈，促销活动除了针对产品本身的宣传，还需要对企业形象做大量的宣传工作，树立消费者对企业产品的信心。

（4）衰退期。在产品的衰退期，促销活动的重点是加强与消费者之间的感情沟通，通过让利促销延长产品的生命周期。

3. 决定网络促销组合方式

促销组合是一个非常复杂的问题。网络促销活动一般通过网络广告促销和网络站点促销两种促销方法展开，由于企业的产品种类及销售对象不同，因此促销方法与产品种类和销售对象之间会产生多种组合方式。企业应当根据网络广告促销和网络站点促销两种方法的特点，同时考虑自身产品的市场和消费者情况合理组合，以达到最佳促销效果。

通常网络广告促销主要实施"推战略"，其主要功能是将企业的产品推向市场，获得广大消费者的认可。一般来说，日用消费品（如化妆品、食品饮料、医药制品、家用电器等）网络广告促销的效果比较好。网络站点促销主要实施"拉战略"，其主要功能是将消费者吸引过来，保持稳定的市场份额。通常大型机械产品、专用品采用网络站点促销的方法比较有效。

在产品的成长期应侧重网络广告促销，重点宣传产品的新性能、新特点；在产品的成熟期应加强自身站点的建设，树立企业形象，巩固已有市场。企业应当根据自身网络促销的能力，确定两种或两种以上网络促销方法组合使用的比例。

4. 制订网络促销预算方案

在网络促销实施过程中，预算方案的制订很重要。在拟定预算方案的过程中，可以借鉴相关案例的预算标准，结合实际情况进行调整，并在实践中不断总结经验，使网络促销做到事半功倍。

（1）确定网络促销方法，选择合适的信息服务商。选择不同的信息服务商做宣传，支付的费用可能很悬殊。类似于选择不同的电视台做广告，在中央电视总台做广告的价格远远高于在地方电视台做广告的价格。企业通过自建站点进行促销宣传的价格最低，但宣传的覆盖面可能最小。所以，企业应当明确网上的促销方法和组合方式，认真比较投放站点的服务质量和服务价格，从中筛选适合本企业的、质量与价格匹配的信息服务商。

（2）确定网络促销的目标和投放内容。企业网络促销的目标通常是树立企业形象、宣传产品、宣传售后服务等。围绕这些目标策划投放的内容，包括文案的数量、图形的数量、色彩的复杂程度；投放时间、频率和密度；广告宣传的位置、内容更换的时间间隔以及效果检测的方法等。这些细节确定好了，对整体的投资数量就有了预算的依据，与信息服务商谈判就有了一定的把握。

（3）明确促销信息的受众。因为针对不同的群体、不同的阶层、不同的宣传范围，各个站点促销的对象也有较大的差别。一般来讲，侧重于学术交流站点的服务费用较低，专门从事商品推销站点的服务费用较高，而某些综合性网络站点的费用最高。在宣传范围上，单纯使用中文促销的费用较低，使用中英文促销的费用较高。企业促销人员应当熟知自身产品的销售对象和销售范围，合理进行促销费用估算。

5. 衡量网络促销效果

网络促销方案在实施过程中，必须对已经执行的促销内容进行评价，衡量促销的实际效果是否达到了预期的促销目标。

7.4.4 网络促销效果的评价

随着网络促销的广泛开展，要求对网络促销效果进行科学、合理的评价。现代企业将传统的、定性的、单个的促销效果的评价转为现代的、定量的、整合的促销效果评价，对企业网络促销的健康发展至关重要。

1. 网络促销效果评价的基本思想

网络促销效果评价需要以客观事实或数据为基本依据，同时借助科学的方法和相应的分析经验，从结果和过程两个方面进行，既要分析企业网络促销的直接效果，又要评价企业网络促销过程的有效性。网络促销效果的评价具体应把握以下三点。

（1）网络促销效果评价要充分利用促销活动的统计数据。这些数据包括主页访问人次、点击次数、千人广告成本等,可利用网络软件对其进行统计分析。网络宣传不像报纸或电视等传统媒体那样难以确认实际阅读和观看的人数,利用网络统计软件就可以容易地统计站点的访问人数、广告的阅览人数,甚至可以告知访问者是第几位访问者。利用这些统计数据,网上促销人员可以了解企业的优势与弱点,以及与其他促销者的差距。

(2) 网络促销效果评价要建立在对实际效果全面调查的基础上。调查市场占有率的变化、产品销售量的增加、利润的变化、促销成本的降低等情况,可以判断促销决策是否正确。同时,还应注意促销对象、促销内容、促销组合等方面与促销目标的因果关系分析,从而对整个促销工作作出正确的判断。

(3) 网络促销效果的定量分析需要建立相应的评价指标体系和评价模型。评价指标体系和评价模型是定量分析评价的基础,必须科学、合理。

2. 影响网络促销绩效的因素

网络促销是企业以网络为媒介对网络广告、网站推广、销售促进和公共关系等网络促销方式进行的适当选择和综合编配,从而实现整体营销效果的企业营销活动。因此,影响网络促销绩效的因素包括网络广告、网站推广、销售促进、网络公共关系四个方面。

(1) 网络广告的影响。网络广告是确定的广告主以付费的方式运用网络媒体劝说公众的一种信息传播活动。影响其效果的因素分为两类:广告成本和广告影响力。前者包括广告费用占销售额比重、广告设计成本占销售额比重;后者包括网络广告浏览率、点击率、回馈率、购买率等。

(2) 网站推广的影响。网站推广是利用各种传媒让目标公众获知企业站点的活动。影响其效果的因素分为两类:推广成本和推广影响力。前者包括站点推广费用占销售额比重、站点推广策划成本占销售额比重;后者包括站点链接规模、直接站点点击率、直接站点购买率等。

(3) 销售促进的影响。销售促进是企业运用各种短期诱因,鼓励购买或销售企业产品或服务的促销活动。影响其效果的因素分为两类:销售促进成本和销售促进影响力。前者是指销售促进服务成本占销售额比重;后者主要是指销售促进购买量增长率。

(4) 公共关系的影响。公共关系是企业为改善与社会公众的关系,促进公众对企业的认识、理解及支持,树立良好的组织形象,实现组织与公众的共同利益与目标而进行的促销活动。影响其效果的因素分为两类:公共关系成本和公共关系影响力。前者主要是指公共关系成本占销售额比重;后者主要是指公众反映指数。

3. 网络促销绩效评价的方法

网络绩效评价方法是指进行网络绩效评价时采用的具体手段,它包括数据的处理方法、指标的合成方法、结果的分析方法、结果的比较方法等。如果没有科学的分析评价方法对数据的处理,就无法得出正确的结论,分析模型、指标体系和实际的数据也就没有意义。因此,科学合理的评价方法是取得公正评价结果的重要保障。

(1) 建立网络促销绩效评价指标体系。网络促销效果的定量评价需要有一个科学合理的指标体系为依据,可以根据上述影响因素构建一个绩效评价指标体系。构建网络促销绩效评价指标体系应该遵循以下原则。①目的性原则。构建的评价指标体系要以能客观、准确地反映促销的综合效果,为企业提供可用的决策信息为目的。②科学性原则。构建的指标体系应能准确地反映实际情况,以利于通过指标的核算与综合评价,找出与竞争对手的差距,成为自我诊断、自我完善的有力工具。③全面性原则。构建的指标体系应能够从多角度、多层次反映企业网络促销的效果,不但要有进行纵向比较的指标,而且要有进行横向比较的指标。④实用性原则。评价指标要有明确的含义,指标的核算应以现有统计数据为基础,且指标设计要突出重点,尽量简化,从而使指标体系在实际中易操作。

(2) 构建网络促销绩效评价参考模型。网络促销绩效评价模型的构建过程,实际上是指出从哪些方面和角度来衡量绩效,并建立不同衡量方面和角度之间的关系,运用数理统计、运筹学等方法建模。例如,可以把企业网络促销的绩效看作一个函数,自变量为影响其效果的主要因素,即企业网络促销的绩效=f(网络广告、网站推广、销售促进、公共关系);然后确定各影响因素的相关权重和贡献值。

(3) 网络促销绩效的综合分析与评价报告。通过网络促销绩效数据,利用评价模型和相关方法进行计算、加工和处理,在一定的评价标准下,经过综合分析得出关于网络促销绩效的判断和结论,并形成绩效评价报告。网络促销绩效评价报告是网络促销绩效评价工作的结论性文件,可作为网络促销优化改善的参考依据。

7.4.5 典型案例:华为公司的悬念促销

华为技术有限公司(简称华为)是一家信息与通信技术(Information and Communication Technology,ICT)基础设施和智能终端提供商,成立于 1987 年,总部位于广东省深圳市龙岗区。华为在通信网络、IT、智能终端和云服务等领域为客户提供有竞争力、安全可信赖的产品解决方案与服务。

1. 案例描述

在 2009 年的 3G 大潮中,华为采用悬念促销策略让其产品手机市场崭露头角,有效地增强了华为品牌的市场认知度及美誉度。在 5G 时代,华为继续沿用了这种悬念促销的思想,对华为 nova7 采用悬念营销,同样收到了良好的效果。

2020 年 4 月 18 日,华为首先在哔哩哔哩网站官微上对其全新推出的 nova7 手机就"nova7 有多重?是什么颜色?"这类话题与用户互动,让用户投票。预热视频中,新产品全然未露面,使用户无比期待。紧接着华为终端官博发布新视频,并配文:"1000 个人眼中,有 1000 种'7 号色'。你眼中的 7 号色是什么?不同的颜色可以营造出不同的氛围、不同的情绪,甚至可以对人的思维产生某种暗示。但是有一种颜色,它很难用简单的言语去定义,但却让人爱不释手,当你想去理解它时,似乎又超出了颜色的概念……它是谁?它就是将于 4 月 23 日发布的华为 nova7 系列最新设计——7 号色。"如此将悬念提升到极致,引起更多用户的关注。

(资料来源:编者根据相关资料整理)

2. 案例评析

华为在不同时期用悬念促销的思想，都收到了良好的效果，这表明利用人们的好奇心促销是屡试不爽的法宝。本案例充分利用互联网的互动性和人们的好奇心，真正把消费者调动起来，让消费者成为传播的一部分，甚至是主体。这样的互动远比在创意上吸引网民动动鼠标、点击广告或者参与游戏来得更有价值。

企业在创新广告的做法时，应注意与企业的一贯作风保持一致，才不至于损害企业已有的形象。本案例收到的良好促销效果告诉我们一个道理：吸引消费者不仅是靠企业的单向推广宣传和让利优惠策略，更需要采用一些富有创意的创新形式真正打动消费者。

本 章 小 结

4P 组合策略是经典的营销策略，在网络环境下应用也具有十分明显的特点。本章分别介绍了网络产品策略的概念及其层次、市场生命周期，网络产品的类型和网络新产品的开发策略；网络营销价格的特点，网络营销的定价目标、方法和策略；网络营销渠道的定义、特点、类型；网络促销的含义、常用策略以及效果评价。

首先，网络营销 4P 组合策略中的四种因素是企业可以调节、控制和运用的，企业可以根据目标市场情况，自主决定产品类型，制定产品价格，选择销售渠道和促销方式。其次，这些因素都不是固定不变的，而是不断变化的。企业受到内部条件、外部环境变化的影响，必须能动地作出相应的反应。最后，这四种因素是一个整体，它们不是简单的相加或拼凑集合，而是在统一目标的指导下彼此配合、相互补充，能够获得大于局部功能之和的整体效应。

 复习思考题

1. 选择题（有一项或多项正确答案）

（1）网络营销 4P 组合策略中的 4P 是指（　　）。
　　A．产品（Product）　　　　　　B．价格（Price）
　　C．促销（Promotion）　　　　　D．渠道（Place）

（2）完整的网络产品的概念包括（　　）、潜在产品等基本层次。
　　A．核心产品　　　　　　　　　B．形式产品
　　C．期望产品　　　　　　　　　D．延伸产品

（3）网络营销价格的主要特点是（　　）。
　　A．价格标准化　　　　　　　　B．价格弹性化
　　C．价格趋低化　　　　　　　　D．定价以顾客需求为主导

(4) 从分销的角度看，一个完善的网上销售渠道应具有（　　）等。
　　A．订货功能　　　　　　　　B．结算功能
　　C．产品设计功能　　　　　　D．配送功能
(5) 赠品促销时，选择赠品的正确做法是（　　）。
　　A．一般选择次品、劣质品作为赠品
　　B．注意赠品的时间性，如在冬季赠送夏季使用的物品
　　C．赠品数量要根据市场需求控制在预算内
　　D．将赠品的成本通过提升促销产品的价格转嫁给消费者

2．判断题

(1) 价格是网络营销 4P 组合中产生收入的唯一要素，4P 营销组合的其他要素都只代表成本。　　　　　　　　　　　　　　　　　　　　　　　　　　　　　（　　）
(2) 网络营销渠道具有沟通功能和分销功能。　　　　　　　　　　　　（　　）
(3) 网络促销在基于互联网和移动网络的虚拟市场上进行，不受时间和地域限制。
　　　　　　　　　　　　　　　　　　　　　　　　　　　　　　　　（　　）
(4) 网络促销与传统促销手段互不相容。　　　　　　　　　　　　　　（　　）

3．简答题

(1) 网络营销定价的一般目标是什么？有哪些常见的定价方法和策略？
(2) 为什么亚马逊公司的差别定价试验失败？从中我们可以得到什么启示？
(3) 网络营销渠道具有哪些功能？你认为百度微购的渠道整合试验前景如何？在小组研讨会上陈述你的观点并说明理由。
(4) 网络促销与传统促销有什么区别？本章案例"华为的悬念促销"给予我们哪些启示？

4．讨论题

如何避免企业网络营销走入价格战的误区？中小型企业如何有效地实施网络品牌营销策略？企业应如何有效地运用 4P 组合策略实现可持续发展？试结合具体企业实例进行分析并分小组展开讨论。

案例研讨

在一次"双十一"促销活动中，京东商城没有给出专门的合作方案，而是由市场部人员约谈相关商家确定不同的方案，想参加活动的商家需要完成的义务包括：如果是百货类商品要求提供 5 折以下的商品，电子产品要求专门提供特价商品，能享受的权利包括流量支持和口头承诺的保底销售额。为防止 11 月 11 日当天订单高峰出现的物流拥堵，京东商城延长了促销时间，11 月 1—11 日购物，用户均可以享受促销。京东商城提供的数据显示，"双十一"促销期间，京东商城日订单量超过 40 万单，同比增长超过 290%。

针对上网人群都有"昼伏夜出"的习惯，京东商城专门打造了一个品牌栏目叫作"夜黑风高"，意思是：在每天的晚上七点到第二天的早上七点，京东商城会在促销活动之外给消费者打包一个特色促销节目，这一时段会有很多超低价的商品展现在消费者面前，这是一个为年轻人量身定制的特色专区。

此外，当消费者在京东购买商品时，京东通常会按商品标价直接给消费者一定数量的折扣，若消费者购买某特定商品，则可能获得京东的赠品。

（资料来源：编者根据相关资料整理）

认真阅读上述案例材料，思考以下问题并分小组展开讨论。

（1）案例中京东商城运用了哪些网络营销策略？这些营销策略具有什么特点？

（2）网上商城应该如何有效地运用网络营销策略？从案例中可以得到哪些启示？

第 8 章 网络营销 4C 策略

教学目标

- 解释网络营销 4C 策略的含义,描述网络营销 4C 策略的核心理念,举例说明网络消费者购物成本与卖方成本的构成。
- 阐述网络营销 4C 与 4P 策略融合应用的主要方式,分析其优越性。
- 结合相关案例研讨,培养学生的服务意识,努力提升他们网络营销的业务水平。

学习要求

基本内容	主要知识点	能力素养
网络营销 4C 策略	(1)网络营销 4C 策略的含义及核心理念; (2)网络消费者的行为特点、基于消费者行为的网络营销策略; (3)网络营销价格成本的构成:消费者购物成本、卖方成本 (4)网络营销 4C 与 4P 策略的融合	(1)网络营销 4C 策略核心理念的理解与运用能力; (2)养成尊重顾客、敬业爱岗的职业习惯

基本术语

网络营销4C策略、消费者策略、成本策略、便利策略、沟通策略

引例

京东手机商城的"真香"服务

借助网络流行元素和一些很火的梗来引起消费者关注是很多品牌的营销创意特点,网络上一度盛行的"真香"梗就是一个典型代表。"真香"梗的意思是"发誓绝不做某事但最后还是做了,并对此发出赞叹和认同的态度转变",借助这个梗的热度,京东手机商城推出了"真香"服务。

为了将借梗和"蹭热度"的效果发挥到极致,京东手机商城邀请王境泽合作拍摄了关于"真香"的视频广告,演绎了生活中手机碎屏、想要以旧换新、想随时退货等一系列问题。广告主要体现的是京东手机商城为消费者提供的碎屏保、以旧换新、7天无理由退货三大"真香"服务,表达出即使消费者在经历过不好的消费体验后,也能够凭借着京东手机商城优厚周到的售后服务获得令其满意的解决方案。

(资料来源:编者根据相关资料整理)

点评:以消费者为中心的个性化定制服务营销是企业持续发展的动力源泉

京东手机商城推出的"真香"服务借助热搜的话题和网红的出镜成功引起了众多网友的关注,其广告内容也切中了很多消费者的内心诉求。京东手机商城突出的"真香"服务以消费者为中心,针对消费者的诉求提供非常周到优良的售后服务解决方案,让消费者打消了关于产品的许多后顾之忧,能够更加放心地进行产品体验和消费,从而增强消费者对京东手机商城的好感与信赖。案例同时从一个侧面揭示了一条规律:企业要实现可持续发展,以消费者为中心提供个性化定制服务是其重要的动力源泉。

在网络环境和交易渠道多样的情况下,面对飞速发展的市场经济,任何一家企业要满足消费者多样化的需求,实现企业经营目标并获得发展,必须从目标市场需求和营销环境的特点出发,综合运用各种市场营销手段,形成统一的、配套的市场营销战略,使之发挥整体效应。因此,继4P营销策略之后,在营销实践不断发展的过程中,特别是在网络环境下,先后出现了4C、**4R**、**4S**等组合营销策略。

知识卡片8-1

4R营销策略:由美国学者舒尔茨在4C营销策略的基础上提出的以竞争为导向的营销策略,对4P策略和4C策略做了进一步的补充。4R分别为Reaction(反应)、Relevance(关联)、Relationship(关系)和Reward(回报)。

舒尔茨的4R营销策略认为，企业需要随着市场的发展从更高层次上以更有效的方式在企业与顾客之间建立区别于传统的新型的主动性关系，紧密联系顾客，以建立顾客忠诚为最高目标，提高对市场的反应速度。

知识卡片 8-2

4S营销策略：强调从消费者需求出发，打破企业传统的市场占有推销模式，建立起一种全新的"消费者占有"的行销导向。4S分别是满意（Satisfaction）、服务（Service）、速度（Speed）、诚意（Sincerity）。

4S营销策略要求企业充分利用网络环境和信息技术，对产品、服务、品牌定期定量进行消费者满意指数和消费者满意度等级的综合性测评，并不断改进消费者满意度等级，以服务品质的最优化达到消费者满意度最大化，进而提高消费者的忠诚度；同时注重强化网络环境下企业抵御市场风险、经营管理创新、持续稳定增效的能力。

8.1 网络营销 4C 策略的含义与核心理念

网络营销4C策略是美国北卡罗来纳大学的罗伯特·劳特朋于1990年提出的，强调以消费者需求为导向，重新设定了营销组合与传统 4P 相对应的四个基本要素，即消费者（Consumer）、成本（Cost）、便利（Convenience）和沟通（Communication）。

8.1.1 网络营销 4C 策略的含义

网络营销消费者策略是指以研究消费者的需求和欲望为中心，强调开发消费者比开发产品更重要。消费者策略体现了从以产品为中心向以消费者需求和期望为中心转移的营销思想，要求充分利用网上各种资源工具，以个性化的产品和良好的售后服务来满足消费者、吸引消费者，并发挥其主动性和积极性，加强网络消费者与企业的双向联系。

成本策略是指消费者获得满足的成本或消费者满足自身的需要和欲望所愿意付出的成本价格。网络营销的价格因素延伸为生产经营过程的全部成本，包括消费者购物成本和卖方成本。

便利策略是指购买的方便性。与传统的营销渠道相比，便利策略更重视服务环节，强调在销售过程中为消费者提供便利。企业要深入了解不同消费者的不同购买方式和偏好，把便利原则贯穿于营销活动的全过程，售前做好服务，及时向消费者提供关于产品的性能、质量、价格、使用方法和效果的准确信息；售后应重视信息反馈和追踪调查，及时处理和答复消费者意见，为消费者提供退换货、售后维修等服务。网络营销便利策略应该着重考虑为消费者购买商品提供方便。网络营销创造了一种随时随地的分销体系，它缩短了生产商和最终消费者之间的距离，甚至替代了传统的批发商和零售商等中间环节。以消费者便利为中心设计销售渠道，可以有效地达到促进销售的目的。

沟通策略是指与消费者沟通，包括向消费者提供有关店铺、商品、服务、价格等方面的信息，影响消费者的态度与偏好，说服消费者光顾店铺、购买商品，并在消费者的心目中树立良好的企业形象等。在竞争激烈的网络市场环境中，零售企业的管理者应该认识到，与消费者沟通比选择适当的商品、价格、地点、促销重要，更有利于企业的长期发展。

网络营销4C策略的含义

8.1.2 网络营销4C策略的核心理念

网络营销 4C 策略的核心理念：强化以消费者需求为中心的营销组合。企业首先应该把追求消费者满意放在第一位，产品必须满足消费者需求；其次降低消费者的购买成本，产品和服务在研发时就要充分考虑消费者的购买力；再次充分注意到消费者购买过程中的便利性；最后以消费者为中心实施有效的营销沟通。

网络营销 4C 策略主张的观念如下：先研究消费者的需求和欲望，再制定产品策略；先研究消费者为满足需求所愿意付出的成本，再考虑定价策略；先考虑如何能让消费者方便地购买到商品，再考虑渠道策略；先注重加强与消费者的沟通和交流，再考虑促销策略。

在网络市场中，消费者掌握了主动权，企业不再是市场中心。因此，在网络环境下应用 4C 策略整合企业的营销资源，充分满足消费者的需求和实现企业利润最大化的目标更有优势。

8.2 基于网络消费者行为特点的营销策略

由于网络营销使商品交换活动空间由传统有形产品交换空间向电子空间转化，因而网络环境下的消费者行为与传统商业模式下的消费者行为有明显区别，并表现出其自身特点。

8.2.1 网络消费者的行为特点

就现阶段的市场表现来看，网络消费者的行为特点可归纳为以下五个方面。

（1）消费个性化。在过去标准化和工业化生产下，更多地追逐生产成本而忽略了消费者的个性化。在互联网络环境下，消费者的选择空间越来越大，而且可以方便地将自身的个性化需求突显出来，于是个性化消费成为网络消费的主流。

网络消费者的行为特点

（2）消费行为理性化。消费行为理性化主要体现在三个方面：一是消费者可以利用搜索引擎等工具方便地搜索并筛选所需的商品信息。二是消费者可以在更大范围内对网络商品的质量、价格、服务、态度等进行选择和比较。三是消费者的主动性增强。现代社会具有很强的不确定性，消费者更加追求心理稳定和平衡。在这种不确定性和追求平衡的心理作用下，消费者会更加主动地选择商品，使得其网上购买行为偏向理性化。

（3）需求产品的层次具有逆向扩展性和交叉性。**马斯洛需求层次理论**将需求由较低层次到较高层次分成生存需求、安全需求、情感归属与爱需求、自尊需求和自我实现需求五类。按照马斯洛需求层次理论，人类的需求应该是先满足低层次的需求，再满足高层次的需求。而在网络营销中，经常是先满足高层次的需求，再考虑低层次的需求；或者高层次的需求和低层次的需求同时考虑，例如同时订购一本书和一个汉堡。

> **知识卡片 8-3**
>
> 马斯洛需求层次理论：也称基本需求层次理论，是行为科学的理论，由美国心理学家亚伯拉罕·马斯洛提出。该理论将需求分成生存需求、安全需求、情感（归属与爱）需求、自尊需求和自我实现需求五类，依次由较低层次到较高层次排列，如图8-1所示。
>
>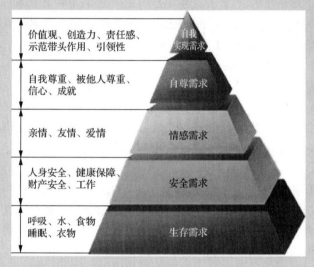
>
> 图8-1 马斯洛需求层次理论
>
> 五种需求可以分为两级，其中生存需求、安全需求和情感需求都属于低一级的需求，这些需求通过外部条件就可以满足；而自尊需求和自我实现需求是高级需求，需求通过内部因素才能满足，而且一个人对尊重和自我实现的需求是无止境的。
>
> 马斯洛需求层次理论有两个基本出发点，一是人人都有需求，只有某层需求获得满足后，才会追求更高一层次的需求；二是在多种需求未获满足前，首先满足迫切需求，后面的需求才显示出激励作用。

（4）购物方便性与购买乐趣并存。在网络购物中，消费者一方面追求方便、快捷，足不出户完成购物、支付；另一方面，很多人网上购物不仅为了购买商品，还为了体验网上购物的快感。

（5）价格是影响消费心理的重要因素。在正常情况下，网上销售的低成本使经营者有能力降低商品销售的价格，并开展促销活动，给消费者带来实惠。

8.2.2 基于消费者行为的网络营销策略

根据网络消费者的行为特点，企业开展网络营销时可以采用如下策略。

基于消费者行为特点的营销策略

（1）建立和完善目标消费者数据库，满足消费者的个性化需求。个性化营销需要建立在对消费者充分研究的基础之上，因此，企业应该建立尽可能完备的目标消费者数据库，并与消费者建立良好的关系，充分挖掘消费者价值。数据库资料一般应包括消费者姓名、电话、地址、消费记录、消费习惯、消费偏好等多种信息。

（2）为消费者提供差别化服务。亚马逊公司总裁贝索斯曾说："如果我们有 450 万个消费者，我们就有 450 万个商店。"言外之意是亚马逊把每名消费者都看作一个市场。在工业化大生产时代，这种观念是无法实施的；在网络营销中，这个观念可以得到充分的体现。因此，企业应该充分考虑消费者价值，满足消费者需求。

（3）加强与目标消费者的沟通。企业应以满足消费者个性化需要为前提，与消费者进行充分的交流，才能更好地满足消费者需求。许多企业推出的互动式交流平台正是这种沟通策略的体现。

（4）采用为消费者提供便利的促销方式吸引消费者。实施该策略可由有关联的不同商家共同开展网上联合促销，例如山地自行车和运动服装的商家可联合促销以便为消费者节省选择商品的时间。

（5）注重承诺服务。在网络环境下，由于买卖双方互不见面，消费者对产品、售中和售后服务及企业的信用更加重视，因此，企业必须制定明确的服务承诺并履行到位。如果企业为了吸引消费者而盲目夸大其词，最终不能兑现诺言，则不仅会损害消费者利益，而且会造成消费者对企业的不满，影响消费者的忠诚度。

总之，基于网络消费者行为特点的营销策略要求以消费者为中心，通过研究消费者的需求进一步细分网络市场，针对不同消费者实行不同的营销策略，充分满足每个消费者的具体需求，从而达到营销目标。

8.3 网络营销价格成本的构成

网络营销价格成本一般是指生产经营过程的全部成本，包括消费者购物成本和卖方成本。

8.3.1 消费者购物成本

消费者购物成本主要包括消费者购物的货币成本、消费者购物的精力成本和时间成本、消费者购物的体力成本、消费者购物承担的风险成本四个部分。

网络消费者的购物成本

（1）消费者购物的货币成本。货币成本是指消费者购买和使用产品所付出的直接成本和间接成本，体现为网络使用费、通信费、支付商品配送所花费的费用总和。

(2）消费者购物的精力成本和时间成本。消费者需要耗费大量的时间访问不同的网站，以便获得有关产品或服务的完整信息。若购物平台能提供相似产品的快速链接、详尽的产品信息介绍以及一目了然的网络界面设计，则可以节省消费者购物的精力成本和时间成本。

（3）消费者购物的体力成本。为消费者节约体力成本是网络销售的优势。商家开展的送货上门等服务项目，让消费者足不出户就可以获得想要的商品。

（4）消费者购物承担的风险成本。风险成本是一种隐性成本，其是由一些不确定因素（如假冒伪劣产品、网络信息安全等）产生的。消费者一旦涉足网上商品交易，就必须承担这种风险，这种风险同样影响消费者网上交易的积极性。

8.3.2 卖方成本

卖方是商品所有权的拥有者，可能是企业，也可能是普通消费者。卖方成本主要由以下五部分组成。

网络营销卖方成本构成

（1）网络化建设成本。网络化建设成本包括网络硬件及相关软件成本、网络维护成本。①网络硬件及相关软件成本。由于网络营销离不开计算机及计算机网络和各种软件的支持，因此，硬件设备的购置和安装费用、网络服务软件成本、域名的注册费、空间租用费、网页设计费等都是企业必须投入的成本。②网络维护成本。网络维护成本是网络化建设的主要成本。企业一旦建立并运行网络系统，与之配套的服务和相关费用就随之而来。对于大型企业来说，网站一般采用独立专线接入互联网，并由企业自己的技术人员自行维护；对于中小型企业来说，资金和技术水平都不足，租用虚拟主机是较好的选择。

（2）网站推广成本。企业必须投入一定的资源来提升网站的知名度，完善网站内部信息的搜索能力，对目标市场进行准确定位，让更多的潜在消费者认识网站并经常访问网站。利用各种手段推广网站，其产生的成本构成企业营销成本的一部分。

（3）生产成本。数字化产品的生产成本主要是开发过程中的人力成本，包括企业员工的薪酬、管理费用等；服务产品具有无形性、不可分割性、可变性和易消失性等特点，其生产成本主要是它的人力资本；实物产品的生产成本主要与企业的生产技术水平、原材料采购成本及劳动效率有关。

（4）配送成本。配送是按消费者的订货要求进行分货、配货工作，并将配好的货品送交收货方的活动。从长远发展考虑，企业应将配送成本控制在可盈利的范围之内。网络企业应该选择合理的有盈利的配送体系，在满足消费者的服务水平与配送成本之间寻求平衡。

（5）消费者服务成本。网络化消费者服务在为消费者提供更贴心服务的同时，也意味着增加了消费者服务成本。为提高消费者的满意度和忠诚度，企业必须投入更多的人力和物力来开展消费者服务工作。由于消费者购买商品时，总希望把有关成本包括货币、时间、精神和体力等降到最低限度，以使自己得到最大限度的满足。因此，企业必须考虑消费者为满足需求而愿意支付的"消费者总成本"，努力降低消费者购买的总成本。例如，通过降低商品进价成本和市场营销费用，降低商品价格，降低消费者的货币成本；努力提高工作效率，尽可能减少消费者的时间支出，节约消费者的购买时间；通过多种渠道向消费者提供详尽的信息、为消费者提供良好的售后服务，减少消费者精神和体力的耗费。

8.4 网络营销 4C 与 4P 策略的融合

网络营销 4C 策略注重以消费者需求为导向,克服了网络营销 4P 策略只从企业考虑的局限。但是从企业的营销实践和市场发展的趋势来看,网络营销 4C 策略也有一些不足。首先,它立足的是消费者导向,而不是竞争导向。在市场竞争中,要取得成功既要考虑到消费者,又要考虑到竞争对手。其次,网络营销 4C 策略在强调以消费者需求为导向时却没能结合企业的实际情况。最后,网络营销 4C 策略仍然没有体现既赢得消费者又长期拥有消费者的关系营销思想,通常被动地适应消费者需求,没有解决满足消费者需求的操作性问题。因此,在网络营销策略的实施过程中,应重视分析网络市场环境及消费者的新特征,做好网络营销 4C 策略与网络营销 4P 策略的融合。

1. 以消费者需求为中心的产品策略

在网络经济条件下,标准化产品和传统的产品形式受到挑战。一方面,网络消费者的个性化需求表现得比以往更强烈,消费者希望企业根据自己个性化的需求设计产品;另一方面,在网络环境下,大规模定制成为可能,在不影响企业经济效益的前提下,可最大限度地满足个别消费者的需求。因此,应当把每个消费者都看作一个目标市场,并根据其个性化的需求定制产品。这种策略可以增强和巩固企业与消费者的关系,使得营销的良性循环成为可能。

4C 与 4P 的融合营销策略

2. 让消费者花费最低成本的价格策略

在网络环境下,产品的价格是完全透明的,企业应当从以往单纯考虑定价转移到研究为满足消费者需求所愿意付出的成本。企业要改变以往的定价思维,即由"价格=成本+利润"的思维方式改为"利润=价格-成本"。企业需要降低生产经营各个环节的成本,让消费者获得满意的价格,从而获得较大的利润空间。

【微型案例 8-1】日本丰田汽车公司是这种思维方式的典型代表,他们把制定价格的权力交给了消费者,在保证消费者满意产品质量的前提下研究解决降低生产经营成本的问题,然后从价格与成本的差额中扩展利润空间。

3. 为消费者提供便利的分销渠道建立策略

这种组合策略要求企业以消费者的"便利"为出发点,构建一个既能将成本控制到最低,又能高效运行的新型渠道模式,切实为消费者的购物提供时间、地点及品种的便利。

企业制定价格时,需要考虑消费者购物时愿意支付的最低货币成本,建立分销渠道时还必须考虑到消费者整体成本中的其他三项,即时间成本、体力成本和精神成本。消费者在购买产品时,总希望在获得更多的利益时,把货币成本、时间成本、精力成本和体力成本等降到最低。

4. 与消费者有效沟通实现促销的策略

传统营销环境的强势促销不但花费大，而且容易引起消费者反感，促销效果较差。在网络环境下，消费者比以往具有更强的主动性和互动性，企业可以借助网络通过增强与消费者的沟通来实现促销。例如，网络广告在交互性、灵活性和快捷性、成本、感官性、传播范围、受众针对性、受众数量可准确统计等方面呈现出与消费者沟通的明显优势，进而实现促销目标。

8.5 典型案例：7天酒店的网络营销4C策略

7天酒店集团创立于2005年，截至2023年11月，分店覆盖全国超过370个城市，规模达到3000家，已建成经济型连锁酒店全国网络体系，提供"7×24小时"网上预订、电话预订、短信预订、手机客户端预订等多种便利预订方式。

1. 案例描述

经济型连锁酒店最大的消费群体一般主要集中在中小企业商务人士及"背包族"。对于这类消费者而言，酒店环境舒适、安全卫生，价格经济实惠，出入交通便利，手续办理快捷高效是其选择酒店时最为关注的几个因素。为此，7天酒店坚持"顾客感受第一"的理念，基于消费者需求锁定核心消费者并提供个性化服务。

（1）以"消费者需求"为核心提供体验式服务。7天酒店关注消费者"天天睡好觉"的核心需求，努力为消费者打造一个舒适如家的住宿环境和快乐服务氛围。坚持以消费者切身感受为导向，并在服务在细节上下功夫。

（2）以"实惠"为中心控制消费者成本。7天酒店控制成本满足消费者的"实惠"要求，硬件设施配置上用心斟酌：摒弃了传统酒店客房中大衣柜、笨重书桌、浴缸等物品，注重增添客房"家"的温馨感和实用性。

（3）以"便捷"为重心为消费者创造方便。创造的方便包括交通环境便捷、预定方式高效、网络信息分享便利。

（4）以"真诚"为宗旨实现交流方式多样化。7天酒店在主页设置"会员分享"板块，为会员顾客提供入住经验分享平台；"24小时客服小秘书"及时在线回答最新活动、积分管理、预定导航、入住宝典等业务问题；通过调查问卷收集反馈信息；通过开展公益捐款、会员优惠、半价兑换、电子抵用券、征稿等一系列增值活动，与消费者积极互动。

（资料来源：编者根据相关资料整理）

2. 案例评析

7天酒店的网络营销4C策略极大地提升了酒店服务的性价比。7天酒店以经济型酒店的价格，提供以消费者为中心的高质量的服务，因此备受青年人的青睐。

案例有如下几点值得相关企业借鉴。

（1）巧用"静"作为营销卖点变不足为优势。7天酒店为了控制成本，酒店选址往往避开繁华闹市区，而选在相对较为僻静且有公交直达的地段，但这种"静"恰恰是该酒店吸引消费者的一大亮点。7天连锁酒店舒适的房间、安静的环境使劳累一天的人们能够很快入睡，更能满足消费者住宿"天天睡好觉"的核心需求。

（2）注重利用科技和模式创新为消费者提供更经济和更高品质的住宿生活。7天酒店建成了能够实现企业门户网站和数据库实时对接的电子商务平台，能够实现会员制直销模式，同时接受互联网呼叫中心、短信、手机WAP等便利预订方式，这也成为其在业内处于领先地位的重要保障。

本 章 小 结

网络营销4C策略注重以消费者需求为导向，克服了网络营销4P策略只从企业考虑的局限。但网络营销4C策略立足的是消费者导向，而未考虑竞争对手的情况，通常被动适应消费者需求，没有解决满足消费者需求的操作性问题。

复习思考题

1. 选择题（有一项或多项正确答案）

   （1）网络营销4C策略中的四个基本要素是指（　　）。

     A．消费者（Consumer）　　　　B．成本（Cost）

     C．便利（Convenience）　　　　D．沟通（Communication）

   （2）网络消费行为理性化的主要表现是（　　）。

     A．消费者主动性增强

     B．消费者利用搜索引擎等工具搜索并筛选所需商品信息

     C．消费者冲动购物突出

     D．消费者在更大范围对网络商品的质量、价格、服务、态度等进行选择和比较

   （3）网络消费者购物成本包括（　　）。

     A．消费者购物的货币成本　　　　B．消费者购物的精力和时间成本

     C．消费者购物的体力成本　　　　D．消费者购物承担的风险成本

   （4）卖方成本包括（　　）等。

     A．消费者服务成本　　　　　　　B．生产成本

     C．配送成本　　　　　　　　　　D．网络推广成本和网络化建设成本

2. 判断题

   （1）网络营销4C策略强调以消费者需求为导向。　　　　　　　　　　　　　（　　）

   （2）在网络营销中，经常是先满足了高层次的需求，再考虑低层次的需求，或者高层次的需求和低层次的需求同时考虑。　　　　　　　　　　　　　　　　　　（　　）

   （3）在网络环境下，以消费者的需求为中心的产品策略，可以增强和巩固企业与消费者的关系，使得营销的良性循环成为可能。　　　　　　　　　　　　　　（　　）

（4）网络营销 4C 策略注重以消费者为中心，以消费者需求为导向，克服了网络营销 4P 策略只从企业考虑的局限。（　　）

3. 简答题

（1）网络营销 4C 策略与网络营销 4P 策略相比，具有什么优越性？

（2）网络营销 4C 策略解决了什么营销难题？还存在哪些不足？

4. 讨论题

综合分析网络营销 4P 和 4C 组合策略的基本特点、优势与不足，结合企业实际，就网络环境下如何运用这些策略帮助企业开展网络营销谈谈你的想法，并分小组展开讨论。

 案例研讨

成都键佳网络科技有限公司成立于 2020 年，以女性消费者为主要客群，在北美地区销售牛仔裤是其主营业务。该公司的目标是稳定 Meta 渠道出单量，在较低成本基础上拓展新渠道，从而提高总体销量，但之前在 Facebook 上投放广告一直未达到效果。为此，该公司于 2022 年找到飞书深诺集团旗下的飞书逸途 SinoClick——一个专为跨境电商客户提供出海营销解决方案的服务平台。SinoClick 团队根据广告投放经验，秉持以消费者为中心的营销理念，在原有牛仔裤品类上进行调整和优化，准确选择目标消费者群体，为原有的 Facebook 投放找到第一个突破点，使订单稳步增长。除 Facebook 外，公司还选择了推广服饰的 Pinterest 媒体同步投放广告，最终实现了业绩的低成本翻倍增长。

（资料来源：编者根据相关资料整理）

分析上述案例资料，思考以下问题。

（1）案例中 SinoClick 团队采取了什么营销策略帮助成都键佳网络科技有限公司顺利实现营销目标？

（2）你认为成都键佳网络科技有限公司之前在营销中存在哪些问题？从本案例中可以得到哪些启示？

第四篇　实践篇

篇首寄语

《淮南子·人间训》云"山致其高，而云起焉；水致其深，而蛟龙生焉"，意思是说，山达到足够的高度就会兴起云团，水达到足够的深度就会生出蛟龙。同样的道理，网络营销策划达到足够精细的程度或足够的水平就能够顺利实现预期营销目标，收到良好的效果。

成功的网络营销策划可以帮助企业走出困境、获得丰厚的收益。美国著名的风险投资人约翰·多伊尔曾说，在艰难时期，企业要想获得生存下去的机会，唯一的办法就是保持一种始终面向外界的姿态；若想长期生存，仅有的途径就是要使人人竭尽全力，千方百计让下一代产品进入用户家中。无论是处于顺境还是逆境的企业，都需要优秀的网络营销策划。因此，优秀的网络营销策划人才是企业的宝贵财富。

第 9 章　网络营销策划
第 10 章　行业网络营销综合应用

网络营销策划 第9章

教学目标

- 描述网络营销策划的含义和特点、网络营销策划的常用方法、网络营销策划书的编写原则与编写技巧、网络营销绩效评价指标体系的建立原则。
- 描述网络营销策划的基本原则和一般程序、网络营销策划书的格式与基本内容、网络营销方案实施的一般步骤、网络营销绩效评价的一般含义与作用。
- 结合网络营销在一些企业中综合的应用,培养学生运用所学网络营销知识服务社会、为发展家乡经济贡献力量的情怀。

学习要求

基本内容	主要知识点	能力素养
网络营销策划的含义与特点	网络营销策划的含义与特点	(1)网络营销策划书的撰写与实施能力; (2)培养用所学专业知识回馈社会、发展家乡经济的情怀
网络营销策划的方法与原则	(1)网络营销策划的常用方法:点子法、创意法、谋略法、运筹学方法; (2)网络营销策划的基本原则; (3)网络营销策划的一般程序	
网络营销策划书的撰写	(1)网络营销策划书的编写原则与编写技巧; (2)网络营销策划书的格式与基本内容	
网络营销策划方案的实施与效果评价	(1)网络营销方案实施的一般步骤; (2)网络营销绩效评价的含义与作用; (3)网络营销绩效评价指标的建立原则	

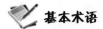 **基本术语**

点子、创意、谋略、运筹学、客户让渡价值、策划书、网络营销绩效评价、层次分析法、盈利能力分析法、数据包络分析法

 引例

小红书的"龙井小绿杯"灵感营销创意

近年来,新式茶饮逐渐走进年轻人的日常生活。面对充满潜力的市场空间,各类新式茶饮争相"斗茶",推动着新式茶饮市场从百花齐放迈入建立品牌阶段。品牌如何打造出差异化,用好产品圈粉年轻人,用好内容传递好口碑呢?古茗选择携手小红书策划灵感营销,借助 IDEA(Insight、Define、Expand、Advocate,洞察、定义、扩展、沉淀)方法出圈,用"龙井小绿杯"强化品牌记忆点,持续打造爆品,带动品牌声量全面上涨,在全网一战成"茗"。

Insight——数据赋能,找到"龙井奶茶"的蓝海。通过数据洞察分析,发现"水果桶""芝士葡萄"两款水果茶产品在小红书站内当季销量占据榜首,且具有较强的淡旺季差异。每年 7 月水果茶处于销量旺季,面临着激烈竞争,众多新茶饮品牌在果茶品类上纷纷"卷"出新花样。古茗亟须打造一款有讨论度的产品,作为品牌的声量担当。通过对比古茗多个产品的搜索热度,发现"龙井奶茶"的站内品牌声量存在较大的发展空间,于是将"龙井奶茶"作为古茗亮相的首选产品,开启一场细分市场的品牌"突围"战。

> **知识卡片 9-1**
>
> 蓝海:未知的市场空间。企业要启动和保持获利性增长,就必须超越产业竞争,开创全新市场,这其中包括突破性增长业务(旧市场新产品或新模式)和战略性新业务开发(创造新市场、新细分行业甚至全新行业)。
>
> 通常与蓝海对应的称为红海。红海是指已知的市场空间。一般进入市场面临的选择是在蓝海中开辟新的"道路"或在红海中杀出一条"血路",来比喻在市场空间中选择生存的方式。另外,蓝海也指代从事不同于常规的职业。

Define——根据用户的喜好,重新定义"龙井小绿杯"。古茗龙井系列产品的原始营销卖点主要从大师炒制、入口鲜香出发,品牌宣传主要从青团芋泥小料杯、彩虹宝石奶茶入手,通过洞察用户的真实反馈,小红书建议古茗降低红宝石的提及频次,并从用户正面评论中寻找产品昵称,打响"龙井小绿杯"称号,为品牌声量蓄力。首先,通过"龙井"一词占领奶茶品类词,用爆品带动用户对品牌的好感度;其次,借助"小绿杯"的称呼,从视觉出发强化用户记忆点,降低用户认知成本,更方便进行后续的传播与"种草"。此外,在品牌内容方面,2022 年古茗在"种草"笔记内容上偏情景式植入,产品展示时间较短,虽然笔记热度高,但用户的聚焦点往往不在产品本身。而在体验型笔记中,产品不仅得到

了集中展示，而且用户的讨论是围绕产品，关注品牌本身的。于是小红书建议古茗调整内容方向，促进产品有效"种草"。

Expand——打造定制化内容矩阵，差异化投放强势卡位。在古茗的内容投放中，小红书依照金字塔矩阵为古茗优选优质达人，并根据用户搜索的奶茶相关内容总结出符合古茗的特色内容主题，以奶茶推荐为主，配合其他多元内容，打造出差异化的内容矩阵，并根据用户的喜好，把小绿杯"拍"在头图上，反复渗透用户心智。古茗还借助小红书的信息流投放模型，分地区差异化打造优质爆文。首先，新品首发期，在杭州、武汉两座城市开启笔记测试，并筛选出潜力爆文；其次，在全国潜在城市进行笔记预热，让潜力爆文同时并进，全网提高古茗曝光度；最后，在重点城市聚焦投放，筛选出爆文并精准覆盖重点城市，形成大范围"种草"。为了进行品类卡位，古茗针对高点击率、高回搜笔记持续投放，在搜索场景实现品牌词、品类词、场景词、同类产品词的强势卡位，在大流量竞争期，成功卡位品牌词前三。

Advocate——好产品成就好口碑，小绿杯一战成"茗"。经过全方位的内容打造，"龙井小绿杯"在小红书一战成"茗"，成为古茗线下出杯量最高的产品，也成为线上社交平台讨论度最高的单品。

营销效果：在产品宣传和新品首发期间，产品曝光量达到 3 亿以上，累计收获了近 2 万篇 UGC 内容；品牌热度搜索指数环比增长 191%，行业搜索排名提升至第 2，内容渗透率排名第 3。同时，外溢效果显著，不仅小红书站内热度有所提升，还带动了全网热度的飙升，古茗一度成为微博热搜，并在站外直播间实现产品大卖。

（资料来源：根据小红书官网的资料整理）

点评：成功的网络营销创意可以四两拨千斤

案例借助数据分析工具，为品牌产品提供具有实战意义的网络营销创意和可行的实施方案，起到四两拨千斤的效果。合作双方共同围绕着洞察产品机会、定义产品策略、扩展品类细分市场、沉淀品牌资产四个关键性的营销链路节点展开营销活动，带给品牌和生态伙伴如下有益的启示。

（1）蓝海选品把握住淡季。案例借助数据分析发现"龙井奶茶"的蓝海，把握机会在流量淡季进行产品集中投放，实现品牌声量的高效提升。

（2）专属昵称强化记忆。案例从用户好感度出发，打造"龙井小绿杯"这一生动形象的产品昵称，既加强记忆点，便于传播，又可助力品牌占领相关品类词。

（3）差异化投放覆盖全国。案例分阶段进行差异化的信息投放，筛选出优质的"种草"笔记，在全国范围内"点燃"品牌热度。

网络营销策划是企业营销战略的重要组成部分，是企业开展网络营销的指导性文件。本章主要介绍网络营销策划的相关基本知识，并对网络营销策划书的撰写、实施方法等问题进行讨论。

9.1 网络营销策划的含义和特点

策划是社会组织或个人为了提高成功的可能性而对未来活动所进行的谋划,是通过实践活动获取更佳成果的智慧或智慧性创造行为。现代营销学之父菲利普·科特勒教授认为,策划是一种程序,在本质上是一种运用脑力的理性行为。在当今社会的商业领域,"运筹于帷幄之中,决胜于千里之外"的谋划同样也适用于商场,网络营销策划的一些基本方法和基本原则可以从中获得借鉴或启发。

9.1.1 网络营销策划的含义

网络营销策划是企业整体营销战略策划的重要组成部分,是为了达成满足消费者需求等特定的网络营销目标,在对企业内部和外部环境准确分析的基础上,有效地运用各种网络营销理论、工具和方法而进行的营销策略思考和方案规划的过程。

网络营销策划的含义

从管理的视角看,网络营销策划是企业对未来发生的网络营销行为进行的超前决策,是为了达到预定的市场目标,综合运用市场营销学、管理学、财务学原理以及网络营销理论和方法,对营销创意或想法进行论证并付诸操作实践的全过程。

简而言之,网络营销策划就是为了达成网络营销目标而进行的营销策略思考和方案规划的过程。

网络营销策划一般以客观市场调研和市场定位为基础,以独特的主题创意为核心,按一定的程序对网络营销项目进行创造性的规划,并以具有可操作性的网络营销实施方案文本作为策划活动的结果。

9.1.2 网络营销策划的特点

网络营销策划既遵循一般市场营销策划的普遍原则和方法,又具有自身的特质,其主要特点可概括为以下几个方面。

(1)前瞻性。网络营销策划是对企业未来网络营销活动所做的筹划,这种筹划借助丰富的经验和高超的创造力,对营销要素进行优化组合,形成各种营销方案和行动措施,因而必须具有前瞻性。

(2)系统性。网络营销策划需要综合考虑各种因素,全面系统地分析所涉及的各方利益关系以及市场环境、竞争对手的策略等问题,统筹安排内容,从而制订出科学、合理的策划方案。

(3)科学性。网络营销策划是一门思维科学,它要求定位准确、辩证、客观、发散地把握各种资源,强调周密、有序。一个成功的网络营销策划必须建立在对未来市场发展趋势准确无误的分析判断基础上,否则网络营销策划就可能变成无的放矢的冒险行为。

(4)动态性。网络营销的过程是企业可控因素与环境的不可控因素之间的动态平衡过程,网络营销策划贯穿于整个网络营销过程,因而也具有动态性。

（5）可操作性。网络营销策划形成的方案必须具有可操作性，否则毫无价值可言。这种可操作性表现为在网络营销方案中，策划者根据企业网络营销的目标和环境条件，针对企业在未来的网络营销活动中做什么、何时做、何地做、何人做、如何做的问题进行周密的部署、详细的阐述和具体的安排。也就是说，网络营销方案是一系列具体的、明确的、直接的、相互联系的行动计划的指令，一旦付诸实施，企业的每个部门、每名员工就能明确自己的目标、任务、责任以及完成任务的途径和方法，并懂得如何与其他部门或员工协作。

（6）可调适性。网络营销策划是一种超前行为，它不可能预测未来市场的一切因素，必然会出现营销方案与现实一定程度上脱节的情形。因此，任何策划方案一开始都具有不确定性，都需要在实施过程中根据实际情况加以调整和补充完善。如果营销方案不能集灵活性和变通性于一体，就不能适应市场变化，也就不能实现预期效果。

9.2 网络营销策划的方法和原则

网络营销策划是一项复杂的系统工程，是以谋略、计策、计划等理性形式表现出来的思维运动，直接用于指导企业的网络营销实践。网络营销策划需借助一定的方法并遵循相应的原则形成。

9.2.1 网络营销策划的常用方法

策划方法即策划过程中具体的、实用的、可操作的办法和手段，通常蕴含着策划技术的意思。网络营销策划方法包括点、线、面三个层次，是传统的策划方法在网络环境下的应用，常用方法有点子法、创意法、谋略法、运筹学方法等。

1. 点子法

点子是经过思维产生的解决问题的主意，或思考得到的能够合法获取利益的想法。从网络营销角度来说，点子法是指有丰富市场经验的营销策划人员经过深思熟虑，为网络营销方案具体实施所想出的方法。

点子的产生不是随意的，而是依据对客观现实的理解和把握，通常需要强烈的创新欲望、超人的胆识和个性，在经历苦思冥想后集中智慧的精华而生成的。与众不同的点子具有创造性思维与超常规思维特征，往往可以体现整个网络营销策划方案的精华。

2. 创意法

创意是通过创新思维意识，进一步挖掘和激活资源组合方式而提升资源价值的方法。对于网络营销策划而言，创意法一般是指在经过市场调研的前提下，以市场策略为依据，经过训练后，有意识地运用新方法组合已有营销要素的过程。

创意是营销策划的核心和精髓，许多营销策划的成功往往源于一个绝妙、普通的创意。

【微型案例9-1】有这样一个广告牌：画面是一列在蓝天下奔驰的火车，这列火车是由一些罐装可口可乐组成的。这则广告创意便是巧妙地将可口可乐与火车联想到一起，进行大胆创意，产生意想不到的效果。

（1）常见的创意理论。关于创意的产生有许多的理论和学术观点，其中影响较大的有天才理论、魔岛理论、迁移理论、变通理论、元素组合理论等，如图 9-1 所示。①天才理论：认为创意并不需要苦苦求索，天才的策划家天生就有这方面的突出才能。②魔岛理论：认为创意是生成的、独创的，而不是模仿的，创意必须通过努力得到。③迁移理论：认为创意是一种迁移，是采取移动视角的办法来分析问题。④变通理论：认为事物的功效作为一种能量，在一定的条件下可以交换、转换和传递，"改变用途"是创意的重要源泉。⑤元素组合理论：认为自然界元素通过组合可以形成各种各样的新物质，策划的创意也可产生于元素组合，即策划人员可以通过研究各种元素的组合获取新的创意。这些理论各具特色，但也有其局限性。例如，魔岛理论强调后天的努力和积累，却否认模仿和天赋灵感，但网络营销策划中的创意常常是"有效的模仿"，显然魔岛理论无法说明所有策划创意产生的原因。再如，天才理论揭示了创意的部分来源，但过分强调天赋而忽视后天努力也是片面的。

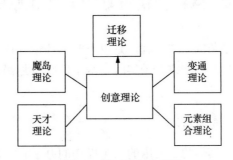

图 9-1　常见的创意理论

（2）创意的一般过程。创意大师詹姆斯·韦伯·扬认为，产生创意有两个基本点：一是创意把事物原来的许多旧要素作新的组合；二是必须具有把事物旧要素予以新组合的能力。网络营销创意的产生，一般需要经过以下步骤。①创意准备。应尽可能全面地搜集详尽的市场信息、产品信息，为创意的产生积累必要的条件。②信息分析。即对原始市场信息进行筛选、分析，找出反映市场供求状况的有效信息，为产生适合网络营销策划要求的创意提供保障。③创意的出现。经过对市场信息的研究，找出创意的主旨和用户诉求的方向，在这个过程中可能会有新的创意自然出现。有时创意还需要"催生"一下，例如自然地放松情绪，刺激潜意识的创作过程；或结合丰富的经验进行联想，从而产生创意。④创意的完善与提高。一个创意在萌发的初期往往不会很完美，需要充分运用相关专业知识去完善。例如，可以将自己的创意提交创意小组讨论，集思广益、完善细化。此外，创意在策划中实现后，还应不断地发展变化，以更好地服务于营销战略策划的总目标。

创意的产生

（3）应用创意法需注意的问题。①创意源于策划人员独特的构思，但必须以市场的营销需求为依据。②网络营销策划创意通常是用新方法组合原有营销资源要素的过程。③真正影响消费者购买意向的是创意的内容而非形式。

3. 谋略法

谋略即计谋策略，是为创造有利条件实行全盘性行动的计划和策略，其本质是一种为获取利益和优势而产生的积极思维过程。

谋略是一个古老、永恒的话题，其核心是战术、手段和方法，起初在战争中使用，成为古代兵法中的重要内容。现代的谋略包含组织、管理、规划、运筹、目标、行为等方面内容，具有全局性、艺术性、方向性等特点。

【微型案例 9-2】美国雷诺公司本是一家小公司，当年它决定从阿根廷引进一款新产品——圆珠笔到美国，但有两家大公司捷足先登，并且买断了圆珠笔的专利。雷诺公司不甘心就此失去机会，于是请工程师设计了一种新型的利用地球引力自动输送墨水的圆珠笔，然后拼命地推销。由于无钱扩大宣传，便想出一个计谋，毫无根据地到法院起诉这两家大公司，说他们违反了反托拉斯法，阻挠雷诺公司的生产和销售，要求赔偿 100 万美元，引发两家大公司反控告，更引起传媒大肆宣传和社会的广泛关注，雷诺公司借此一举成名。

谋略的调控使营销策划有了目标，往往会给企业带来意想不到的效果。

4. 运筹学方法

运筹学是应用数学和形式科学的交叉学科，利用统计学、数学模型和算法等方法，寻找复杂问题中的最佳解或近似最佳解。运筹学经常用于解决现实生活中的复杂问题，特别是改善或优化现有系统的效率等。

【微型案例 9-3】战国时期有一个著名的"田忌赛马"的故事：齐国大将军田忌经常与齐王赛马，每次比赛都输。因为齐王的一等马比田忌的一等马强，齐王的二等马比田忌的二等马强，齐王的三等马也比田忌的三等马强，一对一，每次都是齐王赢、田忌输。孙膑闻知献上一个计策，让田忌的三等马对齐王的一等马，让田忌的一等马对齐王的二等马，让田忌的二等马对齐王的三等马。结果田忌先输第一场，却赢了后两场，以 2:1 反败为胜。于是齐王拜孙膑为军师。

田忌赛马是典型的运用运筹学的具体方式。出马是点子，组阵是谋略，概率与组合是战略方法，一不胜而再胜、三胜是关键。以少胜多、以弱胜强是运用运筹学的效果。田忌赛马的故事说明在已有的条件下经过筹划、安排，选择一个最佳方案，就会取得最好的效果。可见，筹划安排十分重要。

无论哪种策划方法都不是毫无根据的突发奇想。一般来说，选择策划创意方法的主要依据是营销策划其他环节提供的事实和构架，市场调研得来的信息，营销对象、消费者的反馈，营销策划战略的总体思路，竞争者的情况。

9.2.2 网络营销策划的基本原则

在网络营销策划中，策划人员需要有一种正确的态度和科学的思维方式，这种态度和思维方式的本质是网络营销策划必须坚持的原则。为了提高企业营销策划的准确性与科学性，一般需要遵循以下基本原则。

1. 战略性原则

网络营销策划是企业整体营销战略的重要组成部分，一般从战略的高度对企业营销目标、营销手段进行事先的规划和设计，策划方案一旦完成，就成为企业在一段时间内的网络营销指南。因此，进行企业网络营销策划时，必须站在企业营销战略的高度审视它，要求细致、周密、完善。

网络营销策划的基本原则

传统市场营销策划中的战略思想在企业网络营销策划中仍然具有很强的借鉴意义。从营销战略的高度进行网络营销策划，其作用是至关重要的。

2. 系统性原则

企业网络营销策划是一项系统工程，其系统性具体表现为两点：一是网络营销策划工作是企业全部经营活动的一部分，需要在网络环境下对市场的信息流、商流、物流、资金流、制造流和服务流等进行管理，营销策划工作的完成依赖企业整体各部门的支持和合作。二是进行网络营销策划时要系统地分析诸多因素的影响，如宏观环境因素、竞争情况、消费者需求、本企业产品及市场情况等，策划人员必须以系统论为指导，对企业网络营销活动的各种要素进行整合和优化，并最大限度地综合利用这些因素中的有利一面，为企业总体营销战略服务。

3. 可操作性原则

网络营销策划是一种思维过程，但不能只是一种空想，而是经过努力可以实现的设计，必须产生具有很强可操作性的行动方案。所以网络营销策划不仅要提供思路，而且要在此基础上制订可以指导实践的网络营销计划。不能操作实施的方案，创意再好也无任何价值；而不易操作的方案，必然耗费大量的人力、物力和财力，并且会使管理复杂化，成效也不会高。企业网络营销策划要用于指导营销活动，其指导性涉及营销活动中每个人的工作及各环节的处理，因此其可操作性非常重要。

4. 创新性原则

创新性是网络营销策划的"灵魂"，一个单纯模仿而没有新创意的网络营销策划是不会有生命力的，只有拥有独特创意的策划方案才能在激烈的市场竞争中脱颖而出，并取得最终的成功。企业网络营销策划不仅要求策划的创意新、内容新，而且表现手法要新，新颖的创意是策划的核心内容。

在网络营销方案的策划过程中，必须在深入了解网络营销环境，尤其是消费者需求和竞争者动向的基础上，努力打造产品和服务特色，以提高消费者价值和效用。在个性化消费需求日益明显的网络营销环境中，通过创造和消费者的个性化需求适应的产品特色和服务特色，是提高效用和价值的关键。

5. 经济性原则

网络营销策划必须考虑经济效益，即必须考虑策划所带来的经济收益与策划和方案实施成本之间的比率。成功的网络营销策划应当是在策划和方案实施成本既定的情况下取得最大经济收益，或花费最小的策划和方案实施成本取得目标经济收益。

6. 整合协同原则

整合协同原则要求网络营销策划必须根据市场需求，对企业经营资源进行整合配置和优化重组，协同应用论坛、博客、网络社区等社会资源，以真正达到网络营销的预期效果。

在网络营销竞争中，只有善于对资源进行有效配置和重组，即靠知识、智慧和适量资本进行经营资源整合组装的企业，才能在市场竞争中占据主动地位。用知识与智慧整合社会资源，必须具备两个基本前提：其一，必须根据市场需求进行资源整合；其二，必须具有广泛真诚的合作精神。市场需求是利润之源，合作是对付激烈竞争的最佳手段。

7. 权变性原则

现代市场经济中的竞争变得更加激烈，权变性原则在网络营销策划中成为不可或缺的思维因素。由于市场随时变化，因此网络营销策划必须具有一定的权变性，才能使企业在各种市场竞争环境中获胜。

【微型案例9-4】伊士曼哥达公司（以下简称柯达公司）创立于1880年。1963年2月28日是世界照相史上划时代的日子，柯达公司发明并上市了新相机（别名"傻瓜机"）。就在柯达"傻瓜机"大为走俏时，柯达做出了出人意料之举。柯达公司宣称，我们不要独占"傻瓜机"的专利，其技术全部都可以提供给世界的每个制造厂商。柯达公司公开"傻瓜机"技术正是该公司策划权变性的体现。原来，柯达因"傻瓜机"的问世，当年营业额超过20亿美元，纯利润3亿多美元，所花费的600万美元开发费带来了巨额利润。与此同时，世界上相机拥有量达数千万只，而且日本自行研究的"傻瓜机"将问世，即使不公开其技术，其他公司也可模仿研制出同类产品。另外，相机是耐用品，可以重复使用，而胶卷软片是多次性使用的，其市场需求越来越大。正是鉴于以上考虑，柯达公司采取权变性的策划措施，公布了"傻瓜机"技术，使日本的独立开发与其他公司的模仿开发均变得一钱不值，没有投入研制的公司不费吹灰之力就拥有了柯达公司提供的技术。而更重要的是，其他公司"傻瓜机"生产越多，胶卷软片的需求就越大，而柯达公司正好可以全力生产高质量的胶卷软片提供给市场。无疑柯达公司公布"傻瓜机"技术是企业营销策划具有权变性的最佳说明。

然而，柯达公司在数码相机技术崛起的转折期未能很好地进行权变性策划。虽然柯达公司早在1976年就开发成功了数字照相技术，但在数码影像上一直步履蹒跚，公司管理层更多地沉浸于传统胶卷市场既有优势和利润的创造上，甚至认为推动数码相机等产品会伤害其传统业务。最终，柯达公司于2012年1月申请破产保护，再次诠释了企业营销策划权变性的重要性。

9.2.3 网络营销策划的一般程序

网络营销策划是一个科学的程序化运作过程。一般来说,企业网络营销策划的形成包括以下八个步骤。

1. 市场现状调查

市场现状调查不仅包括对消费者的需求进行深入调查,还包括对市场上竞争产品和经销商情况进行充分了解,市场现状调查是网络营销策划的基础。市场现状调查内容主要包括市场形势调查、产品情况调查、竞争形势调查、分销情况调查、宏观环境调查等。

(1) 市场形势调查。了解不同地区的销售状况、购买动态以及可能达到的市场空间。

(2) 产品情况调查。了解相关产品资料,找出其不足和有待加强、改进之处。

(3) 竞争形势调查。全方位了解竞争者的情况,包括竞争对手产品的市场占有率、采取的网络营销战略等方面。

(4) 分销情况调查。适时调查各地经销商的情况及变化趋势,了解其需求。

(5) 宏观环境调查。了解和把握整个社会大环境,从中找出有利的切入点。

2. 市场情况分析

市场情况分析是一个去粗取精、去伪存真的过程。一个好的营销策划必须对市场、竞争对手、行业动态有较为客观的分析。市场情况分析一般包括机会与风险分析、优势与弱点分析、整个市场综合情况分析等方面的内容。

(1) 机会与风险分析。分析市场上该产品可能受到的冲击,寻找市场机会和切入点。

(2) 优势与弱点分析。认清该企业的弱项和强项,同时充分发挥其优势,改正或弱化其不足。

(3) 整个市场综合情况分析。通过对整个市场综合情况的全盘考虑和分析,为制定适当的营销目标、营销战略和措施等打好基础。

3. 制定目标

企业要宣传和销售自己的产品或品牌,必须要制定切实可行的目标。这个目标包括两方面:一是企业的整体目标;二是具体的营销活动目标,即通过营销策划的实施,达到预期的销售收入、利润率和产品的市场占有率等。

制定一个切合实际的目标是网络营销策划的关键。营销策划方案制定的目标过高,其结果必然与实际相差千里;营销策划方案制定的目标过于保守,会影响营销组合效力的发挥。

4. 制定网络营销战略

企业要围绕已制定的目标进行统筹安排,结合自身特点制定可行的网络营销战略。网络营销战略一般包括目标市场战略、营销组合策略、营销预算等内容。

(1) 目标市场战略。目标市场战略是指采用什么样的方法、手段去进入和占领选定的目标市场,也就是说,企业将采用何种方式接近消费者以及确定营销领域。

(2) 营销组合策略。营销组合策略是指对企业产品进行准确的定位,找出其卖点,并确定产品的价格、分销和促销的政策。

（3）营销预算。营销预算是指执行网络营销各种市场战略、政策所需的最合适的预算以及在网络营销各个环节、各种手段之间的预算分配。制定网络营销战略时，要特别注意产品的市场定位和资金投入预算分配。

5. 制订行动方案

网络营销活动的开展需要制订一个统筹兼顾的方案，要求选择合适的产品上市时间，要求各种网络促销活动要协调和相互照应。各个促销活动在时间和空间上也要做到相互配合。有的网络营销策划忽略产品上市的最佳时机，从而直接影响营销活动的开展效果。

6. 预测效益

要编制一个类似损益报告的辅助预算书，在预算书的收入栏列出预计的单位销售数量以及平均净价；在支出栏中列出划分成细目的生产成本、储运成本及网络营销费用。收入与支出的差额就是预计的盈利，经审查同意之后，它就成为企业安排采购、组织生产、调配人力及网络营销工作的依据。

7. 设计控制和应急措施

在设计控制和应急措施阶段，网络营销策划人员的任务是为经过效益预测的战略和行动方案构思有关控制及应急措施。设计控制措施的目的是便于操作时对计划的执行过程、进度进行管理。典型的做法是把目标、任务和预算按月或季度分开，使企业及有关部门及时了解各个阶段的销售实绩，找出未完成任务的部门、环节，并限期作出解释和提出改进意见。

设计应急措施的目的是事先充分考虑到可能出现的各种困难。例如，可以扼要地列举最有可能发生的不利情况，有关部门、人员应当采取的对策，防患于未然。

8. 撰写网络营销计划书

网络营销计划书是要求将前期网络营销策划的成果整理成最终书面材料，其主体部分一般包括市场现状或背景介绍，产品与营销分析，网络营销目标，网络营销战略、战术或行动方案，效益预测、控制和应急措施等，各部分内容可因具体要求不同而详细程度不同。

制订网络营销策划方案以后，还需要具体落实思路，通常将任务分解为若干个模块、若干个步骤和环节，然后进行相关人力、财力、物力资源的协调配合，并将所有操作编制成一份**甘特图**，从时间、空间、任务、目标等方面落实到具体的人员，以确保网络营销策划方案得到有效实施。

知识卡片 9-2

甘特图：又称横道图、条状图，是一种按照时间进度标记工作活动，常用于项目管理的图表。它是在第一次世界大战期间发明的，以亨利.L.甘特先生的名字命名。

甘特图的内在思想简单，即以图示方式通过活动列表和时间刻度形象地表示出任何特定项目的活动顺序与持续时间。

9.3 网络营销策划的类型

网络营销策划可以从多个角度划分为多种类型。下面仅讨论从网络营销策划的内容功能和目标层次两个角度划分的类型。

9.3.1 按网络营销策划的内容功能划分

网络营销策划是一个大概念,它可以分解成很多模块和内容。一般来说,按内容功能主要可分成下述几大类。

(1) 网络营销盈利模式策划。主要解决通过什么途径在网络营销过程中盈利的问题。

(2) 网络营销项目策划。主要解决做什么、核心优势是什么、目标是什么、应该怎样实现目标等宏观层面的问题。这个类型加上网络营销盈利模式策划就相当于一份商业计划书。在项目实施过程中,一般需要将具体行动编制成甘特图,以便对进度进行控制。

(3) 网络营销平台策划。主要解决网站结构逻辑、视觉、功能、内容、技术等方面的规划问题;选择计划自建网站还是借助第三方平台做网络营销,需要与模式类型匹配。

(4) 网络推广策划。主要解决如何推广网站和品牌产品、如何广而告之、如何吸引目标客户等问题,包括通过什么手段传播推广、有什么具体的操作细节和技巧、怎么执行等具体环节。

(5) 网络营销运营策划。主要包括业务流程的划分,以及根据业务流程来规划部门的编制、团队岗位、薪酬、管理考核、培训等内容。

(6) 网络营销创业策划。网络营销创业策划需要包含项目发起、项目预测、项目试运行、风险因素分析、项目投放、项目评估、项目改进、具体实施内容、改进型策划方案等内容。其中,项目预测需要做网络市场和线下市场调查,并结合同类或者其他产品在投入网络市场后遇到的问题,考证创业项目的可行性和策划的全面性。

上述各个专题策划在具体实践中要注意动态平衡。例如,如果某网站的销售力差、转化率低,就可以进行以转化率为核心的网站销售力策划;在网络推广策划中,可以形成单一传播形式的策划,如博客营销策划、软文策划、网络广告策划、SEO策划、论坛推广策划等,也可形成以主题为核心的阶段性整合传播策划,集中利用各种网络传播渠道。

另外,在网络营销策划过程中,各类商务数据分析是非常重要的基础支撑,可以为拟定营销策略提供决策支持。因此,为了更好地达成企业网络营销目标,运用多种数据分析方法进行商务数据分析成为网络营销策划不可或缺的辅助工作。

9.3.2 按网络营销策划的目标层次划分

网络营销策划按目标层次可划分为网络信息应用层策划、战术营销层策划、战略营销层策划三个层次。

1. 网络信息应用层策划

这是最简单、最基本的层次，对信息技术没有太高的要求，企业主要通过利用 Web 发布信息，并充分利用网络优势与外界进行双向沟通。这个层次主要包括以下三方面内容。

（1）电子邮件发布信息。通过 E-mail 与客户进行沟通、交流，定期给客户发送产品信息邮件、产品推荐邮件、电子刊物等，加强与客户的联系。

（2）网站主页介绍产品或服务。建立企业网站，将企业及其产品、服务的有关信息放在网页上，配以精美的图文，供客户浏览。

（3）第三方平台传递信息。主要通过社交网站、论坛等传递产品或服务信息。

2. 战术营销层策划

网络环境下的战术营销层策划主要包括以下三方面内容。

（1）网上市场调研。利用互联网在线调研可以轻松地完成大量复杂的调研工作，能够充分满足各种统计数据的要求，从而提高营销调研的质量。网上调研使用电子问卷，可以大大减少数据输入工作，缩短调研时间。

（2）网上促销策略。企业在网上销售种类繁多的产品也是网络营销最具诱惑力的地方。网上促销成为信息时代的重要营销手段。

（3）营销战术系统。主要包括用于管理库存的子系统，用于宣传产品、链接网站的子系统，以及用于答复用户意见、反馈信息的子系统等。企业的决策者可以借助各种信息系统以及相应的数据分析工具进行营销决策活动。

3. 战略营销层策划

战略营销层建立在战术营销层的基础上，将整个企业营销组织、营销计划、营销理念等完全融入网络营销范畴，从企业整体持续发展的层面考虑制定网络营销方针、开展网络营销战略部署、缔结网络营销战略同盟等。

战略营销层策划着重考虑市场定位的选择过程；战术营销层策划着重考虑市场定位的实现过程。

9.4 网络营销策划书的撰写

网络营销策划书是前期营销策略思考和方案规划成果的文本展现，是实现网络营销规划目标的指导性文件。撰写网络营销策划书就是运用现有的知识并开发想象力，把充分利用现实可得到的资源、选择最可能最有效的措施或途径达到预期营销目标的策划成果，用文字表述并配以相关图表，可视化呈现出来的过程。

9.4.1 网络营销策划书的编写原则与编写技巧

1. 编写网络营销策划书的基本思路

编写网络营销策划书可以借助 5W2H 分析法明确思路。5W2H 分析法也称七问分析法或 5W2H 定律，如图 9-2 所示。

图 9-2　5W2H 分析法

第一个 W 代表 What，即策划书需要讲清楚方案要解决的问题是什么？执行方案后要实现什么目标？能为企业创造什么价值？

第二个 W 代表 Who，说明方案由谁负责创意和编制？总执行者是谁？各个实施部分由谁负责？

第三个 W 代表 Where，讲清楚针对产品推广的问题在哪里？执行营销方案时涉及什么地方或部门？

第四个 W 代表 Why，讲清楚为什么提出这样的策划方案？为什么这样执行等问题？

第五个 W 代表 When，说明时间如何安排的？营销方案执行过程具体花费多长时间？

第一个 H 代表 How much，说明方案实施需要多少资金和多少人力？

第二个 H 代表 How，讲清楚各系列活动是如何操作的？在操作过程中遇到的新问题如何及时解决呢？

七问分析法有助于策划者的思路条理化，可以全面思考问题，从而提高其工作效率。

2. 网络营销策划书的编写原则

为了提高网络营销策划书的准确性与科学性，编写时需要遵循一定的原则，主要包括指导性原则、逻辑性原则、简洁朴实原则、创意新颖原则等。

（1）指导性原则。指导性原则是指策划书能够用于指导网络营销活动，其指导性涉及营销活动中每个人的工作及各个环节关系的处理。

（2）逻辑性原则。逻辑性原则要求按照一般的思维逻辑来构思和编制策划书。例如，首先写策划背景，分析产品的市场现状；其次进行策划内容的阐述；最后明确提出解决问题的对策。

（3）简洁朴实原则。简洁朴实原则要求策划书语言表述要简洁朴实，突出重点，应抓住企业开展网络营销所要解决的核心问题。

（4）创意新颖原则。创意新颖原则要求网络营销策划的创意新、内容新、表现新，给人全新的感受，以达到吸引人、感染人的目的。

3. 网络营销策划书的编写技巧

网络营销策划书的编写与一般的报告文章有所不同，其对可信性和可操作性以及说服力的要求特别高，因此，运用写作技巧提高可信性、可操作性以及说服力就成为编写网络营销策划书追求的目标。编写网络营销策划书时应特别注意以下问题。

网络营销策划书的编写技巧

（1）寻找一定的理论依据。要提高策划内容的可信性并便于阅读者接受，就必须为策划者的观点寻找理论依据。但是，理论依据要有对应关系，纯粹的理论堆砌不仅不能提高可信性，还可能给人脱离实际的感觉。

（2）适当举例。通过列举正反两方面适当的案例来证明自己的观点。在网络营销策划书中适当加入相关成功与失败的案例，既能起调整结构的作用，又能增强说服力。

（3）利用数字说明问题。网络营销策划书是一份指导企业实践的文件，其可靠程度是决策者首先要考虑的。网络营销策划书的任何一个论点都要有依据，而数据就是最好的依据。但要注意各种数据应该有出处以证明其可靠性。

（4）运用图表帮助理解。适当运用图表能有助于阅读者理解策划书的内容，同时图表能提高页面的美观性。图表的主要优点是有强烈的直观效果，因此，用图表进行比较分析、概括归纳、辅助说明等非常有效。图表的另一个优点是能调节阅读者的情绪，有利于阅读者深刻理解网络营销策划书。

（5）合理利用版面设置。网络营销策划书的视觉效果在一定程度上影响了策划效果，因此，有效利用版面设置也是撰写网络营销策划书的技巧。版面设置包括字体、字号、字间距、行距及插图和颜色等。版面设置可以使重点突出、层次分明、严谨而不失活泼。

（6）注意细节并杜绝差错。这一点对于网络营销策划书来说十分重要，但往往被人忽视。如果一份网络营销策划书中连续出现错别字，会影响阅读者对策划者的印象。因此，要反复仔细检查网络营销策划书的内容，特别是企业的名称、专业术语等不允许有任何差错。

9.4.2 网络营销策划书的格式与基本内容

网络营销策划书没有一成不变的格式，它依据产品或网络营销活动的不同要求，其内容与编制格式上也有变化。但是，从网络营销策划活动的一般规律来看，其中有些要素是共同的。网络营销策划书的基本内容框架主要包括封面、前言、目录、摘要、正文、成本预算与收益预测、进度表、人员分配及场地、结束语、附录10个部分。

1. 封面

网络营销策划书的封面一般可提供以下信息：①网络营销策划书的名称；②被策划的客户；③策划机构或策划者的名称；④策划完成日期及本策划适用时间段；⑤编号。

2. 前言

前言（序言）是网络营销策划书的情况说明部分，内容应简明扼要，一目了然，不要超过 500 字。前言主要包括以下内容：①接受委托的情况，如××公司接受××公司的委托，就××年度的网络广告宣传计划进行具体策划；②本次策划的重要性与必要性；③策划概况，即策划的过程及预期达到的目的。

3. 目录

目录是网络营销策划书的重要部分。目录可以让人了解网络营销策划书的全貌。目录具有与标题相同的作用，阅读者能方便地查找网络营销策划书中的内容。

4. 摘要

摘要应简明扼要，篇幅不宜过长，一般控制在一张纸内；言简意赅，大致概括网络营销策划书的内容要点，并能自成体系。

5. 正文

正文是网络营销策划书的主体部分，一般包括策划目的、市场状况分析、市场机会与问题分析、确定具体行销方案等内容。

（1）策划目的。主要对本次网络营销策划所要实现的目标进行全面描述，它是网络营销策划活动的原因和动力。

（2）市场状况分析。市场状况分析是在市场调研取得第一手资料的基础上进行的，一般着重分析以下因素。①宏观环境分析。着重对与本次网络营销活动相关的宏观环境进行分析，包括政治、经济、文化、法律、科技等。②产品分析。主要分析拟营销产品的优势、劣势，在同类产品中的竞争力，在消费者心目中的地位、在网络市场及传统市场上的销售力等。③竞争者分析。分析本企业主要竞争者的有关情况，包括竞争者的优势、劣势，竞争产品的营销状况，竞争企业的整体情况等。④消费者分析。对产品消费对象的年龄、性别、职业、消费习惯、文化层次等进行分析，应分别针对线上、线下消费者情况进行分析，因为网络营销对线下销售也会产生促进作用。

（3）市场机会与问题分析。网络营销方案是对市场机会的把握和策略的运用，分析市场机会就成了网络营销策划的关键。只有找准了市场切入机会，才能做到事半功倍。这部分内容主要包括以下两方面。①网络营销现状分析。对企业产品的营销状况进行具体分析，找出营销中存在的具体问题，并深入分析其原因。②市场机会分析。根据前面提出的问题，分析企业及产品在市场中的情况，为网络营销方案的出台做准备。有时也可把以上两方面综合起来进行 SWOT 分析。

（4）确定具体行销方案。对网络营销中问题和机会进行分析，提出达到网络营销目标的具体行销方案。行销方案主要由市场目标定位、网络营销策略（包括网络营销 4P、网络营销 4C 等策略）、网络营销方法（经典网络营销方法、Web 2.0 及 Web 3.0 方法）、本次网络营销活动的具体实施措施等组成。

6. 成本预算与收益预测

网络营销策划书要在成本预算与收益预测部分记录整个网络营销方案推进过程中的费用投入，包括网络营销过程中的总费用、阶段费用、项目费用等，其原则是以较少投入获得最优效果。同时需要对网络营销方案实施后可能带来的直接经济效益和间接效益进行预测分析，以利于对该营销项目实施的合理性进行判断以及最终决策者作出决断。通常用列表的方法标出网络营销费用及相关经济指标，其优点是醒目、易读。

7. 进度表

进度表是策划活动起止时间表，标注清楚何日何时要做什么，用于过程的控制与检查。进度表应尽量简化，可在一张纸上拟出，也可用甘特图表示。

8. 人员分配及场地

网络营销策划书中需要说明营销策划活动的参与人员及其负责的具体事项、所需物品和场地的落实情况等。

9. 结束语

结束语在整个网络营销策划书中可有可无，主要起到与前言呼应的作用，使网络营销策划书有一个圆满的结束，不致使人感到太突然。

10. 附录

附录的作用是提供策划客观性的证明。附录的内容包括：①有助于阅读者对策划内容理解、信任的重要资料都可以考虑列入附录，但可列可不列的资料以不列为宜，这样可以更加突出重点；②提供原始资料，如消费者问卷的样本、座谈会原始照片等图像资料。附录也要标明顺序，以便阅读者查找。

9.5 网络营销策划方案的实施与效果测评

一旦确定网络营销策划方案，就应全面贯彻实施，不得任意更改，否则会因贯彻不到位而前功尽弃。另外，任何方案在实施过程中都可能出现与现实情况不适应的现象，因此方案贯彻的情况必须不断地向决策者反馈，决策者也应根据反馈的情况及时对方案的不足之处进行调整。这就需要在网络营销策划方案实施后，运用特定的标准及方法对实施效果进行检测和评估，适时充实策划方案或调整策略，使策划活动逐步完善，最终进入良性运转的状态。

9.5.1 网络营销策划方案实施的一般步骤

编制好网络营销策划方案并经主管人员审核通过后,就面临具体实施的问题。网络营销策划方案的实施是一项复杂的系统工程,需要企业人、财、物等各方面的紧密配合,一般可按以下基本步骤进行。

(1)认真研读网络营销策划方案并进一步明确网络营销的目标。只有正确理解了网络营销策划方案的实质和要求达到的目标层次,才能有效地组织和实施营销活动。

(2)依据网络营销策划方案中的经费预算申请项目实施所需资金,并根据估算的营销成本,编制整个网络营销项目的具体经费使用表。

(3)组建实施团队并确定负责部门和人员职能。企业的网络营销工作一般由营销部门或电子商务部门负责,应组建专门的实施团队或工作小组,可由网络营销、网站维护、市场分析与客户服务等人员组成。工作初期必须保证网络营销实施有专人负责,因工作初期的调查、规划、协调、组织等任务繁重,故兼职人员很难保证工作的完成。

(4)网络营销策划方案具体内容的执行与控制。这一步需要借助网络营销各种工具、方法和策略逐一实现网络营销策划方案中的各项具体内容。同时,在网络营销方案的实施过程中,应随时检查方案执行情况,判断是否能够充分发挥竞争优势,并对方案执行过程中存在的问题及时识别和妥善处理。

(5)网络营销策划方案实施效果评价。对网络营销策划方案的实施效果进行评价时,需要借助相应的定量指标和定性指标。

9.5.2 网络营销绩效评价

网络营销在给企业带来无穷商机的同时,产生了新的费用。在网络营销活动过程中,企业需要消耗和占用一定的物化劳动(物资资料)以及活劳动(人力资源),所消耗和占用的物资和劳动资源称为"投入",网络营销活动产生的物资效用和经济收益称为"产出",绩效为产出与投入的比率。

1. 网络营销绩效评价的含义与作用

网络营销绩效评价是借助一定数量的定量化指标和定性化指标,对照统一的评价标准,按照一定的程序,运用科学的方法,对企业网络营销一定时期或某个阶段的发展能力和经营效果作出客观、公正、准确的综合评价与解释。

网络营销绩效评价是企业开展网络营销的客观要求。通过网络营销绩效评价,企业可以检测网络营销系统的整体运行状况,把握网络营销的工作成果,总结和改善企业的网络营销活动,确保网络营销体系的正常运行,提高企业服务水平和知名度。

2. 网络营销绩效评价指标体系的建立原则

实施网络营销绩效评价需要建立相应的评价指标体系。网络营销绩效评价的目标层次不同，其评价指标也不同。如果评价指标选取遗漏某些重要的效益指标，就会影响评价的客观全面性；如果评价指标选取范围太大，则可能造成评价工作效率低下。因此，建立企业网络营销绩效评价指标体系必须遵循一定的原则，如图9-3所示。

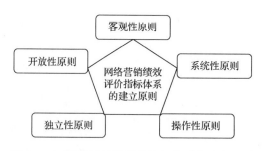

图 9-3　网络营销绩效评价指标体系的建立原则

（1）客观性原则。坚持客观性原则，需要做到以下两点：一是尽可能使用公开、公正的方法获得数据和信息，避免采用二手数据；二是尽可能使用客观统计所得的数据，避免采用主观评分数据（人为因素）的干扰。

（2）系统性原则。这一原则要求网络营销绩效评价指标体系能全面反映评价对象真实的整体水平和企业网络营销的全过程，要结合使用定量指标与定性指标、绝对指标与相对指标、现实指标与潜在指标。

（3）操作性原则。这一原则要求选取的每个评价指标都有明确的含义，评价指标数据是简明、易得的，并且各个评价指标都是可计算的。

（4）独立性原则。要求网络营销绩效评价指标体系中各个评价指标在统计上是独立的或小关联度的，同一层次的评价指标应从不同方面反映营销绩效的特征。

（5）开放性原则。由于网络营销环境和企业网络营销活动都是动态的，无法在一个闭合的体系中实现纵向比较，因而构建的网络营销绩效评价指标体系也应具有动态性，尽量用相对指标或将新指标不断补充进体系中，保持时序上的可比性，从而更好地做到实时评价。

3. 网络营销绩效评价指标体系

网络营销策划方案实施效果评价目前尚未建立统一的指标体系，不同评价指标体系的侧重点不同。为了全面衡量企业进行网络营销的经济效果，必须建立一个涵盖面较广的指标体系。在进行大量调查和研究工作的基础上，综合考虑现阶段常用的评价指标及网络营销实践特点，本书给出一个比较完整的企业网络营销绩效评价指标体系，其分为3个层次共8个大类含55个具体指标，如表9-1所示。

表 9-1　企业网络营销绩效评价指标体系

目标层	准则层	指标层	目标层	准则层	指标层
企业网络营销整体效果	网站设计效果	功能全面性	企业网络营销整体效果	网络广告效果	受网络广告刺激而引起的访问次数
		风格独特性			每次咨询的成本
		视觉冲击力			网络广告宣传费用
		主页下载速度			因网络广告刺激而购买产品或服务的顾客百分比
		链接有效性			
		安全可靠性			
		检索性能		社会影响效果	社会经济影响力
		信息更新频率			社区影响率
		网站建设费用			消费者影响率
		网站维护费用			公益活动的数量
	网站推广效果	注册用户数量增长率		服务效果	承诺履约率
		合作网站链接数量			顾客投诉率
		登记搜索引擎的数量和排名			投诉答复率
		页面浏览数			商品退换率
		独立访问者增长率			平均每次售后服务的成本
		每个访问者的页面浏览数			企业服务响应速度
		用户在网站的平均停留时间		竞争效率	顾客渗透率
		每个用户在网站的停留时间			顾客选择性
		用户在每个页面的停留时间			价格竞争力
		网站推广费用			顾客忠诚度
	市场营销效果	信息利用率			顾客满意度
		访问者中有消费倾向的比率			品牌知名度
		获得单位市场份额的费用			企业知名度
		市场占有率			竞争者仿效率
		市场扩大速度		财务绩效	销售利润增长率
		顾客数量增长率			资产负债率
		销售额增长率			存货周转率
		购买产品的顾客增长率			流动比率
					应收账款周转率

　　企业网络营销绩效评价指标体系的 3 个层次分别是目标层、准则层、指标层，8 个大类分别是网站设计效果评价指标、网站推广效果评价指标、市场营销效果评价指标、网络广告效果评价指标、社会影响效果评价指标、服务效果评价指标、竞争效率评价指标、财务绩效评价指标。

（1）网站设计效果评价指标。企业网站是顾客了解企业的门户，是顾客对企业的第一印象。网站的设计直接关系到网络营销活动的成败，主要有以下10个评价指标。

① 功能全面性。这是一个范围广泛的定性指标，包括网站提供信息的全面性、网上交易和支付的便捷性、顾客信息的统计等内容。网站整体功能的全面性和实用性是网站整体性能的衡量标准。

② 风格独特性。风格独特性主要是指网站自身的设计是否区别于其他相关网站，包括页面图案和内容的不同、服务提供方式的独特性等。该指标可以通过在线统计顾客对网站设计的满意程度获得。

③ 视觉冲击力。这是一个比较难获取的定性指标，主要通过在线统计和问卷调查获得，它是指企业网站设计是否可以给浏览者带来震撼的视觉效果。

④ 主页下载速度。主页下载速度是指主页打开所需要的时间，它是影响顾客满意度的重要因素，时间过长通常会引起顾客的反感。

⑤ 链接有效性。链接有效性是指网站网页的所有链接中正确、有效链接的比率。

⑥ 安全可靠性。安全可靠性包括网站自身的安全性、网上交易的安全性（顾客交易信息、私人信息）和网上支付的安全性等。

⑦ 检索性能。网站内容结构设计的合理性主要表现在能否使浏览者快速、准确地找到其所需的信息。

⑧ 信息更新频率。网站提供的内容和页面的设计需要定期更新，以提高网站信息资源的质量和网站的信任度。

⑨ 网站建设费用。网站建设费用包括各种与网站建设相关的费用，如网站建设人员的工资、域名注册费、各种材料费以及网络使用费等。此外，是否应该将企业自身的网络建设成本计入其中，需要看企业是否单纯为了建设网站进行网络营销才建设的企业内部网络，也可以按一定比例分摊。

⑩ 网站维护费用。网站维护费用是指企业网络营销门户网站的日常维护所发生的经常性费用支出，主要指技术人员的工资和其他相关支出。

（2）网站推广效果评价指标。网站推广效果主要表现为网站知晓率的提高，主要有以下10个评价指标。

① 注册用户数量增长率。注册用户数量在一定意义上说明了网站拥有的客户资源。

② 合作网站链接数量。高质量合作网站的链接越多，对搜索引擎排名越有利，越容易提高知晓率。

③ 登记搜索引擎的数量和排名。数量和排名是相互依赖的，一般来说，登记的搜索引擎越多，排名越靠前，越能赢得访问者。

④ 页面浏览数。页面浏览数是指在一定时期内所有访问者浏览的页面数量。例如，一个访问者在同一时间内访问同一页面n次，那么页面浏览数为n。

⑤ 独立访问者增长率。独立访问者数量描述了网站访问者的总体状况，是指在一定统计周期内访问网站的数量（例如每天、每月），每一个固定的访问者只代表一个唯一的用户，无论其访问这个网站多少次。独立访问者越多，说明网站推广越有效。

知识卡片 9-3

独立访问者（Unique Browser，UB）：独立用户。根据国际通行统计方法，每台独立上网的计算机（一个 IP 地址）都被视为一个独立访问者。同一计算机（同一个 IP 地址）多人使用时，不重复计算，仍视作一个独立访问者。

独立访问者数量对网络营销效果分析的主要作用如下。

（1）UB 数量比较真实地描述了网站访问者的实际数量。与网页浏览数和点击数等网站流量统计指标相比，网站独立访问者数量对网站访问更有说服力。独立访问者数量通常按照访问者的独立 IP 地址进行统计，这实际上和真正的独立用户之间也有一定的差别，比如多个用户共用一台服务器上网，使用的是同一个 IP 地址，因此无论通过这个 IP 地址访问一个网站的实际用户有多少，在网站流量统计中都算一个用户；而对于采用拨号上网方式的动态用户，在同一天的不同时段可能使用多个 IP 地址访问同一个网站，这样会被记录为多个"地理访问者"。

（2）UB 数量可用于不同类型网站访问量的比较分析。当通过每个访问者的页面浏览数变化趋势，分析网站访问量的实际增长时，需要用到独立访问者数量统计指标。因为对于不同的网站，用户每次访问的页面数量差别较大。独立访问者数量是一个通用性的指标，可以用于不同类型网站之间进行访问者的比较。

（3）UB 数量可用于同一网站在不同时期访问量的比较分析。同一网站在不同时期的内容和表现会有较大的调整，用户平均页面浏览数也会发生相应的变化。因此，在较长时间内进行网站访问量分析时，独立用户数量指标具有较好的可比性。

（4）以 UB 为基础可以反映网站访问者的多项行为指标。除了网站"流量指标"，网站统计还可以记录一系列用户行为指标，如用户计算机的显示模式设计、计算机的操作系统、浏览器名称和版本等，这些都是以独立访问者数量为基础统计的。同样，在一个统计周期内同一用户的重复访问次数也可以被单独统计。

⑥ 每个访问者的页面浏览数。每个访问者的页面浏览数是指在一定时间内全部页面浏览数与所有访问者相除的结果，这是一个平均数。

⑦ 用户在网站的平均停留时间。用户在网站的平均停留时间是指在一定时期内所有访问者在网站停留的时间之和。

⑧ 每个用户在网站的停留时间。每个用户在网站的停留时间是指所有用户在网站的停留时间与全部用户相除的平均数。访问者停留的时间反映了网站内容对访问者的吸引力。

⑨ 用户在每个页面的停留时间。用户在每个页面的停留时间是指访问者在网站停留总时间与网站页面总数之比，这个指标的水平说明网站内容对访问者的有效性。

⑩ 网站推广费用。网站推广费用主要包括搜索引擎注册费、网站认证费以及与网站推广相关的其他费用。不同企业的这项费用包括的内容有所不同，而且要注意与网络广告宣传费、网站建设费和网站设计费的区分界定，不能重复计算费用，否则会直接影响最终绩效评价的结果，进而影响企业的决策。

（3）市场营销效果评价指标。反映企业在进行网络营销活动中人、财、物和信息的利用效率，主要有以下8个评价指标。

① 信息利用率。信息利用率是指本企业利用的网上信息数与经过内部加工处理的信息总数之比。

② 访问者中有消费倾向的比率。这是一个比较难获得的数据，需要企业根据自身的特点和产品的性质界定一个标准，然后结合网站上的记录分析得出。

③ 获得单位市场份额的费用。该项指标确定的难点是费用，它可以包括企业网络营销的所有成本支出，也可以只包括推广和宣传费用，一般采用每万件或千件产品的销售量所耗费的企业成本来表示，主要根据企业产品的性质而定。

④ 市场占有率。该项指标可以通过多方面数据得出，通常采用本企业产品销售量占该产品市场总销售量的比率表示。

⑤ 市场扩大速度。市场扩大速度是指本期市场占有率与前期市场占有率之比。

⑥ 顾客数量增长率。顾客数量增长率是指进入企业网站的人次增加百分比。

⑦ 销售额增长率。销售额增长率是指本期销售额的增长数与前期销售额的比率。这一指标指的是企业整体销售额，包括传统营销渠道的销售额。因为传统销售渠道也会受网络广告、网站推广等的影响，所以其在一定程度上也反映了网络营销的效果。

⑧ 购买产品顾客增长率。购买产品顾客增长率是指最终购买企业产品的顾客增长百分比，是本期购买产品的顾客增长数与前期购买产品的顾客数的比率。

（4）网络广告效果评价指标。网络广告是企业进行网络营销活动的重要环节，直接影响企业的经营及决策过程，主要有以下4个评价指标。

① 受网络广告刺激而引起的访问次数。该项指标的界定难度是判断是否由于网络广告引起的咨询，可以通过询问对方的方式获得相应的数据。

② 每次咨询的成本。每次咨询的成本是指咨询成本与进入公司网站并要求咨询的人次之比。

③ 网络广告宣传费用。网络广告宣传费用是指与广告发布相关的一切费用，包括广告策划费、广告发布费等。

④ 因网络广告刺激而购买产品或服务的顾客百分比。该项指标是指因网络广告影响而产生购买行为的顾客数量占访问该企业网站产生购买行为的顾客总数的百分比。

（5）社会影响效果评价指标。这类指标主要衡量企业网络营销活动对消费者素质、社会时尚的影响，也在一定程度上反映了履行**企业社会责任**的能力，主要有以下4个指标。

知识卡片 9-4

企业社会责任：企业在创造利润、对股东和员工承担法律责任的同时，还要承担对消费者、社区和环境的责任。

企业社会责任要求企业必须超越把利润作为唯一目标的传统理念，强调要在生产过程中对人的价值的关注，强调对环境、消费者、社会的贡献。我国企业社会责任建设工作大致经历了以下阶段。

> 第一阶段（20世纪90年代中期至21世纪初）：在国际零售商、品牌商推动下，逐步重视起企业社会责任问题，建立了企业在国际采购中实施社会责任方面的准则、标准或体系。我国企业开始接受跨国公司实施的社会责任方面的审核。
>
> 第二个阶段（21世纪初至2006年）：企业社会责任开始得到广泛关注，我国学术机构、政府部门相继开展企业社会责任的系统研究和建设工作。
>
> 第三个阶段（2006年至今）：企业落实社会责任。企业实现经济责任、社会责任和环境责任的动态平衡，反而会提升企业的竞争力，为企业树立良好的声誉和形象，从而提升其品牌形象并获得所有利益相关者对企业的良好印象。

① 社会经济影响力。社会经济影响力是指企业网络营销活动对整个社会经济以及相关产业的推动作用，这项指标主要通过第三方机构获得。

② 社区影响力。社区影响力是指本企业网络营销活动对其所处网络社区的精神文明、社会资助等方面所做的贡献，其获取途径是通过第三方机构。

③ 消费者影响力。消费者影响力是指企业的网络营销活动对消费者的消费观念、商品知识、思想意识等产生的影响，可以通过第三方机构或者调查问卷的方式获得。

④ 公益活动的数量。公益活动的数量是指以企业或企业网站的名义进行各种社会公益活动（包括绿色营销项目）的次数，这项指标在一定程度上反映了企业在社会上或同一行业内的影响力。

（6）服务效果评价指标。服务效果评价指标主要用来反映企业通过网络营销活动对企业自身服务的改进情况，主要有以下6个评价指标。

① 承诺履约率。承诺履约率是指企业售出商品后履行与顾客约定的次数占总约定的比率。

② 顾客投诉率。顾客投诉率是指顾客投诉的数量占所售商品总数的比率。

③ 投诉答复率。投诉答复率是指售后服务部门解决顾客投诉的数量占顾客投诉总数量的比率。

④ 商品退换率。商品退换率是指在一定时期内退货和更换商品总数占售出商品总数的比率。

⑤ 平均每次售后服务的成本。平均每次售后服务的成本是指在一定时期内售后服务的总成本与售后服务的总次数相除的结果。

⑥ 企业服务响应速度。企业服务响应速度是指对顾客需求服务的平均响应时间，响应时间是从接到顾客服务要求到解决问题所用的时间。

（7）竞争效率评价指标。竞争效率评价指标反映企业竞争力的情况，主要有以下8个评价指标。

① 顾客渗透率。顾客渗透率是指通过本企业网络营销站点购买商品的顾客占所有访问顾客的百分比，反映了企业在目标市场上占有的顾客情况。

② 顾客选择性。顾客选择性是指本企业网上顾客的购买量与其他企业网站顾客购买量的百分比，反映了企业现有网上顾客的规模。

③ 价格竞争力。价格竞争力是指本企业网上商品的平均价格与所有其他企业网上同类商品平均价格的百分比，反映了企业网上商品价格的竞争优势。

④ 顾客忠诚度。顾客忠诚度用顾客从本企业网站选购商品与其所购同种商品总和的百分比衡量。

⑤ 顾客满意度。顾客满意度表示顾客对于企业产品、服务、经营理念、企业形象等的满意程度，可以通过调查法得到。

⑥ 品牌知名度。品牌知名度表示企业品牌在市场上的知晓程度，反映了企业整体实力和竞争优势。

⑦ 企业知名度。企业知名度表示企业在市场上的知晓程度和被认同程度，反映了企业的整体实力和竞争优势。

⑧ 竞争者仿效率。竞争者仿效率是指本企业所采取的网络营销手段和策略，被同类企业仿效的比率。

（8）财务绩效评价指标。财务绩效评价指标用来反映企业网络营销活动对企业流通费用、盈利能力、营运费用等财务状况的影响，主要有以下 5 个评价指标。

① 销售利润增长率。利润是一项综合指标，它既反映了产品的增长，又反映了质量的提高、消耗的降低。

② 资产负债率。资产负债率是指负债总额与资产总额之比，用于衡量企业进行网络营销时负债水平的高低情况。

③ 存货周转率。存货周转率是指产品销售成本与平均存货成本之比，用于衡量企业在一定时期内存货资产的周转次数，是反映企业在进行网络营销的过程中购、产、销平衡效率的一种尺度。

④ 流动比率。流动比率是指流动资产与流动负债之比，用于衡量企业在某时间点偿付将到期债务的能力，又称短期偿债能力比率。

⑤ 应收账款周转率。应收账款周转率是指企业在一定时期内赊销净额与平均应收账款余额之比，也称收账比率，用于衡量企业进行网络营销时应收账款的周转速度。

4. 网络营销绩效评价指标组合的选择

网络营销绩效评价指标的选择对获得有效的评价结果极为重要。在网络营销绩效评价指标体系中，企业可以根据不同的营销目标，选择不同的评价指标组合。例如，如果企业进行网络营销的目标是提高企业的知名度，可以选择品牌知名度、企业知名度、社会经济影响力、社区影响力、公益活动的数量、市场占有率以及市场扩大速度等评价指标。如果企业的营销目标是促进销售，则可以选择销售额增长率、销售利润增长率、市场占有率、市场扩大速度、顾客数量增长率、购买产品的顾客增长率以及获得单位市场份额的费用等评价指标进行营销绩效评价。

企业也可首先根据自身业务情况同时确定多个网络营销目标，其次根据不同目标选择不同评价指标进行对比评价，最后根据评价结果调整自身的营销策略。

5. 网络营销绩效评价的一般程序

企业进行网络营销绩效评价和分析，除了选取科学合理的评价指标体系，还要有一套适合企业自身的、系统的评价程序，以有计划地完成评价过程。网络营销绩效评价的一般流程大致可以分为六个步骤。

（1）确定企业网络营销评价的总体目标。总体评价目标的确定有利于评价人员最终选择合适的评价指标，避免指标选取过多或过少而影响最终评价结果。

（2）组织专家及相关人员组成评价小组。评价小组的组成人员可以是高等学校的专家、学者以及经济管理的专业人士，也可以是企业内部有经验的营销人员及决策者等。评价小组的任务主要有两个，一个是对指标和评价方法的选择进行指导和监督，另一个是对指标值和最终评价结果的核实、认可与确定。

（3）搜集整理指标值的相关资料。企业指标值的搜集整理，一方面需要企业相关人员根据企业各部门的统计资料和第三方机构及专家的评级搜集整理；另一方面评价小组要根据搜集的资料及时对资料搜集整理工作提出建议，例如提出补充资料或更改资料的要求等，以利于最终确定指标值。

（4）评价指标的最终核实认定。评价小组要协助相关人员根据搜集的相关指标资料最终确定各指标值，要对各指标值进行核实、认可与分析。

（5）利用合理的方法评价网络营销绩效。企业宜根据评价目标以及自身条件选择合适的评价方法。若评价方法选择过于复杂，则对企业的人员和技术都有比较高的要求，不一定适用；若评价方法选择过于简单，则不能达到预期的评价效果。

（6）评价比较结果。评价小组及相关人员根据指标的计算结果，将网络营销绩效与预期目标进行比较分析，然后通过数据分析评价网络营销的经济效益。

6. 网络营销绩效评价主要方法

企业网络营销绩效评价要想达到预期的效果，还需要采用合适的评价方法。国内外用于评价网络营销绩效的方法有很多，如模糊评价法、层次分析法、回归分析法、成本效益分析法、盈利能力分析法、数据包络分析法等，每种分析法的侧重各不相同。下面简要介绍层次分析法、盈利能力分析法以及数据包络分析法。

（1）利用层次分析法评价网络营销绩效。层次分析法由美国学者 T.L.Saaty 在 20 世纪 70 年代提出，它把复杂问题分解为各组成因素，按支配关系形成有层次的结构，通过两两比较的方式确定各层次中各要素的相对重要性，然后综合人机系统的判断以决定各要素相对重要性的总排序。

（2）利用盈利能力分析法评价网络营销绩效。盈利能力分析法的原理是通过具体分析与企业网络营销的某个部分相关的成本、利润等财务项目，衡量网络营销某个环节的盈利水平，从而作出判断和决策。该方法要求网络营销的管理人员根据产品、顾客、销售区域以及营销策略等方面的特点，利用企业财务部门提供的会计报表及相关数据，编制有关利润表，对企业的产品、品牌、分销商以及顾客等营销实体的真正盈利水平进行系统分析和计算，从而实现盈利能力的判断和控制，并进一步分析原因，最后作出决策。

（3）利用数据包络分析法评价网络营销绩效。数据包络分析法是一种测算具有相同类型**决策单元**相对效率的有效方法，是运筹学、管理科学及数理经济学交叉研究的一个新领域。1978 年著名运筹学家 A.Chames，W.W.Cooper 和 E.phodes 创建了数据包络分析法，它是用来研究多个决策单元之间相对有效性的非参数方法,适用于具有多输入和多输出的复杂系统,可广泛用于业绩评价。

知识卡片 9-5

决策单元:一个经济术语,是指可以将一定的输入转化为相应产出的运营实体,并且每个决策单元都有 m 种输入和 s 种输出,用 X 表示第 j 个决策单元的投入,用 Y 表示第 j 个决策单元的产出,其投入-产出可能集满足凸性、无效性、锥性、最小性四个公理。

三种评价方法的对比分析见表9-2。

表9-2 三种评价方法的对比分析

方法名称	主要优点	主要局限性	适应场景
层次分析法	计算过程相对简便	权重界定带有很大的人为主观因素,会影响最终评价结果的准确性;评价指标过多,流程烦琐、效率不高	适合用于分析评价指标较少的决策过程,评价结果只能作为决策方向性的参考依据
盈利能力分析法	评价过程清晰,评价程序简单	对企业财务部门要求很高,必须提供相应会计数据;对广告费用的界定具有很大的模糊性	适合用于评价企业网络营销局部效果,不太适合整体营销效益评价
数据包络分析法	①无须知道多输出与多输入之间函数的关系式;②能清楚地观察到每个决策单元的效率;③解决了利润率、投资回报率等单比率指标无法解决的多输入/多输出的现实问题;④解决了某些用财务指标无法计量的效率问题;⑤无须提供先验的权重信息,解决了多因素评价模型缺乏相关权重信息的难题;⑥各指标不必统一单位,避免了人为因素对原始信息的主观影响	评价过程相对较复杂	可以从多个角度反映投入与产出的对比效果,通过一次数据输入运算,就可以得到比较全面的信息,是企业进行网络营销绩效评价的较理想模型

数据包络分析法虽然可以直观地评价投入与产出的对比关系,但不是相应地减少投入冗余和增加产出不足就一定能达到有效性,而是需要企业管理人员进行深入的分析,同时调整相应的营销策略以达到预期的效果。

本 章 小 结

网络营销策划需要综合运用网络营销基本理论、基本方法和基本策略,同时需要掌握相应的策划方法和技巧。本章介绍了网络营销策划的含义、特点、常用方法、基本原则、类型;网络营销策划书的编制原则、格式和基本内容要求;网络营销策划的一般程序和方案实施的一般步骤；最后讨论了网络营销绩效评价的含义、网络营销绩效评价指标体系的建立原则、网络营销绩效评价参考指标体系、网络营销绩效评价的一般程序、网络营销绩效评价方法及其比较分析。

复习思考题

1. 选择题（有一项或多项正确答案）

（1）网络营销策划具有（   ）等特点。
    A．前瞻性　　　　　　　　　B．动态性
    C．可操作性　　　　　　　　D．科学性与可调适性

（2）网络营销策划应遵循的基本原则包括（   ）。
    A．战略性与经济性原则　　　B．系统性与整合协同原则
    C．可操作性原则　　　　　　D．创新性与权变性原则

（3）网络营销策划的常用方法有（   ）等。
    A．点子法　　　　　　　　　B．创意法
    C．谋略法　　　　　　　　　D．运筹学方法

（4）网络营销策划书的编制原则主要包括（   ）。
    A．指导性原则　　　　　　　B．逻辑性原则
    C．简朴性原则　　　　　　　D．新颖性原则

2. 判断题

（1）网络营销策划书的摘要要求言简意赅，大致概括网络营销策划书的内容要点，并能自成体系。（   ）

（2）网络营销绩效评价是企业开展网络营销的客观要求，有利于改善企业市场营销活动，提高企业服务水平和知名度。（   ）

（3）网络营销绩效评价只能用定量化指标，定性化指标对评价网络营销绩效没有意义。（   ）

（4）网络营销绩效评价要求选取的每个指标都有明确的含义，指标数据是简明、易得的，并且各指标都是可计算的。（   ）

3. 简答题

（1）网络营销策划有什么特点？有哪些常用类型？
（2）网络营销策划的基本方法有哪些？需要遵循什么原则？
（3）撰写网络营销策划书应该把握什么原则？有哪些技巧？
（4）网络营销绩效评价的一般程序是什么？

4. 讨论题

结合所学的网络营销知识，选择学校或家乡的一家企业，分小组讨论这类企业应该如何开展网络营销，并为其制作一份新产品营销推广或品牌建设推广的策划方案。

案例研讨

小潘在 OIC 点子俱乐部从事八年创新工作，喜欢尝试新事物。几天前他到超市买方便面，看到一个新的方便面品牌"思圆"，便随手买了几袋，回到家中就煮了一袋。小潘感觉煮出来方便面的味道一般，虽然 4.5 元的价格不高，但心里还在暗想这次买错了。第二天中午比较忙，小潘泡了一袋方便面，发现方便面很好吃。

同样的方便面，泡着吃和煮着吃的味道竟然不一样，由此小潘想到一个新的方便面营销思路，用一句广告语总结为"思圆，泡着吃的方便面！"

小潘想论证这个营销思路的可行性。小潘调查了 100 位身边的朋友，全部为男性，年龄约为 25 岁，调查的问题如下：①平时经常吃方便面吗？②吃方便面时会选择煮着吃还是泡着吃？③读大学时方便面是煮着吃还是泡着吃？④影响您选择方便面品牌的第一因素是什么？候选答案包括：价格、品牌、口味、其他。

调查结果如下：第一个问题，选择经常吃方便面的 33 人；第二个问题，选择方便面煮着吃的 13 人，选择方便面泡着吃的 87 人；第三个问题，选择方便面煮着吃的 2 人，选择方便面泡着吃的 98 人；第四个问题，选择方便面品牌第一因素是价格的 37 人，是口味的 41 人，是品牌的 17 人，是其他的 5 人。

（资料来源：编者根据相关资料整理）

认真分析上述案例材料，思考以下问题，并分小组展开讨论。

（1）小潘的调查结果说明了什么问题？你认为小潘的营销思路是否可行？其做法是否合理？陈述你的观点并说明理由。

（2）你从案例中受到了哪些启发？

行业网络营销综合应用

第 10 章

教学目标

- 分析多种网络营销理论、策略、方法在不同行业的综合应用案例。
- 学会针对不同行业的特点，分别选择适当的网络营销理论、策略和方法解决企业的实际营销问题，以获得整体最优的网络营销效果。
- 讨论应用绿色营销理念改善行业营销生态以实现行业整体持续发展，培养学生为振兴民族产业贡献力量的家国情怀。

学习要求

基本内容	主要知识点	能力素养
物流服务业网络营销案例	（1）锦程物流采用的营销策略：服务策略、网络促销策略、渠道策略； （2）锦程物流的网络营销方法：门户网站营销、搜索引擎营销、合作网站营销	（1）具有网络营销方法策略在不同行业的综合应用能力； （2）形成用所学专业知识为振兴民族产业、实现行业持续发展贡献力量的内在驱动力
金融保险业网络营销案例	中国人寿采用企业网站营销，微博、微信及短视频传播品牌，利用社交平台在线开展活动营销，借助企业的核心价值定位推广网络品牌	
汽车制造业网络营销案例	（1）上汽大众采用的网络营销组合策略：网络品牌策略、产品策略、网络渠道策略、客户服务策略； （2）上汽大众的网络营销方法：企业网站优化、搜索引擎推广、网络视频营销推广、微博与微信宣传、新车网上试驾推广销售	
家用电器制造业网络营销案例	（1）海尔采用的网络营销策略：线上线下品牌策略、网络促销策略、网络服务策略； （2）海尔的网络营销方法：网络广告宣传、在开设提供增值服务的网上商城、搜索引擎营销、微博营销	
能源化工行业网络营销案例	（1）中国石化采用的网络营销策略：产品策略、价格策略、渠道策略； （2）中国石化的网络营销方法：跨界营销、手机 App 营销、微信营销、搜索引擎营销	

第10章　行业网络营销综合应用

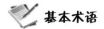
基本术语

物流服务、网上保险、网上试驾、日均搜索指数

引例

食物订购网站售卖"惊喜"

Love With Food 是一家在线食物订购网站，它的会员用户每个月都会收到送上门的一个装有供用户试吃的美味食品的盒子，而且会员用户可以享受网站限时折扣出售的完整美食。虽然 Love With Food 提供的食物很难在一般的食品店买到，但会员用户每个月都可以享受一次美味。

在炎热的 7 月，假如你收到一个经常订购食品的网站寄来的装有类似于海苔、果汁等适合夏天食用的食物样品盒子，有时还会有你喜欢的小吃，是否是一份惊喜呢？

定制这个盒子的步骤如下：在 Love With Food 网站上按照每个月、每三个月、每半年、每年等类型订购盒子，通常一个盒子是 10 美元，下个月就会收到一个与当时天气、节日有关的食物样品盒子，盒子里都是健康食品，并且通常在街角的超市里找不到。如果用户喜欢这些食物，可以到 Love With Food 网站购买，由食品厂直接配送。

每个盒子都有一个主题，这也是 Love With Food 的创始人 Aihui Ong 认为最花时间的地方。在 Love With Food 团队里有约 30%的人负责挑选食物，他们都有写美食博客、专栏的背景。想让每个盒子食物样品都能给用户惊喜，Love With Food 通常是提前一个月准备好盒子的主题，例如 7 月的盒子，在 6 月就已经设计好了。像 5 月的母亲节、12 月的圣诞节这种的节日主题会容易一些，其他的月份的主题都会有不同的侧重点，7 月是假期，7 月的盒子食物样品和海滩、阳光有关系。

如果一个用户再回到 Love With Food 网站购买食物，时间长了自然会留下其个人口味的数据。Love With Food 曾经根据这些数据在社交平台上做预告，并集中提供购买率高的食物，却收到了会员用户的反对。很多人回复说，"不要预先告知下个月是什么主题食物样品，我们就喜欢惊喜"。

Love With Food 的用户转化率为 15%～20%。Love With Food 的盈利模式是收取订阅费用和在线零售，现在已经有 200 多家食品厂与 Love With Food 合作。在自我推广上，Love With Food 还有一些符合零售规则的做法。例如，订购越多的会员用户可以攒积分和礼品卡，凭积分和礼品卡可以获得更多的折扣，也可以将其送给朋友。

（资料来源：编者根据相关资料整理）

点评：生鲜电商巧用小众品牌"惊喜"促销

Love With Food 公司颠覆了传统零售模式，可以给予生鲜电商如下有益的启示。

（1）售卖产品的同时注重用户体验。Love With Food 每个盒子里的食物样品都是在超市里找不到的，并且保证健康；此外，每个月的盒子都有一个不同的相关主题。也就是说，这家食品网站卖的不是简单的产品，而是用户体验。

（2）分析用户数据挖掘其个性化需求。如果用户能在 Love With Food 网站积累足够多的数据，Love With Food 就会知道其口味是什么，从而"猜中"用户喜欢吃什么。

（3）保证售卖的食品安全健康。Love With Food 每个月在确定食物样品之前，其负责人都会要求食品厂先把食物样品寄到自己办公室里，由专人试吃确定品质。

（4）打造小众品牌充分发挥"用户经济"效用。只有小众的品牌才有"惊喜"和鼓励用户回到网站购买的理由。Love With Food 的 90%以上的用户都是 25~50 岁的女性，适合通过社交的方式做口碑推广。

进入 21 世纪以来，网络营销广泛应用于众多行业，许多企业在经营实践中综合应用网络营销的多种理论、方法、策略，取得了很好的经济效益和社会效益。本章讲解部分行业实施网络营销的应用案例。

10.1 物流服务业网络营销案例：锦程物流

锦程国际物流集团股份有限公司（以下简称锦程物流）创立于 1990 年，形成了覆盖全球的物流服务网络。锦程物流本着"先做资源整合，再做产业整合"的发展战略，依托集团遍布全球的物流实体服务资源和信息服务网络，为客户提供从采购到运输的门到门"一站式"综合物流服务。

1. 锦程物流的主要网络营销策略

锦程物流主要依托门户网站——锦程国际物流网，其网站首页如图 10-1 所示，针对其目标客户群体——需要国际物流运输服务的企业，开展网络营销活动。

（1）锦程物流的服务策略。锦程物流以客户需求为中心，提供网上报关、海陆空运价、仓储与船期等物流服务信息，其分布在大连、青岛、上海、宁波等 27 个沿海重要口岸及内陆城市的物流服务公司为客户实现网络化和本地化结合的优质、迅捷、低成本的专业物流服务。

（2）锦程物流的网络促销策略。锦程物流在各大搜索引擎都有推广链接，主要采用网络广告、站点推广和关系营销等形式进行网络推广，提升锦程物流的网络知名度，从而提高物流服务的业务成交量。

第 10 章 行业网络营销综合应用

图 10-1 锦程物流网站首页

（3）锦程物流的渠道策略。锦程物流通过自建企业门户网站建立与客户有效沟通的网络服务渠道。为了在网络上吸引客户关注，锦程物流及时在网站发布服务信息、公司动态，并提供多种在线支付模式，通过锦程物流以及多种媒体平台向制造商和贸易公司提供有关船期、运价、物流服务等信息，让客户有更多的选择。

2. 主要网络营销方法

锦程物流网有中国站和国际站两个版本，把多种网络营销工具和相应的网络营销方法引入了企业的物流服务过程，开启了物流网上运作的新局面。

（1）门户网站营销。锦程物流网设置了交易平台、货主市场、运价、金融服务、实用工具等栏目，通过信息发布和交流，方便客户间的交易。此外，锦程物流网还设置了海运、空运、陆运、综合服务（包括快递公司、仓储配送、报关报检、多式联运等）、海外代理五大行业频道，用户在网站首页点击链接就能到达相应的内容页面，改善了网站用户体验，让更多的物流服务供、需双方轻松找到对方。

（2）搜索引擎营销。锦程物流使用的搜索引擎主要是搜狗、百度，通过关键词搜索定位，让客户认识和了解锦程物流，促进相互沟通和支持，满足客户的多元化需求，从而实现企业和客户双赢。

（3）合作网站营销。锦程物流选择行业内比较专业的网站（如物流网、化工网）合作，在合作网站上注册会员并定期发布和更新公司的运价等信息，吸引客户对锦程物流网的关注和兴趣。

3. 锦程物流的网络营销效果

锦程物流的网络营销效果主要体现在以下方面。

（1）降低了企业经营成本。锦程物流网提供专业客服人员一对一服务，可提供优势航线及匹配的最新、最佳货源信息，节省了促销和流通费用。另外，锦程物流的在线服务通过资源整合和集中采购，降低了客户购买商品的物流成本。

（2）扩大了品牌知名度。锦程物流通过网络营销推广，提升了其物流门户网站的访问量和知名度；同时吸纳了大量的稳定会员，增加了广告收入，扩大了网站内容资讯的广度。

（3）提高了营销信息的传播效率。锦程物流借助网络媒介传播范围广、速度快、无地域限制等特点，极大地提高了锦程物流营销信息传播的效率。

4. 案例评析

锦程物流使用百度等搜索引擎，通过关键字搜索定位，让客户更多、更全面地了解锦程物流，并通过相互沟通满足客户的多元化的需求。从案例中可以得到如下启示。

（1）营销信息要充分展示行业特色。对于物流行业的营销型网站而言，要求网站内容模块在物流业务、综合服务等方面充分展示行业特色，以满足目标客户需求。

（2）利用搜索引擎营销要注意精准性。要酌情考虑实际情况，选择适合企业的搜索引擎；同时要注意做好搜索引擎关键字竞价、内容描述及网页链接、信息发布的精准性。

（3）可以借助第三方统计平台及时关注和监控网页的流量情况。关注和监控客户来访时段、来访地区情况、关键字及搜索引擎统计情况等，分析网页流量变化与订单量的比率，有针对性地服务于客户，精准地满足客户的需求。

10.2　金融保险业网络营销案例：中国人寿

中国人寿保险股份有限公司（以下简称中国人寿）是国内寿险行业的龙头企业，其网站首页如图10-2所示。

图10-2　中国人寿网站首页

1. 中国人寿的网络营销实施方法与策略

（1）充分发挥企业网站在网络营销中的功能和价值。中国人寿网站能够实现信息发布、寿险产品网上销售、在线支付保费和客户自助服务等诸多功能，客户通过网站提出的投诉、咨询和理赔申请，也都可以快速得到网站后台的响应。网站成为企业宣传自身品牌和核心价值观的重要平台。

（2）利用微博和微信以及短视频传播品牌。中国人寿在新浪微博平台开设官方微博，推出系列营销活动，并借助微信公众号及短视频传播平台对品牌传播、客户服务、业务推广进行有效整合，开辟在线客户服务窗口，对其保险业务进行网络推广。

（3）利用社交平台在线开展活动营销。中国人寿选择一些具有特殊意义的日子，在多个社交平台上开展一系列在线与客户互动的活动进行产品和品牌的宣传推广，如新春送福、幸运抽奖等，与客户进行良好的互动沟通。同时，中国人寿借助一些在线活动对其网络品牌形象展开问卷调查，了解市场需求。

（4）借助企业的核心价值定位推广网络品牌。中国人寿进行网络品牌推广时，将"以人为本、关爱生命、创造价值、服务社会"作为企业的经营理念，以积极承担**社会责任**作为企业的核心价值定位，利用中国人寿在全球500强企业的排名、中国品牌价值排行榜的排名、上市公司金牛奖、综合百强等荣誉作为网络品牌价值的支撑，激发客户对中国人寿的品牌情感认同。

> **知识卡片 10-1**
>
> 社会责任：一个组织对社会应负的责任，通常是指组织承担的高于组织自己目标的社会义务。它超越了法律与经济对组织要求的义务，完全是组织出于义务的自愿行为。
>
> 一个组织或企业应以一种有利于社会的方式进行经营和管理。如果一个企业不仅承担了法律上和经济上的义务，还承担了"追求对社会有利的长期目标"的义务，我们就说该企业是有社会责任的。社会责任包括企业环境保护、安全生产、社会道德以及公共利益等方面，由经济责任、持续发展责任、法律责任和道德责任等构成。这里的社会责任不仅指企业责任，还有其他社会责任。

2. 案例评析

中国人寿坚持以客户和效益为中心的经营理念以及勇于承担社会责任的价值定位，以控制成本、体现实效为指导原则，依托公司网站和电子商务系统开展保险产品和品牌的网络推广、微博营销、在线活动事件营销，借助社交网站、微信公众号等平台开展多种形式的网络营销，形成了具有自身特色的发展模式和风格，也给予保险业诸多开展网络营销的有益启示。

（1）保险业借助网络营销可大幅降低营销成本。案例表明，相比传统的保险营销，通过网络出售保险产品或提供服务，房租、佣金、薪资、印刷费、交通费、通信费都大幅度减少，保险公司只需支付低廉的网络服务费，而效果却更好。客户提出通过网络与保险公司进行保单变更、复效等要求时，双方可以在网上进行洽谈并最终实现在线操作。对于客户，节省了时间和精力；对于保险公司，节省了大量的人力与物力，双方都在网络营销中获益。

（2）保险公司可通过多种网络渠道发布信息、构建品牌形象。网络作为一种有效的沟通工具，拉近了保险公司与客户的距离。保险公司可以建立网站和网络服务系统发布公司信息，使客户足不出户就可以方便、快捷地从保险公司的服务系统上获取从公司背景到具体保险产品的详细情况，还可以自由地选择、比较所需的保险公司及险种。

（3）网络作为有效销售渠道拓宽了保险业务的时间和空间。互联网使得保险业务延伸至全球任何地区，促使保险市场进一步向国际化、全球化方向发展。这种随时随地的、富有灵活性与应变能力的服务理念可有效推动保险产品的销售。

（4）勇于承担社会责任的价值定位易于激发客户情感认同。中国人寿努力在公众面前树立积极践行社会责任、投身公益慈善事业、致力推动社会可持续发展、用心守护人民美好生活的企业形象，并借助其获得的一系列社会荣誉作为网络品牌价值的支撑，有效地激发了客户对中国人寿的品牌情感认同。

当然，现阶段保险业的网络营销还存在许多不足。有关调查数据表明，尽管消费者可以通过互联网获得保险信息和报价，但是在最终作出购买决定时，至少有80%的在线保险申请者需要专门人员当面提供服务并协助完成整个购买过程。因此，将保险网络营销与传统模式结合起来，实现保险网络营销与传统营销的整合是明智、合理的选择。具体来说，对于条款比较复杂、投保人难以理解的保险品种，宜采用传统模式销售。对于条款比较简单、投保人又需要快捷服务的保险品种，如航空险、旅游险等，则直接在网上销售。

10.3　汽车制造业网络营销案例：上汽大众

上汽大众汽车有限公司（以下简称上汽大众）是一家中德合资企业，由上汽集团和大众汽车集团合资经营，总部位于上海安亭。目前，上汽大众形成6大生产基地、2个动力总成厂、1个电池工厂、1个技术中心的生产布局。

1. 上汽大众的网络营销组合策略

（1）上汽大众的网络品牌策略。保护环境、关爱自然是上汽大众从成立之初就确立的企业宗旨，也一直是上汽大众可持续发展战略的重要组成部分，并通过网络平台不断强化、推广这一理念。

（2）上汽大众的产品策略。①将产品按目标消费人群细分。上汽大众生产与销售大众、奥迪和斯柯达3个品牌的30余款产品，覆盖A0级、A级、B级、C级、SUV、MPV等细分市场，分别满足不同消费人群的需求。②持续多方位改进产品。上汽大众对产品的改进包括汽车工艺改进、技术水平改进、环保方面改进等。汽车工艺改进主要包括轿车外观、内部仪表装饰、乘坐感觉等方面的问题改进；技术水平改进包括对汽车引擎、刹车系统、控制系统等方面的性能改进；环保方面改进主要是按照国家制定的相关法律政策，提高汽车产品的环保指数，最大限度让客户满意。

（3）上汽大众的网络渠道策略。汽车营销的常用模式有直销模式、代理模式、经销模式、品牌专卖形式、连锁经营模式等。依据市场及客户的特点，上汽大众采用线上、线下两种营销渠道。为了吸引网络客户关注其产品，上汽大众除了在网站发布促销信息、新产品信息、公司动态等信息,还提供多种在线支付方式,让客户有更多选择,以促进销售。

(4) 上汽大众的客户服务策略。上汽大众在企业网站首页"客户服务"栏目下设置"在线客服""动力蓄电池回收服务网点""下载专区"等内容,利用互联网为客户提供解决常见问题的渠道。

2. 上汽大众的主要网络营销方法

(1) 企业网站优化。上汽大众按营销导向、简单实用的原则优化企业网站。①网页优化:网页设计尽量清晰明了,让客户一进入网站就能看到公司车型信息等重要内容;删去与导航栏重复的栏目。②网站栏目优化:网站栏目是承载网站内容的基础,好的栏目设置可以延长客户在网站的停留时间。上汽大众网站优化时,对栏目重新合理设计,使之更好地展示企业文化、产品信息、社会责任等客户关心的问题,也使网站运行更为流畅。

(2) 搜索引擎推广。搜索引擎在企业网络营销中发挥着重要作用。上汽大众在新产品推出前后或进行大型产品促销活动时,一般都会在百度等搜索引擎上购买"汽车""轿车""购车"等热门关键词,以提高官网或促销信息网页的点击量,达到推广效果。

(3) 网络视频营销推广。网络视频营销越来越被大型企业重视,成为网络营销中采用的"利器"。上汽大众除了将传统的电视广告迁移到视频网站,还将部分产品线曝光,利用网络视频让更多网民观看其高科技生产流程,提高网民对企业的关注度。

(4) 微博与微信宣传。上汽大众把企业微博和微信链接放到主页上,客户可以扫描微信二维码关注其微信公众号,或通过点击微博图标进入其微博首页,直接了解上汽大众的最新产品信息或进行相关信息反馈。这些来自客户、员工、投资人等的反馈促进了上汽大众为客户提供更多更好的产品。

(5) 新车网上试驾推广销售。上汽大众曾在自建网站上采用 Flash 等技术建立网上虚拟试驾来推广新车型。客户据此更多地了解其需要的汽车性能等信息,并通过上汽大众的销售系统检查汽车的库存情况,选择经销商并预订产品配送时间。

3. 上汽大众的网络营销效果

上汽大众通过企业网站、搜索引擎、短视频等渠道进行宣传推广,逐步打响了上汽大众在中国市场的品牌;同时通过社会化网络媒体与客户进行有效的沟通,并结合客户提出的意见对汽车进行改进,在一定程度上提高了上汽大众旗下汽车的销量。

4. 案例评析

上汽大众网络营销的关键成功因素可以归纳为以下几个方面。

(1) 注重客户服务和改善客户关系。上汽大众综合利用多种网络营销方法和策略,不只是提供产品信息,而是把重点放在客户服务方面,及时了解客户的消费心理,解决客户的购车疑虑,并提供良好的体验过程,从而增强客户黏性,改善客户关系。

(2) 细分市场并保持技术先进。上汽大众根据网络调研的结果以及借助微信和微博等社交平台收集的反馈信息,确定消费者的需求偏好,借助优秀的研发团队大力研发多款产品,分别满足不同消费人群的需求;同时持续多方位改进产品,保持相关技术的先进性和汽车产品性能的亲和性,进而吸引潜在客户、扩大市场份额。

10.4 家用电器制造业网络营销案例：海尔集团

海尔集团是世界第四大白色家电制造商，也是中国电子信息百强企业之首，在全球 30 多个国家和地区建立了本土化的设计中心、制造基地和贸易公司，入选 2021 中国 500 强发明专利数量前十名公司。海尔坚持"创新驱动"，面向全球消费者提供满足需求的解决方案。

1. 海尔的网络营销策略

（1）海尔的线上线下品牌策略。海尔从"名牌产品战略"走向"名牌企业战略"，进而逐步形成有名企业品牌，并最终成为海尔企业整体形象的物质载体和象征的海尔品牌，其凭借高质量、人性化、"真诚到永远"的服务赢得了线上、线下广大用户的尊重和忠诚。

（2）海尔的网络促销策略。海尔通过网络广告、公关、服务的价值增值效应促进消费者对产品的了解，消除消费者的疑虑，获得消费者的信任；同时通过赠品促销、降价促销、技术促销、文化促销等方式吸引公众的眼球，扩大知名度，从而扩大业务范围。

（3）海尔的网络服务策略。海尔智家 App 是海尔发布的移动端体验交互入口，为用户提供智慧家庭全流程服务、全场景智家体验与一站式智家定制方案。此外，海尔在其网站首页分别为个人用户、企业用户、投资者、供应商、媒体等提供多种有效联系方式，以满足不同服务需求。海尔在方便用户的同时，客观上起到了促销企业产品的效果。

2. 海尔的网络营销方法

海尔集团以企业网站为依托实施网上直销战略，同时设置专门的友情链接页面，并为这些链接网站做标志广告。海尔常用的网络营销方法主要有以下几种。

（1）海尔的网络广告宣传。海尔网站首页有一个动态的企业宣传广告，如图 10-3 所示，展示海尔在不同发展时期工作重心和宣传主题，有效地宣传了企业的形象，给人以温馨而博得客户的好感。

图 10-3 海尔网站首页的动态宣传广告

(2) 开设提供增值服务的网上商城。海尔网上商城是海尔为客户提供的另一种购物渠道,由海尔集团负责建设、维护与经营,利用海尔现有的销售、物流与服务网络,为客户提供产品销售服务。客户在海尔网站上选择网上购物,可以享受个性化订购、免费送货上门、货到付款、免费安装调试、售后服务等一条龙服务。为方便没有上网条件的客户网上购物,海尔网站支持第三方收货。

(3) 海尔的搜索引擎营销。搜索引擎营销也是海尔的主要推广模式。海尔将网站信息提交到主流搜索引擎数据库,以增加与潜在客户通过互联网建立联系的机会,既提高了网站的知名度和影响力,又为企业网站带来了许多潜在客户。此外,海尔在百度、搜狗等搜索引擎投放相关搜索关键词,在产品关键词方面投入了巨额广告,尤其是冰箱、洗衣机产品投放了大量的网络广告。海尔冰箱和洗衣机在百度的排名始终都是第一,其他产品的排名也比较靠前。百度搜索中提供的附加信息包括在线购买海尔电视、计算机、空调、热水器等产品。

(4) 海尔的微博营销。海尔利用微博等社会化媒体开展营销,从借助新浪微博以"海尔2010世博全球营销计划"为切入点进行品牌传播活动的尝试阶段,到如今已有更为成熟的应用。例如,海尔微博在一般企业抢占热点时,独辟蹊径地抢一些微博红人的热评,海尔抢占的热门评论覆盖各个领域。再如,海尔官微多次发起异业合作、抱团营销活动,取得了极大的关注度。

3. 海尔网络营销效果及案例评析

海尔有效地运用多种网络营销策略和方法,使得品牌知名度和顾客对海尔的忠诚度大大提高。海尔网络营销体系中的网上商城具有的销售和支付优势(如海尔遍布全球的销售网络、配送网络、服务网络以及与银行之间的支付网络),解决了网络营销中的诸多难题。此外,海尔利用互联网的特点积极探索实践"人单合一双赢模式",通过组织创新和"端到端"的自主经营体建设,实现从"卖产品"到"卖服务"的转型,创造出差异化的、可持续的竞争优势。海尔的网络营销实践可以为家电及相关企业提供如下启示。

(1) 利用搜索关键词营销要注意兼顾突出重点与广泛覆盖。在主流搜索引擎搜索海尔品牌热门关键词时,只需浏览搜索结果的第一页即可;而用与海尔品牌相关的 12 个关键词搜索后,根据搜索结果一般可排查出 3 个当地浏览量较大的网站,说明海尔对大型搜索引擎网站非常重视,既保证搜索关键词有一定的覆盖率,又突出了重点。

(2) 综合运用多种网络营销方法。海尔网络营销利用多种方法,在网站建设、搜索引擎、网络广告、零售网络平台等方面投入大量的资金和人力,通过网络客户关系管理与电子商务平台架起了与全球客户资源网、**全球供应链**资源网沟通的桥梁。这让海尔树立了良好的企业形象和产品品牌形象,获得了更多客户,取得了综合营销效果。

知识卡片 10-2

全球供应链:在全球范围内组合供应链,它要求以全球化的视野,将供应链系统延伸至全球,根据企业的需要在世界各地选取最有竞争力的合作伙伴。

全球供应链可以实现一系列分散在全球各地的相互关联的商业活动,包括采购原材料和零部件、处理并得到最终产品、产品增值、对零售商和消费者的配送、在各个商业主体之间交换信息,其主要目的是降低成本、扩大收益。全球供应链管理强调在全面、迅速了解世界各地消费者需求的同时，对其进行计划、协调、操作、控制和优化，在供应链中的核心企业与其供应商以及供应商的供应商、核心企业与其销售商乃至最终消费者之间，依靠现代网络信息技术支撑，实现全球供应链的一体化和快速反应，使得商流、物流、资金流和信息流协调通畅，以满足全球消费者的需求。

（3）建立功能强大的网络客户服务管理系统。海尔的网络客户服务管理系统使海尔可以建立完整的全国客户档案，随时随地查找客户信息，实现了分布式数据复制及企业相应部门数据的共享，便于进行客户回访、交叉销售、综合查询和服务质量分析等，大大满足了海尔复杂和庞大的信息处理需要，同时为海尔的管理者和决策者提供了方便。此外，海尔客户关系管理系统丰富的报表制作功能和通用的查询功能，提高了海尔对市场的反应速度和适应能力，可以为客户提供更及时、更快速的服务，进而提高了客户满意度。

10.5 能源化工行业网络营销案例：中国石化

中国石油化工集团有限公司（以下简称中国石化）是我国最大的成品油和石化产品供应商、世界第一大炼油公司。中国石化的主营业务范围包括石油、天然气的勘探、开采、储运、销售和综合利用；石油炼制，成品油储存、运输、批发和零售；石油化工、天然气化工、煤化工及其他化工产品的生产、销售、储存、运输；新能源、地热等能源产品的生产、销售、储存、运输等。在企业信息化建设方面，中国石化建立了物资采购电子商务和化工产品销售电子商务两大应用系统，并实现了全系统化工产品销售业务数据的集中，为进行化工销售业务分析、有效开展网络营销提供了很好的数据平台。中国石化网站首页如图10-4所示。

图10-4 中国石化网站首页

1. 中国石化的主要网络营销策略

(1) 网络营销产品策略。中国石化在门户网站上开辟了"产品与服务"专栏,把中国石化的产品分为家用产品、商用产品等类型,增设了其他配套服务产品,并把产品简介及其照片放到网页上,以方便消费者在任何时间、任何地点查询有关产品信息。中国石化利用网络渠道,可以在更大的层面和范围内以更低的成本宣传推广公司的产品。

(2) 网络营销价格策略。中国石化在网络上及时公布当天不同地区的油价,可以使消费者及时查询油价的变动情况。一般地说,驾驶人都对油品价格敏感。每升 0.1 元的差价,一年累计下来就是几百元甚至更多的节余。对于油等日常消耗品,虽然对整个行业来说价格的弹性较小,但对于某个具体的加油站来说,价格弹性较大。中国石化将成品油价格拟定在公平合理的价位上,同时允许极小的弹性波动并在网上公布,使消费者对中国石化的产品有更高的消费意愿。

(3) 网络营销渠道策略。中国石化利用网络进行营销渠道的重组,不但可以使企业信息对消费者更加透明化,而且可以使中国石化取得更多消费者的青睐,树立良好的企业形象。营销渠道重组使得中国石化的线上、线下渠道整合得到有效利用,极大地提高了渠道效率。

(4) 网络营销促销策略。中国石化长期与农业银行联合推出促销活动。例如,消费者持各地农业银行信用卡在相应的中国石化加油站加油、购券,可以享受优惠。此类优惠促销活动通常借助农业银行的网页、社交平台的网络新闻或当地的报刊等渠道宣传中国石化的品牌和产品,让人们有更多的渠道了解中国石化的相关产品和信息。

2. 中国石化的主要网络营销方法

(1) 中国石化的跨界营销。中国石化依托互联网络和越来越多的客户群体,频频开展跨界多元化经营,收到显著的营销效果。例如,2021 年中国石化浙江石油分公司和旅游公司游侠客旅行正式签约推出联名品牌"易游侠",深挖当地旅游资源,为自驾游车主出行提供增值服务。中国石化做旅游只是中国石化开展跨界营销多元化发展的一个缩影,此前中国石化也曾跨界合作卖过鸡蛋、蔬菜甚至手机,与相关行业建立密切的朋友圈、生态圈,共同实现高质量发展。

(2) 中国石化的手机 App 营销。面对复杂多变的市场形势,中国石化密切关注竞争对手的态势,充分发挥手机 App 加油的推广优势,以优惠策略为突破口全力锁定客户。例如,在柴油方面根据不同的油站类型,结合各省分公司给予相应的优惠策略,有所侧重地推进细分汽柴油营销;在汽油方面开展"会员日"营销活动,对一些大型加油站实行汽油降价销售,加强对客户的营销"刺激"及消费习惯引导。

(3) 中国石化的微信营销。中国石化旗下公司通过微信小程序,以一些节假日为契机开展营销活动。例如,中国石化森美(福建)曾推出"春节小游戏"有奖营销活动,有其微信公众号的客户便可获得商品优惠券,持此券能以"优惠价"购买指定商品。

(4) 中国石化的搜索引擎营销。中国石化十分重视搜索引擎注册与排名,保持与其品牌紧密相关的核心关键词在几大搜索引擎的排名靠前。在有名搜索引擎中获得理想的排名可以大大提高点击率,有利于拓展企业的知名度、更好地展现企业形象以及增加商机。

此外,中国石化还将手机报、石化新闻网、图片网、电子书、网络广告等用于营销活动中,也都取得了一定的营销效果。

3. 中国石化的网络营销效果及案例评析

通过对网络营销策略和相关工具的运用，中国石化取得了明显的效果，具体表现如下。

（1）改变了采购理念和模式。中国石化旗下的生产、建设企业全部实现网上采购，中国石化生产建设所需化工原辅料、煤炭、钢材、机电设备等大宗、重要通用物资全部实现线上采购。网上采购方式改变了从前的采购理念，使各分公司由竞争者变成了合作者，大大增强了面对供应商的谈判实力；改变了采购模式，使采购不再受限于采购员个人的信息和能力，可以从货比三家扩大到货比多家；加强了对采购的监管，集团管理层可以即时查询、追溯数据，大大减少了以前与分公司间的信息不对称情况，集团管理更及时有效。

（2）降低了销售和采购成本。中国石化开展网络营销后，利用直销手段，大幅度减少了中间环节，也减少了销售成本和代理商的费用；同时，大大减少了网上采购成本。

（3）开拓了新的销售机会。在网络上宣传企业形象、介绍产品性能，从而吸引了一批新客户，扩大了销售营业额。

（4）提升了服务效率和质量。中国石化利用网络实现了信息的快速传递和广泛共享，更有效地为客户提供服务。中国石化总部及下属企业之间、企业与供应商之间可以按照权限范围上网查阅相关业务操作进展情况、合同执行情况、供应商业绩考评等信息，工作效率显著提高；客户可在网上查阅产品、查询订单处理信息、反馈意见等，更好地为客户提供及时的技术支持和技术服务，提高了客户满意度，扩大了市场影响，提高了市场占有率。

本 章 小 结

本章选取锦程物流的网络营销案例作为物流服务业的代表、选取中国人寿为金融保险业的代表、选取上汽大众为汽车制造业的代表、选取海尔集团为家电制造业的代表、选取中国石化为能源化工业的代表，所选行业大多是目前开展网络营销实践存在一定难度的行业。因此，本章所选取的案例对于其所在行业的其他企业开展网络营销实践，具有一定的启发和借鉴作用。

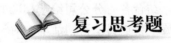复习思考题

1. 选择题（有一项或多项正确答案）

（1）锦程物流集团股份有限公司的网络营销实践可以给予我们的启示包括（　　）。

  A. 营销信息要充分展示行业特色

  B. 利用搜索引擎营销要注意精准性

  C. 可借助第三方平台监控网页流量

  D. 网站规划与网站栏目结构诊断很重要

(2) 中国人寿坚持以顾客和效益为中心的经营理念以及勇于承担社会责任的价值定位，其营销实践显示保险业开展网络营销具有（　　）等方面的优越性。

　　A．保险网络营销可节省费用，大幅度降低营销成本

　　B．保险公司可通过多层次的信息发布构建品牌形象

　　C．网络作为有效销售渠道拓宽了保险业务的时间和空间

　　D．勇于承担社会的价值定位，易激发客户情感认同

(3) 汽车营销的常用模式有直销模式以及（　　）等。

　　A．代理模式　　　　　　　　B．经销模式

　　C．品牌专卖形式　　　　　　D．连锁经营模式

(4) 海尔的网络营销实践可以给予家电及相关企业的启示包括（　　）。

　　A．利用搜索关键词营销时要注意兼顾突出重点与广泛覆盖

　　B．综合运用多种网络营销方法

　　C．与邮件服务商签订定期发送营销邮件的协议

　　D．建立功能强大的网络客户服务系统

(5) 2021年中国石化浙江分公司和旅游公司游侠客旅行正式签约推出联名品牌"易游侠"，深挖当地旅游资源，为自驾游车主出行提供增值服务属于（　　）方法。

　　A．威客营销　　　　　　　　B．种草营销

　　C．社交网站营销　　　　　　D．跨界营销

2．判断题

(1) 锦程物流采用"先做资源整合，再做产业整合"的发展战略，为客户提供从采购到运输的门到门"一站式"综合物流服务。　　　　　　　　　　　　　（　　）

(2) 保险是指将通过契约形式集中起来的资金，用以补偿被保险人的经济利益的活动。
　　　　　　　　　　　　　　　　　　　　　　　　　　　　　　　　　　（　　）

(3) 将保险网络营销与传统模式综合起来，实现保险网络营销与传统营销的整合是明智、合理的选择。　　　　　　　　　　　　　　　　　　　　　　　　（　　）

(4) 海尔集团将网站信息提交到主流搜索引擎数据库，这种做法属于外部邮件列表。
　　　　　　　　　　　　　　　　　　　　　　　　　　　　　　　　　　（　　）

3．简答题

(1) 从锦程物流的网络营销实践中可以看出，物流行业开展网络营销有什么特点？你认为物流行业开展网络营销的市场前景如何？请说明理由。

(2) 保险业开展网络营销有什么优势？从本书所述案例你可以得到什么启示？

(3) 上汽大众和中国石化的网络营销分别有什么特点？你认为其应如何深化和完善网络营销策略？

(4) 海尔集团的网络营销策略和效果如何？你认为海尔集团应该如何深入开展网络营销？结合本书所述案例并查阅相关资料加以说明。

4. 问题研讨

结合具体行业的网络营销问题，分小组讨论如何应用绿色营销理念改善行业的营销生态，以实现行业整体持续发展？

伊士曼柯达公司（以下简称柯达公司）曾是世界上最大的影像产品及相关服务的生产和供应商，总部位于美国纽约州罗切斯特市，是一家在纽约证券交易所挂牌的上市公司，业务遍布150多个国家和地区，全球员工约8万人。多年来，柯达公司在影像拍摄、分享、输出和显示领域一直处于世界领先地位，100多年来帮助无数人留住美好回忆、交流重要信息以及享受娱乐时光。但是随着数码技术的崛起，柯达公司于2012年1月19日申请破产保护。

其实，柯达公司早在1976年就开发出了数字相机技术，并将数字影像技术用于航天领域；1991年柯达公司就有了130万像素的数字相机。但是到2000年，柯达公司的数字产品只卖到30亿美元，仅占其总收入的22%；2002年柯达公司的产品数字化率只有25%，2000—2003年柯达公司各部门销售利润报告显示，销售利润下降十分明显，尤其是影像部门呈现急剧下降的趋势，具体表现为柯达公司传统影像部门的销售利润从2000年的143亿美元锐减至2003年的41.8亿美元，跌幅达到71%。

在网络营销方法策略的运用方面，柯达公司曾一度取得很好的效果。柯达公司网站对于树立企业形象，培养用户忠诚度等有至关重要的意义，被广泛认为商业价值营销效果最好的站点。为确保网站能提供优质服务，柯达公司还将站点开发扩展到整个企业的各个部门，将其信息系统部、国际互联网营销部和公共关系、营销和销售单位连接起来，这种协作可确保用户反馈和查询被迅速准确地传给公司，同时确保服务人员立即作出反应。对于胶卷这种低值消费品而言，柯达公司没有宣传产品，而是在培养客户对其品牌网站的忠诚度上采取了竞争策略，切实推出了一些能在网上实施的对大众常规摄影有增值作用的服务项目。随着技术的进步，拍摄逐渐"傻瓜化"，初学者也能轻易拍出专家级的作品，柯达公司将网络竞争定位在拍摄后的高端增值服务上。柯达公司认为，采取网络营销方式和用户发生相互作用以及从事直接商业的潜力巨大。

然而，在拍照从"胶卷时代"进入"数字时代"之后，昔日"影像王国"的辉煌似乎随着胶卷的失宠而不复存在。

认真分析上述材料，结合本书9.2.2节的微型案例9-4，并查阅相关资料，就以下问题展开讨论。

（1）柯达公司的经历说明了什么问题？能够从柯达的营销策略中学到些什么？柯达的衰落又给予我们什么启示？

（2）数字时代影像产品行业应该如何正确应对市场需求的转变？影像行业实施网络营销应该注意什么问题？

研究性教学的内涵及其分组实施方法

附录A

研究性教学是以培养学生批判性思维和创造力为核心的创新性教学。自19世纪以来，研究性教学在世界上先后出现了三次研究与应用热潮，其中第三次研究热潮形成于20世纪90年代至21世纪初。我国高校的研究性教学开始于20世纪80年代初，目前成为国内许多高校推崇的一种教学常态。

A.1 研究性教学的内涵

当代研究性教学的核心思想是以来自实践的真实问题为基础，在教师的有效引导下，学生针对相关问题进行探究，让学生在接近真实的情境中学习，培养学生的自主学习能力、独立解决问题能力、团队合作能力和创新能力。研究性教学强调学生在问题环境中参与探究和实践的过程，以培养学生主动探究、自主学习的习惯和创新精神、实践能力，以及增强学生对未来社会的适应性和责任感为根本目标。

研究性教学是一种教学理念、一种教学模式、一种教学方法。它是一种将教师研究性"教"与学生研究性"学"、课内讲授与课外实践、依靠教材与广泛阅读、教师引导与学生自主学习有机结合并达到完整、和谐、统一的教学。研究性教学既能发挥教师的主导作用，又能发挥学生的主体作用；既能培养学生的学习兴趣、激发学生思维，又能培养学生分析问题和解决问题的能力；既能使学生掌握系统扎实的学科知识，又能培养学生的实践能力和创新精神。

研究性教学具有开放性、综合性和实践性的特征，是一种立足于课堂又超越课堂的形式多样的教学。研究性教学不是要脱离教师指导、脱离课堂教学、脱离教材，而是教师根据教学内容和学生的认识水平，激发学生主动参与教学过程，启发学生积极思考，引导学生运用所学的知识去积极探索新知识，培养学生创造性地分析问题和解决问题的能力。研究性教学是在教学研究和研究教学的基础上进行的教学，授课的任务不是仅向学生传授知识，而是着力培养学生的能力和综合素养，特别是在未来学习和工作中的研究能力和创造能力。在研究性教学过程中，学生不是传统意义上的教学对象，而是积极参与教学活动过程的主体；也不是传统教学中知识的被动接受者，而是知识的主动建构者。

A.2　研讨学习分组及相关规则

　　研究性教学模式要求学生按性别及能力分成若干小组，以小组为学习单位。小组成员分工合作，每名学生尽自己最大的努力掌握所学内容，并为小组的共同学习目标作出自己的贡献。小组成员为了理解和掌握一个内容以及最后完成全组的学习任务要相互帮助、相互学习、共同讨论问题、倾听他人的意见、向他人学习自己不懂的内容、向他人阐述自己的观点、与他人辩论、填补相互间的不足。

　　1. 分组规则

　　（1）理论上以 30 人左右的小班为研究性教学基本单位较好，一般按每 4~6 人组成一个合作研讨学习小组；每组选定一名有责任心的学生担任研讨小组的组长。

　　（2）分组时应考虑小组成员的性别结构和活跃程度两大因素，进行合理组合搭配；小组成员之间应团结协作，并服从组长的安排和领导。

　　2. 合作研讨学习小组组长的职责

　　（1）负责将指导教师分配的研讨学习任务分解并分配落实到本组内每一个成员。

　　（2）负责指定每次研讨活动的发言人和记录员，被指定者不得拒绝。

　　（3）负责组织相关研讨主题的课外讨论会，确定课外讨论时间、地点。

　　（4）负责组织、督促小组成员开展学习讨论，收集每次研讨活动中小组成员提交的材料，并对小组成员参与讨论学习的态度和贡献作出组内评价。

　　3. 发言人的遴选规则及其职责

　　（1）发言人的遴选规则。每次研讨活动开始时，由研讨小组组长根据不得重复原则在本组成员中指定一名小组发言人。

　　（2）小组发言人的职责。①负责主持本次小组讨论会。②负责主持本次小组讨论分析报告的制作。③代表本小组就所讨论的论题在课堂上发言。

　　4. 记录员的遴选规则及其职责

　　（1）记录员的遴选规则。每次讨论时，由小组长根据不得重复原则在本小组成员内指定一名记录员。

　　（2）记录员的职责。负责小组讨论时的记录工作，讨论记录的内容应包括研讨主题、研讨时间、地点、主持人、参加人员、记录员姓名、主持人对研讨程序的说明、各成员的主题发言、其他成员对主题发言人的回应讨论情况、主持人的简要总结等，最后要求每个发言人都在各自发言记录后签名认可。

　　5. 合作研讨学习小组一般成员的职责

　　（1）服从组长的研讨任务安排，准时参加所在合作研讨学习小组的研讨活动。

(2) 按时并保质保量地完成自身在研讨活动中所承担的任务，并向组长及发言人提交相关材料。

(3) 协助发言人做好发言报告和课堂发言。

A.3 分组研讨学习的实施流程

1. 实施基于合作研讨学习策略的研究性教学的基本流程

(1) 准备阶段。在准备阶段主要制定本次课程的教学目标并把学生分成合作研讨学习小组。教学目标必须根据学生的实际水平、本次实验任务和教学条件以及培养学生之间高效合作的社交技巧等内容来确定；分组宜根据教学内容确定合作研讨学习小组的人数，可采用非正式的合作研讨小组和正式的合作研讨学习小组。

(2) 布置实验任务阶段。教师在实施实验教学前1~2周以课题形式下达实验任务，并向学生阐述每个实验任务的目标和方向，介绍需要阅读和理解的资料，让学生明确在完成实验任务过程中做什么与学什么。

(3) 实施阶段。教师应观察学生在合作研讨学习过程中的行为，必要时传授学生一些操作技巧、推荐更有效的合作方法。

(4) 评估学习效果阶段。评估学习效果阶段为评价学生完成任务的情况并反馈给学生。小组合作研讨学习的评价可采用学生自评和互评以及教师过程性评价结合的方式进行，以讨论记录、讨论活动（主持状况、记录材料、讨论发言、报告结果等）为依据对学生进行综合评价，综合考查学生的自主学习情况、逻辑推理与验证能力，资料整理与表达能力，会议主持与协调能力，履行小组职责情况、团队合作情况、课堂表现以及相关知识的理解情况等，最后由教师进行总结性评价并给出每名学生的成绩。

2. 具体实施步骤

(1) 指导教师向各合作各研讨学习小组下达学习研讨任务。

(2) 组长具体分配落实本组任务。由组长将学习任务分配给本组的每个成员，尽量做到每个成员承担一个研讨主题。

(3) 研讨资料的搜集与学习。每个研讨主题应制作一份研讨学习"资料清单"；所有成员都应认真阅读并归纳总结所搜集的资料；组长在本组资料搜集工作基本结束之后，应召集本小组成员对承担的研讨主题进行课外研讨。

(4) 小组研讨交流。首先承担该主题研究任务的小组成员作主题发言，向其他组员介绍其针对该主题所作的研究工作或国内外同类研究现状或相关应用发展状况、发言人自己的主要观点及其分析理由等；然后其他组员与该主题发言人就此主题内容展开讨论，此阶段要求每个小组成员都必须发言，并由记录员作好发言记录；最后由本次研讨活动的主持人作研讨总结，并在规定时间提交"小组研讨记录"。

(5) 辅导教师点评。小组研讨交流完毕，指导教师应对本次研讨活动进行一次简短的整体评价，并针对小组研讨学习报告（初稿）提出修改、完善的意见或建议。

(6) 教学评价。针对本次研讨学习情况，在研讨小组进行组内自评、组间互评以及教师过程性评价的基础上,主讲教师作出总结性综合评价。具体评价方法和评价标准如下。

① 组内自评。组内自评包括小组成员对本组学习情况的评价和小组长对本组每个成员的评价。每个小组成员根据老师布置的学习任务要求,给自己的小组工作表现综合评分;小组长根据本组每个成员平时完成任务的情况对其评分。

② 组间互评。每个小组选派一名代表作为组间互评的评委,当某一组的同学在汇报其研讨成果时,其他几组的同学可以根据评分标准对该组汇报的成果进行评分。

③ 指导教师过程性评价。指导教师根据学生平时参与小组的工作态度、工作过程的表现,是否具有团队合作精神等职业范畴的表现给予过程性评价;根据提交的小组作业(如电子商务策划书等)的完备性、可行性,是否具有创新点等给予小组综合性评价。

④ 主讲教师终结性评价。根据学生组内自评、组间互评、指导教师过程性评价给出的成绩,按一定权重计算课程合作研讨学习的综合分数。

课程分组研讨学习的具体实施流程如图 A-1 所示。

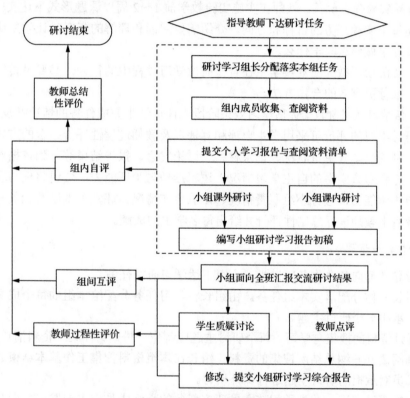

图 A-1　课程分组研讨学习的具体实施流程

附录 B 知识卡片索引

1-1	生态思维	14
1-2	电子签名法	15
1-3	企业可持续发展战略	18
1-4	语义网	20
1-5	区块链	21
1-6	数字孪生	21
1-7	边缘计算	21
2-1	富足经济	30
2-2	边际成本	34
2-3	非标产品	34
2-4	传播致效	37
2-5	蜂鸣效应	41
2-6	泛关系链	43
2-7	网络礼仪	44
2-8	网络社区	45
2-9	大数据	48
2-10	可持续发展	50
2-11	绿色企业文化	52
3-1	CSS 样式	67
3-2	PR 值	70
3-3	UEO	71
3-4	白帽技术	76
3-5	URL	78
4-1	搜索引擎可见性	114
4-2	API	114
4-3	网络舆情	116

4-4	蝴蝶效应	119
4-5	背书	123
4-6	USP 理论	144
4-7	BI 理论	145
4-8	用户画像	148
5-1	元宇宙	154
5-2	虚拟现实	156
5-3	TAG	157
5-4	UGC	157
5-5	用户偏好	157
5-6	Vlog	158
5-7	优质客户	163
5-8	市场区隔	163
5-9	社群聆听	164
5-10	顾客价值链	164
5-11	嵌入式系统	165
5-12	马太效应	168
5-13	云计算	175
6-1	云服务	182
6-2	手机报	183
6-3	AR	189
6-4	KOL	190
6-5	KOC	191
7-1	生态产品	202
7-2	百度贴吧	205
7-3	顾客让渡价值	208
7-4	规模经济效益	217
8-1	4R 营销策略	232
8-2	4S 营销策略	233
8-3	马斯洛需求层次理论	235
9-1	蓝海	246
9-2	甘特图	255
9-3	独立访问者	266
9-4	企业社会责任	267
9-5	决策单元	271
10-1	社会责任	279
10-2	全球供应链	283

参 考 文 献

安德森，2015. 长尾理论：为什么商业的未来是小众市场[M]. 乔江涛，石晓燕，译. 北京：中信出版社.

查菲，查德威克，2022. 数字营销：战略、实施与实践[M]. 7版. 王峰，韩晓敏，译. 北京：清华大学出版社.

陈强，王丽娟，敦帅，等，2021. 分享经济视阈下威客知识共享创新模式研究[J]. 科学管理研究，39（4）：17-21.

陈晴光，龚秀芳，文燕平，2020. 电子商务数据分析：理论、方法、案例：微课版[M]. 北京：人民邮电出版社.

李蒙，2020. SEO搜索引擎优化实战[M]. 北京：清华大学出版社.

刘峰，2016. 大数据时代的电视媒体营销研究：基于网络整合营销4I原则的视角[M]. 北京：中国书籍出版社.

刘勇为，2019. 全网整合营销：策划、推广、转化、二次成交的营销实战全案[M]. 北京：中国经济出版社.

史晓燕，单春晓，2020. 网络广告设计与制作[M]. 2版. 武汉：华中科技大学出版社.

斯特劳斯，弗罗斯特，2015. 网络营销[M]. 7版. 时启亮，陈育君，译. 北京：中国人民大学出版社.

王蒙蒙，王建军，王雪，2020. 行为控制对威客持续参与意愿的影响：被调节的中介模型[J]. 管理工程学报，34（3）：45-54.

吴学刚，2021. 跨界营销实战[M]. 昆明：云南人民出版社.

周勇，赵璇，2021. 跨屏时代的视听传播[M]. 北京：中国人民大学出版社.